2000

Über die Schwelle

Die neue Energie des
Jahrtausends verstehen lernen

BOTSCHAFTEN VON KRYON

empfangen und geschrieben in Liebe von

Lee Carroll

Kryon

2000
Über die Schwelle

**Die neue Energie des
Jahrtausends verstehen lernen**

**Botschaften
gegeben und empfangen in Liebe**

KRYON LEHRBUCH BAND VI

Ostergaard Verlag *** Sanctuary Aquarius***

Kryon Lehrbuch Band VI
2. Auflage Herbst 2003

Herausgeber: OSTERGAARD VERLAG

Haus Rosengarten
Bahnhofstraße 12
D-88662 Überlingen am Bodensee

Vorübersetzung von Martina Hochmair
Übertragen ins Deutsche von Petra Ostergaard
Lektorat: Regina Bauer und Hans Viktor Peter

Titel des Originals: : „Passing the Marker"
(Understanding the New Millenium)
erschienen bei THE KRYON WRITINGS
1155 Camino Del Mar - # 422 Del Mar,
California 92014, USA

Sanctuary Aquarius
Tel. 0049 (0) 7551 - 92 82 0 - Fax (0) 7551 - 92 82 39
e-mail: Info@ostergaardverlag.de
website: www.ostergaardverlag.de

Satz und Gestaltung: Steve Ostergaard-Aimson
Druck: Stiehler Druck & media GmbH

ISBN 3-933075-06-8

Die Lehrbücher von Kryon

sind ein exzellent gelungenes, kombiniertes Gesamtwerk,
welches uns mehr und mehr
„Wahr Mensch und wahr Gott" verstehen lernen lässt.

Sie sind:

* ein brillanter Kursus, der uns Wissen voller Weisheit in zeitloser Gültigkeit vermittelt,

* und gleichzeitig ein Kurs, eine Wegweisung, um uns in höchstmöglicher Sanftheit und Zärtlichkeit von Altem zu erlösen und *Über die Schwelle* zu führen.

In dem Wissen, dass die Liebe uns auf unserem individuellen Weg immer begleitet und wir sie, einhergehend mit unserer Erlaubnis, spürbar mehr und mehr wahrnehmen und ins Leben bringen können, begrüßen wir Sie, liebe Leserinnen und Leser, mit dem Titel dieses weiteren Lehrbuchs von Kryon.

Über die Schwelle - Passing The Marker

in Freude, Staunen, Offenheit, Erinnern, Erkennen und
in Liebe die Botschaften von Kryon empfangend...

Ihr Ostergaard-Team

Internationale Kryon Bücher

Weitere Informationen finden Sie im Internet www.Kryon.com

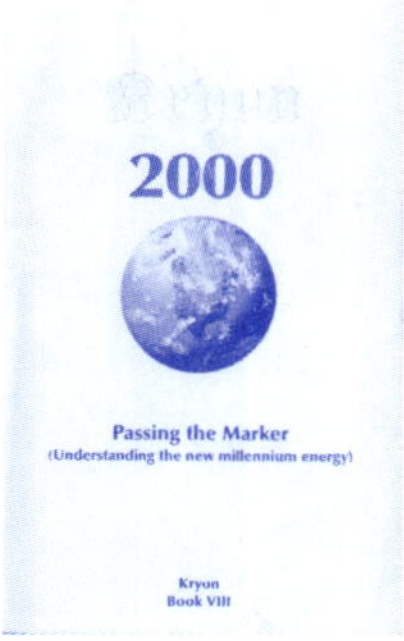

Amerikanisch

Internationale Kryon Bücher

Spanisch Türkisch

Hebräisch

Hebräisch

Italienisch Griechisch Deutsch

Internationale Kryon Bücher

Weitere Informationen finden Sie im Internet www.Kryon.com

Französisch

Französisch

Dänisch

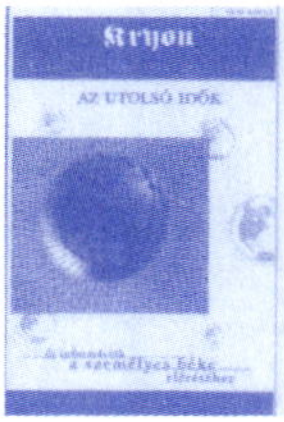

Ungarisch

Chinesisch

Türkisch

Die Lehrbücher von Kryon in deutscher Sprache

Weitere Informationen finden Sie im Internet www.Kryon-online.de

Deutsch

INHALT

Einleitung von Lee Carroll 13

KAPITEL I Schwer zu verstehende Konzepte 23
Menschliche Realität 30
Die Metapher vom Zug 36
Die Ewige Seele des Menschen 49

KAPITEL II Zeit und Wirklichkeit (Teil I) 53
Gechannelt in Indianapolis, Indiana und in Auckland, Neuseeland

KAPITEL III Zeit und Wirklichkeit (Teil II) 73
Gechannelt in Nancy, Frankreich; Santa Fee, New Mexiko; Melbourne, Australien
Der Energiekreis - Eine Metapher 78
Der Göttliche Katalysator 80
Sieben Merkmale Eurer Realität 83

KAPITEL IV Kofferpacken für das Neue Jahrtausend 101
Gechannelt in Portland, Oregon
Das Gleichnis von Wo und dem Koffer 105
Gibt es Himmel und Hölle gar nicht? 126

KAPITEL V Fünf spirituelle Energieveränderungen im Neuen Jahrtausend 127
Gechannelt in Cleveland, Ohio und Singapur

KAPITEL VI Über die Schwelle 149
Gechannelt in New Hampshire
Eine Bestätigung für die Hinweise von Kryon? 176

KAPITEL VII Das Ende des Alten... Freigabe der Aufstellung 177
Gechannelt in Buena Park, Kalifornien
Die großartige Aufstellung 182
Intervention 182
Weltweite Religiöse Toleranz 186
12:12 - Neue Bedeutung 188
Weltpolitik 189
Die neuen Kinder - Indigos 192
Die Geschichte von Hermann 193

KAPITEL VIII Die Überquerung der Brücke der Schwerter 199
Gechannelt in Orlando, Florida

KAPITEL IX Die Dritte Sprache und das Neue Bewusstsein 221
Gechannelt in Reno, Nevada
Zusammenarbeit zwischen den Religionen 242

KAPITEL X Kein Zögern und kein Zaudern mehr 243
Gechannelt in Kansas City, Missouri

KAPITEL XI Die Reise nach Hause, wieder besucht 267
Gechannelt in San Francisco, Kalifornien
Das Erste Haus - Land- und Wegekarte 274
Das Zweite Haus - Geschenke und Werkzeuge 276
Das Dritte Haus - Biologie 278
Das Vierte Haus - Verantwortung 280
Das Fünfte Haus - Beziehungen 281
Das Sechste Haus - Liebe 283
Das Siebte Haus - Gold - Selbstwert 285

KAPITEL XII Der Interdimensionale Mensch 289
Gechannelt in Clearwater, Florida

KAPITEL XIII Vertiefung der Konzepte 315
von Lee Carroll 316
Das Todesphantom - von Jan Tober 318
Die neuen Kinder sind angekommen „Interview" mit Jan Tober 323

KAPITEL XIV Die Suche nach der Eingeborenen-Weisheit 347
Von Lee Carroll 352
Von Marc Valle´ „Beim Erwachen der Welt assistieren" 352
Von Woody Vaspra - „Eine heilige Reise" 356

KAPITEL XV Wissenschaft (Update) ....
Von Lee Carroll 383

INDEX 420

Kryon Neuigkeiten ....
Kryon im Internet 423
Kryon Kassetten auf Englisch 424
Kryon Bücher auf Deutsch 425

VORWORT

Was Sie im Folgenden lesen werden, musste sorgfältig aus dem englischen Original entschlüsselt und in die deutsche Sprache übertragen werden.

Die Energie der Liebe, die sich durch diese Werke präsentiert, wartete auf die richtige Gruppe von Menschen, dies zu tun. Der Übersetzungsprozess geht tief hinter die wissenschaftlich korrekte Umsetzung der Bedeutungen von einer Sprache in die andere.

Er beinhaltet Konzepte, Begriffe und Bilder, die das Innere unserer Seele berühren und Leben für immer verändern können.

Ich gebe meinen Dank und meine Anerkennung an die, die das verstanden und ihre Erkenntnisfähigkeiten, ihr Talent und ihr Verständnis dafür einsetzen, sicherzustellen, dass die Botschaft dieser Seiten weit hinter das gedruckte Wort reicht, bis direkt ins Herz !

In Liebe

The Kryon - Channel

Einleitung

von Lee Carroll

„Über die Schwelle“ Kryon Buch Band VI

Von Lee Carroll

Herzlich willkommen zu Kryon Buch acht; Lehrbuch Band sechs! Wie so viele andere Bücher, die in dieser Zeit herausgegeben werden, ist diese Arbeit dem Neuen Millenium gewidmet.

Der Titel, Kryon 2000 *„Über die Schwelle"*, ist eine Beschreibung von Kryon über unsere Bewegung hinein in die neue Energie 2000 und es handelt sich hierbei um ein Thema, zu dem uns seit elf Jahren Botschaften von Kryon gegeben werden. Auch wenn Sie das Buch nach dem Jahr 2000 in die Hände bekommen, so können Sie gewiss sein, dass es unabhängig davon für die aktuellen Themen und Ereignisse relevant ist und sein wird.

Vom Beginn des Schreibens mit der ersten Niederschrift für Kryon Buch Band I *„Das Zeiten-Ende"* in 1989 wies das gesamte Thema der Lehre von Kryon auf genau das hin, was gerade jetzt und in den kommenden Jahren (bis zum Jahr 2012) weltweit geschieht. Wenngleich ich normalerweise nicht jährlich ein Kryon Buch herausgebe, ist die nun hereinkommende Information so tiefgreifend anders, dass es ein großes Anliegen ist, diese Publikation jetzt zu veröffentlichen.

Es gibt sehr viel Freude in diesem Buch! Sollte Ihnen die Lektüre von Channelings generell oder von Kryon insbesondere neu sein, dann werden Sie diese Botschaften weitaus weniger sonderbar empfinden, als Sie es vielleicht vermuteten. So, wie wir beginnen, wie Kryon es formuliert, mit „unserem Höheren Selbst" oder „dem göttlichen Wesen in uns" zu verschmelzen, beginnt sich das Channeling für uns sehr viel *menschlicher*, d.h. *menschenähnlicher* anzufühlen. Nach meiner Einschätzung bedeutet es, dass wir beginnen, die Botschaften von der anderen Seite real fühlend wahrzunehmen, je dichter wir zu unserem Gott-Selbst hingezogen werden. So wird das Channeling für uns greifbarer - es ist uns weniger fremd, mehr vertraut und es gleicht eher einem Telefongespräch als einem übernatürlichen Besuch aus dem Jenseits.

Die Freude, Ehre und Gratulationen, die Sie von diesem Buch ausgehend wahrnehmen mögen, begründen sich in der Tatsache, dass wir jetzt in eine Energie übergegangen sind, welche seit 1989 die Hauptbotschaft von Kryon war. Vor elf Jahren sagte er uns, dass die Weltuntergangsprophezeiungen für den Übergang nicht stattfinden müssen. Er sagte uns, dass wir am Rande menschlicher Evolution stehen und dass wir es potenziell im alltäglichen Leben anhand der Nachrichten, des Wetters und in und mit uns selber sehen könnten. Im Jahr 1999 veröffentlichte ich in einem Magazin den nachfolgenden Beitrag mit der Überschrift „Haben Sie es bemerkt?". Er erzählt eine Geschichte mit einer wichtigen Botschaft:

Haben Sie es bemerkt?

Ich kann mich noch mit großer Genauigkeit an meine Gefühle erinnern, als ich im Jahr 1995 mit meinem Vortrag bei den Vereinten Nationen begann. Diejenigen, die sich im Raum 7 der UN versammelt hatten, waren gekommen, um eine Botschaft zu hören, aber die Information, die ich zu geben im Begriff war, war wohl kaum die von ihnen erwartete. Wie würde meine Botschaft von neuer Hoffnung bei dieser ausgewählten, aber durch ständigen Aufruhr und ungelöste Konflikte unruhigen Organisation ankommen? Und in dem Zusammenhang stellte sich überhaupt die Frage, was das hier eigentlich war, was geschah, dass ein metaphysischer Channeler aus Kalifornien zu Diplomaten über die Lage und den Stand der Welt sprach?

Ich begann meinen Vortrag mit den Worten: „In Nahost, wo laut den Prophezeiungen der Sand rot vom vergossenen Blut gefärbt sein sollte, treffen sich stattdessen genau in dieser Zeit zwei ehemalige Feinde und verfassen die Übereinkommen gemeinsamer Wasser-Rechte miteinander!" Ich fuhr damit fort, dass zwar die Anhänger von Schwarzmalereien, wie Verhängnis und Düsterkeit, die Hauptzeiten im Radio und Fernsehen und die Filme der Woche in den Kinos beherrschen mögen, dass aber der Überblick der Realität über den Stand der Welt sehr viel hoffnungsvoller ist und wir uns in eine neue Richtung bewegen. Es ist für die Medienmacher sehr viel dramatischer und damit auch wirtschaftlicher, die Leute zu verängstigen, als sie zu beruhigen, und die Vermarkter geben uns genau das, von dem sie wissen, dass es uns in Angst bringen würde.

Während vor nur zehn Jahren die Schreie in Nahost „Rache" und „Gebietsanspruch" lauteten, entscheiden sie in dieser Zeit, welche Flächen abgegeben werden sollten oder aus welchen Gebieten sie sich zurückziehen sollen und sie fragen: „Wie können wir es lösen?" Haben Sie es bemerkt?

Während wir vor nur zehn Jahren den Kalten Krieg hatten, der uns ständig fragen ließ, ob unsere Kinder überhaupt eine Zukunft haben werden, senden wir heute 1,5 Milliarden Tonnen Weizen in ein beunruhigtes Russland - das Land, in dem früher „das böse Imperium", für gewöhnlich der ehemalige Feind saß. Haben Sie es bemerkt?

Während vor nur zehn Jahren ein heftiger 30-jähriger Bürgerkrieg in Guatemala stattfand, ein Krieg, der alles in allem das Leben von mehr als 50.000 Zivilisten kostete, jeder einzelne von ihnen ein Familienmitglied, herrscht dort heute Frieden. Sie verkündeten das Kriegsende in 1997. Haben Sie es bemerkt?

Während vor nur zehn Jahren nichts anderes als Hass, Mord und Totschlag zwischen zwei christlichen Religionen in Irland herrschten, arbeiten heute beide Gruppen daran, dass Frieden besser als Krieg ist, und erarbeiten Paradigmen dafür, wie sie anders mit Differenzen umgehen können. Haben Sie es bemerkt?

Vor nur zehn Jahren hatten wir riesige Armeen mit noch riesigeren Waffenlagern. Heutzutage haben wir nur noch ein Drittel der Größe dieser Armeen und überlegen uns, wie wir die durch Rost unbrauchbaren Waffenlager beseitigen können. Der Schwerpunkt der Finanzierung hat sich von „Wie können wir den Aufbau von noch Größerem leisten?" hin zu „Wie können wir die alten Gerätschaften vernichten" entwickelt. Haben Sie es bemerkt?

Während wir vor nur zehn Jahren inmitten schrecklicher Vorhersagen bezüglich der sich nähernden Jahrtausendwende, die sowohl von alten als auch neuen Propheten stammten, förmlich hin- und herschaukelten, stehen wir heute an einem Punkt, an dem sich keine davon in dem Zeitrahmen ereignete, wie es uns vorhergesagt worden war. Haben Sie es bemerkt?

Es geschieht etwas. Das Bewusstsein der Menschheit beginnt sich zu verändern - langsam aber sicher. Der Beweis dafür ist vorhanden, wenn Sie bereit sind sich danach umzuschauen. Der rote Faden im Thema ist Frieden und nicht „Wer hat Recht und wer Unrecht?" Der Kommunismus ist auf beiderseitigen Wunsch der Bevölkerung nahezu verschwunden und heutzutage liegt der meiste Aufruhr in der Welt zwischen Stammeskulturen. Der meiste Unmut entsteht über die Frage: „Wie können wir die beiden gegnerischen Seiten zurück an den Friedenstisch bringen?" Haben Sie es bemerkt?

Auf Einladung besuchte ich noch zweimal die Vereinten Nationen, zuletzt Ende des Jahres 1998. Nun erwarten sie es „Gute Nachrichten" zu hören und oftmals erlebe ich einen Raum gefüllt mit lächelnden Gesichtern. Sie haben auch den Überblick gesehen. In dem Gebäude in New York, in dem es anscheinend niemals ein Übereinkommen oder eine Resolution zu geben scheint, sehen sie eine Bewusstseinsveränderung. Die Menschen der Erde beginnen weniger zu hassen und mehr zu lieben. Es gibt mehr Geduld. Es gibt mehr Hoffnung. Es gibt mehr Mitgefühl. Sie ändern ihre Bedürfnisse und Leidenschaften von: „Was können wir bekommen, ... haben?", zu: „Wie könnte der Kompromiss aussehen, sodass jeder gewinnt?"

Oh sicher, selbstverständlich versucht die alte Garde aus der Vergangenheit noch durch Auto-Bombenanschläge und hoffnungslose Terroristenangriffe alles zurückzustellen, aber die Führer kommen wieder zurück an den runden Tisch, um die Friedenspfeife zu rauchen. Und oh sicher, selbstverständlich bauschen die Marketing-Leute weiterhin verhängnisvolle Programme und Filme auf, sodass wir uns fragen sollten, ob wir es schaffen werden, aber im Vergleich mit den offensichtlichen wahren Wundern sind ihre Geschichten überholt und abgedroschen.

Ehemalige politische Gefangene sind heute an der Führungsspitze ihrer Länder. Langfristige Despoten und Tyrannen wurden von ihrer eigenen

Bevölkerung gestürzt. Unser Papst predigt Vergebung und spricht plötzlich freimütig über Themen, die nie vorher sichtbar von der katholischen Kirche wahrgenommen und ausgesprochen wurden. Menschen mit hohem Bewusstsein arbeiten an einem Rat der Ältesten, einem Rat der Weisheit, gebildet von aufrichtigen und unbefangenen Leuten aus der ganzen Welt - ein Rat, der sogar die Vereinten Nationen beraten könnte! Haben Sie es bemerkt?

Ich schlug das Wort Millenium im Wörterbuch auf: es hat zwei Definitionen: (1) Eine Zeitspanne von Tausend Jahren. (2) Ein erwünschter Zeitraum von Freude, Gelassenheit, Wohlstand und Gerechtigkeit. War Ihnen diese Art von Definition bekannt?

Im Dezember 1999 trafen sich einige von uns, um den Übergang ins neue Jahrtausend auf der Welt zu beobachten. Wir feierten die Tatsache, dass wir gewählt hatten friedvoll zu sein, währenddessen andere Menschen sich noch entschieden in Sorge und Angst zu sein. Wir vertrauten in eine Kraft, die weitaus größer als Angst ist. Wir wählten aktiv dem Gott in uns zu vertrauen - dem Funken von Größe und Würde, der immer Liebe statt Hass wählen wird, Frieden statt Krieg, Vergebung statt Rache. Wir vertrauten in eine neue Art von Mensch - Menschen, die wir heutzutage überall auf der Welt verteilt sehen - wahrhaftige Evolution menschlichen Geistes repräsentierend.

Auf den kommenden Seiten folgt...

Wieder besteht der überwiegende Teil dieses Buches aus Niederschriften von Live-Channelings aus der ganzen Welt. Sie sind an dieser Stelle mit ihrem Datum versehen und zeigen damit eine Abfolge der Energie, die sequenziell ist. Das heißt, dass Ihnen die Channelings in der Reihenfolge vorgestellt werden, wie wir uns dem Millenium nähern - über die Schwelle gehen - und uns in die neue Energie hineinbewegen.

Noch einmal möchte ich den Stil von Kryon erwähnen. Oft bietet er in den ersten zehn Minuten jedes Channelings eine liebende, gratulierende Botschaft. Dies ist sehr kraftvoll. Einige dieser Botschaften sind immer wieder für die neuen Zuhörer gegeben, aber es wäre überflüssig, wenn sie auf diesen Seiten mehrfach wiederholt würden. Wie zuvor habe ich daher im Buch einige derselben Kommentare in den Channelings ausgelassen, um Platz für das Neue einzuräumen. Spirituelle Kerninformationen sind stehen geblieben, weil wir sie brauchen und sie nicht oft genug hören können.

Kapitel Eins enthält eine Erklärung und Beschreibung einiger sehr verwirrender und schwieriger Themen, mit denen sich Kryon in diesem Buch befasst. Die Diskussion über Realität, Zeit und multidimensionale Themen beinhalten schwer zu verstehende Konzepte. Diese Konzepte werden aber, wie auch immer, gebraucht und so sollten wir sie, bevor die Channelings beginnen, betrachten und untersuchen. Überspringen sie dieses Kapitel nicht, denn es ist eine notwendige Abhandlung mit der Absicht, diese sehr grundsätzlichen Konzepte, die wir normalerweise nicht beachten, für das Verstehen zu vereinfachen.

So, wie die neue Milleniumenergie mit uns arbeitet, haben wir die Tatsache zu begreifen, dass das, was wir als unsere alte und beständige Realität sahen, in etwas anderes verändert wurde. Wie ist das möglich, wie funktioniert das? Wie kann die Zeit selber variabel sein? Dieses Kapitel ist meine Unternehmung, nahezu nicht zu erklärende Dinge mit Attributen, die wir tagtäglich brauchen werden, zu erklären.

Kapitel Zwei bis Sieben sind die Live-Channelings vor dem Millenium.

Kapitel Acht bis Zwölf sind Live-Channelings, die nach dem Überschreiten der Schwelle bis einschließlich Juni 2000 gegeben wurden.

Kapitel Dreizehn enthält zwei Konzepte von Kryon, die hier von Jan Tober (Ko-Autorin des Buches *Die Indigokinder* und Partnerin in der Kryon Arbeit) ausgeführt und erklärt werden. Viele haben von dem Todesphantom gehört (welches Kryon als Termination der Schatten bezeichnet) und Jan berichtet hierüber aus ihrer unmittelbaren Erfahrung, quasi aus erster Hand. Anschließend folgt ein großartiges Interview von Rick Martin von der in Las Vegas erscheinenden Zeitung *Das Spektrum*, in dem Jan weitere Informationen über eins unserer beliebtesten Themen, die Indigokinder, gibt.

Kapitel Vierzehn beinhaltet die Schriften dreier Einzelpersonen: Marc Vallée und Woody und Catie Vaspra, die eine profunde, intensive Analyse der Informationen vornahmen, die Kryon bei den Vereinten Nationen in 1998 channelte. Kryon sprach über die Gründung eines Rates der Ältesten *(hiermit sind die Weisen Alten gemeint)* auf dem Planeten - eine eingeborene, weise Gruppe von Stammesführern, welche den Menschen der Welt Weisheit über unsere Zeiten zu geben vermögen - Informationen, die wir gerade jetzt benötigen.

Es wird oft gefragt, ob sich gute Ideen jemals manifestieren werden. Gut, hier lesen Sie von Menschen, die diese Empfehlungen von Kryon aktuell aufgriffen und in Gang setzten. Es ist ganz überraschend, wenn wir daran denken, dass viele der einheimischen Weisen in der Welt tatsächlich darauf warten, von uns kontaktiert zu werden! Warum? Weil ihre Propheten es ihnen so ankündigten!

Kapitel Fünfzehn ist ein wissenschaftliches Update einiger Themen, über die Kryon in verschiedenen Kryon Buchveröffentlichungen ebenso wie in diesem sprach. Hierbei geht es für gewöhnlich um gechannelte Konzepte, die sich seit der letzten Kryon Veröffentlichung bewiesen haben. Es beinhaltet auch eine Diskussion bezüglich meiner fortgesetzten Suche nach Beweisen für die magnetischen Eigenschaften der DNA... die Erfolgschancen steigen. Es ist immer ein Vergnügen, die klassischen Wissenschaftler zu beobachten, während sie für den bisherigen gechannelten Stoff Beweise finden. In diesem Kapitel finden Sie einige Beispiele davon!

Ich schreibe diese Einleitung gerade, nachdem Jan Tober und ich, gemeinsam mit Robert Coxon (Kanadas Bestseller-Neues-Zeitalter-Musiker) und Gregg Braden (Geologe, Dozent und Autor) von einer Europareise (Mai 2000) zurückgekehrt sind. Innerhalb von zehn Tagen gaben wir gemeinsam Präsentationen vor insgesamt mehr als 5.300 Menschen (in Montreal, Brüssel und Paris). Die Veranstaltungen waren in ihrer Energie erstaunlich und wir waren alle von der Liebe, die wir empfangen durften, überwältigt.

Jahrelang fragte ich mich, wer wohl sonst noch die Botschaften von Kryon haben möchte - Informationen, die besagen, dass wir die Möglichkeit haben, unsere Zukunft durch unser Bewusstsein und Mitgefühl zu verändern - Botschaften, die besagen, dass die wahre göttliche Kraft in uns liegt.

Nun habe ich ein Geschenk erhalten: Gregg Bradens Forschung und seine profunden Informationen zeigen, dass die göttlichen Botschaften, die ich seit den vergangenen elf Jahren erhalte, auch in den altertümlichen verlorenen Texten der neulich entdeckten heiligen Schriften präsentiert sind!

Der Isaiah Effect (die Entschlüsselung der verlorenen Wissenschaft von Gebet und Prophezeiung) von Gregg Braden ist eins der besten im Jahr 2000 erscheinenden spirituellen Bücher. In diesem Buch finden wir Beweise, dass die von Kryon angebotenen Informationen, die uns ermöglichten unsere Realität zu verändern, uns gleichfalls vor langer Zeit in den Schriften der Propheten dargestellt wurden. In dem Buch von Gregg finden Sie den zwingenden Beweis, dass das Mitgefühl eines Menschenwesens die Realität der Erde verändern kann - und dass dies eine seit langem verlorene Botschaft gewesen ist!

So, wie Gregg, Jan und ich es gemeinsam präsentierten, war uns bewusst, dass wir aus ganz unterschiedlichen Perspektiven absolut genau dieselbe Botschaft geben. Gregg, der Geologe und Computersystem-Designer, und Jan und ich, die Spirituellen und Channels, boten alle eine tiefste Wahrheit an - *Der Mensch* ist kraft- und machtvoll und vieles ist, mit Respekt, verborgen und versteckt worden. Wir sind hier, um die Liebe und das Mitgefühl, welches in dem göttlichen Funken des Menschseins ruht, zu finden - etwas, was als Teil unserer Prüfung gut in uns verborgen war.

Liebe LeserIn, ich bin voller Freude darüber, in der Lage zu sein, Ihnen mit dieser Veröffentlichung wieder das geben zu können, was zu meinem Vertrag auf der Erde geworden ist: Die liebende Information und das liebende Mitgefühl des wundervollen Engels namens Kryon weiterzugeben... der Versuch, die Botschaften an Ihre Augen und an Ihr Herz zu übermitteln.

Kryon

Kapitel I

„Schwer zu verstehende Konzepte“

Lee Carroll

„Schwer zu verstehende Konzepte“

von Lee Carroll

Ich stelle fest, dass sich mein Leben als Channel-Medium hauptsächlich um Übertragungen dreht. Es geht um die Übersetzung dessen, was Kryon als „Die Dritte Sprache" bezeichnet, es ist die Übersetzung der Stimme von Spirit in eine menschliche Sprache. In meinem Fall ist es die englische Sprache. Ich weiß, dass einige von Ihnen dieses Buch in einer der 11 anderen Sprachen, die zur Veröffentlichung autorisiert sind, lesen, das heißt, Sie lesen also eine Übertragung von der Übersetzung!

Innerhalb dieser letzten Jahre channelte Kryon fortwährend Konzepte, die in jeder Sprache sehr schwer verständlich sind. Ich möchte dieses Buch beginnen, indem ich einige der schwierigsten Konzepte, die Kryon je dargelegt hat, in meinen Worten erkläre und Ihnen meinen Eindruck dazu gebe. Ich hoffe, dass dadurch einige der folgenden Channelings für Sie einfacher zu entschlüsseln und leichter zu verstehen sind.

Ich spreche hier von verschiedenen Konzepten und von einer Metapher, die Kryon wieder und wieder präsentierte. In dieser Ausführung werde ich mich mit den folgenden Themen, so wie sie von Kryon gegeben wurden, befassen: (1) „Jetzt" Zeit (und variable Zeit); (2) Realität des Menschen; (3) Dimensionalität und die Metapher von dem Zug und (4) die Ewige Seele des Menschen - allesamt sehr *leicht zu begreifende* Themen, nicht wahr?

Jetzt-Zeit

Gut, Zeit ist Zeit. Ich werfe einen Blick auf die Uhr und sie läuft immer in derselben Geschwindigkeit. Darüber hinaus haben uns die Wissenschaftler, welche ein Leben lang die Zeit messen, Atomuhren gegeben - sie sind für begrenzte Physik geeicht und sekundengenau in Tausenden Jahren. So sagen

Sie jetzt vielleicht, dass die Zeit absolut ist und die Wissenschaft dies bewiesen hat, nicht wahr?

In der Tat trifft das Gegenteil zu. Die Zeit ist variabel und die Wissenschaft hat auch das nachgewiesen. Kryon sagt, dass wir in 4D leben. Die Wissenschaftler bezeichnen es eigentlich als „drei-plus-eins", aber ich schneide dieses Thema hier etwas zu früh an, weil die Diskussion über Dimensionalität erst noch folgen wird. Ich habe Ihnen mitzuteilen, dass Kryon in dieser Diskussion die Zeit als eine der vier Dimensionen, die wir als Menschen als unsere Realität wahrnehmen, mit einbezieht. Unlängst taten dies auch die Physiker. Kryon sagt auch, dass jede dieser vier Dimensionen von variabler und konzeptionelle Natur ist: Höhe, Breite, Tiefe und Zeit. Das sind die vier Dimensionen. Bitte beachten Sie, dass keine davon *Dinge* identifiziert - es sind Konzepte. Aber später mehr davon.

Obwohl unsere Uhren in einer präzisen Geschwindigkeit laufen, und zwar scheinbar nur in eine Richtung (nach vorne), stellte einer unserer größten Wissenschaftler eine andere Theorie auf. 1917 gab Albert Einstein uns die Relativitätstheorie, welche variable Zeit erklärte. Nun, es handelt sich hier nicht um einen Versuch meinerseits, auf diesen Seiten $E=MC^2$ zu erklären. Ich bin das Medium und nicht der Wissenschaftler (Sind Sie jetzt nicht froh darüber?). Aber ich möchte Sie doch das Hauptthema dessen, was uns Einstein brachte, wissen lassen.

Er sagte, dass die Zeit variabel (oder relativ) sei, je nachdem abhängig davon, wie schnell wir unterwegs sind. Er gab uns das Paradox der Uhr. Dies ist ein lustiges, erfundenes Beispiel und es handelt von Weltraumreisenden, welche die Erde verlassen, sich überwiegend mit Lichtgeschwindigkeit zu einem weit entfernten Ort bewegen und dann zurückkehren. Wenn sie von ihrer Reise zurückkehren, ist jeder, den sie auf Erden zurückgelassen hatten, um vieles gealtert! Die Zeit hatte sich scheinbar für jene auf Erden beschleunigt oder sie hatte sich vielleicht für die Reisenden verlangsamt. Doch schienen in jedem Fall die Uhren, welche sie bei sich hatten, für jede Gruppe konstant zu sein! Was (Einstein zufolge) passierte, ist, dass die Variable der Geschwindigkeit etwas im Gefüge der Zeit änderte. Die Zeit war relativ zur Geschwindigkeit. Das hörte sich für Physiker gut an, aber es konnte erst dann bewiesen werden, als die Teilchenbeschleunigung zeigte, dass Einstein richtig lag. Etwa um die gleiche Zeit herum bestätigten Astronomen Einsteins Theorie, dass Schwerkraft Licht krümmt. So wissen wir also von einem führenden Wissenschaftler, dass die Zeit tatsächlich variabel ist.

Ich habe eine andere Metapher darüber, die später in unserer Diskussion im Zusammenhang mit dem Realitätszug stehen wird: zwei Züge verlassen den Bahnhof zur gleichen Zeit. Einer fährt schneller als der andere und er kommt früher ans Reiseziel. Die Uhren in den beiden Zügen zeigen stets dieselbe Zeit an, doch ein Zug kommt als erster ans Ziel. Sie sagen jetzt vielleicht: „Selbstverständlich ist das so. Das ist doch logisch.'' Wie dem auch sei, die Realität unseres Menschenzuges sieht Zeit nur als „die Uhr(zeit)''. Wir nehmen keine Dimension wahr, die eine andere Art von interdimensionaler Zeit berücksichtigt - die Geschwindigkeit des „Zuges'', in dem wir uns befinden.

Warum betrachten wir diese Geschichte? Damit Sie mehr von der JETZT-ZEIT und der REALITÄT verstehen können. Die JETZT-ZEIT wurde wieder und wieder in den Kryon Werken erwähnt. Von Anfang an sagte Kryon uns, dass wir in einer falschen, erfundenen Zeit namens LINEARER Zeit sind. Gottes Zeitrahmen ist JETZT. Für uns vergeht die Zeit, das heisst unser Zeitrahmen ist linear. Das mag Kryon zufolge „falsch'' sein, für mich ist es aber genau so, wie die Dinge funktionieren. Für mich bewegen sich alle Dinge entlang eines geraden Pfades. Während ich mich entlang dieses Pfades bewege, wird eine Zeitachse erschaffen, die das verkörpert, was ich gestern (in der Vergangenheit) getan habe, heute (jetzt) tue und was ich für morgen (für die Zukunft) plane. Kann es etwas geben, was einfacher und klarer ist als das? Kryon bezeichnet es, wie auch immer, als ein erfundenes Attribut für unser vierdimensionales Leben. Zusätzlich fährt Kryon später (in den wissenschaftlichen Channelings) mit abweichenden Zeitrahmen in anderen Teilen des „sichtbaren'' Universums fort.

Kryon sagt uns, dass der „Witz'' darin besteht, dass wir bereits im JETZT sind, aber dass unsere lineare Wahrnehmung „wie darüber geklebt'' ist, damit wir uns wohler fühlen. Er fragt Folgendes: *Wie nennt Ihr die Gegenwart?* Die Antwort lautet natürlich, dass wir sie als HEUTE oder JETZT bezeichnen. Er fährt weiter fort zu fragen: *„Wenn Ihr zum Morgen* *gelangt, wie werdet Ihr das bezeichnen?"* Die Antwort lautet wieder HEUTE oder JETZT. Dann fragt er: *„Und was ist morgen (was zu Eurem heute werden wird), wenn Ihr dann zeitlich zurückblickt, wie bezeichnetet Ihr die Vergangenheit, als Ihr Euch in ihr befandet?"* Die Antwort lautet wieder HEUTE oder JETZT. Kryon weist darauf hin und sagt, dass unabhängig davon, was Menschen als Vergangenheit oder Zukunft erachten, es im Augenblick des Geschehens als HEUTE oder JETZT bezeichnet wird. Daher ist Ihre und meine Realität immer JETZT und die Vergangenheit und die Zukunft sind nur Konzepte. So sind wir also immer im JETZT.

Ich weiß, dass dies esoterisch klingt, doch es ist irgendwie seltsam, denn es bedeutet, dass das JETZT die einzige Realität ist , die wir wirklich haben, und dass Gestern und Morgen nur vorgetäuscht sind. Kryon sagt, dass wir uns dies ansehen sollten, denn es ist die Grundlage der spirituellen JETZT-Zeit. Diese Diskussion ist nicht wissenschaftlich, sondern spirituell, denn die JETZT- Zeit wird von einem Menschen gebraucht, um „auf dem Goldenen Stuhl zu sitzen", von dem Kryon spricht. Es ist Teil der Milleniumsenergie und es bedarf der Menschen, um dazu eine Beziehung herzustellen. Lassen Sie mich erklären, was Kryon als den Unterschied zwischen der Realität der JETZT-Zeit und der Illusion der linearen Zeit bezeichnet. Ich habe mich nach Kräften bemüht, aber erinnern Sie sich bitte, dass die ganze Sache in seiner Konzeption interdimensional ist; es ist daher bestenfalls allein nur schwierig für einen linearen Verstand (vor allem für den meinen), dies zu begreifen.

Die JETZT-Zeit befindet sich in einem Kreis. Alles, was jemals war oder jemals sein wird, existiert dort in irgendeiner Form. Wir stehen inmitten des Zeitkreises. Die Dinge, welche wir getan haben, sind noch im JETZT mit uns. (Haben Sie irgendwelche Fotos davon, was Sie vor einer Weile gemacht haben? Oder wie steht es mit Erinnerungen?) Sie sind noch immer genau im JETZT bei Ihnen und bilden Ihre Realität. Die Zukunft existiert in Ihrem JETZT Kreis, auch wenn Sie in Ihrer Realität noch nicht manifestiert ist, als „Potenziale von Manifestationen". Daher befinden auch sie sich mit Ihnen im JETZT. Dieser gesamte JETZT Kreis wird von einer Energie beeinflusst, welche sich UNSERE REALITÄT nennt und sich aus der Gegenwart, unserer Vergangenheit und den Potenzialen für unsere Zukunft zusammensetzt. Kryon fährt fort und sagt, dass sich, sowie wir die Potenziale manifestieren (oder auch nicht), die Ausrichtung von UNSERER „REALITÄTSBOX" verändert.

So, wie Sie die Potenziale dieser JETZT Mischung verändern, verändern Sie auch die eigentliche Realität für sich selbst. Kryon sagt uns, dass der Lichtarbeiter ein „Realitätsveränderer" ist, der in der Lage ist, die Menschheit und den Planeten, auf dem wir leben, zu verändern, indem er das JETZT verändert. Dies ist, selbstverständlich, seit 1989 das Thema von Kryon. Wenn sich Realität für uns verändert, dann neigen die Attribute der Zeit ebenfalls dazu, sich zu verändern, obwohl wir es - wie bei den schnell fahrenden Reisenden in Einsteins Beispiel - nicht sehen können, weil alles um uns herum ebenso mitfährt.

Es ist die LINEARE Zeit, an die wir gewohnt sind. GESTERN ist das, was war und niemals wiederholt werden kann. HEUTE ist das, was jetzt mit uns geschieht - unsere Realität - und MORGEN ist unbekannt und nur ein Konzept von Hoffnung. Aber die Konzepte ereignen sich alle in einer unbegrenzten Fortsetzung von Augenblicken im JETZT. Sie lesen das gerade, nicht wahr? Hallo... das war gerade Ihr „Jetzt" und gleich werden Sie den nächsten Absatz lesen und das wird desgleichen Ihr „Jetzt" sein. Wo ist also das reale „Jetzt"? Es ist immer da, wo Sie sind!

In der JETZT Zeit ist Ihr Leben eine komplette Aufnahme (es ist ein Schnappschuss) der Energie der existierenden Vergangenheit, der existierenden Gegenwart und des existierenden Potenzials, welches Sie für die Zukunft kreiert haben. Es ist daher ein ausbalanciertes, vollständiges Bild von dem, wer Sie sind und wer Sie sein mögen. Es ist auch ein Bild von Selbstkontrolle, Selbst-Ermächtigung und Weisheit. Dieses JETZT Leben erschafft einen Menschen, der in der Lage ist, mit der Vergangenheit zu leben, durch die Augen des *Einen*, der das dahinter liegende *Warum* kennt und der friedvoll mit der Gegenwart ist, durch die Augen desjenigen zu sehen, der das *Potenzial des Warum* für die Zukunft kennt. Es ist ein Mensch, der wahrnimmt, dass der Kreis auch klein genug ist, um verstanden werden zu können, und dass alles von ihm - Vergangenheit, Gegenwart und Zukunft - auf einer interdimensionalen Art und Weise bekannt ist. Dieser Mensch versteht auch, dass sein JETZT Kreis zu ihm gehört. Dies erschafft Weisheit und Frieden. Sie können das, was Sie erschaffen haben, kontrollieren und Sie sind dafür verantwortlich. Realität ist nicht etwas, was „etwas für Sie tut".

Im Gegensatz zum linearen Menschen, der die Vergangenheit bedauert und versucht damit umzugehen, während er die Gegenwart ausgleicht und sich vor der Zukunft fürchtet, ist der Mensch des JETZT mit dem Konzept im Frieden, welches besagt: „Alles, was ich jemals war oder sein werde, ist in einer Energie von mir enthalten, JETZT. Ich habe daher sämtliches Werkzeug und Rüstzeug, um in jedes Potenzial zu gehen, welches ich jemals erzeugt habe oder erzeugen werde." Die lineare Zukunft mag in ihrer Manifestation unbekannt erscheinen, doch die Energie davon ist ganz und gar nicht unbekannt. Dies erschafft ein *„Dort gewesen sein, das und das getan haben"* -Gefühl für den erleuchteten Menschen - selbst wenn das bevorstehende Ereignis noch nicht wirklich „gekannt" erscheint. Es ist so ähnlich wie bei einem Film: Es wurde Ihnen gesagt, wie er ausgehen wird, aber Sie kennen noch keine Details.

Haben Sie jemals einen Menschen getroffen, der sich bezüglich jedwedem, was passieren könnte, friedvoll fühlte? Ich meine, wirklich im Frieden damit ist - und nicht nur ein Lippenbekenntnis zu dem Konzept, dass „Gott auf mich achten wird", abgebend? Wenn ja, so sind Sie einem Menschen begegnet, der das göttliche Wesen der JETZT Zeit versteht. Er/sie versteht, dass alles, was auch immer geschehen möge, im Rahmen seiner/ihrer Fähigkeiten liegt, weil er/sie in gewisser Weise die Realität dessen erschaffen hat. Wie wäre das für ein interdimensionales Konzept?

Der Witz? Kryon sagt, dass wir alle über dieses Potenzial verfügen, aber wir die Dualität, die uns unser Menschsein gibt, umlernen, sozusagen „ungelernt" zu machen haben. Dies ist in der Tat alles Teil der Prüfung, an der wir teilgenommen haben, - aus der vierdimensionalen Box, in der wir uns befinden, herauszuklettern und einen Zugriff zu unserem eigenen Leben zu bekommen.

Es ist unnötig zu betonen, dass dies nicht mit einbezieht, unsere Kraft und Macht an einen anderen Menschen oder jedwede andere Wesenheit des Universums abzugeben. Es geht um Selbst-Ermächtigung, Selbst-Erkenntnis, Eigen-Verantwortung und ja, die Entwicklung von Selbst-Wert. Und das, Freunde (die dieses Buch lesen), ist alles, worum es im Neuen Zeitalter geht.

Beispiel - Realität A: BOB. Dieser Mensch gräbt ständig die Vergangenheit hervor, welche ihn in etwas hineinführte, was ihm nicht gefällt. Er ist daher im JETZT, in dem ihm das, was er sieht, nicht gefällt. Zusätzlich neigt dieser Mensch dazu, aufgrund dessen, was er in der Vergangenheit erlebte, Angst vor der Zukunft zu haben. Er hat also ein JETZT erschaffen, das auf Angst, Opfersein und mangelnden Selbstwert ausgerichtet ist.

Beispiel - Realität B: BOB. Derselbe Mensch beginnt zu verstehen, wie die Dinge funktionieren. Er betrachtet die Vergangenheit und übernimmt die Verantwortung dafür. So existierte sie also mit seiner Erlaubnis und er gab ihr im Rahmen seiner gegenwärtigen Erfahrungen einen Wert. Es geht ihm jetzt weitaus besser mit sich selbst und er ist zuversichtlich, dass die Zukunft mit spiritueller Verheißung erfüllt ist. Dieser Mensch (derselbe) hat ein JETZT erschaffen, welches auf Liebe, Verständnis, Verantwortung und Hoffnung ausgerichtet ist.

Also... würde der reale BOB jetzt bitte aufstehen? Kryon sagt, dass Bob seine Realität veränderte. Er hat nicht nur seine Auffassungen oder Projektionen verändert - er hat nicht nur begonnen, positiv zu denken. Bob änderte sein ganzes inneres Verständnis und sogar seinen Zeitrahmen. Denn das, was Bob jetzt hat, ist viel mehr mit dem Engel, dem Lichtwesen in ihm ausgerichtet.

Menschliche Realität

Gut, wenn die Diskussion über Zeit und JETZT schwierig zu sein schien, dann ist das nun Folgende noch schwieriger, ich werde mich diesbezüglich also kurz fassen. Realität - der Stoff, der sich jetzt gerade um Sie herum befindet: der Stuhl, das Licht, der Geruch in der Luft - alles davon scheint unveränderlich zu sein und es ist der Stoff, welchen Sie als Realität beanspruchen können. Wie steht es mit Diskussionen über mehrfache, multiple Realitäten oder über die Veränderung unserer Realität? Was bedeutet das wirklich? Ich persönlich habe eigentlich niemals beobachtet, dass sich die Dinge vor mir in etwas anderes auflösen, was bedeutet es also? Nun gut, Bob (vom letzten Beispiel) tat es und seine Realität veränderte sich. Es schien nicht so, als hätte er mehrfache Realitäten... oder doch? Ich wollte im

Zusammenhang mit Bob auf etwas hinweisen: Als er sich fürchtete, hatte er doch noch immer das Potenzial des Selbst-Werts. Obwohl er an einer Realität teilnahm, hatte er doch viele, aus denen er wählen konnte!

Das bedeutet ganz einfach, dass multiple Realitäten für die Erde und uns existieren, aber *nur eine Realität zur selben Zeit.* Stellen Sie es sich als verschiedene Regalböden in einem vertikalen Schrank vor. Wir befinden uns auf einem Regal, welches dann als *unsere Realität* bezeichnet wird, doch es gibt auch oberhalb und unterhalb von uns Regale, die sowohl real sind als auch zu uns gehören. He, das ist unser Schrank! Wenn wir Potenziale in der JETZT-Zeit manifestieren, können wir die Regale - nach oben oder unten - verändern. Sie werden später in diesem Buch die Kryon Erklärung für die wunderbare Geschichte von Abraham und Isaak lesen. Sie wird Ihnen zu denken geben. Kryon sagt uns, dass Abraham durch sein Verstehen dessen, wer er ist (und die Botschaft, die er von Gott erhielt), die Realität seiner Zukunft während seiner Reise zur Spitze des Berges - auf dem Weg zur Opferung seines Sohnes - veränderte. Das ganze Gleichnis bekommt eine andere Bedeutung in Bezug auf die Fähigkeit des Menschen, seine Realität durch die Wahl zu verändern (Sie dachten, diese Geschichte handle vom Glauben; oder nicht?). Wenn Sie die Metapher des Zuges, welche in Kürze in diese Ausführung gebracht wird, lesen, wird all dies mehr Sinn für Sie ergeben.

Der Stoff, der vor Ihnen liegt und real erscheint, ist also tatsächlich real. Es ist nur so, dass der Stoff viele Potenziale hat, und Sie und alle anderen sitzen in nur einem der Potenziale zur selben Zeit. Wie die vielfachen Rundfunkprogramme, die in der Luft herumschwirren, können Sie auch immer nur eines zur selben Zeit einstellen, doch es sind viele verfügbar. Zu dieser rätselhaften Diskussion kommt noch hinzu, dass die persönliche Realität Ihrer Lebenssituation - vielleicht Sorge, Unruhe und was mit Ihnen passieren könnte, zu niemandem um Sie herum gehört. Es bezieht sich auf Ihre Position im JETZT. Erinnern Sie sich, wie wir die Diskussion über Zeit begonnen haben und wie es für uns den Anschein erweckt, dass Uhren beweisen, dass die Zeit sich nie ändert, sie sich aber laut der Wissenschaft in Wirklichkeit *ändert?* Ich frage Sie Folgendes: Was war bei Einsteins „Paradox der Uhr" real - die Zeit auf Erden oder die Zeit für den Reisenden? Die Antwort lautet „beide". Es ist nur so, dass sie unterschiedliche und simultane Realitäten hatten.

* * *

Ich unterbreche diese Ausführung, um Ihnen ein Beispiel aus dem realen Leben zu geben, welches sich gerade zu der Zeit ereignete, als ich diesen Text in einem Flugzeug - einem meiner Lieblingsplätze für das Schreiben - in meinen Laptop schrieb. Synchronizität ist manchmal seltsam und in dieser Energie des neuen Milleniums hatte ich so schnelle Bestätigungen und Lektionen in puncto Synchronizität wie nie zuvor in meinem Leben.

Es ist der 20. Februar 2000 und ich befinde mich auf einem United Airlines Flug Nr. 229 von Washington, D.C. nach San Diego. Ich bin auf dem Rückflug von einer wunderbaren Reihe von *Kryon at Home* Treffen in einigen südlichen Städten der Vereinigten Staaten (Roswell, Georgia und Spartanburg, South Carolina). Gerade als ich den Absatz zu Ende getippt hatte (zwei Absätze oberhalb von diesem), verspürten wir alle in unserem Airbus einen Ruck - einen Ruck, der sich nicht so wie eine der typischen Turbulenzen anfühlte, an die wir beim Fliegen gewohnt sind.

Ein Mann, der in Reihe 12 auf der rechten Seite des Flugzeuges saß (etwas achtern vom Flügel), schrie, dass vom Motor ein Feuer ausging! Die Flugbegleiter beeilten sich, es zu überprüfen, und sie sahen von mehreren Reihen aus den Fenstern, während sich überraschte Passagiere anstrengten, ihnen aus dem Weg zu gehen. Ja, es gab ein Feuer! Sie rannten wieder zurück, den Gang entlang und einen Augenblick später ereigneten sich mehrere Dinge. Zuerst stoppten sie den Film, der während des Fluges lief (ich wollte ihn wirklich auch sehen!). Als Nächstes hörten sie auf zu lächeln und verwandelten sich in ein äußerst effizientes Team von nicht mehr zu Späßen aufgelegten Instrukteuren, wie ich es derart noch nie zu Gesicht bekommen hatte. Sie standen in den Gängen und warteten auf den Flugkapitän, der uns informieren würde, dass wir einen Motor verloren hatten (das befürchteten wir), und dass wir am erstmöglichen Flughafen landen würden (woraus dann schließlich St. Louis wurde). Wir landeten auch rasch (meine Ohren verrieten mir das, denn draußen war es dunkel und man konnte nichts erkennen... abgesehen von den Flammen, die aus einem der Motoren kamen).

Für die Dauer der nächsten halben Stunde umkreisten wir St. Louis und währenddessen gingen die Piloten die Standard-Checkliste für Notlagen wie diese hier durch und ließen Treibstoff fallen, um das Gewicht zu verringern (was uns eine sichere Landung gewährleistete), und die Flugbegleiter drehten das Licht an und forderten uns auf, den Gurt anzulegen und die Lehnen aufrecht zu stellen. (Ich hätte wirklich lieber den Film gesehen).

Viele Menschen waren sehr verängstigt. Der Mann, der als Erstes das Feuer entdeckt hatte, war kreidebleich vor Angst. Er klebte am Fenster und erwartete noch mehr Feuer, obwohl der Motor abgestellt und kalt geworden war (so sagte man uns). Andere begannen sich vornüber zu beugen und es war deutlich erkennbar, wie sich die Angst in der Gruppe ausbreitete, in dieser ziemlich kleinen, vibrierenden Röhre mit Druckausgleich - Linienflugzeug genannt - die rasch von 30.000 Fuß auf etwas weniger als 5.000 hinunterging. Andere Geräusche, die man normalerweise während des Fluges nicht hört, ergaben sich allmählich dadurch, dass die Piloten Systeme testeten und die Pumpen immer noch Treibstoff fallen ließen. Die Menschen waren erschrocken. Und auch die neuen Geräusche waren nicht sehr hilfreich.

Ich machte meinen Laptop zu und sah mich um. Dies war real! In der Tat, es gibt nichts, was dem Gefühl einer weniger-als-tröstlichen Realität gleichkommt. Wir wurden in der Vorbereitung auf einen Unfall angeleitet!

Hier hält die Geschichte an ...

Warum war ich dort? Was war die Lektion? Kryon kam zu mir (wie er es die ganze Zeit über tut), und sagte: *„Lee, hast Du Angst?"* Ich sagte, nein. Es war verrückt, aber die Antwort lautete nein. Es erschien mir so, als sei alles in Ordnung. Er sagte mir, dass ich zur rechten Zeit am rechten Ort war und dass ich mich nach den verschiedenen Realitäten umsehen sollte, die sich in dem Flugzeug ereigneten.

Manche erinnerten sich noch einmal an das vor kurzem geschehene Flugunglück der West Coast Alaska Airlines, während sie spürten, dass das Flugzeug ruckartig und in einem langsameren Tempo als gewöhnlich den St. Louis Flughafen umkreiste. Das bereitete ihnen große Angst. Einige gerieten langsam in Panik. Der Mann in Reihe 12 *erwartete*, mehr Feuer zu sehen. Die Flugbegleiter wussten das und so sprachen sie über die Lautsprecher zu den

Passagieren, um uns alle zu beruhigen. Die leitende Flugbegleiterin sagte uns, dass sie dies bereits zuvor durchgemacht habe - etc., etc. (War sie schon einmal abgestürzt?) Manchen half es, aber andere zweifelten zunehmend daran, ob ihnen die Wahrheit gesagt wird. Man hatte das Gefühl, dass etwas mit dem Flugzeug nicht in Ordnung war. Ungewissheit erschafft Angst. Angst erschafft Zweifel und Verschwörungstheorien - klingt für mich absolut sowie das Leben.

Die Flugbegleiter teilen der Menschengruppe auch mit, dass das Flugzeug in der Lage sei, auch nur mit einem Motor fliegen zu können. (Warum wurde das Flugzeug dann für zwei konzipiert, erwiderte die Menschenmenge beinahe einstimmig). Anders ausgedrückt, unabhängig von dem, was gesagt wurde, die Individuen in dem Flugzeug hatten eine Realität, die sich aus dem zusammensetzte, was sie erlebt hatten, was sie gerade erlebten und was sie möglicherweise erleben würden. Wow. Was für eine „feine" Lektion.

Meine Realität? Ich sah mich selbst am Boden des Terminals in St. Louis, wie ich gerade diese Botschaft für Sie tippe und ein Coca Cola trinke (was natürlich dem entspricht, was geschah). Aber für viele war die Realität Angst und Panik und es war naheliegend, absolut keinen Frieden in Bezug auf diese sehr REALE Situation, die sich entwickelte, zu haben. Ich gebe zu, dass ich sehr geübt darin war, im JETZT zu sein. Es hat meine Realität gemildert und es war mir vollkommen bewusst, dass alles in Ordnung sein würde. Es war mir nicht möglich, dies irgendjemandem in dem Flugzeug zu vermitteln, aber ich fühlte mich für das, was ich erschaffen hatte, verantwortlich und ich hatte heute kein Unglück mit diesen Menschen verursacht. Über die Dauer dieser halben Stunde gab es viele verschiedene Realitäten in diesem Flugzeug. Ich konnte sie sehen und begriff, warum ich hier war.

So geht die Geschichte weiter...

Wir starteten unseren Anflug in Richtung Flughafen und ich war mir darüber im Klaren, welche Schwierigkeiten der Pilot haben musste. Das Flugzeug kam vom Kurs ab, als wir uns im letzten Anflug befanden. Das bedeutete, dass es den Anschein erweckte, dass das Flugzeug nicht in der Lage war, gerade ausgerichtet zu bleiben. Es flog in einer geraden Linie, doch das Flugzeug selbst zeigte nach links, dann nach rechts, als der eine Motor auf einem Flügel mehr oder weniger Schubkraft hatte, während wir zur Landung anflogen. Für uns alle, die wir oft fliegen, fühlte sich das Flugzeug mit nur diesem einen Motor zum Antrieb des Landungsvorgangs anders an. Ich bin mir sicher, das traf auch für den Piloten zu!

Auf 500 Fuß hörte man den Piloten auf der Bordverständigungsanlage und er sprach mit scharfer Stimme die Worte, „bereit machen, bereit machen.'' Alle Passagiere griffen an ihre Fußknöchel und legten ihre Köpfe zwischen die Knie. Kennen Sie dieses Merkblatt mit Anweisungen für Unfälle, die sich während des Fluges auf der Vordertasche Ihrer Sitze befinden? Wir verwendeten sie tatsächlich! Ich befand mich selber - gemeinsam mit den anderen - in Nasenweite vornüber gebeugt, um meine Knie genau zu betrachten!

In einem einstudierten Szenario „sangen'' die Flugbegleiter einstimmig: „Bleiben Sie unten, stehen Sie nicht auf; bleiben Sie unten, stehen Sie nicht auf'', während sich das Flugzeug dem Beginn der Rollbahn näherte. Es war alles sehr interessant, doch ich blieb friedvoll. Es schien im letzten Augenblick so, als ob das Flugzeug über der Rollbahn schweben und sich aufrichten würde. Wir erlebten dann letztendlich das, was scheinbar eine normale Landung war. Als wir, nachdem wir aufgesetzt hatten, langsamer wurden, brach in der Kabine Applaus aus und fremde Menschen, die ein paar Augenblicke zuvor verschiedene Realitäten geteilt hatten, teilten in diesem Moment nur eine einzige - die des Feierns!

Die Maschine bahnte sich den Weg zu einem Ersatz-Ausgang am St. Louis Terminal, welcher zu einer anderen Fluglinie gehört, gefolgt von mindestens acht Rettungs-Lastwagen mit vielen Feuerwehrmännern, die alle den rechten Motor konzentriert anstarrten, der Feuer gefangen hatte und ausgeschaltet werden musste. Wir wollten die Piloten alle umarmen, doch sie machten sich davon, möglicherweise um massenhafte Schreibarbeiten zu erledigen und eine Einsatzbesprechung nach dem Flug zu machen, ehe sie die Details vergaßen. Man sagte mir, dass die Kassetten in dem Flugschreiber (die „black box'', welche orange ist) auch heruntergeladen werden, um das Ereignis für den Sicherheitsausschuss der FAA (Federal Aviation Agency = Bundesluftfahrtsbehörde) zu prüfen.

Genau gerade JETZT ist meine Realität jene, welche ich die ganze Zeit über sah: Ich bin in St. Louis am Boden und schreibe dies an Sie. Kryon gab mir eine Sychronizität, nicht um meine Fähigkeit, auf dem *Goldenen Stuhl* zu sitzen, zu prüfen (wie er einigen von Ihnen aus vorherigen Büchern bekannt ist), sondern um zu sehen, wie sehr sich die REALITÄT von Mensch zu Mensch unterscheidet, selbst im Rahmen dessen, dieselbe Situation gemeinsam zu teilen.

Freunde, wie sehen Sie Ihr Leben? Wie steht es mit den Herausforderungen in Ihrem Leben? Können Sie in Frieden sitzen und Ihre Realität während einiger der schlimmsten Momente ändern? Wenn die Antwort Ja lautet, dann verstehen Sie wahrlich Ihr göttliches Wesen. Sie sind fähig, auf dem Goldenen Stuhl zu sitzen (Kryon Lehrbuch Band IV, *Gemeinsam mit Gott*).

Die Metapher von dem Zug

(und Dimensionalität)

Sie finden in mehreren Channelings in diesem Buch einen Hinweis auf die von Kryon gegebene Metapher vom Zug, doch ich werde sie Ihnen auf eine umfassendere Weise erklären, damit Sie sie besser verstehen können, wenn Sie in den kommenden Kapiteln darüber lesen. Diese Metapher handelt von drei Dingen: (1) Die Erklärung der Dimensionalität; (2) wie Propheten die Zukunft vorhersagen und (3) ein bildhaftes Beispiel dessen, was in den letzten paar Jahrzehnten mit der Realität des Planeten geschehen ist.

Kryon sagt uns, dass wir es lieben, nahezu alles, was uns möglich ist, aufzusplittern. Auch hegen wir den Wunsch, nahezu alles auszuzeichnen oder zu nummerieren - selbst Konzepte. Kryon sagte uns, dass seine/ihre Familie die Familie von Erzengel Michael ist. Ich wollte auf der Stelle wissen, wie das wohl funktioniert. Wie sah die Engelkarte aus? War das die eine mit Einfluss, Herrschaft und Verantwortung? Genau zu dem Zeitpunkt war es, dass Kryon mir sagte, dass es keine solche Karte gibt. Es gäbe in der Tat keine Hierarchie und keine vertikale Organisation! Ich wunderte mich, wie das möglich sein könnte. Ich war an eine vertikale Managementorganisation gewohnt, in der es einen Chef oder Befehlshaber und Untergebene etc. gibt. Wie sonst sollte jeder wissen, wer was macht? Kryon sagt, dass die Familie von Spirit horizontal, interdimensional ist! Da finde mal heraus, was *das* bedeutet!

Stellen Sie sich vor, Sie wären in einer Unternehmensstruktur, in der Sie mit anderen zusammenarbeiten, und es gibt dort keinen einzigen Manager - in gewisser Weise treffen alle Angestellten gemeinsam Entscheidungen über die Leitung des Teams. Dies würde eine Art von ähnlichem Gruppenbewusstsein und generelle Arbeitskenntnisse erfordern. Kryon sagt, dass es genau dem entspricht, was eine spirituelle Familie hat und tut!

Kryon sagt auch, dass es unsinnig ist, dass die Menschen Dimensionen nummerieren möchten. Er sagt uns Folgendes über Dimensionalität: (1) Dimensionen sind alle miteinander verbunden und jede Dimension beinhaltet Elemente von jeder anderen. Wie kann man sie also voneinander differenzieren? Eine „höhere" Dimension ist oft eine Kombination aus den niedrigeren und der höheren, doch wir möchten sie alle mit einer Zahl versehen und ihnen eine Bedeutungsebene geben. (2) Dimensionen sind alles Konzepte und niemals konkrete Dinge. Daher können wir sie nicht einmal definieren, ohne irgendwie das Ding mit einzubeziehen, welches sie betreffen (sie sind relativ zu der Sache, welche sie beschreiben).

Kryon führt zum Beispiel an, dass wir in vier Dimensionen leben (er mag es nicht sehr, es so zu benennen)! Aber für uns sagt er, dass wir „4D" sind. Wie ich zuvor erwähnte, sind die Dimensionen Höhe, Breite, Tiefe und Zeit. Jede von ihnen entspricht einem Konzept und sie ergeben keinen Sinn, ohne dass wir sie in Verbindung zu dem beschreiben, auf das sie sich beziehen. Beispiel: Stellen Sie sich eine quadratische Schachtel auf Ihrem Schoß vor. (Wenn Sie dies im Stehen lesen, dann setzen Sie sich bitte). Die Schachtel hat eine Höhe, eine Breite und sie hat Tiefe. Sie ist hier mit Ihnen in 4D. Nun kommt ein Freund vorbei, der sie mehrere Male herumdreht und anschließend wieder zurück auf Ihren Schoß legt. Oops! Die *Höhe* der Schachtel, welche Ihr Freund soeben herumdrehte, war zuvor, bevor er kam, noch die *Tiefe*. *„Welche ist es nun?"*, fragen Sie sich vielleicht. Die Antwort lautet, dass es davon abhängig ist, zu welcher Zeit Sie sie betrachtet haben!

Verstehen Sie, dass alle Dimensionen - sogar unsere einfachen vier - nur in Form von Konzepten existieren, die darauf warten, sich materiell durch unsere Überprüfung zu manifestieren? Zusätzlich scheinen sie alle ein Ding zu sein und miteinander in Beziehung zu stehen. Gemeinsam erschaffen sie eine Gesamtheit, welche wir als unsere Realität definieren. Und wie die Schachtel kann sie sich verändern je nach den Umständen, welche wir erschaffen.

Kryon sagt mir, dass die Dimensionalität unserer Existenz gemeinsam einem Kuchen gleichkommt. Wenn Sie einen Kuchen anschneiden (nun werde ich Hunger bekommen, wenn ich hiermit fortfahre), dann existieren darin, im Inneren, keine Hinweise wie Etiketten, welche besagen: „Hier ist Nummer eins, der Zucker; hier ist Nummer Zwei, das Salz; hier ist Nummer drei, das Mehl.“ Nein. Dies waren Zutaten, aus denen der gesamte Kuchen zusammengesetzt wurde. Wenn Sie den Kuchen ansehen oder ihn kosten, sind Sie sich der Teile nicht bewusst. Stattdessen genießen Sie und haben Teil am ganzen Kuchen. Das ist, so wie es für mich möglich ist, nahe der Definition dessen, in welcher Beziehung Dimensionen zueinander stehen.

Wir sind Teil von einem 4D Kuchen namens *Menschenwesensart*, was eine Mischung ist. (Kein Wunder, dass Kryon diese Dinge nicht nummerieren möchte). Außerdem sitzt diese 4D Mischung in einer unbegrenzten dimensionalen Schüssel - die wir nicht sehen können, die aber Zutaten enthält, die zum Kuchen hinzugefügt werden können, um seinen Geschmack zu verbessern. Alles, was es für den Koch (uns) zu tun bedarf, ist, sich zu entschließen, mehr Zutaten zu wählen. Wie bei einem Radioprogramm: Wer nicht auf einen Sender eingestellt ist, kann, ohne sich „einzustellen“, nicht einmal wissen, dass die Zutaten existieren. Kryon sagt, dass dieses „Einstellen“ das Thema der Veränderung unserer Realität ist.

Der Zug: Kryon teilt uns mit, dass unsere menschliche 4D Realität in der linearen Zeit wie ein Zug namens *Menschheit* ist. Er bewegt sich entlang eines Gleises. Wir sind uns der Bewegung des Zuges, die wir als den Verlauf der Zeit bezeichnen, bewusst. Das Gleis ist unsere Realität. Während sich der Zug voranbewegt, bekommen wir unsere kostbare Vergangenheit, Gegenwart und

Zukunft (und wir stellen sie uns gerne so vor, als seien sie hier). Das Gleis steht für alles, was jemals (scheinbar hinter uns) existierte, und alles, was jemals (scheinbar vor uns) existieren wird. Bevor ich Ihnen das geheime Attribut des Gleises darlegen werde, möchte ich Ihnen einige zusätzliche Dimensionen verraten.

Wie gesagt, der menschliche Zug ist 4D (oder drei-plus-eins, wie die Wissenschaftler es gerne bezeichnen). Er hat Höhe, Breite, Tiefe und Zeit. Kryon sagt, dass es auf unserem Zug noch jede Menge mehr gibt, dessen wir uns nicht bewusst sind. Wir haben uns lediglich noch nicht darauf eingestellt. Wir haben auch die Dimensionen fünf, sechs, sieben (wenn wir sie nummerieren), und weitere schleichen herum und warten darauf, aktiviert zu werden.

Okay, Kryon, was ist Nummer fünf? Kryon sagt, es ist die Fähigkeit, *Fenster* in den Zug einzubauen! Was? Unser Zug hat keine Fenster? Nein, sagt Kryon. Wir spüren die Bewegung der Zeit, doch wir haben keine Ahnung davon, wie schnell wir uns bewegen (indem wir aus den Fenstern sehen), und auch nicht davon, was sich vor dem Zug befindet (die Fähigkeit, unsere mögliche Zukunft zu identifizieren oder die Energie, auf die wir uns zubewegen). Ich habe noch nie darüber nachgedacht. Nun verstehe ich besser den Prozess, welchen Visionäre mit fünf-dimensionalem Sehvermögen haben!

Hier finden sich die Worte von Kryon wieder, wenn er sagt, dass die Metapher des Zuges hilft, eine spezielle Realität zu erschaffen, welche von jenen „gesehen" werden kann, die über ein fünfdimensionales Sehvermögen verfügen. Damit ich Ihnen dies darlegen kann, sollte ich an dieser Stelle das geheime Attribut des Gleises verraten, welches ich zuvor erwähnte. Als es darum ging, über unseren Zug der „Realität" nachzudenken, haben Sie sich vielleicht ein vollkommen gerades Gleis für diesen Menschheitszug vorgestellt - eins, das sowohl vor als auch hinter Ihnen in die Unendlichkeit verschwindet. Wenn Sie das gesehen haben, dann waren Sie ebenso närrisch, wie ich es war. Das Gleis ist überhaupt nicht gerade. Es ist vielmehr ein Kreis! Der Kreis mag wirklich groß sein, aber das Gleis verläuft kreisförmig. Erinnert Sie das jetzt an die JETZT-Zeit? Übrigens in dem Zusammenhang - zum Vergnügen der meisten Mathematiker - sagt Kryon auch, dass so etwas wie eine gerade Linie nicht im Universum existiert.

Während sich unser *„Menschheitszug"* auf dem Gleis der Realität bewegt, werden in gleichmäßigen Abständen Energiepakete fallen gelassen. (Bedenken Sie, dass dies eine Metapher ist, okay?) Diese Energiepakete stehen für die Energie (Bewusstsein und Erleuchtung) der Menschheit zu der Zeit, zu der sie fallen gelassen werden. Es ist eine Art von Zeitkapsel, die erkennen lässt, wer wir in diesem Moment sind. Wenn der Zug in etwa einem Jahr (ungefähr) wieder vorbeifährt (auf seinem großen Kreis), dann wird ein weiteres Paket an genau demselben Ort fallen gelassen. Wenn die spirituelle Energie der Menschheit identisch (wie sie es seit Äonen war), mit dem ersten, zuvor fallen gelassenen Paket ist, dann verstärkt sich die kombinierte Energie der zwei Pakete selbst auf dem Gleis und das Potenzial des Gleises wird größer.

Bald kann jeder Visionär, der über ein fünfdimensionales Sehvermögen verfügt, „sehen", wie die Energiepakete vor die Fenster des Zuges kommen. Die Pakete sind wirklich groß! Bildhaft gesprochen repräsentieren diese Pakete unser zukünftiges *Potenzial* oder das, was wir *gemeinsam* für die Zukunft *erschaffen*, während wir uns auf dem Gleis bewegen. Die heutige Energie ist das Potenzial von Morgen (noch mehr von dem JETZT-Stoff). Zusätzlich müssen wir das Offensichtliche erwähnen. Wenn sich das Gleis in einem Kreis befindet, dann sind die Vergangenheit, Gegenwart und Zukunft alle Bestandteil von derselben, geraden, linearen Zeit des Gleises. Was dann den Unterschied zwischen Vergangenheit, Gegenwart und Zukunft definiert, ist die relative Position unseres Zuges auf dem Gleis (sogar noch mehr JETZT-Stoff). Sagte ich Ihnen, dass dies lustig werden würde?

Alte Propheten, wie Nostradamus, und jene, welche die Heiligen Schriften verfassten; oder neue Propheten, wie der gegenwärtige Gordon-Michael Scallion, können ihr Talent verwenden, ein Fenster vor dem Zug zu haben. Sie können auf das Gleis hinausblicken und die Energie identifizieren und sehen, wie groß die Pakete sind. Sie geben uns oft eine sehr genaue Beschreibung dessen, was wir für die Zukunft erschaffen und wie lange es dauern wird, bis die Pakete in Manifestation verwandelt würden. Solange die Energie der Menschheit gleich bleibt, werden die Vorhersagen einfacher und genauer (da die Pakete jedes Mal größer werden). Schließlich stoßen wir auf ein sehr großes Energiepaket und es manifestiert sich selbst zu... (Sie haben es erraten), unserer gegenwärtigen Realität.

In meinen vorherigen Büchern habe ich Ihnen gesagt, dass die gesamte Absicht hinter Kryon ist, uns zu helfen, um zu begreifen, wie dies funktioniert, damit wir verstehen, wie wir unsere Zukunft verändert haben. Aber bis hierher hatten wir eine ganze Menge glaubhafter, prophetischer Vorhersagen über unsere Endzeiten, die scheinbar alle „Schlange standen" (Berechtigung hatten, die eine wie die anderen)! Diese Tatsache jagte vielen Menschen Angst ein (ungefähr so, als wenn man in einem Flugzeug sitzt, dessen Motor brennt). Wenn die Stewardessen und die Piloten den Passagieren mitgeteilt hätten, dass sie abstürzen würden, dann hätte meiner Meinung nach die Realität wirklich ganz anders ausgesehen. Aber sehen Sie sich das an: Auf unserer Erde haben uns nahezu alle Autoritäten (jene mit der Weisheit der Prophezeiung) gesagt, dass wir abstürzen würden! Und wie Sie bemerkten, als die Zeit zur Landung am 1. Januar 2000 kam, schafften wir es. Es gab keinen Absturz.

Wenn Sie die Dimensionen also zu nummerieren haben, so ist die fünfte Dimension in unserem Zug eine Dimension, die uns die Fähigkeit schenkt, aus dem Zug hinauszuschauen. Abgesehen davon, dass es Ihnen nun eine Vorstellung davon gibt, was sich auf dem Gleis vor Ihnen befindet, sehen Sie zusätzlich auch, wie die Bäume vorbeisausen (schon wieder bildhafter Stoff), Sie können also rechteigentlich erkennen, wie schnell Sie sich bewegen.

Erinnern Sie sich an meine Ausführung über die Relativität der Zeit? Wir wissen wirklich nicht, wie schnell wir uns bewegen. Wir haben nicht einmal Fenster! Unsere Uhren zeigen alle dasselbe in unserem Zug und wir sind uns der Bewegung der Zeit bewusst. Aber bewegen wir uns auf dem Gleis schneller? Langsamer? Es führte mich jedoch zu dem, was Kryon als die sechste Dimension bezeichnet - die Geschwindigkeit des Zuges! Wie dieser Kuchen, über den wir zuvor sprachen, müssen diese Dimensionen alle zueinander passen und keine kann alleine stehen. Sie alle betreffen den „Geschmack des Kuchens", in unserem Falle den der Realität. Die Geschwindigkeit unseres Zuges (Dimension sechs) bezieht sich daher auf alle anderen Dimensionen um ihn herum, inklusive der bevorstehenden. Ich möchte Sie an etwas erinnern: Ganz gleich, wie schnell wir uns auf unserem Gleis bewegen, die Uhren zeigen immer noch dasselbe an (wie ich anfangs erwähnte). Die relative Zeit im Zug ist immer konstant. Selbst wenn wir das Gleis in Höchstgeschwindigkeit entlangfliegen, beeinflusst das die Zeiger auf unseren Uhren nicht.

Die siebte Dimension in unserem Zug Metapher ist die *Farbe* des Zuges. Was bedeutet das? In der Metaphysik steht eine Farbe oft für die Energieebene einer bestimmten Schwingung. In dieser Metapher bedeutet die *Farbe* also das *Schwingungstempo* des Zuges - oder in diesem Fall der Menschheit. Beachten Sie, dass dies in starkem Zusammenhang mit der Zahl Vier, Zeit, und der Zahl Sechs, Geschwindigkeit, steht. Wenn dies verwirrend wird, dann bedenken Sie einfach, dass uns Kryon sagte, dass wir diese Dinge nicht mit Zahlen versehen, das heißt nummerieren sollen! Er möchte, dass wir sie probieren, damit wir eine Vorstellung von der relativen Gesamtheit der Teile bekommen.

Nun haben wir also eine Erklärung für sieben Dimensionen: (1) Höhe; (2) Breite; (3) Tiefe; (4) Zeit; (5) Energie und Zeitbewusstsein; (6) Geschwindigkeitsbewusstsein und (7) Bewusstsein über Schwingungstempo. Ich bitte Sie nochmals, zu beachten, dass es für keine dieser sieben Worte eine konkrete, empirische Bedeutung gibt. Sie alle beschreiben etwas anderes. Das macht sie meiner Meinung nach konzeptionell. Und daher ist jede Diskussion über Dimensionalität in ihrer Art schwer zu begreifen (ich versuche noch immer, Einsteins Rätsel der Zeit zu lösen!).

Einige Bücher informierten uns unlängst darüber, dass wir uns jetzt in einem Aufstiegsstatus bewegen und dass uns dieser Aufstiegsstatus in die sechste und siebte Dimension führt. Damit stimme ich überein! Sehen Sie sich an, wie die Metapher des Zuges zeigt, dass die Menschheit allmählich beginnt Nummer fünf, sechs und sieben anzuwenden. Verstehen Sie es nun besser? Es gibt noch mehr und auch noch eine weitere Metapher, um es zu erklären. Noch einmal, Kryon sagt, dass jede Dimension, wie bei einem Radiosender, durch das Schwingungsradio unserer Zellstruktur „eingestellt" zu werden hat. Wenn wir nicht auf den Sender eingestellt sind, dann werden wir nicht in der Lage sein, das ganze Verstehen erlangen zu können.

Wissenschaftler haben vor kurzem berichtet, dass das Innere eines Atoms für uns nicht sichtbare multiple Dimensionen hat und dass wir eine neue

Art von Mathematik zu entwickeln haben, um uns ein gutes Bild davon zu machen, wie die Dinge funktionieren. Für mich klingt das so wie: „Wir können uns noch nicht auf sie einstellen."

Okay, nun haben wir einen neuen Kuchen. Wir haben mehr Zutaten als die Grundzutaten, die wir immer verwendeten, und es ist jetzt Zeit, die Schokolade oder die Mandeln oder Vanille hinzuzufügen (ich gehe in Richtung Küche). Die Metapher des Zuges ist noch nicht fertig. Der beste Teil kommt erst noch.

Das Wechseln der Gleise: Haben Sie in der Metaphysik schon einmal den Ausdruck „Der einzige Planet mit freier Wahlmöglichkeit" gehört? Ich habe mich immer gefragt, was das bedeutet. Es kam mir ein wenig hochtrabend vor, zu denken, dass wir von allen Planeten, die intelligentes Leben zeigen, die Einzigen seien, die sich (als Beispiel) Eier zum Frühstück aussuchen können. Gut, dieser Ausdruck bezieht sich auf den menschlichen Geist, es geht hier also nicht ums Frühstück oder darum, was wir anziehen werden oder wohin wir gehen sollen. Es handelt von der spirituellen Wahl.

Wenn Sie Kryon Buch Band fünf *Briefe von Zuhause* gelesen haben, so fanden Sie darin ein Channeling mit der Bezeichnung „Der Sinn des Lebens", bezüglich unserer Aufgabe für das Universum. Ich werde dies jetzt nicht wiederholend aufführen, doch ich weise zum besseren Verständnis unseres Ausdrucks „Der einzige Planet mit freier Wahlmöglichkeit" darauf hin. Die Menschheit hat eine Art spirituelle Wahlmöglichkeit bezüglich ihrer selbst getroffen. Dies veränderte das Universum.

Kryon nennt uns *Engel (Lichtwesen), die vorgeben, Menschen zu sein.* Seit 1989 und seit seiner Ankunft in meinem Leben war dies seine Botschaft an uns. Erinnern Sie sich an das Thema von Kryon Buch Band eins, *Das Zeiten-Ende?* Er sagte uns, dass sich unsere Zukunft verändert hat und dass sich keine der Weltuntergangsprophezeiungen bewahrheiten würde. Gut... hier sind wir jetzt als Beweis davon. Der Großteil der Zeiten, die für den Weltuntergang gehalten wurden, ist vorüber. Er sagte uns auch, dass wir Mitglieder einer spirituellen Familie seien, die „immer schon existierte" und „immer existieren wird" (mehr davon später). Diese spirituelle Familie namens

Menschheit hatte offensichtlich auf gewisse Weise eine Entscheidung getroffen, um sich von dem Ort, an dem sie sich befand, dorthin zu bewegen, wo sie sein könnte. Die Fähigkeit für diese Wahl war also immer vorhanden, doch sie wurde erst vor kurzem umgesetzt und ausgeführt. Diese Erde ist mit einer spirituellen Familie bevölkert, welche die Dimensionalität verändern kann. Wir können unsere Realität verändern!

Zurück zu dem Zug: Unser Zug der Menschheit befand sich über Äonen in einem existierenden Kreis. Je mehr wir uns auf demselben Gleis bewegten, desto mehr Energiepakete ließen wir fallen. Je mehr diese Energie mit einer gemeinsamen Energie erhöht wurde, desto offensichtlicher war es, dass sich am Ende dieser Prüfung, welche wir geplant hatten, eine bestimmte Zukunft manifestieren würde. Wir bewegten uns umher und umher. Propheten des Altertums warfen einen Blick hinaus auf das Gleis und sagten uns, was bevorstand. Dasselbe taten die eingeborenen Weisen der Erde und, was am beeindruckendsten ist, auch einige unserer lebenden „Seher".

Was aber passierte? Die Vierzeiler von Nostradamus erzählen eine Geschichte, die sich einfach nicht ereignete. Hatten die besten Bibelgelehrten auf Erden, welche die Zeitrahmen für die Ereignisse aus dem Buch der Offenbarung interpretierten, alle Unrecht? Viele eingeborene Weise des Planeten erzählten über Tausende von Jahren und Tausende voneinander entfernte Kilometer synchron eine Geschichte... war auch *die* falsch? Gehen Sie und schauen Sie es sich an. Lesen Sie nicht einfach dieses seltsame Buch und nicken mit dem Kopf, denn es ist jetzt überall zu sehen! Es ist etwas geschehen!

Kryon sagt uns, dass sich der *„Menschheitszug"* zwischen 1963 und 1987 entschloss, *die Gleise zu wechseln!* Ich weiß nicht genau, wann es passierte, doch entsprechend den jüngsten Channelings wird die Energie des Planeten alle 25 Jahre gemessen (nicht geprüft). Erinnern Sie sich an die Energie der frühen Sechziger? Es gab 1963 eine spirituelle Messung. Es gab Rassenkrawalle in Amerika, der Kommunismus war bedrohlich, es gab einen Krieg in Asien und viele unserer Führer wurden ermordet. Wir befanden uns präzise auf dem alten Gleis und steuerten auf die Energiepakete zu, die alle Propheten deutlich gesehen hatten.

Als die Erde 1987 wieder gemessen wurde (die Harmonische Konvergenz), hatte sich die Energie enorm verändert. Das Wichtigste daran, so sagte uns Kryon, war, dass wir in dieser Zeitperiode unsere freie Wahlmöglichkeit nutzten, um die Gleise zu wechseln. Obwohl das für unsere Metapher nicht ganz zutrifft, liebe ich es, mir vorzustellen, dass wir ein höheres Gleis einnahmen und das alte Gleis und seine Vorhersagen der alten Energie zurückließen.

Was sich seither ereignete - einschließlich der Energie, in der wir sind - ist ein Überblick, der von keinem übersehen werden sollte. Der Kommunismus fiel von selbst - und machte die alten Prophezeiungen zunichte, indem einer der Hauptschlüsselfiguren beseitigt wurde. Die befürchteten negativen Attribute des Jahr-2000-Crashs traten nicht ein (eine weitere spirituelle Metapher, die uns Gott für einen unvorbereiteten genetischen Code für das Jahr 2000 gab). Das Feiern am 1. Januar des neuen Milleniums wurde nirgendwo auf der Welt durch Vorhersagen der alten Energie beeinträchtigt und jetzt befinden wir uns auf einem brandneuen Gleis. In Israel trat der prophezeite Siedepunkt der Endzeiten (laut den meisten Prophezeiungen) nicht ein.

Vor zehn bis fünfzehn Jahre stellten einige der Themen, mit denen wir gegenwärtig konfrontiert sind, noch überhaupt keine Themen dar. Im Politischen beschuldigten Amerikaner einen Präsidenten für etwas, was Präsidenten und der Kongress (generell) über Jahre getan hatten. Fragen der Ethik und die Beseitigung der „Vetternwirtschaft" („good old boys club") sind in der Gesellschaft von größter Bedeutung. Sehen Sie sich an, wer sich während des ganzen Wirbels vom Kongress zurückzog und wer nicht untersucht werden wollte (ein paar relativ bekannte Gesichter).

Das Hauptziel der heutigen Astronomie ist es (laut der Zeitschrift *Discover*), anderes Leben im Universum zu finden. Stellen Sie sich das vor! Vor ein paar Jahren hätte dies nur „Augenverdrehen" geerntet. Heute ist es ein vorherrschendes Ziel. Alle Sondierungen auf dem Mars werden ab jetzt mit einem eleganten Leben-Entdeckungsgerät ausgestattet sein. Viele Astronomen spüren, dass bei einem Jupitermond ein Ozean unter Eis steht und dass auch dort Leben existieren könnte!

Anstelle eines globalen Konflikts haben wir jetzt einen Stammeskonflikt (wie Kryon uns 1996 beim Channeling der Vereinten Nationen sagte, dass dies der Fall sein könnte). Die größten Konflikte, welche wir auf Erden erlebt hatten, waren die zwischen den Rivalen im Altertum. Das größte Ethikthema auf Erden ist der Völkermord - das Recht der Regierung, ihre eigenen Leute umzubringen. Das ist etwas, was uns seit jeher begleitet hat, doch nun stellt es ein sehr großes Problem dar. Wie groß? Werfen Sie einen Blick auf den Kosovo und den enormen Zusammenschluss von Regierungen, die versuchten, dem Chaos eines Diktators ein Ende zu bereiten. (Übrigens bringt Kryon Band eins, *Das Zeiten-Ende*, 1989 verfasst, Seite 33 genau dieses Potenzial). Es ereignete sich nochmals in Osttimor. Endlich gibt es eine Übereinstimmung auf Erden, in der sich die Menschen auf diesem Planeten nicht einfach zurücklehnen und es geschehen lassen werden. Das ist etwas Neues.

Heutzutage dreht sich ein Großteil der Nachrichten um die Enthüllung der Missetaten aus der Vergangenheit und gleichzeitig um (schluck!) Verantwortung! Sehen Sie, dass heutzutage irgendwelche Polizeireviere zur Verantwortung gezogen werden für Dinge, die über das letzte Jahrzehnt (und länger) einfach für „business as usual" („normaler Geschäftsvorgang") gehalten wurden? Haben Sie etwas von Ermittlungen über Diktatoren der Vergangenheit gehört oder von der Frage nach der Verantwortung, wieweit ehemalige Regierungen für das, was sie getan haben, zur Verantwortung zu ziehen sind? Haben Sie in der letzten Zeit etwas von Skandalen in einst angesehenen Institutionen wie Banken oder Versicherungen gehört? Sie können es nennen, wie Sie wollen, doch wir befinden uns in einer großen Säuberungsaktion und dies erfordert einen Bewusstseinswandel.

In einer Zeit, in der „Jeder mit Jedem" über das Internet sprechen kann, wird es für jede Regierung zunehmend schwieriger, sich gegen ihre eigenen Staatsbürger (einschließlich der amerikanischen) zu verschwören. Während ich dies schreibe, berichten die Schlagzeilen in den Medien von unserem gegenwärtigen Papst, der sich endlich für die Spanische Inquisition entschuldigt! (Ich denke, das ist gerade angemessen, denn letztes Jahr entschuldigte er sich auch bei Galileos Familie dafür, dass er ins Gefängnis geworfen wurde, nachdem dieser gesagt hatte, dass die Erde nicht das Zentrum des Universums sei.) Dieser amtierende Papst besucht auch Israel und hat keine Angst davor, den Namen des Landes auszusprechen! (Der letzte Papst besuchte Israel in den Sechzigerjahren für ein paar Stunden und sprach das Wort *Israel* nicht aus). Auch feiert dieser Papst mit den Juden gemeinsam und er nimmt gemeinsam mit ihnen an der Feier teil. Er hat selbst öffentlich um Vergebung für den Standpunkt der Kirche bezüglich des Holocausts gebeten! Die Dinge ändern sich!

Haben Sie in der letzten Zeit irgendwelche Reaktionen auf Intoleranz beobachtet? Viele fundamentalistische christliche Organisationen haben das Gefühl, dass sich ein wachsender Teil der Bevölkerung gegen sie wendet. Sie fühlen sich wirklich angegriffen. Diese Frage handelt in der Tat von menschlicher Intoleranz und nicht von irgendwelchen Glaubenssystemen oder Doktrin. In einem Gebiet, in dem nahezu jedem die Ermahnung von Christus „Liebet einander" bekannt ist, gibt es Anhänger, die jetzt ureigentlich gefragt werden, warum sie dies nicht tun. Es ist eine gute Frage. Die ganze Frage über Intoleranz ist irgendwie komisch. Auf einmal haben wir hier eine allgemeine Botschaft vom menschlichen Bewusstsein, dass wir „Intoleranz nicht tolerieren würden." Kryon hat davon oft als einem Potenzial für Erdveränderung gesprochen.

Mit anderen Worten, wir betrachten eine völlig andere Erde. Die vorausgesagten Probleme entsprechen nicht denjenigen, mit denen wir konfrontiert sind. In persönlicher, nationaler, internationaler, wissenschaftlicher und medizinischer Hinsicht entspricht das, wovon man uns gesagt hat, dass wir damit konfrontiert würden, nicht dem, was wir jetzt sehen. Stattdessen spitzen sich Themen der Ethik, Völkermord, Verantwortung, Intoleranz und Meinungsverschiedenheiten zwischen Stämmen zu und viele Geheimnisse der Vergangenheit werden offenbart - Geheimnisse, deren Beteiligte, die noch am Leben sind, es kaum erwarten können, sie mitzuteilen. Ist das der Beginn eines Zeitalters der Ehrlichkeit und Integrität? Da kann man einfach nur staunen.

Sehen Sie sich bitte auch an, was sich bezüglich des Vorschlags von Kryon bei den Vereinten Nationen, 1996, über die Schaffung eines Rates von alter Weisheit tut - ein freier unabhängiger Rat (ohne Stimmrecht), bestehend aus weisen aufrechten Stammeshäuptlingen aus der ganzen Welt, die bereit sind, bezüglich Fragen, welche für die UN wichtig sind, konsultiert zu werden.

Kapitel 14 in diesem Buch berichtet ausführlich über einen Teil der Arbeit bezüglich dieser Frage. Es beginnt tatsächlich!

Haben wir also wirklich die Gleise gewechselt? Wenn dem so ist, dann sollten diejenigen, die über ein fünfdimensionales Sehvermögen verfügen, KEINE Energiepakete sehen. Sehen wir uns das an. Vor Jahren brachte uns Gordon-Michael Scallion eine erschreckende Landkarte, auf der ein Großteil der bevölkerten Küsten der Erde von Wasser bedeckt war. Ich habe in meinen anderen Büchern darüber gesprochen. Auf seiner ersten Landkarte datierte er die Ereignisse sehr genau und veröffentlichte das, was er „gesehen" hatte. Da *keine einzige* der Unheilverkündungen, wie von ihm vorhergesagt, eingetreten ist und all die ursprünglichen Daten auf seiner Karte verstrichen sind, mögen Sie vielleicht meinen, dass Herr Scallion Unrecht hatte. Ich sage, nein! Man braucht viel Mut, um diesen Dingen in seinem eigenen Leben ein Datum zu geben. Ich habe das Gefühl, dass Herr Scallion sah, was er sah, und dass er von diesen Visionen zurückkam, um uns von ihnen zu berichten. Sie waren *real,* als er sie betrachtete, denn das, was er zu dieser Zeit sah, war unsere gemeinsame Realität. Er suchte das Fenster vor dem Zug auf, sah die Energiepakete und berechnete intuitiv, wie viel Zeit es dauern würde, um das zu manifestieren, was unser Zug seit Äonen erschaffen hatte. Er war sich vollkommen klar darüber, dass man ihn verspotten würde, wenn diese Dinge nicht geschähen, und trotzdem veröffentlichte er sie. Ich feiere seinen Mut.

Als die Daten ohne Vorkommnisse verstrichen, ging Herr Scallion noch einmal daran, seine Vision zu überprüfen. Offensichtlich hatte sich etwas verändert, denn er kehrte zurück und veröffentlichte eine neue Landkarte mit neuen Daten! Irgendwie spürte er, dass wir das Unvermeidliche hinausgezögert hatten.

Als auch ein Teil dieser Daten verging, machte er nochmals von seiner Begabung des Sehvermögens Gebrauch und entschloss sich, uns noch einmal einen Einblick auf das Gleis, das vor uns lag, zu gewähren. Was wir jetzt haben, ist eine dritte Landkarte - ohne irgendwelche Daten! Noch dazu ist diese mit einem gedruckten „Widerruf" versehen, der den ganzen Zweck der Karte unwirksam macht! Er sagt (frei wiedergegeben): *Menschliches Bewusstsein kann jedes dieser Ereignisse verändern.*

Letztendlich kann ich nun auf einen Weltuntergangsvisionär hinweisen, der nicht nur seine Vision veränderte, sondern auch die Tatsache akzeptiert, dass sich Dinge verändert haben und dass wir etwas damit zu tun hatten.

Was befindet sich jetzt draußen auf diesem Gleis vor uns? Lassen Sie mich berichten, was Kryon sagt: *Es befindet sich dort nichts!* Kryon sagt uns sogar, dass wir das Gleis während der Fahrt erst noch verlegen und das wird als Mit-Schöpfung auf höchster Ebene bezeichnet. Wie verhält sich das, um interdimensional zu sein? Ich wiederhole etwas, was uns Kryon sehr früh sagte: *„Es gibt keine Wesenheit jenseits des Schleiers, welche Euch Eure Zukunft vorhersagen kann!"* Sie haben erkannt, dass Sie die Zukunft durch Bewusstsein und Absicht verändern können, und die Welt wird nicht mehr dieselbe sein. Die Energie von heute entspricht nicht der von morgen. Das ist das Attribut einer erleuchteten Erde - einer Erde, welche ihre Realität veränderte.

Inwiefern ist sie anders? Was ist jetzt die Zeitlinie? Was sind die Potenziale? Darum geht es in der Absicht dieses Buches - in dem ich Ihnen die Channelings des letzten Jahres bringe, die Channelings kurz vor und kurz nach dem Überschreiten der Schwelle, *„Über die Schwelle"*, dem Eingang oder Tor zum neuen Jahrtausend.

Die Ewige Seele des Menschen

Ich kann diese Ausführungen nicht beenden, ohne die Leser daran zu erinnern, dass wir, den Channelings zufolge, ewiglich sind. Einige von Ihnen fühlen sich so wie „Versuchskaninchen" für Gott. Ich weiß das, denn ich habe jahrelang persönlich mit Tausenden von Ihnen gesprochen. Wenn Sie schließlich begreifen, dass Sie bei der Planung all dessen mitgeholfen haben und dabei, es auszuführen und es jedes Mal kaum erwarten konnten, wieder hierher zu kommen, dann könnte dies dazu beitragen, zu verstehen, dass Sie der Verwalter (der Organisator und Ausführer) der Prüfung und nicht das *Experiment* sind. Wie Kryon Ihnen im letzten Buch mitteilte, geht es bei dieser Prüfung nicht um *Energie*, sondern um *uns*. Wir sind die Prüfer und die Energiemessung ist das Resultat.

Ich stelle fest, dass das Konzept des Ewig-Seins ein Konzept ist, das ich nicht verstehen kann. Kryon sagt, dass wir „in beide Richtungen ewiglich sind." Wow. Das bedeutet, dass wir keinen Anfang und kein Ende haben. Mein Gehirn kann nicht so weit gehen. Alles hat doch einen Anfang zu haben, nicht wahr? Die Wissenschaftler haben ihr Leben damit verbracht, über den Anfang des Universums nachzudenken - den Anfang der Zeit. Sie und ich, wir wurden geboren und wir sehen alle und alles um uns herum mit einem Anfang und einem Ende. In unserer Dualität ist es intuitiv, nach einem Anfang für alles zu suchen.

Kryon sagt, dass all dies als die Illusion der linearen Zeit für den Menschen präsentiert wurde. Unsere Diskussion über das JETZT weist in diesem Abschnitt darauf hin, dass wir kreisförmig sind. Kryon sagt, dass es sich bei unserer Unfähigkeit, diesen Kreis zu sehen, um Dualität in ihrer besten Ausführung handelt.

Ich habe Ihnen etwas Lustiges mitzuteilen und es handelt ganz genau von diesem Thema - der unlogischen Wesensart der Menschheit im Allgemeinen, unsere spirituelle Natur wahrzunehmen und anzuerkennen - und zwar einfach deshalb, weil die Worte *kein Anfang* nicht zählen!

Als wir letztes Jahr auf das neue Millenium zugingen, veröffentlichte die Zeitschrift *Time* (eine meiner beliebtesten Quellen für das, was in der Welt vorgeht) mehrere Artikel über Religion. Es war offensichtlich auf die gewaltige Auswirkung, welche die alten Prophezeiungen auf die Ängste und Erwartungen der Menschen hatten, zurückzuführen. In einem Artikel, den ich las, sagte *Time*, dass laut Untersuchungen 85 Prozent der Erdbevölkerung an eine Vorstellung vom „Leben nach dem Tod" glaubte.

Wow! Wenn wir diese Art von Übereinstimmung auf dem Planeten haben, so denke ich, dass es sich dabei um mehr als nur Wunschdenken handelt. Diese Vorstellung erstreckt sich über alle Religionen und Kulturen und erfasst sogar die Stämme in den Dschungeln von Neuguinea, die bis vor drei Jahren noch nie einen Weststaatler gesehen haben. Der Großteil von ihnen glaubte an ein Leben nach dem Tod. Ich denke, dass dies eine zellulare Intuition ist, und das haben die meisten Glaubenssysteme in Bezug auf Gott ebenfalls gemeinsam.

Hier kommt der lustige Teil der Geschichte. Entsprechend dem vorherrschenden menschlichen Glauben (85 Prozent) sterben wir also beim menschlichen Tod nicht, sondern gehen stattdessen zu etwas anderem über. Wir haben interdimensionale Seelen. Doch gemäß den meisten Religionen kann dies nicht eher erfolgen, als bis wir biologisch auf Erden geboren sind! Sehen Sie, obwohl der Großteil des Planeten an ein Leben nach dem Tod glaubt, glaubt die Mehrheit *nicht* an ein „Vor-Leben"! Sie mögen jetzt durchaus ewiglich sein, aber Sie existierten nicht bereits, bevor Sie hierher gekommen sind? Dies ist wirklich ein lustiges Konzept und für mich ergibt es überhaupt keinen spirituellen Sinn und ist außer Balance. Versieht uns unsere biologische Geburtserfahrung irgendwie mit einer Ewigen Seele? Wenn ja, woher ist sie dann gekommen? Ich bringe dies als Beispiel dafür, dass dies das Werk einer Dualität ist. Es ist unlogisch, doch es wird einfach als allgemeines Denken hingenommen.

Metaphysik ist nicht die einzige Philosophie, bei der die Seele vor ihrer Inkarnation existiert, doch weil wir öffentlich an Vergangene Leben glauben, sind wir diejenigen, über die sich in der westlichen Welt am meisten lustig gemacht wird. Wenn wir dafür eintreten und den spirituellen Überblick betrachten, so ergibt es für mich wirklich Sinn, dass - wenn wir eine Seele haben - diese existierte, bevor wir hierher kamen. Die Bestätigung dieser einen Tatsache wird schließlich die Tür zu dem Potenzial öffnen, dass wir möglicherweise, nur möglicherweise, schon oft hier gewesen sind - in dem Kreis des JETZT - und dass die Familie herumgeht und herumgeht, genau wie der Zug.

Erfreuen Sie sich an diesem sechsten gechannelten Lehrbuch* der Serie von Kryon

* Kryon Buch acht; geschrieben von Lee Carroll

Kryon

Live-Channeling

„Zeit und Wirklichkeit“ Teil I

Gechannelt in
Indianopolis, Indiana - Juni 1999
Auckland, Neuseeland - August 1999

Kapitel II

„Zeit und Wirklichkeit“ - Teil I

Live-Channeling in Indianopolis, Indiana - Juni 1999 Auckland, Neuseeland - August 1999

Dieses Live-Channeling wurde mit zusätzlichen Worten herausgegeben, um Klarheit und ein besseres Verständnis in der schriftlichen Textform zu ermöglichen.

Seid gegrüßt, Ihr Lieben, ICH BIN Kryon vom Magnetischen Dienst. Hier ist eine kostbare Wiedervereinigung in dieser Zeit, nicht wahr? Während das Gefolge... welches weiß, wer auf den Stühlen sitzt, in den Raum strömt - das Gefolge, welches die Familie kennt und den Menschen, der dieses Buch liest -, ist das Gefühl dieses wunderbaren Tages ein Gefühl von kostbarer Vertrautheit, es ist das Gefühl von Familie. Es hat eine Übersicht von milder Süße, denn so ist das Gefühl von Wiedervereinigung. Es ist ein Kennzeichen überwältigender Erwartung und Liebe.

Wir sagten dies bereits zu so vielen von Euch, die kamen und gingen und kamen und gingen und jeweils für eine kleine Weile gemeinsam mit uns „Daheim“ verbrachten: Hier seid Ihr nun in einem Zeitalter, in welchem große Veränderungen stattfinden, und Ihr steht auf einem Planeten, der unter Euren Füßen voller Schwingungsveränderung nur so widerhallt. Und der Mensch steht hier und fragt sich erstaunt, ob er kraft- und machtvoll ist -, nicht verstehend, wer er ist. Und die Menschheit steht hier und fürchtet das Wetter und versteht und realisiert es nicht, dass die Erde ein Partner des Menschen ist. Ihr seid Teile des Ganzen! Ihr seid in der

Lage, die Kontrolle zu haben.

Ich werde Euch jetzt die Bedeutung der Aussage eröffnen und ausführen, die Ihr über so viele Jahre von mir hörtet, wenn immer ich grüßend in Eure Mitte eintrat. Ich sage: „ICH BIN Kryon vom Magnetischen Dienst." Vielleicht meintet Ihr, ich würde Euch damit meine Identität erklären. Und wenn dem so war, dann war Eure Vermutung richtig. Aber es gibt noch sehr viel mehr, denn in meiner mich identifizierenden Begrüßung gibt es eine verborgene Aussage. In dem Ausspruch „ICH BIN" liegt ein Gruß des kollektiven Bewusstseins. Es gibt dort in dem „ICH BIN" eine Energietransmission. Wenn Kryon sagt: „ICH BIN", dann ist das eine Beschreibung meiner Verbindung zu *Euch!* Denn das Wort BIN bedeutet in der Aussage „die Familie". Wenn Ihr die beiden Worte in das ICH BIN zusammenfügt, dann bedeutet es: Der (die) Kryon ist Teil vom Ganzen und das BIN seid Ihr, ebenso Teil des Ganzen. Wenn Ihr also von einer anderen Wesenheit eine Aussage mit dem eingefügten ICH BIN hört oder seht, dann wisst, erkennt und versteht Ihr, dass dies eine Erkennung von der Familie ist. Es ist nicht nur ein Gruß. Es ist eine heilige Begrüßung, die zu den Höheren Teilen Eurer Identität spricht. Darum ist es ein Familiengruß!

Und es sind diese „Höheren Teile" von Euch - die Familie - die heute mit mir hier versammelt sind. In dieser wundervoll süßmilden Begegnung werden wir Euch einige Informationen geben, die Ihr braucht. Vielleicht werdet Ihr mit dem Wissen mehr von dem, was Euch in der neuen Energie präsentiert wird, verstehen, aber zuvor möchte ich noch mit der „ICH BIN" Ausführung fortfahren und Euch sagen: In dem Statement ICH BIN ist mehr, als mit bloßem Auge und Ohr wahrnehmbar ist. Es ist eine nicht übersetzbare Energie darin enthalten. Wenn Ihr das „ICH BIN das ICH BIN" seht, dann ist es die Erkennung von dem *„Jetzt"*. Denn das „ICH BIN das ICH BIN" besagt, dass in ihm ein Kreis enthalten ist, der sich kontinuierlich dreht. Das „BIN" ist der Kreis und er dreht sich und das „ICH", welches in der Mitte des Kreises ist, dreht sich auch. Wir geben Euch Symbole von dem *„Jetzt"*. Wir geben Euch die Geometrie des ununterbrochenen Kreises - vollkommen in seiner auf 12 basierenden Geometrie, denn, Ihr Lieben, Ihr braucht diese Informationen. Wir sagten Euch und wiederholten es wieder und wieder, dass wir im *„Jetzt"* sind. Ihr seid als Menschen in der linearen

Zeit. Diese Ausführung ist so sehr viel mehr, als noch so viele Worte sagen können. Sie *(es)* bedeutet in der neuen Energie sehr viel mehr für Euch zu Erwartendes.

Dies ist das Thema des heutigen Abends, denn es ist an der Zeit, dass Ihr die angeborenen Attribute Eurer Essenz versteht und wisst, dass es keine gerade Linie ist, es ist ein Kreis. Wenn Ihr das Wunder der Geometrie der Familienmitglieder, die hier mit Euch versammelt sind (und von denjenigen, die dies lesen), sehen könntet, würdet Ihr nur sehr wenige gerade Linien wahrnehmen. Die Geometrie ist tatsächlich auf Kreisen aufgebaut (und geraden Linien, welche die Symmetrie und Form von Kreisen erschaffen), die sich in ihrer Vollkommenheit meist ununterbrochen wiederholen und schließen. In Eurem natürlichen heiligen Zustand werdet Ihr niemals eine gerade Linie sehen, die in die Unendlichkeit läuft. Das ist kein Teil dessen, wer Ihr als „Teil Gottes" seid. Doch es ist das, was der Mensch wahrnimmt, und es ist ein-dimensional und es ist sehr linear. Wenn Ihr dann auf Eurem Weg zurückblickt, fügt Ihr dem eine Dimension hinzu. Das ist zwei-dimensional. Schaut Ihr aufwärts, ist dies die Drei und wenn Ihr die Zeit betrachtet, die Ihr von einem Platz Eures Weges zum anderen braucht, dann ist das die Vier. Und innerhalb dieser vier Dimensionen bewegen sich die Menschen in 90 Prozent ihrer Zeit. Doch hier sind wir nun, Euch bittend, sowie Ihr höher schwingt, in der fünften, sechsten und siebten Dimension zu sein. Wenn Ihr Euch selber in das „Jetzt" platziert, werdet Ihr diesen interdimensionalen Wechsel erreichen.

So, wie es bereits gesagt wurde, ist dies nun in der Tat das Thema dieser Übermittlung - Leben über Eure offensichtlichen Dimensionen hinaus - Leben in dem „Jetzt". Es wurde bereits besprochen, dass es erforderlich für Euch ist - als Lichtarbeiter - als aufgestiegene Menschenwesen - dieses „Jetzt"-Konzept zu begreifen. Diese Dinge werden Euch helfen, den Übergang in die neue Energie zu überbrücken, eine Energie, die tatsächlich, während wir sprechen, über Euch ist.

Ich fahre fort und gebe Euch einige Attribute von dem „Jetzt" - vielleicht sind Dinge dabei, an die Ihr niemals gedacht habt. Wir nehmen Euch mit auf diese informative Reise, weil wir Euch zeigen möchten, dass es erforderlich ist, Eure neuen Kinder zu verstehen. Das Indigo Kind kommt mit einem Aspekt zur Erde, den Ihr nicht habt, und mein Partner (Lee) hat dies bereits früher ausgeführt. Das Kind betrachtet die Welt und es sagt auf der Zellebene: *„Das ist stimmig; Ich verdiene es hier zu sein."* In dem Bewusstsein des Kindes ist ein Gefühl des Verdienthabens und der Zugehörigkeit - ja sogar eine von Zweck und Absicht. Dort gibt es keine Verwirrung und nichts ist verborgen. Alles ist gut. Der Geburtsprozess ist voller Frieden und wenn sie ankommen, realisieren sie, dass sie „erwartet" sind. Wenn sie ihre Augen öffnen und in die Augen von Vater und Mutter schauen, sehen sie die spirituelle Familie, die sie zu sehen erwarteten. Ihr fragt Euch, warum sie sich oft so „königlich" aufführen? So lange, bis Ihr ihnen etwas anderes zeigt, sehen sie in Euch den König und die Königin!

Es ist nicht verwunderlich, wenn sie, sobald sie sprechen können, erzählen, von woher sie kommen und wer sie „waren". Denn seht, sie denken, dass es *Euch* ebenso bewusst ist. Sie haben keine Vorstellung davon, dass es Euch möglicherweise nicht bekannt ist. Alles in allem seid Ihr die Weisen, die sie geboren haben! Oft beginnen sie sich erst in der niederschmetternden Wahrnehmung Eurer diesbezüglichen Verständnisignoranz, sich innerlich zurückziehen und sozial zu isolieren.

Es gibt einen Aspekt bei diesen Kindern, den Ihr bisher noch nicht erkannt habt. Selbst in der für Euch vorliegenden Veröffentlichung (gemeint ist das Buch über die neuen *Indigo Kinder)* ist er nicht enthalten. Denn seht, sie haben ein Attribut in ihrer DNA Prägung, welches Ihr nicht habt. Sie verstehen das „Jetzt". Wie ist es möglich, dass ein Kind so weise sein kann? Wie ist es möglich, dass ein Kind anscheinend einen besseren Weg für die Funktionsweise von Dingen kennt als ein System, welches ihnen von den Erwachsenen gegeben wird? Und überhaupt in diesem Zusammenhang, wie kann ein Kind ein System verstehen, das es niemals zuvor gesehen hat? Die Antwort darauf lautet, es hat es *gesehen* - in einem Kreis, in dem „Jetzt". Die Kinder haben ein Attribut des Wissens, schon einmal dort gewesen zu sein und es schon einmal gemacht zu haben. In diesem Prozess des „Wissens" ist auch ihre Eigenschaft enthalten, scheinbar schwierig zu sein. Habt Ihr jemals einem Menschen etwas zu erklären versucht, der dies entweder bereits kennt oder vielleicht sogar noch bessere Kenntnisse als Ihr davon hat? Denkt darüber nach. Es mag nicht passend erscheinen, wenn dies von einem Kind kommt, aber es ist genau das, was hier geschieht.

Lasst mich Euch den Unterschied zwischen der linearen Zeit und der *Jetzt* Zeit so aufzeigen, wie Ihr ihn vielleicht bisher nicht bedachtet. Diese *„Jetzt Zeit“* ist eine spirituelle Art des Seins, an das Ihr Euch zu gewöhnen habt, und ich werde Euch zu einigen Attributen von Menschsein führen und zeige Euch, wie die lineare versus „Jetzt“ Wahrnehmung benötigte Information ist. Es wird Euch auch im Verstehen dessen helfen, warum das Indigo Kind ein friedvolles Wesen ist - eins, welches die Balance versteht. Ihr Lieben, die Indigos werden nur dann unausgeglichen, wenn die sie umgebende Kultur sie aus dem Gleichgewicht bringt. Wenn Ihr ein Indigo aus dem Gleichgewicht bringt, glaubt mir, dann ist dort keine geringfügige Unbalance, sondern ein sagenhaftes Ungleichgewicht. Wenn Ihr einen Dynamo aus dem Gleichgewicht bringt, fliegt er auseinander. Die Indigos sehnen sich nach Balance. Es ist ihr natürlicher Zustand. Er gehört zu dem *„Jetzt“*.

Der Mensch sieht einen Weg vor und einen Weg hinter sich liegend, gleich einem endlosen Zuggleis, auf dem sich der Motor des Lebens bewegt. Der Mensch versteht auch die Unendlichkeit - etwas, was niemals endet - gleich einem sich endlos fortsetzenden Gleis. Nicht verstehen kann der Mensch hingegen etwas, wie auch immer, das keinen Anfang hat (Unendlichkeit in die andere Richtung)! Und es gibt einen Grund dafür, der darin liegt, dass es für Euch in Eurem heiligen Zustand keine gerade Linie ohne Anfang gibt. Tatsächlich ist es unter den Familienmitgliedern, die dies hören oder lesen, sehr allgemein üblich, zu sagen: *„Etwas, das keinen Anfang hat, kann ich nicht begreifen.“* Ich will Euch sagen, warum das so ist: weil es Eurer zellularen Struktur fremd ist, einer Struktur, die in einem Kreis existiert!

Wenn Ihr die geradeaus verlaufende Linie wahrhaftig sehen könntet, so wie sie in der Unendlichkeit hinter Euch verschwindet und wahrhaftig so, wie sie in die Unendlichkeit vor Euch, über den Horizont hinaus, verschwindet, dann würdet Ihr verstehen: entsprechend einer perfekt geraden Straße auf der Erde würde sie letztendlich, weil die Erde rund ist, eines Tages auf sich selbst treffen. Und so ist sie, obwohl offensichtlich eine ein-dimensionale gerade Linie, tatsächlich ein Kreis. Das Phänomen von „Keinen-Anfang-haben“, welches Ihr nicht verstehen könnt, ist ureigentlich das, in das Ihr in Richtung Zukunft schaut. Wenn Ihr lange genug in die Zukunft starrt - Euch den Kopf darüber zermarternd, was kommen wird - verläuft es im Kreis und trifft Euch von hinten!

Nun mag dies rätselhaft für Euch erscheinen, aber wir hoffen, dass es mit Fortschritt unserer Ausführungen weniger schleierhaft ist. Was ist der Unterschied zwischen einem Menschen, der entlang einer geraden Linie in der linearen Zeit geht, und einem Menschen, der es versteht, in einem offenen Kreis zu stehen? Stellt Euch für einen Augenblick lang Euch selber vor, wie Ihr auf Eurem geraden Lebensweg vorangeht. Einige von Euch können sich das gut bildlich vorstellen und Ihr meint: Je gerader desto besser! Denn Ihr mögt denken: *„Ich wandere in der Tat einen „Licht“weg, pfeilgerade, in spirituellem Bewusstsein.“* Im Menschenleben gibt es immer einen Horizont. Ihr könnt nicht über ihn hinaus sehen (nicht dahinter schauen) und somit gibt es immer etwas vor Euch Verborgenes, etwas, was vor dem Blick versteckt ist. Und solange etwas geheim ist, bringt es die Teile des Menschseins hervor, welche Karma erzeugen. Wir sprechen von Furcht und Angst (Teile des aufgebauten Karmas). Wir sprechen von der Synchronizität dessen, Fehler zu machen. Wir sprechen über Selbst-Wert. Denn für Euch ist immer etwas im Verborgenen. Es liegt gerade hinter dem Horizont und Ihr habt keine Ahnung, wann es in Erscheinung treten wird und was es sein wird. Und dies ist eine geplant erschaffene Begrenzung im menschlichen Bewusstsein und Denken und sehr ein-dimensional. Sie reflektiert eine Alte-Energie-Art von Leben.

Nun, Mensch: Du, der sich übt, Du, der spirituell erwacht, Du, der wahrnimmt, dass dies nicht das Ende der Prüfung ist - und stattdessen wahrnimmt, dass dies der Anfang einer neuen Erde ist, es ist an der Zeit, dass Du Deinen Platz im „Jetzt“ einnimmst. Was einmal als das Ende galt, vermischt sich nun mit einem neuen Anfang. Erinnert Ihr Euch, was wir über den Weg sagten, der eine gerade Linie ist? Tatsächlich trifft diese Linie irgendwo hinter dem Horizont auf sich selbst. Das, was wie ein Ende erscheint, ist kein Ende. - Deshalb sind die Indigo Kinder hier - sie sind hier, um Euch am vermeintlichen Ende des Weges zu begegnen und Euch über das Ende hinaus zu leiten... hinein in einen neuen Anfang.

Stell Dir Folgendes vor: Leben ist ein Kreis. Steh gemeinsam mit mir in diesem kleinen Kreis. Siehst Du den Weg rund um Dich herum? Du kannst ihn vollständig und komplett sehen. Nun dreh Dich und betrachte ihn aufmerksam. Wenn Du willst, dreh Dich wieder zurück und schau, was hinter Dir auf kreisender Linie liegt und zu Deiner Zukunft werden wird. Es ist alles da. Kein einziger Teil des Weges kann im Verborgenem sein und alles ist sichtbar. Gesegnet sind die Indigo Kinder, weil sie wissen, dass alles vorhanden ist. Wollt Ihr wissen, warum das Indigo Kind Euer System kennt? Wollt Ihr wissen, warum dieses Kind einen besseren Weg kennt, um die Dinge zu tun? Weil das Kind im Lebenskreis ist und ihm dies bewusst ist. Es gehört zur Menschheit, aber es nimmt die Weisheit dessen, was „gewesen ist“, wahr. Es besitzt eine Intuition bezüglich des im „Jetzt“ sein, die Du nicht hast *(hattest)*. Wenn Du Indigo Kinder um etwas Neues bittest, werden sie oft die Herausforderung annehmen. Und wenn Du siehst, wie sie lernen, kannst Du bemerken, wie sie sich in Wirklichkeit nur wieder selber mit dem vertraut machen, mit dem, was ihnen längst vertraut war. Es ist nichts wirklich Neues!

Lasst mich Euch den grundsätzlichen Unterschied zwischen der DNS der jetzigen Indigo Kinder und Eurer DNS erklären. Jetzt sprechen wir wieder über die Biologie und einiges davon ist bildlich zu verstehen und anderes davon ist ureigentlich. Wir sprachen bereits von der Umhüllung, welche die DNS umgibt. Das ist metaphorisch zu verstehen. Die Umhüllung gibt es, aber sie ist mit Euren Instrumenten nicht erkennbar. Die Metapher ist die Tatsache, dass die Umhüllung kristallin ist. Das Wort *kristallin* enthält die Assoziiation „energetische Erinnerung“. Diejenigen von Euch, die bereits kristalline Energie, vielleicht in Steinen oder Schmuck manifestiert, nutzten oder vielleicht in astraler Art und Weise anwendeten, erhielten dieselbe Art von Energie - eine Erinnerung von einer „Einprägung“ (Imprint). Und inmitten der kristallinen Struktur von allem ist „Erinnerung“. Inmitten der kristallinen Struktur sind Instruktionsaufstellungen, die auf Ihre Aktivierung warten. Ich erwarte nicht, dass Ihr dies jetzt alles auf einmal versteht. Später folgt noch eine mechanische Beschreibung, in welcher Ihr zurückblättern könnt, wenn Eure Wissenschaftler das einholen (aufholen) , was hier ausgesagt ist.

Die Art der Information, die an die DNS geleitet wurde, ist das Bewusstsein vom Sein im „Jetzt" Zustand und nicht im linearen Zustand. Es ist sowohl spirituell als auch biologisch.

Die kristalline Umhüllung der DNS beinhaltet die gesamte Erinnerung eines perfekten genetischen Codes. Ein perfekter genetischer Code beinhaltet nicht nur den Samen für eine 950jährige Lebensspanne, sondern auch das schamanische Bewusstsein. Wir sagten Euch das bereits. Wollt Ihr wissen, woher wundersame Heilung stammt? Wenn immer ein Wunder stattfindet, dann kommt es von innen - durch Euren eigenen göttlichen Prozess. Es gibt ein göttliches Wesen in Euch mit der Bezeichnung „Höheres Selbst". Es ist nicht nur die engelgleiche oder spirituelle Energie, sondern es verbindet sich mit Eurer Biologie. Es ist ein göttliches Familienmitglied und der eigentliche physische und chemische Vorgang eines Wunders ist, dass das kristalline Gedächtnis der DNS, um vollkommener zu werden, langsam die Instruktionen übermittelt, denn die Umhüllung kennt den perfekten Code. Somit ist diese Umhüllung das, was die Entwicklung von Menschen spirituell kontrolliert.

Ihr mögt fragen: *„Was aktiviert diese Umhüllung?"* Wie könnt Ihr diese Umhüllung erreichen und Zugang zu ihr finden? Das, Ihr Lieben, ist verbunden mit den Informationen, die besagen, dass Ihr „der einzige Planet von freier Wahlmöglichkeit" seid und die Umhüllung jederzeit zu erreichen und zu aktivieren vermögt. Es ist die vollkommen reine *Absicht* von dem Einzelnen in aller Reinheit, welcher seine Göttlichkeit entdeckt und seinem biologischen eigenen Körper sagt: *„Es ist nun an der Zeit, die Umhüllung zu verändern und einen weiteren Teil von DNS zu informieren, ein weiteres Stückchen Erinnerung, um sie vollkommener sein zu lassen!* Dieser Vorgang verändert rechteigentlich den Planten selber!

Einige fragen: *„Wie funktioniert das?"* Es ist immer der Wissenschaftler, der den Prozess genauestens verstehen möchte. In welcher Art „kommuniziert" die Hülle mit der DNS? Ich werde Euch einige Hinweise geben. Magnetismus! Der Magnetismus verändert nichts, sondern er ist das Übertragungsmedium. Die Instruktionen gehen von der Umhüllung, unter Benutzung von Magnetischem mittels eines zur DNS „sprechenden" Code-

Sets, zur DNS. Die Instruktionen besagen: „Es ist für Deinen genetischen und biologischen Prozess an der Zeit besser zu arbeiten. Lasst uns das Balance-Bewusstsein der Zellen verbessern. Lasst uns miteinander kommunizieren." Dies ist in der Umhüllung enthalten. Wie es funktioniert? Magnetismus!

Ich werde Euch einen weiteren Hinweis geben. Derselbe Prozess, Ihr Lieben, findet im Zellmaterial Eurer Gehirne statt. Die Synapse, welche Ihr Intellegenz und Bewusstsein nennt, ist ein verdrahtetes System, bei dem sich die Drähte nicht berühren. Wusstet Ihr das? Die biologischen Teile sind dicht beieinander, aber sie berühren sich nicht. Wie können Botschaften in sagenhafter Geschwindigkeit von einem Platz zum anderen übertragen werden, wenn die „Drähte" sich nicht einmal berühren? Anscheinend ist es ein Mysterium. Doch spielt sich dieser Transfer gerade jetzt in Euren Gedanken und Gehirnen ab. Er befähigt Euch zum Denken und zu menschlichem Bewusstsein. Ihr werdet diesen Prozess im Rahmen Eurer Wissenschaft vollständig verstehen lernen, wenn Ihr Euch mit Magnetismus, Elektrizität und mit fließendem Strom befasst - und es nennt sich *Induktion*.

Wir geben Euch nun eine Information, die noch nie zuvor mitgeteilt wurde. Es ist keine Vorhersage, sondern es ist vielmehr eine Aussage darüber, wie Eure interne Biologie funktioniert. Eines Tages wird Eure Wissenschaft es entdecken und Ihr könnt Euch daran erinnern, dass Ihr es hier zum ersten Mal gehört und gelesen habt. Kürzlich entdeckte Eure Wissenschaft, dass die DNS kein Strang, sondern eine Spirale ist! Das heißt, dass sie in sich geschlossen und in einem Kreis ist (Überrascht? - *Vergl. auch Seite 396*).

Hier folgt ein bedenkenswertes Szenario für Euch. DNS besteht aus Code-Spiralen, durch die konstant elektrischer Strom fließt. Dieser Strom erschafft ein schwaches magnetisches Feld, welches den Transfer von Informationen mittels Magnetismus ermöglicht. Ihr Wissenschaftler, habt Ihr Euch jemals gefragt, warum sich die DNS-Leiter dreht? Ein Teil der Antwort (nicht die ganze) liegt in der Tatsache, dass sie magnetisch und daher polarisiert ist. Die polarisierten Eiweißmoleküle bewegen sich in ihren codierten - in 12er-Gruppen verbundenen - Strängen in einer entsprechenden

Symmetrie, die durch die Anziehungs- und Abstoßungskraft ihrer magnetischen Polarisation entsteht.

Das magnetische System der Erde (das magnetische Gitter) liefert die Möglichkeit für die Wunder bewirkende Arbeit der DNS-Umhüllung. Wie wir Euch 1989 mitteilten, sind wir hier, um das Gitternetz zu bewegen. Jetzt wisst Ihr warum! Die Gitternetzveränderung wirkt nicht nur auf Eure Spiritualität, sondern sie ermöglicht auch auf der Zellebene eine neue Gesundheits-Ermächtigung! Als sich diese Informationen zu verbreiten begannen, verneinten die Wissenschaftler die Möglichkeit, dass das Gittersystem der Erde überhaupt irgendeinen Effekt auf Eure Biologie habe. Heute, zehn Jahre später, wissen sie es besser und entdecken, dass die Wirkung von magnetischen Kräften tatsächlich tiefgreifend und vielfältig in jeder lebendigen Kreatur und auf der Zellebene aller lebenden Materie ist.

So ermöglicht das Magnetgitternetz der DNS-Umhüllung ihre Funktionsweise zur Übermittlung neuer Informationen an die DNS. Was, meint Ihr, ist der Katalysator, der den Instruktionen der Umhüllung die Übertragung an die DNS erlaubt? Es ist eine tiefgreifende Energie, die in der Lage ist Materie zu verändern und sie lautet: das Bewusstsein des Menschen von *Absicht.*

Wenn die Absicht gegeben *(vom Menschen bekundet)* ist, entlässt die DNS-Umhüllung ihre magnetischen Informationen. Sie durchqueren die Magnetfelder der geschlossenen DNS Spiralen und durch den Prozess, den Ihr Induktion nennt, geht die Information in die polarisierte Struktur Eurer Zellausstattung.

Bei den Indigos ist der größte Teil der Zellausstattung bereits am Platz. Sie verfügen natürlicherweise über das, wofür Ihr arbeiten müsst. Es gibt bei ihnen von Geburt an mehr zu ihrer DNS übertragene Kerninformationserinnerungen, als es bei Euch der Fall war, als Ihr hier angekommen und geboren worden seid. Ihr holt jetzt auf, um das zu erreichen, womit sie bereits geboren sind - eine Fähigkeit, ein „neues" Konzept zu verstehen und damit zu arbeiten. Aus dem Grund nennen wir die Indigos „die nächste spirituelle Entwicklung der Menschheit".

Wie könnt Ihr im „Jetzt" sein? Was bedeutet es? Wie unterscheidet es sich von einer geraden Linie? Wie könnt Ihr es im praktischen Gebrauch anwenden? Lasst uns darüber sprechen - darüber, warum Furcht und Angst und Synchronizität und sogar auch der Selbst-Wert für das lineare Menschenwesen so schwierig sind. Der Grund dafür ist, dass Ihr in einer geraden Linie lebt. Was ist der Unterschied zwischen dem erleuchteten Menschenwesen, welches in der Mitte des Kreises steht und demjenigen, der sich in der geraden Linie befindet? Ich will es Euch sagen. Lasst uns zuerst über die Angst sprechen. Wir haben wieder und wieder über Furcht und Angst gesprochen und nun ist es an der Zeit, Euch die Informationen in anderer Art zu geben.

Worum geht es bei der Angst? Angst erscheint, wenn irgendetwas „im Verborgenen" ist. Würdet Ihr Euch fürchten, wenn die Zukunft offen vor Euch liegen würde? Was passiert als Nächstes? Wie werden die Dinge ausgehen? Wenn Ihr all dies wüsstet, würdet Ihr Euch dann noch fürchten? Die Antwort ist: „Selbstverständlich nicht!" Derjenige, der im Kreis steht, sieht, wie auch immer, das größere Bild - er sieht das komplette Bild. Nichts ist verborgen! Ihr seid in spiritueller Weisheit und die Person ist friedvoll und frei von Angst.

Ihr mögt sagen: *„Oh Kryon, hier fehlt etwas! Wir leben in einem linearen Zeitrahmen. Du kannst das nicht verändern. Da war gestern, da ist heute und da wird morgen sein und solange sich das nicht verändert, Kryon, weiß ich nicht, was morgen geschehen wird. Du, Kryon, hast uns gesagt, dass niemand das Morgen voraussagen kann, weil wir während des Voranschreitens die Energie verändern."*

Das ist wahr. Was machen wir also mit dem „im Kreis seienden Menschen" in einem linearen Zeitrahmen? Wie funktioniert das? Lasst mich Euch einen Hinweis geben: Da gibt es einen Menschen, der händeringend auf einer geraden Linie in einem linearen Zeitrahmen steht, er fürchtet die Zukunft und weiß nicht, was morgen geschehen wird. Nimm diesen Menschen und versetze ihn in den *Jetzt*-Kreis. Weiß er nun, was morgen geschehen wird? Nein. Also wo ist der Unterschied? Hört gut zu, denn hier ist der Schlüssel: Derjenige, der seine innere Göttlichkeit anerkennt und somit zum Mitschöpfer seiner eigenen Wirklichkeit wird, hat die Kontrolle selbst über das, was er nicht versteht und scheinbar im Verborgenen zu sein scheint. Derjenige, der im Kreis seiner eigenen Schöpfung steht, ist derjenige, der friedvoll ist. Wie könnt Ihr Euch vor etwas fürchten, was Ihr selber kreiert habt? Denkt darüber nach. Denn alles Erschaffene gehört zu dem Schöpfer! Der Schöpfer bist *Du*.

Lasst mich Euch noch ein anderes Beispiel geben, es ist alt, beängstigend, angstbesetzt. Ihr fürchtet die Synchronizität, nicht wahr? Einige mögen sagen: *„Kryon, sag mir etwas über die Synchronizität. Ich verstehe sie nicht. Was passiert, wenn ich sie verfehle?“* Visualisiere jetzt noch einmal Deinen Lebensweg. Die meisten Menschen werden wieder den Pfad vor Augen sehen, der pfeilgerade - über den Horizont - in die Unendlichkeit hinein verläuft. Aber so ist der Weg ganz und gar nicht! Visualisiere nun einen im Kreis verlaufenden Weg. Ihr mögt sagen: *„Kryon, das heißt, dass wir im Kreis laufen!“* Genau so ist es! Jetzt habt Ihr es verstanden! (Lachen)

Was sagt das aus? Es sagt Euch, dass alter Boden über und über überdeckt ist! Es gibt dort nichts wirklich Neues! So ist es! Wie kommt es, dass ein Lichtarbeiter angesichts einer Situation friedvoll sein kann, die für andere verheerend, vernichtend wäre? Wie findet der Lichtarbeiter Frieden darin? Was ist es, was der Guru weiß und der andere nicht? Wie können einige in vollkommener Zufriedenheit sein, während um sie herum Chaos herrscht? Was wissen sie, was Ihr nicht wisst? Die Antwort ist: Sie haben keine Angst und quälen sich nicht mit etwas, was sie selber erschaffen haben und kontrollieren. Es gibt keine Furcht inmitten des Grundvertrauten. Stattdessen ist dort Frieden, denn sie befinden sich in einem Kreis und erschaffen ihre eigene Realität. Obwohl auch sie das Gefühl haben, nicht in der Lage zu sein, über den Horizont hinauszusehen, haben sie doch die spirituelle Gewissheit in Bezug auf das, was dort ist. Sie sind sich bewusst, dass die Zukunft zugleich die Vergangenheit ist und dass es nichts wirklich Unbekanntes gibt.

„Kryon, was geschieht, wenn ich einen Fehler mache und meine Synchronizität verpasse?“, mögt Ihr jetzt sagen. *„Manchmal stocke ich ganz einfach, stecke irgendwie fest - ich stehe einfach nur da - und kann mich*

weder vorwärts noch rückwärts bewegen.“ Lasst mich Euch sagen, was geschieht, wenn Ihr meint festzustecken. Ich begann, indem ich Euch sagte, dass Ihr in einem Kreis steht. Gut, erinnert Ihr Euch, wo die Familie ist? Sie befindet sich zwischen Euch und dem Zentrum. Und oftmals bewegt Ihr Euch in die eine Richtung und die Familie bewegt sich in die andere Richtung. Wenn Ihr konzentrische Kreise versteht, dann könnt Ihr Euch dies bildlich vorstellen. Während sich Euer Kreis möglicherweise am Außenrand im Uhrzeigersinn dreht, bewegt sich die Familie oftmals in entgegengesetzter Richtung. Und wenn Ihr anhaltet, hält sie nicht an! Seid nicht überrascht, wenn Ihr meint festzustecken, denn rückblickend werdet Ihr feststellen, dass wir Euch anhielten, damit die Synchronizität Euch einholen kann. Und während Ihr Euch händeringend im Gebet fragt, was hier vor sich geht, und darum bittet vorwärts zu kommen, hält Spirit ein riesiggroßes *Stoppschild*, auf dem geschrieben steht: „Bitte warte.“ Der Eindruck des Menschen ist aus seiner Sicht oftmals: *„Was ist mit mir nicht in Ordnung?“* Die Menschen im „Jetzt“ verstehen, dass es hier nichts Falsches gibt. Sie feiern! Denn sie realisieren, dass dieses Stopp dafür da ist, dass sie um die Manifestation bitten.

Der Kreis ist göttlich. Manchmal bewegt er sich in phantastischer Geschwindigkeit und manchmal steht er still. Manchmal bewegt sich das Zentrum schneller als der Außenrand und die Synchronizität wird manchmal kommen und Euch begegnen, selbst wenn ihr „stoppt und wartet“. Manchmal trifft es Euch sogar von der Rückseite! Ich möchte Euch gerne einen Namen und eine Bezeichnung hierfür geben: Liebe, Achtsamkeit und Schutz. Wir, Deine Familie, sind, während wir Dich unterstützen, nicht in einem Vakuum. Was war die erste Kryon Botschaft in 1989? Ihr habt „Geistführer“. Ihr seid niemals alleine. Wir wissen, wer Ihr seid und durch was Ihr durchgegangen seid. Das hat sich niemals verändert! Hier bist Du in 1999 *(2002)* mit einer Begleitgruppe um Dich herum, die bereits Dein ganzes Leben lang bei Dir war. Jeder von Euch hat eine Begleitgruppe, die Euch nicht bewusst ist. Ihr nennt sie möglicherweise zwei oder drei Geistführer. Was Ihr nicht seht, sind die „Überseelen“, die inneren Verbindungen, und was Ihr nicht versteht, ist die Hilfsgruppe hinter jedem einzelnen Familienmitglied hier auf diesen Sitzplätzen oder dies lesend. Es spielt keine Rolle, wer Ihr seid oder wie alt Ihr seid. Die Unterstützung, Ihr Lieben, ist mit Eurer vollkommen reinen Absicht aktiviert.

Furcht, Angst und Mangel an Selbstwert haben zu verschwinden, wenn Ihr Eure eigene Zukunft erschafft und Eure Realität verändert. Lasst mich Euch sagen, was dann geschieht. Derjenige, der sich dazu entscheidet, dass er versuchen will die Interdimensionalität seiner Essenz zu verstehen, ist derjenige, der einen Fuß in das *Jetzt* stellt. Das ist Absicht. Seit Jahren sprechen wir zu Euch über friedvolle Gefühle im chaotisch Erscheinenden - über Toleranz angesichts des Nicht-Tolerierbaren. Wir sprachen zu Euch von dem Potential der Zukunft. Wieder und wieder gaben wir Euch Wegweiser dafür, wie Ihr friedvoller sein könnt und die Angst vertreiben könnt. Wir gaben Euch diese Informationen in reiner Liebe und nun fangen wir damit an, Euch den dahinter liegenden Mechanismus zu geben. Es ist folgendermaßen: Ihr beginnt buchstäblich die Kraft und Macht zu entwickeln, die Euch immer näher zu den Attributen von der Wesenheit bringt, welche Ihr wirklich im Jetzt seid. „Höher schwingen", Ihr Lieben, sind nicht nur Worte. Es ist nicht nur ein Konzept. Es ist real. Die Person - der Mensch, welcher auf einer höheren Ebene schwingt, ist derjenige, der entschied, sich aufwärts zu bewegen. Ihr könnt es nennen, wie immer Ihr wollt, aber das ist *Aufstieg* und ich will Euch erzählen, dass die Geheimnisse des Aufstiegs jetzt auf diesem Planeten enthüllt werden!

Die Meister gaben Euch die Beispiele. Schaut Euch die Avatare überall auf dem ganzen Planeten an und seht, wie sie Euch zeigten, wie Ihr mit bewusster Absicht Materie verändern könnt. Sie zeigten Euch den Frieden im Tod. Sie strahlten Liebe aus. Grabt so tief Ihr nur immer graben könnt und findet alle Schriften, die Ihr wünscht, und wenn Ihr an den Kern des Originals kommt, an die Schriften, die aus dem „Stift" der Erleuchteten geschrieben wurden, werdet Ihr entdecken, dass ihre Channelings von einer Menschheit handeln, die sich selber verändern kann. Veränderung ist die Norm, sie ist die Regel und sie ist das Geschenk. Bewege Dich auf gerader Linie, aber sei im Kreis. Und wenn Du so vorgehst, wird im Kreis Friede mit Dir sein! Komm, Menschenwesen, und begegne uns dort. Lebe ein langes Leben und *erschaffe* das Morgen, fürchte es nicht.

Lasst mich Euch ein Potenzial geben. Es findet ein Bewusstseinswandel auf diesem Planeten statt und Ihr könnt ihn überall beobachten. Wer hätte je gedacht, dass es selbst auf Eure Politik übergreifen würde? Und nun beginnt Ihr sogar weltweit ein Übergreifen auf Eure Religionen zu beobachten. Achtet einmal darauf und beobachtet es. Ihr werdet religiöse Führer erleben, welche die Doktrin verändern. Ich möchte gerne, dass Ihr für einen Moment darüber nachdenkt. Für diejenigen, die zu dem Kryon sagen: *„Moment, warte einen Augenblick, die religiösen Lehren sind auf der ganzen Welt unveränderlich. Sie basieren auf Schrifttafeln und Schriftrollen und heiligen Elementen, die den Menschen gegeben wurden, um ihnen von dem Weg Gottes und dem göttlichen Wirken zu erzählen.“* Denen sage ich: „Das stimmt; Ihr habt Recht.“

Lasst mich Euch eine Analogie geben: Da gibt es in einem Zimmer einen im Bett schlafenden Menschen. In diesem Fall steht der „schlafende Mensch“ als Metapher für die Dualität und der schlafende Teil ist das Bewusstsein dessen, dass der Mensch auch spirituell und kraft- und machtvoll ist, und es ist für den Menschen - nichtwissend - es ist im Schlaf. Im Laufe der Jahre wurde für die ganze Menschheit eine Methodik entwickelt - sozusagen ein Protokoll für Achtsamkeit und achtvollen Umgang für den schlafenden Menschen im Raum - welche jeder Mensch sehen, kennen und anwenden kann. Es handelte sich um spirituelle Anweisungen für den schlafenden Menschen: Der Mensch ist behütet; Körperfunktionen sind beachtet; Nahrungsaufnahme ist beachtet; Friede ist beachtet; Wärme und Geborgenheit sind beachtet. Es gibt Wege, um die Temperatur zu kontrollieren und Gesundheit zu erschaffen, und der Mensch ist geehrt und geschätzt und gut angenommen. Die Protokolle für diese Achtsamkeit sind alle niedergeschrieben in Büchern, auf Schrifttafeln und in Schriftrollen. Viele dieser aufgezeichneten Weisungen wurden in Höhlen und in seit langer Zeit toten Meeren entdeckt. Die Methoden sind vollkommen. Sie wirken immer und der schlafende Mensch ist in der Dualität, in der er schläft, spirituell behütet.

Nun lasst mich Euch Folgendes fragen. Wenn der Mensch aufwacht, was wollt Ihr dann mit den Anweisungen für den schlafenden Menschen tun? Denn sie wirken jetzt nicht mehr. *„Kryon, was sagst Du da?“* Ich sage, es wird ein schamanisches Bewusstsein geben, welches die Regeln für spirituelle Achtsamkeit und das *Behütet sein* verändern wird, weil die Bevölkerung erwacht! Der göttliche Aspekt, wer das Menschenwesen wirklich ist, wird sich verändern! Die Gaben, die Geschenke, die Werkzeuge, die Instrumente, die Kraft, die Macht, die Erleuchtung - sogar das Licht selber - verändern sich auf diesem großen Planeten von freier Wahl. Und wenn es herabkommt, um religiöse Doktrin zu verändern, werdet Ihr es bei Euch selber wahrnehmen und wissen. Haltet Ausschau danach. Es ist unvermeidlich und es hat so zu sein. Ihr könnt keine im Dienst für den schlafenden Menschen gegebene göttliche Lehre haben und anwenden, wenn der Mensch aufwachte und den Raum verlassen hat!

Versteht Ihr diese Analogie? Selbst einige Eurer schönsten und besten spirituellen Bücher werden Euch nicht länger so wie gewohnt dienen. Sie waren gut geschrieben und übermittelt (gechannelt), aber für einen anderen Menschen als für Dich oder die Kinder, die Du heute in die Welt bringst. Ihr habt die Bücher wieder neu zu schreiben und wenn Ihr es tut, nennt sie die „Jetzt“Schriften - die „kreisenden/zirkulierenden“ Schriften - Anweisungen für den Menschen, den Menschen im „Jetzt-Zeitalter“.

Was ist mit *Dir*? Wo siehst Du Dich hier in alldem selber? Wanderst Du entlang der geraden Linie und sorgst Dich über den einsamen Weg oder siehst Du Dich selbst gemeinsam in dem Raum mit uns? Lasst mich Euch sagen, was die Realität gerade jetzt, hier in diesem Raum und für diejenigen, die dies lesen, ist: Wo ist die Realität? Denkst Du, dass Du vielleicht in einem Versammlungsraum auf einer dreidimensionalen Erde bist oder alleine sitzt und etwas liest? Fragst Du, was unsere Realität ist? Die Familie ist hier! Wenn Du sie bisher noch nicht hast wahrnehmen, fühlen und spüren können, dann ist es jetzt vielleicht an der Zeit dafür. Wenn Du die Erlaubnis gibst, dann wird sie sich physisch manifestieren. Dann wirst Du wissen, dass Du an diesem Tag von der anderen Seite des Schleiers umarmt wurdest und desgleichen Deine Füße gewaschen wurden! Die Realität? Real ist, dass Du nicht alleine bist und tatsächlich hier mit uns zusammen bist. Alles andere ist eine Illusion. Wenn Du hierauf antwortest, wird sich die Linearität Deines Lebens langsam beugen und den anderen Teilen begegnen, die gleichfalls im Kreis waren und sind. Du wirst langsam das kreisende Wesen werden, dessen heiliges Attribut es ist, selber die Richtung, in die es gehen wird, zu erschaffen!

Hier ist so viel Liebe. Verstehst Du die Ehre und Wertschätzung, die wir für Dich haben? Verstehst Du, was passiert, wenn ein Teil geht und die Familie verlässt und Großartiges leistet? Wisst Ihr, was es für die Angehörigen, einen Teil der Gruppe, bedeutet, loszugehen und die Familie zu besuchen? Den Teil der Familie, der draußen im Feld arbeitet? Ja, wir wissen es. Diese Gruppe ist heute Abend zu Besuch zu Euch gekommen, denn Ihr seid diejenigen, welche die Arbeit ausführen. Und diese Gruppe ist die Gruppe, die Euch die Füße wäscht und Euch von der anderen Seite des Schleiers umarmt und sagt: „Wir lieben Dich."

Einige von Euch werden ein weiteres Mal vor dieser Begleitgruppe sitzen können. Es ist nicht das letzte Mal, dass wir hier sind. Wenn Du kommst, bitten wir Dich, Dich von nun an an die Begrüßung und ihre Bedeutung zu erinnern. Wir wünschen Dir, dass Du das „ICH BIN" versteht. Wir wünschen Dir jedes Mal den Kreis zu sehen, wenn Du hörst oder liest: „Seid gegrüßt. ICH BIN Kryon vom Magnetischen Dienst." Wir wünschen Dir, dass Du verstehst, dass es heute Familie war, die Dich besuchte.

Wir sagten bereits, dass dies nun der harte und schwierige Teil ist, denn wie können wir uns als Familienmitglieder voneinander trennen? Wir wissen wohl, dass es in einem Kreis niemals wirkliche Trennungen gibt, denn wir sind alle jederzeit dort. Aber diese Wiedervereinigung ist bereitet, um nun beendet zu werden. Mein Partner bat darum, dass die Energie dieser Liebe heute überbracht wurde, damit so viele es empfangen. Lasst mich Euch sagen, dass die Dinge nicht immer so sind, wie sie zu sein scheinen. Genau heute Nachmittag wurden Samen gepflanzt unter den Familienmitgliedern bei denen, die auf diesem Planeten wandeln, bei denen, die auf diesen Stühlen sitzen, bei denen, die diese Worte lesen. Wir möchten Euch sagen, dass wir wissen, warum Ihr gekommen seid. Ihr werdet diesen Raum verlassen und in Euch die Energie mitnehmen und tragen, für die Ihr hierher gekommen seid. Meint Ihr, wir könnten Eure Bitten ignorieren. Meint Ihr, Spirit erfreut sich an Euren Rätseln? Spirit erfreut sich daran Euch das „Jetzt" genießen zu sehen!

Und so, liebe Familie, ist es mit etwas Wehmut, dass wir uns von diesem Raum und vom Ort, wo Ihr diese Worte lest, zurückziehen. Wieder sagen wir Euch dies: Ihr seid niemals allein! Die Energie, die Du heute fühltest, möge Dich jederzeit, wenn immer Du es wünschst, wieder besuchen. Du kannst mit uns in dem kreisenden Ort zusammentreffen. Fühlst Du Dich auf Deinem Weg festgefahren? Feiere es, während die Synchronizität sich zu Dir bewegt und sich Dir nähert. Fühlst Du Dich ohne offensichtliche Richtung gestoppt? Feiere das Wissen, dass alles relativ ist und dass Du gebremst wirst, damit andere aufholen können oder von vorne oder von der Seite oder selbst von hinten (aus der Vergangenheit ihrer Zeit) kommen. Feiere die Tatsache, dass alles in Bewegung ist, aber Deine Linearität einfach wie ein Zwischenhalt aussieht. Ureigentlich ist die Familie zu allen Zeiten rund um Dich herum in Bewegung - ebenso wie die unbeschreibliche Liebe, die wir für Dich haben, niemals stillsteht.

Und so ist es

Kryon

Kryon

Live-Channeling

„Zeit und Wirklichkeit“ Teil II

Gechannelt in
Nancy, Frankreich - Mai 1999
Santa Fe, NM - Juli 1999
Melbourne, Australien - September 1999

Kapitel III

„Zeit und Wirklichkeit" - Teil II

Live-Channeling in
Nancy, Frankreich - Mai 1999
Santa Fe, NM - Juli 1999
Melbourne, Australien - September 1999

Dieses Live-Channeling wurde mit zusätzlichen Worten herausgegeben, um Klarheit und ein besseres Verständnis in der schriftlichen Textform zu ermöglichen.

Seid gegrüßt, Ihr Lieben, ICH BIN Kryon vom Magnetischen Dienst. Lasst uns einen Moment dafür nehmen, während eine sehr spezielle Familie in dieses Feld hineinflutet - einen kostbaren Moment - während der Raum vorbereitet ist, den Herzen derjenigen zu begegnen, die gekommen sind, um diese Botschaft zu hören oder zu lesen. Wir nutzen jetzt recht häufig das Wort kostbar. Dieses Channeling ist mehr als eine Mitteilung von Informationen, die manche vielleicht akademisch nennen mögen. Diese Channeling-Erfahrung wird vielmehr eine Wiedervereinigung von allererster Güte.

Oh, es gibt auch diejenigen hier, welche sagen: *„Das kann doch gar nicht sein. In Wirklichkeit ist das hier doch ein fruchtbares Produkt von einem Teil der hier Anwesenden."* Auch wenn Ihr hier eine Menschenstimme hört, so sagen wir Euch: „Lasst die göttliche Energie in diesem Raum der Beweis dafür sein, was tatsächlich stattfindet." Ihr könnt nicht Engel in den Reihen zwischen Euch und hinter Euren Stühlen und zu Euren Füßen kniend haben, ohne dass Ihr irgendetwas davon wahrnehmt! Ihr könnt nicht jene, die Ihr in menschlicher Form kanntet, Kleine und Große, um Euch

haben - sie tippen auf Eure Schulter und umarmen Euch von hinten - ohne dass Ihr etwas spürt! Ihr fragt Euch, warum Ihr gekommen seid? Ihr fragt Euch, warum Ihr dies lest? Oh, liebes Familienmitglied, ich weiß, wer Du bist, und kenne Dich so gut! Einige kamen als Begleitung einem anderen zuliebe. Einige von denjenigen mögen sagen: *„Mich werden diese spirituellen Gespräche nicht beeindrucken; mich wird diese Energie nicht berühren.“ Ich sage Dir: „Du hast nicht beeindruckt zu werden. Warum entspannst Du Dich nicht einfach und bist geliebt?“* Wenn Du das zulässt, wirst Du Dich wohler als bei Deiner Ankunft fühlen.
Sitzt und fühlt die Liebe von der Familie!

Wir verbringen eine Weile gemeinsam mit dieser Gruppe - dieser Familie -, sowie wir vollständig sind und alle da sein werden, die uns von der anderen Seite des Schleiers besuchen werden. Wir sind hier sehr viel zahlreicher, als Ihr es seid, und gehen durch die Reihen entlang der Sitzplätze, Euch wiederbegrüßend nach all der Zeit und Euch bittend, die Energie wahrzunehmen. Spürt Ihr es? Leser, fühlst Du es? Einige von Euch werden nicht ein einziges der während dieser Zeit gesprochenen Worte zu hören brauchen. Einige von Euch, die dies hören, werden während der Zeit von ihrer Bewusstseinsaufnahme entfernt und einfach nur geliebt sein - für den freien Fluss und die Freude. Dann wird es einige von Euch geben, die bedürfen es zu hören und zu lesen und sie verstehen das Gesagte, denn es ist besonders und speziell für Euch.

Die Botschaft ist für Euch alle. Es ist eine Fortführung des letzten Channelings zu diesem Thema. Denn vor einer Weile verbrachten wir eine Zeit mit der Familie, sehr ähnlich dieser Begegnung, in einem ähnlichen Raum wie diesem hier. In dem Vortrag gaben wir eine Unterrichtung über die „Jetzt“Zeit und die Unterrichtung beinhaltete viele Metaphern und Lehren. Wir erklärten den Unterschied zwischen der linearen Zeit des Menschenwesens und der spirituellen göttlichen „Jetzt“Zeit von der gesegneten Energie in Euch, welche als das „Höhere Selbst“ bezeichnet wird. Heute geht es um eine Fortsetzung dieser Unterrichtung.

Und diesmal geben wir dem Thema eine andere Bezeichnung, denn dieser zweite Teil hat buchstäblich nichts mit linearer und kreisender Zeit zu tun, so wie es im vergangenen Channeling besprochen wurde. Diese Unterrichtung bezeichnen wir als „Wandelbare Realität“. Es ist an der Zeit, dass Ihr mehr darüber hört und es besser verstehen lernt. Dieses Konzept ist das am schwersten zu verstehende Konzept für den Menschen im Aufstiegsstatus, welches er zu begreifen hat. Aber wir sind noch nicht ganz für den Beginn des Vortrags vorbereitet. (Lee lacht).

Meint Ihr, uns wäre Euer Name nicht bekannt? Meint Ihr, Ihr könntet irgendeine Art von der Spezies Mensch sein und hier sitzen? Macht das Folgende: Prüft all die von Euch arrangierten Dinge, die es Euch erlaubten, heute und genau jetzt „auf dem Stuhl zu sitzen“. Es handelt sich hier, bei den dies hörenden und lesenden Menschen, den Teilen von Gott, um eine klar bestimmte Gruppe. Eine klar bestimmte Gruppe, die mir und Euch seit Äonen bekannt ist. Ihr kennt sie als Eure nah vertraute Familie. Viele Male habt Ihr einander kommen und gehen sehen. Ihr seid Lemurier, Ihr seid Schamanen, Ihr seid Göttliche, das seid Ihr. Was denkt Ihr über die Merkmale der jetzt Erwachenden? Warum *Ihr*? Was bringt Euch zu diesen Plätzen, um dies zu hören und zu lesen? Warum haltet Ihr den Stürmen und verbalen Pfeilen derjenigen stand, die Euch betrachten und sagen, Ihr seid nicht mehr ganz beisammen, einem Channeler zuzuhören? (Lachen).

Es ist das Erwachen des göttlichen Wesens in Euch, welches beginnt die Wirkungsweise der Dinge zu verstehen. Ihr Lieben, Ihr beginnt das Gewebe Eurer Wirklichkeit Eures Lebens zu verändern. Wir verwenden Worte wie *Ko-kreation und Vertrag*, doch das Menschenwesen versteht noch nicht die „Wandelbare Realität“. Und während wir beginnen dieses Konzept weiter fortzusetzen, bitten wir Euch zu verstehen, dass wir wissen, wer Ihr seid. Ihr befindet Euch genau an den Plätzen, wo Ihr zu sitzen erwartet wurdet. Ansonsten wüssten wir nicht, wen wir für Eure Umarmung zu senden hätten. (Lachen) Wir bitten Euch zu begreifen, dass die Augenpaare, die diese Worte lesen, und die Ohrenpaare, die diese Worte hören, die Augen und Ohren von Familienmitgliedern sind, die uns bekannt sind und die wir lieben.

Wirklichkeit

Was bedeutet Realität für den Menschen, was ist Wirklichkeit?

Sie ist ein unveränderliches Merkmal als Kennzeichen (Postulat) von Existenz. Geht zu irgendeinem Menschen, der nicht notwendigerweise spirituell versiert und ausgerichtet ist, und fragt ihn: „Was ist die Wirklichkeit, was ist Realität?“ Und er mag antworten: *„Sie ist das, auf das ich mich verlassen kann. Ich kann mit ihr rechnen und ich kann auf sie zählen, denn sie ist unveränderbar. Sie ist das Holz an meinem Stuhl - der Erdboden, auf dem ich gehe und stehe - sie ist die Luft, die ich einatme. Sie ist konstant und immer dieselbe. Ich kann mich auf das, was für mich real ist, verlassen, weil ich meine Hände ausstrecken und das Reale anfassen und fühlen kann. Meine Sinne reagieren immer in gleicher Weise darauf. Meine Wirklichkeit sind reale Dinge, die greifbar und sichtbar sind. Sie sind physikalisch, biologisch und sie funktionieren so, wie die Welt funktioniert. Es ist das Leben auf dem Planeten Erde.“*

Ich will Euch ein Beispiel Eurer Realität geben, an das Ihr vielleicht nicht gedacht habt, und ich möchte Euch an etwas erinnern. Gehört die Zeit zu Eurer Wirklichkeit? Derart, wie sie in Eurem Leben vergeht, so, wie sie sich auf Euer Leben auswirkt? Nun gut, unsere Lektion besagt, dass die *Wirklichkeit* ebenso relativ ist, wie es auch die Zeit ist. Wir gaben Euch viele Beispiele (so wie es auch einige Eurer Wissenschaftler taten) von der Veränderbarkeit dieser Konstanten, von der Ihr einmal angenommen habt, dass sie fest und unveränderlich sei - diese Zeit. Wenn die Zeit aber relativ ist, warum *erscheint* sie dann so, als sei sie konstant? Warum? Der Grund dafür ist, dass die Menschheit in ihr eingebettet ist. Wenn sie sich verändert, dann verändert sich alles mit ihr zusammen und so bemerkt es niemand. Der Einzige, der es sehen und erkennen kann, ist der Beobachter am Rande. Er steht daneben und ist nicht Teil der Menschheit. Er ist daher auch nicht vom Wandel der Zeit betroffen und beeinflusst. Einem interdimensionalen Wesen wäre es ebenso bewusst, weil die anderen Dimensionen es offenbaren. Erinnert Euch, wie auch immer, an die Physik: Die Zeit steht in Relation zur Geschwindigkeit.

Frage: Was ist, wenn die Menschheit und die Erde jetzt schneller schwingen würden als vor 50 Jahren? Was ist, wenn die Atome auf der Erde alle schneller schwingen würden, das Sonnensystem und alles in Eurem Bereich würde schneller schwingen? Was ist, wenn diese „Schwingungs-Geschwindigkeitsveränderung“ auch das Tempo der Zeit veränderte? Ihr würdet es niemals bemerken. Da Ihr alle im selben Lebensboot namens Erde sitzt, sieht es für Euch immer gleich aus. Nur das Euch umgebende Universum würde von der Veränderung Eurer „Realität“, die für Euch gleichbleibend erscheint, wissen.

Hier kommt eine weitere Frage: Was ist, wenn Ihr Euch in einem Zug ohne Fenster auf dem Weg zu einem Bestimmungsort befindet, der Euch nicht bekannt ist (wie beispielsweise der Verlauf des Lebens)? Ihr seid Euch einzig und allein der Bewegung bewusst und dessen, dass sie vorwärts verläuft - nichts anderem. Während Ihr in dem Zug reist, wechselt der die Gleise und fährt unauffällig in eine andere Richtung und zu einem anderen Bestimmungsort/Ziel. Für Euch, diejenigen, die das nicht sehen können, ist keine Veränderung bemerkbar, denn der Zug fährt noch immer in gleicher Richtung vorwärts und es hat sich scheinbar nichts verändert - und doch hat die Veränderung stattgefunden! Ihr fahrt jetzt woanders hin. Das ist die Relativität Eurer Realität! Darum bringen wir Euch die Nachricht, dass auch die Wirklichkeit variabel, veränderbar ist.

Der Energiekreis - Eine Metapher

Stellt Euch für einem Moment einen Kreis von Energie vor. Wenn Ihr ihn vor Augen habt, dann verwandelt ihn in einen Reifen *(wie einen Schwimmring oder ein Spritzgebäck)*, sodass ihr eine Höhendimension dazubekommt. In dem Energiekreis gibt es eine Kraft, eine Stärke. Macht sie zur Lebenskraft und lasst sie jetzt mit unveränderlicher Geschwindigkeit im Reifen kreisend fliegen. Das ist die Lebenskraft des Menschseins und sie repräsentiert zugleich die Realität der Menschheit. Versteht diese Visualisierung als Eure *Realität* - eine unveränderliche Energie, die tatsächlich kreisend fließt, andauernd, für immer und ewig.

Manche verglichen diese Metapher mit einem auf Gleisen fahrenden

Zug, so wie wir zuvor beschrieben. Er kreist und kreist, wieder und wieder. Dies verändert sich niemals. Es ist immer derselbe Zug und es ist dieselbe Geschwindigkeit. Obwohl der Zug viele Dimensionen hat, nimmt der Mensch nur vier Dimensionen wahr: die Höhe, die Tiefe, die Breite und die Zeit. Die anderen Dimensionen, die der Mensch nicht zu sehen vermag, sind:

(1) Die Fähigkeit, aus dem Zugfenster hinauszuschauen und Dinge zu sehen, an denen entlanggefahren wird.
(2) Die Kontrolle über die Geschwindigkeit der Maschine.
(3) Die Möglichkeit, auf das vor Euch liegende Gleis zu schauen, und
(4) Das Aussehen des Zuges.

Es gibt viel mehr, aber diese genannten repräsentieren eine Metapher für vier weitere Dimensionen, welche Ihr nicht sehen könnt.

Im vergangenen Channeling erwähnten wir die Tatsache, dass alles im Kreis zirkuliert und dass selbst der Weg, von dem Ihr meint, er führe ins Unendliche, sich in einem Kreise dreht. Wir erklärten Euch, dass es keine geraden Linien gibt. Auch die scheinbar geraden Linien machen eine Kurve, um letztendlich auf sich selbst zu treffen. So sind Zeit und Wirklichkeit zirkulierend und aus diesem Grund können die Potenziale Eurer Zukunft gemessen und prophetische Voraussagen erstellt werden, weil Potenziale sich in einem Kreis stets als vertraute Themen konstant wiederholen. Und so verschwindet Eure Zukunft nicht irgendwo als Mysterium hinter dem Horizont, sondern sie zirkuliert und kehrt in einem großen Kreis wieder und wieder zurück. Sie ist Teil der „Jetzt" Zeit, über die wir im vergangenen Channeling sprachen. Aus dem Grund können Potenziale so für Manifestation zurückkehren, wie der Verlauf des Kreises zu der Energie zurückkehrt, welche das Potenzial erschaffen hat. Diejenigen, welche die Fähigkeit für Prophetie haben, verfügen über ein Geschenk, sie haben eine interdimensionale Gabe. Sie sind in gedämpfter Form in der Lage, durch ein Fenster nach vorne, vor den Zug, und somit direkt auf die Gleise vor Euch zu schauen. Und sie können Euch Vorstellungen von dem geben, was als Geschehen möglich ist.

Wir sagten Euch, dass der Zug auf seiner Bahn zirkuliert und die Energiepotenziale erkennbar sind und sie sich später, wenn der Zug diese

Stelle wieder durchfährt, in Realität verwandeln. Folgende Frage stellt sich für die Voraussehenden als schwierig zu beantworten dar: Wie viele Male wird der Zug das Potenzial passieren, bis es zur Realität wird? Daher kann selbst ein guter Seher das Datum verfehlen, aber das Ereignis ist und bleibt doch ein Potenzial, welches tatsächlich stattfinden kann.

Dieser Lebenskraft-Zug, der „Energiekreis", scheint sich niemals für Euch zu verändern. Die Energie ist felsenfest, sozusagen grundsolide. Ihr könnt Eure Hände ausstrecken und sie berühren. Dieser Zug ist „Wirklichkeit A". Und er bewegt sich und fährt Äonen über Äonen und die Propheten nutzen es, um die Potenziale, von denen wir gerade gesprochen haben, zu erzeugen. Und so wie der Kreis in „Realität A" verläuft, werden die Potenziale langsam zur Manifestation von eigener Kreation und die Zirkulation erschafft eine zur prophetischen Vorhersage passende Realität *(eine sich selber erfüllende Vorhersage)*. Wenn Ihr an Eure Realität auf der Erde denkt, scheint sie unveränderlich und für immer anzudauern. Sie ist etwas, mit dem Ihr rechnen und auf das Ihr Euch verlassen könnt - sie ist greifbar und handfest. Für manche ist es die Grundenergie der Lebenskraft-Existenz. Manche von Euch möchten sie als Attribute des Kosmischen Gitternetzes bezeichnen, von denen wir sprachen. Sie ist immer konstant, immer kraftvoll und mächtig, immer vorhanden. Ihr seid tatsächlich an sie gewöhnt.

Der Göttliche Katalysator

Nun möchten wir in diesen unveränderten Existenzkreis eine „Biegung/Kurve" einfügen. Lasst etwas nie zuvor Dagewesenes in den Kreis eintreten. Hier kommt es! Es sieht aus wie ein länglicher Kristall. Einige würden es vielleicht als einen „Zauberstab" bezeichnen. Es hat Polarität. Es ist eine andere Kraft! Es ist keine menschliche Lebenskraft, aber es hat eine menschliche Charakteristik. Beobachtet, in welche Richtung es zeigt! Es ist auf die Mitte des Kreises ausgerichtet! Es hat aus sich selbst heraus die Kraft und Macht dazu, denn es wird „Göttlichkeit" genannt oder „Gott". Wir werden diese neue unabhängige Kraft und Macht den „Göttlichen Katalysator" nennen. Wenn diese kristalline, einem Zauberstab ähnelnde Göttlichkeit in das Feld der Lebenskraft eintritt, wirkt es sich auf die

Lebenskraft aus. Es erlaubt dem Potenzial einen Wechsel und dies ermöglicht Veränderung. Es verändert die konstanten Attribute derart, indem es der Lebenskraft ermöglicht, eine andere Richtung zu nehmen. Die menschliche Lebenskraft nimmt in diesem Prozess zu und sie wird kraft- und machtvoller wie eine Zugmaschine, die bergauf fahren kann. Wenn ein Zug plötzlich das Gleis wechselt und bergauf fährt, um ein höher gelegenes Gleis zu erreichen, wird die unveränderliche, zirkulierende Energie namens „Realität A" zur „Realität B" - ein anderes Gleis. (In dem Zusammenhang: Spirit nennt alle Wirklichkeiten einfach nur „Realität".)

Was ist geschehen und was hat sich verändert? Und noch wichtiger, wer wusste davon? Realität ist noch immer Realität. Der Zug gleitet nach wie vor weiterhin in einem Kreis, aber nun verfügt er über andere feinstoffliche Attribute, Attribute, die nicht unbedingt für jeden wahrnehmbar und sichtbar sind. Seht, was geschehen ist: Der Zug wechselte auf ein höher gelegenes Gleis. Für die meisten scheint sich nichts geändert zu haben, aber in Tat und Wahrheit hat der gesamte Zug (das Leben auf der Erde) ein neues Reiseziel. Es kann jetzt als „Realität B" oder auch Gleis B bezeichnet werden. Der Mensch, der nur vier Dimensionen wahrnehmen kann, sieht noch immer unveränderlich die vier: Höhe, Tiefe, Länge und die Zeit und sie sehen noch immer gleich aus! Der Zug ist noch immer derselbe Zug und er bewegt sich noch immer in derselben Geschwindigkeit auf einem Gleis. Was der Mensch nicht wahrnimmt, ist, dass er jetzt auf einem viel höheren, anderen Gleis fährt.

Seht, wie es verändert wurde: Es veränderte sich aufgrund eines göttlichen Katalysators, welcher die alte konstante Lebenskraft namens „Realität A" kreuzte. Die Kreuzung des göttlichen Zauberstabs erschuf daher ein neues Potenzial - einen Gleiswechsel - doch hat es der Großteil der Menschheit niemals wahrgenommen.

Ich habe Euch soeben ein Bild dessen gegeben, Ihr Lieben, was der *neue* erleuchtete Mensch tut, so wie er auf der Erde wandelt. Denn dieser göttliche Zauberstab - der kristalline Teil - das seid Ihr, das bist *Du*. Dies ist eine Metapher dafür, wie einer im aufgestiegenen Status den Planeten verändert und wie die alte Realität vergangener Vorhersagen ausgelöscht wird.

Ihr steht auf einem Planeten, der seine Realität verändert hat - vollkommen wechselte - und *Du/Ihr* habt es vollbracht! Denn seht, wenn Ihr mitten in der Lebenskraft steht, welche sich veränderte, nehmt Ihr „A“, „B“, „C“ oder „D“ nicht wahr. Es ist ganz einfach nur die Realität, doch die Realität des Zuges wechselte die Gleise! Und so ist der Kreis, in dem Du Dich voranbewegst, jetzt auf einer anderen Ebene. Stellt es Euch als über- und untereinander liegende Kreise vor und obwohl Ihr soeben die Gleise auf einen höher gelegenen Kreis gewechselt habt, fährt der Zug noch immer weiter und Ihr seid Euch des neuen Kreises nicht bewusst.

„*Kryon*“, mögt Ihr fragen, „*ist damit eine persönliche oder eine planetare Realität gemeint?*“ Ihr könnt die beiden nicht voneinander trennen. Alles begann auf der persönlichen Ebene und Zehntausende von Menschen begannen sich zu verändern. Das Bewusstsein der Erde erreichte einen Punkt, an dem die Erde sich durch das, was die auf ihr lebenden Menschen getan hatten, zu verändern hatte und das Ergebnis war sowohl eine persönliche als auch eine planetenweite Veränderung der Realität. Der überwiegende Teil dieses Wechsels vollzog sich zwischen 1962 und 1987 - welch eine Veränderung!

„*Kryon, willst Du damit sagen, dass es multiple Realitäten gibt und wir nur von der einen in die andere hinüberwechseln? Gibt es vielleicht multiple Erden?*“ Nein. Es gibt nur „eine Realität“ und eine Erde. Es gibt aber, wie auch immer, verschiedene Potenziale. Die einzige „Realität“ ist die eine, in der sich Euer (Dein) Menschenzug befindet. Da mag es Hunderte von Gleisen geben, aber sie sind nur potenzielle Gleise für Euren (Deinen) Zug. Wenn sich Euer Zug nicht auf ihnen befindet, manifestiert sich nichts. Der Zug ist die Lebensenergie. Wenn er sich auf einem Energiegleis befindet, dann reagiert er auf das Potenzial des neuen Gleises. Versteht Ihr das? Die Realität, das, was für Euch sicht- und greifbar ist, ist das Gleis, auf dem sich Euer Zug befindet! Der Gleiswechsel ist oft für Euch unmerklich. Schaut Euch daher um und nehmt einige der Dinge wahr, welche Euch zeigen, dass sich Eure Realität tatsächlich verwandelte.

„*Okay*“, mögt Ihr sagen „*aber woran können wir das sehen? Wofür ist es gut über etwas zu sprechen, was wir nicht einmal wahrnehmen können?“* Die Tatsache, die es zunächst zu erkennen gilt, ist, dass die Prophezeiungen zu dem niedrigeren Gleis gehörten. Aus dem Grund werden sie, seitdem Ihr von „Realität A“ auf das neue, höher zirkulierende Gleis namens „Realität B“ wechseltet, jetzt nicht stattfinden. Es kann keine Manifestation eines ehemaligen Potenzials stattfinden, wenn dieses alte Potenzial in einer niedrigeren Energie erschaffen worden ist. Der Kreis (die Zirkulation) von Menschen-Lebenskaft ist jetzt in einer höheren Energie. Die alten Vorhersagen, welche die Propheten trafen, entstanden aus einem Blick auf die alten Gleise und nicht auf die neuen! Dies mag Euch kryptisch erscheinen, aber so ist die Art, wie Eure Dimension wirkt.

Obwohl Ihr möglicherweise keine Realitätsveränderung gespürt habt, könnt Ihr sie doch leicht rund um Euch herum anhand des Lebens auf Eurem Planeten beobachten und feststellen. Keine einzige Vorhersage ist eingetroffen, habt Ihr das bemerkt? Wir werden Euch diesbezüglich noch auf einige andere Themen aufmerksam machen und Euch jetzt den menschlichen Anteil davon aufzeigen, sodass Ihr den Umfang dessen versteht, was eine Veränderung wahrhaftig bedeutet.

Sieben Merkmale Eurer Realität

Lasst uns mit dem Größten beginnen und dann bis zum Kleinsten vorangehen. Es gibt sieben Attribute, über die wir gerne sprechen möchten.

Politisch: Seht Euch Euren Planeten an. Oh, Ihr Lieben, auf diesem Planeten gibt es eine Region, die politisch gesehen nicht annähernd mehr dem gleicht, was in der alten Wirklichkeit vorausgesagt wurde. Wir haben in den vergangenen sieben Jahren bereits darüber gesprochen. Wir waren bei den großen Versammlungen und erwähnten es dort (gemeint sind die Live-Channelings, die bei den drei UN-Besuchen stattgefunden haben*). Doch da Ihr auf einer scheinbar sanften Welle hindurchgekommen seid, versteht Ihr nicht, wie viele Realitätswechsel stattgefunden haben.

Ich spreche jetzt von Israel und dem Nahen Osten. Wisst Ihr, wofür diese Region steht? Zuallererst will ich Euch gerne sagen, wer dort ist -

* Die vollständige Aufzeichnung der UN-Channelings finden Sie in Buch Band IV „Gemeinsam mit Gott“ und Buch Band V „Briefe von Zuhause“.

Familie! Isoliert Euch aufgrund von geographischen, sprachlichen oder kulturellen Gründen niemals selber von der Familie. Ihr seid in der Vergangenheit in vielen Kulturen gewesen; Eure augenblickliche Kultur ist nur diejenige, die Ihr für diesen Lebensausdruck gewählt habt. Dort im Nahen Osten befinden sich jetzt (1999) Familienangehörige und sie haben auf der Zellebene etwas völlig anderes erwartet als das, durch was sie derzeit durchgehen.

Lasst mich Euch von der Wirklichkeit erzählen, die Israel heißt. Israel ist nahe daran für die Erfahrung des Potenzials des dritten Exodus vorbereitet zu sein. Die erste Völkerwanderung war die jener Stämme die von der ägyptischen Versklavung weggeführt wurden. Die zweite Auswanderung war die der Volksgruppe ohne Heimatland hin zu zu einem Platz in einem Land, welches ihre Geburtsenergie hatte. Die dritte und tiefgründigste Wanderung von allen ist diejenige, die das Neue Jerusalem hervorbringen wird, welches in Israel zu beginnen hat.

Der dritte Exodus ist der Wandel des „Bewusstseins“ - der Wechsel von dem alten Kriegsbewusstsein hin zu dem erleuchteten Bewusstsein von Frieden. Das göttliche Wunder ist, dass es auf dem alten Realität-A-Gleis keinen dritten Exodus gab. Die Prophezeiungen waren klar und der Zug fuhr in Richtung eines Potenzials, das nichts anderes enthielt als die Manifestation einer sich selbst erfüllenden Prophezeiung. Als der Zug in den Jahren zwischen 1962 und 1987 die Gleise wechselte, habt Ihr es nicht bemerkt. Der alte Kreis, auf dem Euch die Manifestation des alten Potenzials begegnet wäre, war verlassen. Er wurde durch ein neues Gleis ersetzt - mit einem neuen Ziel - und dem Potenzial für einen dritten Exodus hinein in eine Menschheit/ein Menschsein, welches Energie verändert.

Ich bitte Euch das zu betrachten, was gerade jetzt in dem Land geschieht. Es gibt dort einen neuen Führer, der von seinem Volk gewählt wurde, und es wählte seinen größten Krieger! Seine Vergangenheit ebenso wie seine einstigen Taten sind wohlbekannt. Er kam aus einer Energie, in der Israel zur restlichen Welt sprach: *„Wir verdienen es hier zu sein. Sie (die sie umgebenden Feinde) können unser Land nicht haben. Wir werden es um jeden Preis zurückbekommen. Dieser Heilige Krieg ist Jahrhunderte alt und* *er ist noch nicht zu Ende!"*

Erinnert Ihr Euch an diese Energie? Es ist noch gar nicht so lange her! Und jetzt hört bitte, was dieser neue Kriegsführer sagt, jener, der vom Bewusstsein der Menschen Israels ausgewählt wurde.

Dieser einstige Krieger sagt: *„Wie können wir Frieden erschaffen und wo müssen wir Kompromisse schließen, damit wir dieses Ziel erreichen können? Wie können wir es erreichen, dass sich vier oder noch mehr große Glaubenssysteme den gleichen Heiligen Boden miteinander teilen, den auch wir heilig nennen? Wie können wir ohne Terrorismus miteinander koexistieren? Wie erschaffen und erreichen wir das? Wie können wir es ohne Negativität und Schuldzuweisung zuwege bringen? Lasst uns beginnen!"*

Willkommen in „Realität-B"! Ist dies das, was prophezeit wurde? Ist es in dem erwarteten Zeitrahmen? Die Antwort lautet NEIN! Das neue Realitätsgleis hat ein neues Ziel - Frieden. Das alte ist verlassen. Genau inmitten dieses Platzes, genau in 1999 war das Kreuz von Termination und Horror beabsichtigt! Stattdessen fragt die neue Führerschaft: *„Wie können wir Frieden schaffen?"* Sagt mir etwas zu dieser *Realität* - über eine für Euch greifbare Realität! Wie sind hier die entsprechenden Potenziale? Der Planet der freien Wahl ist der Eure. Die *Wahlmöglichkeit*, von der wir sprechen, ist Eure Wahl, hierin liegt die Möglichkeit, das Wirklichkeitsgewebe der Realität auf Eurem Planeten zu verändern - und die Erde ist der einzige Planet dieser Art im Universum.

Erdenwandlung: Hier kommt ein weiteres (zweites) Attribut. Was gibt es zu den Erdveränderungen zu sagen? Was ist mit den physischen Gegebenheiten der Erde? Ich brauche Euch hier nicht erst mitzuteilen, dass eine große Beschleunigung in den Erdveränderungen stattgefunden hat. Ihr seht jetzt auf eine beschleunigte geologische Entwicklung der Erde - so, als wenn die Jahre schneller als zuvor vergehen würden. Ihr beobachtet Veränderungen, die Ihr vielleicht seit Jahrzehnten nicht habt sehen können - und Ihr fragt Euch, warum sich die Ozeane erwärmen und die Erde bebt. Es entsteht dadurch, dass das Land mit seinem alten Bewusstsein auf die Wirklichkeitsveränderung reagiert. Als Euer Realitätszug das Gleis wechselte, kam die Erde mit. Das ist eine Veränderung der Wirklichkeit! Oh, aber es gibt noch mehr. Wie steht es mit dem bevorstehenden Ereignis? Was ist mit dem 11. August 1999 *(A.d.Ü.: Sonnenfinsternis)?* Einige sagten Unheilvolles für dieses Datum voraus - eine neuordnende Ausrichtung - eine mit nichts zu vergleichende Energie. Alles kann tatsächlich auch mit Angst- und Furchterregendem besetzt werden. *„Was sollen wir tun?"* Manche Menschen sagten: *„Da kommt nichts Gutes auf uns zu. Es wird etwas geschehen."*

Lasst mich von einer alten Realität erzählen, die üblicherweise in einem Kreis verlief. Viele der Dinge, die Euch in den letzten Jahren seit 1987 auf Eurem Weg begegneten, hatten seit dem Wechsel auf das neue Gleis andere Potenziale und Energien. Diese physikalischen Ereignisse haben neue Wirklichkeiten. Anstelle von Termination habt Ihr jetzt „Feiern" und dieses Datum (11.8.1999) war eins zum Feiern. Ich bitte Euch alle und fordere Euch auf. Denkt an den Tag und erinnert Euch an diese Worte: „Ich möchte, dass Ihr feiert." Beachtet zunächst die Nummerologie: 11,8,1,9,9,9. Die Summe ergibt die „11". (Erinnert Euch in der Nummerologie daran, dass gleiche Doppelziffern, wie die 11, Endzahlen sind.)

Was ist die Energie des Kryon? Erinnert Ihr Euch noch an die erste Unterrichtung, die ich Euch in 1989 gab? Es ist die Energie der „11". Dies ist vielen von Euch nun bereits seit langem bekannt. Wir haben Euch auch von der Energie der „9" berichtet. Sie repräsentiert Beendigung (Abschluss, Fertigstellung) und so sind die „9" und die „11" die Merkmale des Kryon! Wieviele von Euch haben schon einmal daran gedacht, diese Zahlen miteinander zu multiplizieren, Ihr findet darin das Jahr, in dem diese Botschaft gegeben wird - „99". Dies ist die glorreiche Stunde! Dies ist die Botschaft des Kryon und seines Gefolges und diese hat eine Tiefgründigkeit und Tragweite, wie sie es noch niemals zuvor hatte, weil Ihr Euch in den Veränderungen der Wirklichkeit befindet, die Ihr selbst gerufen und erzeugt habt - Veränderungen, von denen wir seit vielen Jahren zu Euch sprechen. Jetzt seid Ihr mitten drin! Das war das zweite (Attribut).

Spiritualität: Was ist mit der Spiritualität auf dem Planeten? Wir geben Euch einen kurzen Überblick. Es gibt einige von Euch, die sagen: *„Okay, ich kann die Realitätswechsel in der Politik und in den*

Erdenveränderungen annehmen, aber es gibt etwas, was sich niemals ändern wird, und das ist Gott. Gott ist und bleibt dasselbe - gestern, heute, morgen und in alle Ewigkeit.“ Das stimmt und Ihr habt Recht, aber die Gott/Mensch Beziehung ist nicht mehr dieselbe! Sie hat sich verändert, so wie die Instruktionsaufstellung für die Menschheit sich auch verändert hat!

Geht noch einmal zurück und erinnert Euch, was in dem ersten Teil dieses Channelings an Information gegeben wurde. Erinnert Ihr Euch an die Metapher von dem schlafenden Menschen? Tausende von Büchern wurden darüber geschrieben, wie der schlafende Mensch bedacht und behütet ist und betreut werden sollte. Und dann plötzlich erwacht der schlafende Mensch. Was macht Ihr nun mit den Büchern? Sie sind nicht länger gültig. Es sind so viele von Euch, die in ein neues Paradigma von Spiritualität hinein erwachen. Fürchtet Ihr Euch oder fühlt Ihr Euch besorgt? Habt Ihr das Gefühl, Eure spirituelle Verbindung sei unterbrochen oder zumindest verändert worden? Herzlichen Glückwunsch zu Eurem Erwachen. Die alten Methoden für den „Schlafenden“ wirken nicht länger!

Auf diesem Planeten wird es ein spirituelles Erwachen geben, was alles übertrifft, was Ihr je gesehen habt. *„Kryon, bedeutet das, dass jeder Mensch zu einer metaphysischen Einstellung kommt?“* Nein. Wie wir bereits zuvor sagten, wird dies niemals geschehen und es soll auch nicht so ein. Wir sprechen von einer Ausbreitung von Weisheit, wir sprechen davon, dass nun alle Kulturen und Doktrinen von einer Weisheit durchdrungen werden. Achtet darauf. Viele Glaubenssysteme, die Euch in der alten Energie felsenfest und grundsolide erschienen, werden sich verändern und sich an Themen der neuen planetaren Gegebenheiten anpassen, Themen, wie die Überbevölkerung *(Bevölkerungsdichte)*, Handel und Gewerbe und Toleranz gegenüber ehemaligen Feinden. Es wird eine spirituelle Veränderung von noch niemals da gewesenem Ausmaß sein. Schaut zu dem neuen Papst und seht die tiefgreifenden Veränderungen. Er wird sich gegen vieles von dem, was war, wenden. Er wird den Glauben seiner Anhänger in der tiefsten Faser verändern. Innerhalb dieses Prozesses wird er Kontroversen auslösen und umstritten sein.

Betrachtet die islamischen Nationen und seht, wie sie sich in

Richtung größerer Toleranz gegenüber den anderen bewegen werden und in ein moderneres Verständnis davon, wie sie ihren eigenen Glauben ehren und doch auch in der Energie sind, die Einhaltung der allgemeinen Menschenrechte und die Stellung der Frau zu verbessern. Sie werden sich selber aus einem alten Paradigma der Gottesverehrung in ein neues erheben und dabei niemals ihre großartige Abstammung und Linie oder ihre Hingabe an Gott vermindern. Und es gibt noch sehr viel mehr und Ihr werdet es mit Euren eigenen Augen sehen - einschließlich der Verwandlung einer Regierung, welche mehr als ein Viertel der Erdbevölkerung umfasst, die sich verändert und entsprechend der Spiritualität ihres Volkes neu ausrichtet.

Klingt das noch nach der alten Realität? Welche Art von Kraft und Macht ist das? Was geschieht hier, was derartige Veränderungen erlauben würde? Ein Realitätswechsel vielleicht?

Materie: Auch die Materie ist veränderbar und sie ist ebenso relativ wie die Zeit und die Wirklichkeit. Oh ja, es gibt hier Regeln zu beachten - sie sind Euch nur noch nicht alle bekannt. Es wurde von Kryon besprochen, dass auch die Materie ein Kreis ist. Lasst mich dies nun für Euch definieren: Materie ist nicht in einem Kreis. Die Materie und die Biologie, das Bewusstsein und die Lebenskraft sind in einer Spiralschleife. *„Kryon, was genau ist der Unterschied zwischen einem Kreis und einer Spiralschleife*?“* Der Unterschied ist folgender: Ein Kreis hat keinen Ausgangspunkt (keinen Quellenpunkt). Er bewegt sich immer gleich in seiner Energie. Es gibt dort keine Ausrichtung. Eine Spiralschleife würde dagegen, wie auch immer, eine Rückkehr zu einer Quelle beinhalten. Darum sind wir hier und sagen Euch, dass Eure Wissenschaftler mit der Zeit letztendlich in den Grundelementen der Materie überall Spiralschleifen entdecken werden. Dies wird einige der profundesten Fragen beantworten, warum es so viel Raum zwischen dem Atomkern und dem Elektronennebel gibt. Haltet nach den Spiralscheifen Ausschau!

* engl.: „loop" deutsch: Schlaufe, Schlinge, Schleife, Spirale.

In der Biologie habt Ihr bereits einige von ihnen gefunden und dies ist erst der Anfang. Was dachtet Ihr, als die Wissenschaftler entdeckten, dass die DNS nicht nur ein Strang ist *(vergl. die Erklärungen im 1. Teil)*. Was sagt Euch das nun über die DNS? Sie ist eine Spiralschleife! Warum, meint Ihr, hat es eine Spiralschleife zu sein? Darum, weil sie Strom zu transportieren hat! Die DNS ist somit ein kleiner Elektromotor. Dieser Motor ist empfindlich für magnetische Einwirkungen, weil Strom, der in einer Spiralschleife transportiert wird, sein eigenes magnetisches Feld erzeugt. Könnt Ihr jetzt begreifen, wie die kristalline Umhüllung die DNS in magnetischer Weise mit „Aufweck" Reihen/Linien von Schnittstellen - Fluss *(Kreuzungspunkte bildend; eine technische Ausführung, die Kryon im ersten Teil dieser Lehrreihe gab)* verändern kann? Beginnt es jetzt für Euch zusammenzupassen? Eure neue Realität gibt Euch Eure Kraft und Macht über Eure DNS! Erinnert Euch daran, dass Bewusstsein Materie verändern kann. Fragt die Quantenphysiker danach. Und wenn wir gerade an dieser Stelle sind: erinnert Euch auch daran, dass ABSICHT Bewusstsein *(ein Bewusstseinsvorgang)* ist.

„Kryon, für mich ist Materie eben Materie. Sie verhält sich immer in derselben Art und sie ist konstant. Ich kann mit all diesem wissenschaftlichen Stoff nicht so viel anfangen." Okay, denn nun werden wir Euch ein Beispiel von Menschen hier auf diesem Planeten geben, die willentlich, vor Euren Augen, Materie verändern können! Ist das real genug für Euch? Wir sprechen jetzt von den Avataren auf der Erde, jene, die ABSICHT geben und kreieren und Materie scheinbar aus dem Nichts verwandeln. Wir sprechen von dem Avatar Sai Baba und von anderen, die Euch nicht bekannt sind und dieselben Attribute haben. Wenn Ihr es sehen könntet, würdet Ihr staunen, denn diejenigen von Euch, welche sehen, spüren und anfassen wollen und die Existenz der Materie kennen, werden bezüglich der Realität der Erde „umzudenken" haben. Vor Jahren sagten wir Euch, dass Ihr profunde Fähigkeiten bezüglich der Materie habt. Ihr Lieben, Ihr braucht kein Avatar zu sein. Und ich frage Euch: „Was meint Ihr, was geschieht, wenn in Eurem Leben ein Heilungswunder stattfindet?" Es spielt hierbei keine Rolle, welcher spirituellen Gruppe Ihr angehört oder welcher Name auf dem Gebäude steht, in dem Ihr seid. Denn seht, alle Gruppen beinhalten die göttliche Menschenfamilie. Wenn sie die Liebe Gottes anrufen,

wenn sie reine „Absicht“ geben, werden Wunder geschehen. Und wenn die Knochen wieder an ihren Platz zurückspringen, wenn Gewebe an einem Ort entsteht, wo bisher keines war, und wenn Tumore verschwunden sind, was meint Ihr, was dort geschehen ist? Es ist „Absicht“ und „Bewusstsein“ und „Göttlichkeit“, welche wie ein kristalliner Zauberstab in den Kreis des Lebens eintritt und ihn in eine andere Realität erhebt! Wenn das geschieht, entsteht ein Wunder. Wenn das geschieht, entsteht biologische Veränderung und die Veränderung von Materie. Diejenigen, die deformiert waren und jetzt in der Lage sind, in wundersamer Weise mit Knochen laufen zu können, die sie nie zuvor hatten, haben die Materie verändert! Das ist göttlich und das ist ein Wunder! Es kommt unmittelbar aus dem göttlichen Inneren des Menschenwesens und es verändert Realität.

Spiritueller Weg: Ich möchte noch einmal über Euren spirituellen Weg sprechen, so wie wir es bereits in dem ersten Teil dieser Lehrreihe taten. Jeder Mensch im Raum und dies lesend sieht seinen Weg in einer geraden Linie, die irgendwo ins Nicht-Bekannte/Vergessene führt. Er kann seinen Weg nicht sehen, wenn er hinter dem Horizont verschwindet. „Habt Vertrauen“, wird Euch gesagt. - „Die Lösung kommt in letzter Minute“, wird Euch gesagt. Noch immer seht Ihr Euch alle selber in eine unbekannte Zukunft laufen und einige von Euch fürchten sich. Denn es fühlt sich jetzt ganz anders an als so, wie sich ein spiritueller Weg für Euch in der Vergangenheit angefühlt hat.

Wir sagten Euch, dass Euer Weg keine gerade Linie ist, sondern ein Kreis. Es ist ganz genau so wie bei dem Realitätszug, über den wir sprachen. Euer persönlicher Zug „überdeckt“ *(überlagert)* wieder und wieder alten Boden. Jetzt findet Ihr Euch auf einem neuen Gleis wieder, aber einige von Euch fürchten sich. Wir sagten Euch, warum sich viele von Euch auf ihrem Gleis gebremst fühlten und was es bedeutet, und wir gaben Euch auch Hinweise, was Ihr in dieser Situation machen könnt: „Verweilt und feiert“, sagten wir. Feiert die Tatsache, dass der Verlauf Eures Kreises in diesem konzentrischen Rätsel einfach für eine Weile stoppte. Wisst Ihr, warum er anhielt? Weil Ihr die „Absicht“ für den aufgestiegenen Status gegeben habt.

Das zeigt, wie kraftvoll Ihr seid! Euer spiritueller Weg wartet eigentlich auf die Elemente von der Ko-Kreation, von denen wir zu Beginn dieses Channelings sprachen. Er wartet auf den göttlichen Katalysator Eurer neuen Ermächtigung, um neue Potenziale auf dem neuen Lebensgleis zu erschaffen. Vieles hat sich in der Wirkungsweise Eures spirituellen Weges geändert und sehr viele Menschen fürchten sich, weil es sich so fremd für sie anfühlt.

Feiert es! Ist es nicht ein zusätzlicher Beweis dafür, dass sich Eure Realität veränderte? Wann habt Ihr Euch früher, in der Vergangenheit, je so wie jetzt gefühlt? Dies ist neu und es ist ein Teil von Eurem neuen Schwingungswechsel.

Menschliche Natur: Hättet Ihr jemals gedacht, dass Ihr während Eurer Lebenszeit die Evolution der Menschheit erfahren würdet? Welche Art Realität ist das, die Kinder in die Welt bringen lässt, welche so anders sind, dass Ihr darin umzulernen habt, wie Ihr sie in ihrer Entwicklung und ihrem Wachstum begleiten könnt? (Gemeint sind die Indigo Kinder!) Seit wie vielen Jahren bringen Menschen Kinder zur Welt? Und nun ist diese Gruppe plötzlich ganz anders.

Ihr Lieben, die Kinder, die jetzt in dieser Zeit geboren werden, repräsentieren einen neuen Typ von Menschen. Ihr könnt diesem Phänomen jeden beliebigen Namen geben, doch ich werde es so benennen: Es ist eine Veränderung in der „Natur des Menschen".

Es gibt diejenigen, die sagen werden: *„Es liegt in der Natur des Menschen, dass er immer nach Macht und anderen Begierden strebt, und es ist unsere Untat als Menschen, unser Verderben. Wie gut Du auch immer meinst, dass es werden wird, ist es doch immer wieder diese Gier, welche unsere Menschheit jedes Mal untergehen lässt."*

Es ist eine neue Realität im Gange. Die Kinder, die jetzt hereinkommen, repräsentieren nicht das alte Paradigma der menschlichen Natur. Oh, gewiss werden auch sie menschliche Züge haben, die Euch sehr bekannt sind, aber beobachtet diese Kinder (ebenso wie die Kinder dieser Kinder), denn sie schauen sich um und sagen: „Warum sind die Dinge so, wie sie sind?“ Und sie haben auf der Zellebene die Weisheit, das Wissen und die grundsätzliche Fähigkeit, eine Welt zu erschaffen, in der Friede das Ziel ist. Die Aufgabe der Menschheit ist es, eine Weltbevölkerung zusammenzubringen und zur Zusammenarbeit zu führen - eine, die gemeinsam handelt, wirkt und wirtschaftet, sich gegenseitig toleriert und freie, offene Grenzen hat.

Viele sagen, dass die Geschichte der Menschheit über Äonen beweist, dass dies nicht geschehen kann. *„Das grundsätzliche Naturell des Menschen wird diese Hoffnung letztendlich nehmen“*, wird oft von denen ausgesagt, die nur auf den Untergang schauen. Nun, die menschliche Natur existiert nicht länger in der Art, wie Ihr sie zu sein glaubt. Während der Zeit, in der die zweite Generation hereinkommt, werdet Ihr eine neue Führerschaft sehen. Ihr werdet sehen, wie die Integrität im Samen jedes einzelnen Menschen stärker ist, sie übersteigt das alte Samennaturell, welches Macht- und Habgierstreben enthält. Ihr werdet bei den Menschen den Wunsch sehen, die Menschheit zu verbessern und nicht an dem festzuhalten, was einst die sogenannte „Wirklichkeit A“ war. Diese Kinder sind anders und sie werden Euch einen anderen Planeten geben, wenn Ihr sie lasst. Habt Ihr sie bemerkt? Was ist das für eine Veränderung der Realität? Meint Ihr, dass Ihr dies erleben könntet, wenn Euer Zug nicht die Gleise gewechselt hätte? Schenkt Euch dies Hoffnung für die Zukunft? Dies sollte es tun.

Da sind Eure Potenziale, Ihr Lieben, um diesen großartigen Zug namens Menschheit von Gleis „A“ zu Gleis „B“ zu Gleis „C“ zu Gleis „D“ zu bewegen. Wenn Ihr in die Augen der Kinder schaut, werdet Ihr es sehen - die „alten Seelen“ sind hier. Kennt Ihr ihre Merkmale? Sie sind von keinem anderen Platz als von der Erde. Beginnt in ihre Augen zu schauen und sie als Familie zu erkennen. Sie haben eine Absicht, so wie noch kein anderes Menschenwesen, das jemals diesen Planeten der freien Wahl betreten hat. Sie haben eine großartige Absicht und die heutigen Verhältnisse sind ganz anders als zu der Zeit, als Ihr zur Erde gekommen seid. Denn seht, ihre Absicht ist kollektiv, aber ihre Verträge sind individuell. Ihr hattet niemals eine kollektive Zukunft. Es war nicht möglich, diesen Überzug *(diese Überlagerung)* für jeden in Eurer spirituellen Struktur zu haben. Plötzlich werdet Ihr es in den Kindern sehen. Und es gehört alles zum Teil des neuen Gleises, auf dem Euer Zug fährt.

Das letzte Thema ist ein Gleichnis, welches fünfmal gechannelt wurde. Als es zum ersten Mal niedergeschrieben wurde, geschah es in einer anderen Sprache auf einem anderen Kontinent. Dieses Channeling wird nun in englischer Sprache auf diesem und noch einem anderen Kontinent gegeben, somit wird es die letzte Aufzeichnung sein und es wird auf drei einzelnen Kontinenten präsentiert worden sein. Es wird Euch aus dem ausdrücklichen Grund hier und jetzt gegeben, weil wir auf dieses Channeling warteten oder, anders gesagt, auf die Wirklichkeitsveränderung, den Realitätswechsel, um es Euch geben zu können.

Wir möchten Euch die Wirklichkeitsveränderung anhand eines Euch sehr wohl vertrauten Gleichnisses zeigen, sodass Ihr versteht, was es wirklich meint und bedeutet. Ich begann das heutige Channeling mit dem Gruß, mit dem ich immer beginne. Ich sprach zu Euch: „Seid gegrüßt, Ihr Lieben. ICH BIN Kryon vom Magnetischen Dienst." Erinnert Ihr Euch an die diesbezügliche Unterrichtung im ersten Teil dieser Reihe? Der ICH BIN Gruß ist ein heiliger Identifikator der Familienabstammung und kein Identifikator eines Namens. Und so besagt „ICH BIN Kryon", „ICH BIN von der Familie Gottes" und so seid Ihr. Wenn Ihr noch einmal in Euch hervorrufen mögt: das „BIN" seid Ihr. Mein Name ist Kryon. Das „ICH BIN DAS ICH BIN" ist ein Sprachkreis, der besagt, dass Du und ich in beide Richtungen ewiglich sind - für immer eine universelle Wesenheit. Es ist ein heiliger Gruß. Erinnert Euch daran, wenn immer Ihr etwas hört oder lest, von dem Ihr schon alles zu wissen glaubtet. Das nun Folgende mag Eure Realität von Verstehen ändern.

Das Gleichnis von der Wirklichkeit: Es war an einem heißen Tag, an dem Gott mit einer Nachricht zu Abraham kam... Das hatte Abraham niemals voraussehen können und als Gott ihn gebeten hatte, seinen einzigen, kostbaren Sohn Isaak auf dem Altar auf der Spitze des Berges zu opfern, waren Abrahams Gefühle vollständig niedergeschmettert und am Boden. Er konnte es nicht glauben. Und es war dies der Anfang einer wunderbaren Lektion für Abraham - eine, die wir jetzt als etwas weitaus Größeres offenbaren können als einzig und allein als ein Gleichnis für die Gehorsamkeit gegenüber Gott.

Abraham folgte Gott nicht in blindem Gehorsam. Abraham trug den „Umhang der Weisheit", von dem wir sprachen, welcher es ihm zu verstehen ermöglichte, dass Heiligkeit in dieser Prüfung verborgen ist. Er zweifelte nicht für einen Augenblick, dass er es tun würde, aber es handelte sich hier nicht um blinden Gehorsam. Abraham „spürte" die Wichtigkeit der Herausforderung und er begann augenblicklich im Gebet darum zu bitten, dass diese Lektion von ihm genommen wird. Selbst noch während er das Gepäck für den Gang auf den Berg vorbereitete und seinen Sohn über die Reise informierte, betete er unentwegt, dass diese Lektion von ihm genommen wird. Er sprach zu keinem seiner ihn begleitenden Leute auch nur ein einziges Wort über die wahre Absicht des Aufstiegs. Nur Abraham allein kannte sie und er allein trug die ganze Last der bevorstehenden Wirklichkeit.

Es war eine Dreitagereise auf den Berg hinauf, wo das Opfer stattfinden sollte. Sie gingen zu einem heiligen Platz, an dem nach Art der vergangenen Tage bereits viele Lämmer zu Ehren des Heiligen Geistes *(Spirit)* geopfert worden waren. Diesmal war es anders und Abraham schaute in die Zukunft einer Realität, die für ihn grausam und entsetzlich war - eine Realität, die ihn zum Mörder seines kostbaren Sohnes werden ließ - des Sohnes, den er „Gottes Wunder" genannt hatte. Dieses Wunder, das ihm in den sehr betagten Jahren von seiner Frau geschenkt wurde, einer Frau, die aufgrund ihres Alters nicht in der Lage war ein Kind zu bekommen - aber dennoch einen Sohn bekam.

Abraham hatte in der Nacht vor dem Aufstieg nicht geschlafen und er nahm seine Position am Ende des Zuges ein. Es entsprach ganz und gar nicht seiner Art, der Letzte zu sein, aber diesmal hielt er sich aus einem bestimmten Grund hinten - er wollte verhindern, dass ihn irgendjemand von den Leuten weinen sieht. Sein Sohn stellte ihm viele Fragen. Doch Abraham blieb fest bei der wirklichkeitsgetreuen Schilderung von einer Opferung auf der Spitze des Berges - einer besonderen, an die sich alle ein Leben lang erinnern würden. Abraham war am tiefsten Punkt seines Lebens, doch er versuchte während des ersten Aufstiegstages auf dem wilden und holprigen Weg, den sie schon sooft gegangen waren, sich beieinander zu halten.

Als die erste der zwei Nächte hereinbrach und es an der Zeit war ein Lager aufzuschlagen, brach Abraham etwas vom Lager entfernt buchstäblich in sich zusammen und ging zu Boden und er betete schluchzend zu seinem liebenden und gütigen Gott. „Lieber Gott, bitte nimm dieses Schwere von mir!", betete er. „Lieber Gott, es gibt nichts, was Du nicht tun kannst. Nimm diese Last von mir, jetzt, wo Du weißt, dass ich tatsächlich die Tat tun werde. Hilf mir, das alles hier zu verstehen. Bitte!"

In der Stille, erschöpft und halb schlafend hörte Abraham klar die Stimme Gottes. „Abraham, sei ruhig und wisse ICH BIN Gott", kam zur Antwort.

Abraham wusste nicht, was er mit dieser Antwort anfangen sollte. „Lieber Gott, Heiliger Geist, wie kann ich ruhig sein? Mein Herz ist gebrochen und meine Seele niedergeschlagen. Ich fühle mich, als wenn ich das alles nur träume; es ist ein existenzraubender Alptraum. Es ist eine schreckliche Realität. Worin liegt hier Ruhe? Wo ist hier der Frieden? Du bittest mich ruhig zu sein? Wie kann ich das? Wie?" Abraham sackte in verzweifelter Erschöpfung wieder zu Boden. Und wieder hörte er erneut die Antwort. „Abraham, sei ruhig und wisse ICH BIN Gott."

Abraham fiel in einen unruhigen Schlaf, von dem er immer wieder erwachte, und jedes Mal, wenn er aufwachte, war dasselbe Gebet auf seinen Lippen. Er lag am Boden, bäuchlings vor Gott, flehend und um eine Antwort bettelnd, die ihm mehr erklären würde als die, die er bisher erhalten hatte. Seine Träume zeigten ihm eine entsetzliche Realität: da lag Isaak auf dem Altar und über ihm war der Opferdolch, der von seinem eigenen Vater in sein Herz gestoßen werden sollte. Abraham spürte selber den Griff der Waffe in seiner Hand und wie er begann, sie abwärts zu führen. Dann wachte er auf.

Bei Tagesanbruch begann die Truppe erneut aufzubrechen und weiter bergauf zu steigen und wieder lief Abraham am Schluss des Zuges. Er fühlte die Schlaflosigkeit der letzten Nächte und er war völlig benommen dabei, einfach nur einen Fuß vor den anderen zu setzen. Den ganzen Tag über brannte die Sonne auf seine Männer und ihn. Abraham mochte seinen

Blick nicht von seinem Sohn abwenden - seinem geliebten, kostbaren Sohn. Während jeder Rast, die eingelegt wurde, bat Abraham Isaak an seine Seite, damit er seine Jugend bewundern und ihm in den letzten Augenblicken seines Lebens seine Liebe zeigen konnte. Es ist die größte Furcht für alle Eltern, dass sie ihre eigenen Kinder überleben. Und nun, hier stand er kurz vor dieser schicksalsschweren Wirklichkeit.

Und wieder brach die Nacht herein. Es war die letzte Nacht und der Morgen würde die dritte und letzte Wegstrecke vor dem Gipfel bringen, wo die „Tat" vollbracht werden sollte. Abraham fand wieder einen Platz, an dem er etwas abseits von der Gruppe allein sein konnte. Er errichtete einen Altar und bat Gott, er, Abraham, möge das Opfer - hier und jetzt - sein dürfen. Er versuchte mit Gott zu kommunizieren, aber es schien keine Antwort zu kommen. Gerade als er dachte, dass Gott nicht mehr länger da wäre, hörte er wieder die Antwort; diesmal war sie etwas anders:

„Abraham, höre!", kamen die Worte.

„Höre - horche - sei ruhig, Abraham", sagte die Stimme. „Wisse ICH BIN Gott."

Abraham erhob seinen Kopf. War das nun eine Antwort oder einfach Gott, der Gott war. Es klang so, als ob diese Feststellung eine Botschaft beinhaltete - eine Botschaft, die etwas Hoffnung enthielt. Warum würde Gott all dieses tun? Er erinnerte sich an seine Lehren - an etwas, was Spirit ihm einmal gesagt hatte. Er erinnerte sich daran, dass ihm gesagt worden war, Gott erfreue sich nicht an dem Leid irgendeines Menschen. Er erinnerte sich, dass Gott ihm gesagt hatte, dass es sich bei allen Lektionen und Prüfungen um die Lösungen handelt und nicht nur allein um Gehorsam. Abraham wusste, dass jetzt etwas anderes in der Luft lag. Er begann zu verstehen, zunächst nur zu ahnen, was das alles bedeuten sollte... Und dann begann er das ganze Bild zu erkennen.

Abraham verstand, dass er, um Frieden und Ruhe zu erschaffen, seine Vision oder die Wirklichkeit dessen, was auf dem Berg geschehen sollte, verändern musste. Er begann sich selber zusammen mit seinem Sohn beim Picknicken auf dem Gipfel des Berges zu visualisieren. Sie alle würden gemeinsam ein Festmahl einnehmen und die Liebe Gottes feiern und sein Sohn wäre der Ehrengast. Abraham behielt diese Vision und glaubte mit der ganzen Kraft seines Herzens daran. Es war die einzige Art, in der er die Ruhe in sich erzeugen konnte, um die er gebeten worden war. Als sich sein Herz zu beruhigen begann und sein Wohlbefinden zurückgekehrt war, erhielt er den Rest der Botschaft.

War das ICH BIN ein Signal? Vielleicht eine Botschaft? Es bezog sich überhaupt nicht auf all das, was Gott ist. Es war eine Botschaft in der Botschaft; gerade so wie es in den Schriften aufgezeichnet worden war. Abraham wusste und verstand, nach welcher Methode die Menschen der alten Zeiten die Schriften verfasst hatten. Hier könnte es sich möglicherweise um eine ähnliche Metapher handeln. Was könnte das „Wisse ICH BIN GOTT" bedeuten? Dann hatte Abraham eine Eingebung. Das ICH BIN war er selbst! Es war der Kreis der Göttlichkeit, der, wie er wusste, sein spiritueller Umhang war. Die Botschaft lautete: „Abraham, sei friedvoll in dem Wissen, dass wir Gott sind!"

Abraham konnte es nicht glauben. Er schrie auf voller Freude. Er hatte stundenlang mit dem Gesicht zum Boden gelegen und gebetet: „Gott kann alles. Gott kann mir meine Last nehmen. Gott kann die Wirklichkeit verändern." Und nun verstand er die Botschaft. **Er** war ein Teil Gottes! Abraham war dabei, seine Wirklichkeit mit Hilfe der in ihm lebenden absoluten Macht und Kraft zu verändern.

Abraham war bereits innerlich beim Feiern, als er mit seinem Sohn auf den Schultern, nun an der Spitze des Zuges gehend, den Berg hinaufwanderte. Er wollte genau das tun, worum er Gott gebeten hatte. Die Botschaft war klar und Abraham fühlte sich nun ermächtigt, selbst die Änderung herbeizuführen.

Ihr wisst, wie die Geschichte endete. Abraham veranstaltete mit seinem Sohn auf dem Gipfel des Berges ein Picknick, ein Festessen. Nun, das ist nicht gerade die Moral der Geschichte, wie Ihr Euch an sie erinnert, nicht wahr? ... Es ist nicht gerade die Lektion, die Euch gelehrt wurde, nicht wahr? ... Es geht um Verwandlung von Realität, Veränderung der Wirklichkeit. Es geht um die Kraft und Macht des Menschen, auch in den allerschrecklichsten Lektionen visuelle Lösungen zu erschaffen. Es geht um den Sieg über die Angst und es geht um den Frieden.

Frage Du Dich genau jetzt, während Du hier sitzt und dies hörst und liest, selber: „Auf welchem Teil des Berges befinde ich mich? Spiele ich die *Weh-mir-Rolle*? Bitte und bettle (flehe) ich Spirit um Hilfe an? Oder... feiere ich die Vision einer letztendlichen Lösung, von der ich unmöglich wissen kann, wie sie zustande kommen wird und geschehen kann?“

Geliebtes Wesen, was ist Deine Realität? Ergehst Du Dich in Furcht und Beklemmung innerhalb einer Realität voll von Niedergang, Unglück und Mangel an Hoffnung. Das ist das alte Gleis. Warum nicht die neue Wirklichkeit erschaffen? Ihr seid vollkommen ermächtigt dazu, es zu tun. Die gesamte Bedeutung der heutigen Botschaft ist:

IHR SEID IN DER LAGE EURE REALITÄT ZU VERÄNDERN. TUT ES!

Beginnt mit der Visualisation, beginnt Hoffnung zu visualisieren. Versucht Frieden über das Problem zu erschaffen, egal, um was es sich handelt. Erhebt Euch, versteht es in dem großen Bild und seid Teil des Überblicks. Dann beginnt, wie Abraham, mit reiner Absicht im Herzen den Stoff der Realität rund um Euch herum zu verändern. Es wird geschehen!

Wir geben Euch diese Botschaft in Liebe. Wir bewegen uns nun fort von dem Ort, an dem Ihr diese Worte gehört oder gelesen habt, doch wir haben eine gewisse Trauer, dass die miteinander verbrachte Zeit nicht noch länger andauerte, denn wir haben Euch noch nicht lange genug umarmt. Wir haben Euch noch nicht die anderen Geschichten erzählt - unzählbare weitere Geschichten über die Menschen-Ermächtigung, Freude, Offenbarung und Veränderung von Realität. Die Menschheitsgeschichte ist voll davon!

Wir werden es aber tun - wenn Ihr es uns erlaubt, wiederzukommen und Euch wieder in dieser Art zu lieben.

Und so ist es

Kryon

Kryon

Kennen Sie bereits !

Kryon Buch Drei

Alchemie des menschlichen Geistes

„Die gechannelten Botschaften des
Kryon wachsen zur Größe der
Lehren des Seth.“

Kryon Bücher und alle weiteren Publikationen sind im Buchhandel oder telefonisch von der Verlagsauslieferung 07551-92820, Fax -928239 zu erhalten.

Kryon

Live-Channeling

„Kofferpacken für das Neue Jahrtausend"

Gechannelt in
Portland, Oregon
August 1999

Kapitel IV

„Kofferpacken für das Neue Jahrtausend“

Live-Channeling in Portland, Oregon, August 1999

Dieses Live-Channeling wurde mit zusätzlichen Worten herausgegeben, um Klarheit und ein besseres Verständnis in der schriftlichen Textform zu ermöglichen.

Seid gegrüßt, Ihr Lieben. ICH BIN Kryon vom Magnetischen Dienst. Während das Gefolge an diesen Ort strömt, halten wir die liebevoll unter uns bestehende Energie, weil Ihr darum gebeten habt, dass es so sein möge. Es ist eine Energie, die einzig und allein nur durch die Absicht der Menschen in einer Zeit wie dieser hier verspürt werden kann. Es handelt sich um einen Prozess, einen Vorgang, in dem Liebe in Eure Körper fließt. Dieses Geschehen kann nur durch die reine Absicht des Menschen, dass es so sein möge, gespürt werden.

Oh, es gibt diejenigen unter Euch, die sagen, das kann doch nicht möglich sein - es ist unmöglich, durch den Schleier hindurchzutreten und durch einen Menschen die Stimme einer Wesenheit zu hören, die nicht auf der Erde lebt - und doch behauptet, Familie zu sein. Lasst die Liebe, die jetzt gerade in diesen Raum strömt, der Beweis sein. Es ist vollkommen gleichgültig, ob Ihr im JETZT hört oder im JETZT *lest;* denn für uns ist es immer dieselbe Zeit. Lasst die Dichte der Liebe, von der mein Partner sprach und welche nun sanft in diesen Raum und den Bereich rund um Euren Stuhl gepresst wird, der Beweis für dieses Phänomen sein. Einige von Euch vermögen es an diesem sanften Druck, den sie spüren,

zu erkennen. Einige von Euch in diesem Raum hier und von Euch, dies lesend, werden nun beginnen, die Botschaft zu erhalten, für die sie in erster Linie hierher gekommen sind.

Hier ist die Energie, die Ihr erwartet habt. Denn so ist es. Hier ist eine liebende Wesenheit und ein hereinströmendes Gefolge, denen Ihr namentlich bekannt seid. Das Gefolge kennt Euch bei einem Namen, der in Eurer Landesprache nie ausgesprochen werden könnte. Diese Begleitgruppe, die nun in den Gängen und Stuhlreihen zwischen Euch, hinter Euch, vor Euch und neben dem Stuhl des Lesers wandelt und steht, erwartete, dass Ihr genau dort sitzen werdet, wo Ihr nun sitzt, und sie sind bereits seit Tagen in der Erwartung des Potenzials von diesem Moment hier anwesend! Der einzige Grund, warum diese Gruppe hier ist, ist, dies hier mit Euch gemeinsam zu erleben - diese Wiedervereinigung - die dank der Ehre Eurer Absicht stattfindet. Es ist die Energie der Absicht des Menschen, welche diese Begegnung herbeigeführt hat. Sie ist der „Motor", welcher eine Begegnung von dieser Art geschehen lässt. Die Absicht des Menschen ist die Energie, die es der Liebe Gottes erlaubt, hier hereinzuströmen und Euch persönlich zu berühren, Euch zu umarmen und zu sagen: „Erinnerst Du Dich an uns? Erinnerst Du Dich an dieses Gefühl von zu Hause?" Das ist die Energie, die jetzt in diesen Raum hereinströmt. Und lasst es genau so geschehen, wie viele diese Energie empfangen möchten.

Denn wir sagen denjenigen von Euch, die heute Abend in der Hoffnung für eine persönliche Veränderung in ihrem Leben gekommen sind oder dies jetzt lesen: Vielleicht bist Du tatsächlich zur rechten Zeit am rechten Ort. Vielleicht brauchst Du es, diese Worte zu hören oder zu lesen. Wir wissen, durch was Du hindurchgegangen bist - wir wissen von all den Umwälzungen, dem Durcheinander, der Aufregung und den ganzen Veränderungen. Meinst Du nicht auch, dass wir während der gesamten Zeit hier gestanden sind? Und über diesen ganzen Zeitraum gab es viele Feiern, selbst als Du voll Kummer am Boden warst! Meinst Du nicht auch, dass die Begleitgruppe hier war? Denn siehe, für Dich kann es keine Situation geben, liebes Familienmitglied, in der wir nicht hier sind.

Geliebtes Menschwesen, Du bist Teil einer Gruppe.

Geliebtes Menschenwesen, die Dualität möchte Dich in dem Glauben lassen, dass Du in der Einzahl und alleine bist und dass Du in einer geraden Linie lebst, aber dem ist nicht so.

Du bist Teil einer Gruppe und diese Gruppe ist - ebenso wie Dein Leben - ein Kreis. Diese Gruppe ist immer mit und bei Dir und darüber werden wir nun etwas ausführlicher sprechen.

Es gibt hier im Raum einige unter Euch, welche das Folgende nicht zu hören brauchen. Das Gleichnis, welches wir Euch im Folgenden erzählen werden, ist möglicherweise nicht für Euch bestimmt und so will ich Euch wissen lassen, dass in den nächsten Momenten auch noch andere Dinge gegeben werden, welche Ihr mehr als das folgende Gleichnis braucht. Wir sprechen hierbei von dieser individuellen Übertragung, welche als die „Dritte Sprache“ getarnt ist. Sie steht Euch hier und jetzt zur Verfügung.

Und die anderen von Euch? Die Energie, die nun in Euern Körper strömen wird, ist nur die Energie, um die Ihr gebeten habt und nicht mehr. Denen, die für Heilung gekommen sind, sagen wir: Lasst sie jetzt beginnen. Meint Ihr, wir wissen nicht, wer hier ist? Meint Ihr, wir wissen nicht, wessen Blicke auf diese Botschaft fallen? Es ist wichtig, dass Ihr aufgrund der für Euch im Ungewissen liegenden bevorstehenden Situationen im Frieden seid, nicht wahr? Darum, bitten wir Euch, tut in diesen nächsten paar Momenten etwas für uns. Und das ist, tut etwas für Euch selber: Es ist an der Zeit, jene Dinge fallen zu lassen, die Euch von der vollen Erkenntnis abhalten. Es ist an der Zeit, diese Dinge, die einem erleuchteten Menschenwesen in den Weg treten, beiseite zu legen, und Ihr wisst, um welche Dinge es sich dabei handelt. Es wird Euch in keiner Weise schaden, diese Sachen weit unter Euch zu lassen, während Ihr Euch über sie erhebt und die Energie spürt, die hier präsentiert wird.

Das Gefolge ist hier und vollzählig anwesend. Die Begleitgruppe sitzt bei Euch, steht bei Euch und umarmt Euch während der kommenden Minuten, in denen wir durch ein Gleichnis gehen.

Lasst Euch sagen, dass diese Botschaft aufgezeichnet und niedergeschrieben wird.

Sie ist von der Art der JETZT Energie. Diese JETZT Energie des Channelings von Kryon ist es, worüber wir JETZT mit den *Lesern* der Niederschrift sprechen. Denn wir wissen ebenso gut, wer Ihr seid. Alle Potenziale der Augen, die diese Worte, die jetzt gesprochen werden, lesen, sowie die Ohren, die dies hören, sind uns bekannt. Liebe Familie, die Ihr diese Worte hört, während Ihr diesem Gleichnis lauscht, versteht, dass es auch eine Gruppe gibt, die ihre Augen auf genau diese Worte gerichtet hat, die Ihr nun hört. Denn dies ist die Wirklichkeit von Spirit, dass all die Potenziale göttlicher Realisation, das Erkennen der Inneren Göttlichkeit, gemeinsam an einem Platz sind. Dieser Platz befindet sich im Zentrum und wir sehen ihn als eine Offenbarung in Euch, in den Lesern und in jenen, die später sogar noch mehr lesen werden. Für uns geschieht dies alles zugleich. Für uns ist es ein Energiestempel dieser Erde, wodurch sie sich so änderte, Ihr Lieben, seit Ihr mit allem angefangen habt. Als Ihr hiermit begonnen hattet, konnten wir noch nicht auf diese Weise mit Euch sprechen. Es wäre nicht annähernd möglich gewesen, die Energie in einen Raum wie diesen strömen lassen zu können! Die Dinge waren damals anders. Ihr hattet gerade erst damit begonnen aufzuwachen.

In diesem Raum haben wir jetzt im Moment manche, die zu fürchten beginnen, dass diese Energie real ist; doch anstelle von Angst ist hier Liebe! Die Liebe, welche Ihr spürt, könnte als alles bezeichnet werden, als was Ihr sie wünscht, aber sie ist die Liebe Gottes und sie kommt von *zu Hause* und repräsentiert eine Familie, die hier mit Euch ist. Wir möchten Euch wissen lassen, dass es auch, wenn Ihr Euch erhoben habt und diesen Ort, an dem Ihr hört oder lest, verlasst, eine Familie gibt, die heute Abend mit Euch wandeln wird. Sie ist so oft hier, wie Ihr Euch dazu bekennen werdet, denn Ihr seid in der Tat die Geehrten.

Das Gleichnis von Wo und dem Koffer

Wir bringen Euch ein Gleichnis. Und dieses Gleichnis beinhaltet wirklich sowohl Spaß und Lustiges wie auch guten Lehrstoff. Darum bitten wir, dass diese Botschaft aufgezeichnet und niedergeschrieben wird, denn in

Gleichnissen existieren immer tieferliegende Bedeutungen innerhalb der Bedeutungen und es gibt Deutungen, die noch tiefer gehen, als sie die Ohren hören oder die Augen sehen werden. In diesem Gleichnis werden wir Euch noch einmal die Gestalt vorstellen, welche wir in der Vergangenheit verwendeten. Sie trägt den Namen *Wo*. Und nun, Wo ist kein Mann und auch keine Frau. Wir werden Wo in diesem Gleichnis als er bezeichnen, doch wie Ihr seht, ist Wo in Wirklichkeit ein „Mann/Frau".

* * *

Wo steht mit vielen Koffern vor uns. Er ist bereit für die Jahrtausendwende und er ist bereit, diese Brücke von der alten zur neuen Energie zu überqueren. Wo wird als erleuchteter Mensch auf seinem Aufstiegspfad betrachtet. Das bedeutet, dass das Attribut in Wos Leben, welches sich *im Aufstieg befindet,* seine „Schwingungsabsicht" ist. Wo betrachtet sich selber als einen Lichtarbeiter und er hat nun seine Sachen gepackt und er ist bereit, über die Brücke zu gehen. Wos Absicht ist es, ein Mensch zu werden, der sein Leben verändern wird. Er wird sich in eine neue Energie hineinbewegen und etwas werden, was sich von dem, was er jetzt ist, unterscheidet. Wo befindet sich in einer Verwandlung und Verjüngung und er weiß es. Er wird „erneuert" *(ist ‚im Umbau')* und er spürt es!

Ah, doch hier ist noch ein weiterer Schritt. Denn seht, er hat seine Sachen gepackt und ist bereit loszugehen, aber Wo hat, bevor er über die Brücke der Absicht in diese neue Energie kommt, die er sich wünscht, noch einen Engel aufzusuchen. Es ist ein wundervoller Engel, dem er begegnen wird und - um das Gleichnis etwas lustiger zu machen - sollten wir Euch sagen, dass Wo dabei ist dem „Packing-Angel" (*Gepäck- oder Einpack-Engel)* zu begegnen. Er ist der Engel, der Wos Gepäck untersuchen wird!

Nun, Wo ist intelligent. Er ist ein spirituelles Menschenwesen und er hat nun das Gefühl, gut vorbereitet reisefertig zu sein. Er hat viele Dinge in seinem Reisegepäck verstaut, von denen er weiß, dass er sie brauchen wird, um in diesen neuen, unerforschten Bereich seines Lebens hineinzugelangen. Und so begrüßt er den Großen Packing-Angel, der ihm Hinweise bezüglich dessen geben wird, was Wo zu erwarten hat und was er mitnehmen oder nicht mitnehmen soll. Wo ist sich vollkommen sicher, dass er alles gut und korrekt gemacht hat und er ist davon überzeugt, dass sein Gepäck sehr gut „spirituell zusammengestellt“ wurde. Er hat für alles, was er mitbringt, Gründe. Er ist bereit!

Wo begrüßt Packing-Angel mit einer wunderbaren, liebevollen Umarmung.

„Schön Dich zu sehen“, sagt Wo zum Großen Packing-Angel.

„Es ist auch schön Dich zu sehen“, sagt der Engel. „Du wurdest erwartet.“

„Ich bin bereit zu gehen und dies ist mein letzter Aufenthalt, bevor ich mich in einen Aufstiegsstatus bewege. Meine Absicht beginnt mich auf einen neuen Weg zu führen.“ Wo platzt beinahe voller Erwartung: „Bitte überprüfe mein Gepäck.“

Der Kleiderkoffer - Vorbereitetsein

„Nun, Wo, sehen wir uns den ersten Koffer an“, spricht der Engel mit einem Lächeln.

Wo öffnet den ersten Koffer und es fallen Kleidungsstücke heraus - es sind nicht nur ein paar wenige, sondern recht viele! Hier gibt es Kleidungsstücke für jede Witterungsart und sie sind in keiner bestimmten Ordnung. Der Große Engel erwähnt Wo gegenüber kein Wort von der Tatsache, dass nichts zusammenpasst.

„Wo, was ist mit all diesen Kleidungsstücken?“, fragt der Große Packing-Angel.

„Ich möchte gut vorbereitet sein“, sagt Wo, „und ich nähere mich Bereichen, von denen selbst Spirit zugegeben hat, dass niemand weiß, was dort geschehen wird. So weiß ich auch nicht, wie das Wetter sein wird, und daher habe ich alles mitgebracht, was mir vielleicht nützlich sein könnte, denn es ist doch von Vorteil, wenn man vorbereitet ist.“ Wo lächelt, ist jedoch ein paar Augenblicke später entsetzt, als Packing-Angel allmählich ein Kleidungsstück nach dem anderen herausnimmt und es behutsam auf den Boden platziert.

„Ich glaube, dass Du keine dieser Sachen brauchen wirst, Wo", spricht Packing-Angel und fährt fort ihn zu unterrichten: „Gesegnet ist das Menschenwesen, welches - während es in die neue Energie wandelt und obgleich es nicht weiß, was es zu erwarten hat - doch versteht, dass um ihn herum Begleiter sind, dass es ein Gefolge gibt, welches weiß. Gesegnet ist das Menschenwesen, welches seinem Gefolge vertraut und es liebt! Das Einzige, was der Mensch brauchen wird, sind - bildlich gesprochen - die Kleider auf seinem Leib." Und das ist eine Metapher, welche bedeutet, dass die Menschen in ihrer Art vollkommen sind. Die Metapher besteht darin, die Unsicherheit zu ehren. Der Engel fährt fort: „Gesegnet sind die Menschenwesen, die verstehen, dass auf die Unsicherheit auf ihrem Weg geachtet sein wird - dass die früheren Vorbereitungen jetzt nicht mehr erforderlich sind. Sie haben keine Kleider für die Veränderungen mitzubringen, weil - bildlich gesprochen - all diese Veränderungen so, wie sie sich zeigen, erkannt und gelöst werden."

* * *

Der Engel überbrachte Wo eine tief greifende Botschaft, Ihr Lieben. Versteht, dass dieses Menschenwesen, derjenige, welcher jetzt gerade hier sitzt und hört oder liest mit der reinen Absicht, sich in diese neue Energie hineinzubewegen, sich nicht um die Vorbereitung für das Unbekannte zu sorgen braucht. Erinnert Ihr Euch an das, was ich sagte? Ihr seid von einem Gefolge umgeben. Ihr seid niemals alleine! Ihr Lieben, steht aufrecht. All das Gepäck braucht Ihr nicht. Vorbereitung mag ein Vorteil in der alten Energie sein. Wissen und Frieden in Bezug auf das Unbekannte und die Fähigkeit, damit umzugehen, sind die Vorteile von dem Neuen.

Der Bücherkoffer - Spirituelle Nachschlagewerke

Der Engel öffnet den nächsten Koffer. Er ist der schwerste von allen und er ist vollgepackt mit Büchern. Der Engel sieht Wo an und fragt ihn wieder:

„Wo, was tust Du mit all diesen Büchern?“

„Nun gut, siehe wunderschöner Packing-Angel, dies sind meine *spirituellen Bücher.* Ich werde sie brauchen, damit ich auf meinem spirituellen Weg darin nachschlagen kann. Wie Du bemerken wirst, hat jedes einzelne Buch etwas mit Gott zu tun. Ich werde diese Bücher behalten müssen, weil sie voller spiritueller Informationen sind. Sie bei mir zu haben, gibt mir ein gutes Gefühl, und weil ich mich unmöglich an all ihre Inhalte erinnern kann, werde ich sie mitnehmen, um in meinem neuen spirituellen Leben darin nachschlagen zu können.“ Der Engel betrachtet die Bücher, dann wendet er sich lächelnd Wo zu und anschließend betrachtet er die Bücher noch einmal. Und dann ist Wo wieder völlig überrascht, als er sieht, dass der Engel beginnt, die Bücher auszuladen und auf dem Boden zu den Kleidungsstücken zu legen.

„Du wirst auch diese Bücher nicht brauchen“, sagt er. Wo ist enttäuscht und verwirrt.

Der Engel erklärt:

„Wo, nimm das größte spirituelle Buch aus diesem Koffer und wir sehen es uns an.“ Wo greift hinunter und findet das Buch, welches er für das spirituellste erachtet, und er hält es ehrfürchtig hin.

„Dies ist es“, sagt Wo zu dem Engel. Der Engel erkennt es.

„Wo, es ist veraltet! Lass mich Dir folgende Frage stellen: Würdest Du ein wissenschaftliches Notizbuch mitbringen, das 150 Jahre alt ist oder ein mehr als 2000 Jahre altes Textbuch, welches etwas mit Wissenschaft zu tun hat und von ihr handelt?“

„Selbstverständlich nicht!“, ruft Wo laut aus, „denn wir machen doch ständig neue Entdeckungen darüber, wie die Dinge funktionieren.“

„Genau so ist es“, spricht der Engel. „In spiritueller Hinsicht verändert sich die Erde auf grandiose und großartige Art und Weise. Was für Dich gestern noch nicht machbar war, *kannst* Du heute tun. Das spirituelle Paradigma für gestern ist nicht das spirituelle Paradigma für morgen. Das, was man Dir als Schamane über spirituelle Energie gesagt hatte und was gestern auch sehr wohl funktionierte, wird morgen nicht mehr funktionieren, weil die Energie sich verändert und sie sich verfeinern wird. Du befindest Dich in der Veränderung und Du hast mit dem Fluss Deiner neuen Ermächtigung zu gehen. Wo, während Du gehst, wirst Du Dein eigenes Buch schreiben und das ist das einzige, was Du brauchen wirst."

„Mit Verlaub, Herr Packing-Angel" (Wo setzt an, um einen Punkt zu machen), „was ist denn mit dem: *„Gestern, heute und für immer sind dasselbe"*. Das ist doch ein Satz über die Beständigkeit Gottes, nicht wahr? Inwiefern kann das veraltet sein?"

„In der Tat handelt dieser Satz von Gott", erwidert der Engel. „Doch er besagt etwas über die Attribute Gottes und nicht über die Beziehung des Menschen zu Gott. All Eure Bücher sind Folgen von Anleitungen, die von Menschen verfasst wurden, und sie handeln davon, wie man mit Gott kommuniziert, ihm im Leben näher kommt und ein auf Gott ausgerichtetes Leben führt. Gott ist immer derselbe. Die Familie ist immer dieselbe. Der Mensch ist derjenige, der sich verändert, und in den Büchern geht es um die Beziehung des Menschen zu Gott. Die Bücher sind daher veraltet."

Auf einmal versteht Wo. Natürlich! Warum ist ihm das noch nicht vorher aufgefallen? Er ist ein vollkommener Teil Gottes. Er hat alle Botschaften und Lehren in sich. Wenn er Informationen benötigt, werden das Gefolge und sein Höheres Selbst sie unmittelbar bereit haben. Zudem ist sich Wo durchaus sehr bewusst, dass sich die Dinge in spiritueller Weise stark verändern. Schließlich ist das der Grund dafür, warum er hier steht. Seine Beziehung zu/mit Gott ist in der Tat ganz anders!

„Ich brauche diese Bücher nicht!", ruft Wo. „Was war nur mit mir los? Ich bin so dankbar, dass Du hier bist, lieber Packing-Angel. Danke, dass Du mir dies gezeigt hast. Kann ich jetzt gehen?"

„Noch nicht ganz“, sagt der Engel mit einem Zwinkern. „Was verbirgt sich als Nächstes hier unten? Es sieht so aus, als sei es eine Landkarte.“ Der Engel zieht eine lange Pergamentrolle unterhalb der Bücher, die er auslädt, heraus.

Die Landkarte - Richtung

„Selbstverständlich brauche ich eine Landkarte, um wissen zu können, wohin ich gehe! Diese Landkarte wurde mir von einem spirituellen Führer gegeben und deswegen ist sie dafür geeignet, in diesem spirituellen Koffer eingepackt worden zu sein. Sie wurde mir von einem Schamanen höchsten Ranges überreicht.“ Dies erschien logisch. Der Engel wird ihm gewiss eine Landkarte vergönnen, um in ein neues Land zu gehen - insbesondere da es eine spirituelle ist.

„Wir werden sehen, Wo“, bemerkt der Engel, „sehen wir uns diese Landkarte an.“

Wo nimmt dem Engel die Landkarte mit schwungvoller Bewegung ab. Er ist stolz auf diese Errungenschaft und er hat hier den Eindruck, dass er sich bei seinem Wunsch, sie mitzunehmen, auf sicherem Boden bewegt. Er breitet die Landkarte in ihrer ganzen Pracht auf dem Boden aus, damit der Engel sie betrachten kann.

Die Landkarte ist vollkommen blank und leer! Der Engel lächelt. Wo ist erschrocken.

„Ah, ja, ich denke, ich kenne diesen Schamanen“, grübelt der Engel. „Er ist in der Tat ein Weiser. Leg die Karte beiseite, Wo. Du wirst sie nicht brauchen.“ Wo versteht nicht.

„Warum sollte mir ein Schamane eine leere Landkarte geben, wenn er weiß, dass ich in ein anscheinend unbekanntes Gebiet vordringe?“, fragt Wo, „ein Gebiet, in welchem nur ein Schamane fähig und in der Lage ist, mich führen zu können.“

* * *

Lasst uns die Geschichte an dieser Stelle für einen Moment unterbrechen. Ich glaube, dass einige von Euch, die hier hören und lesen, bereits die Antwort auf diese tiefgründige Frage kennen. Die Lehre, Ihr Lieben, ist folgende: Die Landkarte ist eine Metapher Eures Weges. Visualisiert jetzt vor mir Euren Weg. Wie wir bereits früher sagten, seht Ihr, wie er sich in einer geraden, schmalen Linie scheinbar in die Unendlichkeit verlaufend vor Euch ausbreitet. Und wie wir Euch zuvor informierten, ist Euer Weg nicht das große Mysterium, wie Ihr es meintet. Euer Weg erstreckt sich nicht in die Unendlichkeit - er ist eine Schleife, eine Spirale, ein Kreis. Wir haben mit Euch über die synchronen Ereignisse auf Eurem Pfad, der ein Kreis ist, gesprochen. Viele Teile, andere Familienmitglieder, gehen ihren Weg auch in reiner Absicht, in konzentrischen Kreisen sowohl oberhalb als auch unterhalb von Euch. Einige von Euch befinden sich innerhalb Eures Kreises und einige außerhalb - alle Kreise drehen sich in verschiedene Richtungen. Dies ist die Komplexität der Mitschöpfung und Synchronizität. Wir haben mit Euch darüber gesprochen, dass der Weg umzäunt ist. Wir haben über die Ehre und Liebe gesprochen, die in all dem enthalten ist. Denn seht, dieser spirituelle Weg ist weitaus kürzer, als Ihr denkt, und Ihr bedeckt immer denselben Boden. Darum fühlt er sich für die Weisen immer behaglicher und wohlvertrauter an. Der Weg ist kein Geheimnis und die Landkarte ist nicht erforderlich, denn Ihr bewegt Euch auf demselben spirituellen Boden, dessen Grund nur für jene offensichtlich ist, die eine hohe Schwingung haben. Hieraus kommt der Friede, begreift Ihr? Vertrautheit bedeutet und sagt aus: *Ich war schon einmal hier, ich habe das schon einmal getan und es fühlt sich vertraut und gut an und ich weiß, was ich zu tun habe.*

Wos eigene Worte lauteten: Warum sollte mir ein Schamane eine leere Landkarte geben, wenn er weiß, dass ich in ein anscheinend unbekanntes Gebiet vordringe? Ein Gebiet, in welchem nur ein Schamane fähig und in der Lage ist, mich führen zu können?“ Der neue Schamane mit der vollkommenen inneren Landkarte ist Wo! Er hat Recht. Nur ein Schamane kann ihn führen und er wurde durch seine reine Absicht gesalbt und geweiht, um sich in dieses vollkommene spirituelle Selbst zu bewegen. Wo ist nun sein eigener Berater. Er ist seine eigene Landkarte.

Der Werkzeugkoffer - Angst

„Wo, was ist das hier für ein außerordentlich schwerer, merkwürdig geformter Koffer?“ Der Engel hebt ihn auf, um ihn zu öffnen. „Was befindet sich darin?“

„Nun gut, Herr Engel, dies sind meine Werkzeuge.“ Wo beginnt langsam bei fast allem, was er mitgebracht hat, ein etwas peinliches Gefühl zu entwickeln, doch er hat nun diese ganze Garnitur von Gepäck mit dem Engel durchzugehen und er weiß das auch. Es entwickelt sich hier zu einer Art Zollkontrolle für ein vollkommen neues Land.

„Dein Werkzeug?“, fragt der Engel.

„Ja“, sagt Wo schüchtern. Aus dem Gepäckstück heraus, welches der Engel geöffnet hatte, klingt das Scheppern einer riesengroßen Schaufel.

„Wo, wofür wirst Du diese Schaufel brauchen?“ Der Engel wartet, während Wo sich beruhigt und nach einer Erklärung sucht.

„Nun gut...“, Wo weiß, dass er wegen dieser Schaufel in Schwierigkeiten steckt, doch er räuspert sich und fährt fort: „Ich, äh - ich weiß von den bevorstehenden Erdveränderungen und ich möchte mich selber ausgraben können.“ Er sieht den Engel an wie ein kleines Kind, welches mit der Hand in der Keksdose ertappt wurde. Dann fährt er fort: „Nächste Woche steht eine große Erdveränderung bevor (die Rede ist von der Sonnenfinsternis am 11.8.1999). Ich weiß nicht, was passieren wird, doch die Menschen sagen, dass die Erde beben wird, und ich muss mit meiner Schaufel und anderem Werkzeug darauf vorbereitet sein. Nun, kann man einen Typen dafür verantwortlich machen? Dies sind schließlich spirituelle Ereignisse auf Erden und somit brauche ich meine Schaufel!

Wo weiß, dass diese Argumentation nicht gut ankommt, doch der Engel nickt ihm einfach zu und lädt die Schaufel und die restlichen schweren Werkzeuge ab - jene, die gut genug für die Ausgrabung bei einer Beerdigung gewesen wären. Wo sagt nichts. Er weiß, dass der Engel Recht hat. Das hier hat etwas mit Angst zu tun und es ist kein Attribut des aufsteigenden Menschenwesens.

* * *

Lasst uns die Geschichte hier wieder für einen Augenblick lang unterbrechen...

Ihr Lieben, lasst uns über das sprechen, was sich nächste Woche ereignen wird und feiern wir dieses Fenster! Das Fenster beginnt am 11.8.1999. Was ist Euch von der Nummerologie dieses Fensters bekannt? Lasst uns über das sprechen, an das Ihr vielleicht nicht dachtet. Was ist die Energie von Kryon? Welche Zahl wurde Euch vor zehn Jahren gegeben? Es sind gute Neuigkeiten, diese Energie rund um die Vervollkommnung, Liebe und eine Botschaft für die ganze Menschheit. Die Energie, die für Euch als eine „Meisterzahl von Kryon = 11“ identifiziert wurde. Sie antwortet auch und bezieht sich auf Euer 11:11 (*der 11.1.1992*). Das war die Zeit, in der Ihr als Menschen gefragt wurdet, ob es auf Erden nun angemessen ist, eine Entwicklung Eurer menschlichen DNS zu ermöglichen - etwas, was sich seit Äonen nicht veränderte. Wenn Ihr über Euer neues Versprechen nachdenkt, werdet Ihr immer wieder der Meisterzahl 11 begegnen. Aus diesem Grund entspricht meine Zahl Eurer 11:11 Erlaubnis.

Nun, ich möchte, dass Ihr Euch etwas ganz genau anschaut. Das Fenster beginnt sich mit einer Sonnenfinsternis am 11.8.1999 zu öffnen, die auf einem anderen Teil der Erde (nicht in Amerika, wo das Channeling stattfindet), gesehen wird. Diese Sonnenfinsternis beinhaltet eine erstaunliche, wundervolle Energie, die gleichfalls ein Fenster von planetarer Ausrichtung eröffnet. Betrachten wir nun die Ausrichtung des Fensters aus nummerologischer Sicht. Die Sonne ist in einem 11-Jahres-Zykus. Wusstet Ihr das? Fragt Eure Wissenschaftler. Es ist ein 11-Jahres-Zykus, bei dem es um Ausstrahlung und Helligkeit geht, und jetzt gerade hat die Leuchtkraft ihren Höhepunkt erreicht. Die Energie ist nur alle 11 Jahre auf ihrem Höhepunkt. Das ist die erste 11.

Es wird sich am 11. Tag dieses Monats ereignen. Das ist die zweite 11. Nun fordern wir Euch auf, die Nummerologie des Datums zu addieren und beachtet hierbei, dass Ihr in solchen Fällen nie eine Meisterzahl reduziert. Addiert 1-9-9-9+(11)+8 und wenn Ihr diese (47) auf ihre ihr zugrunde liegende Zahl reduziert (4+7), so ergibt das eine 11! Es gibt drei Elfer, die sich in einer Reihe ausrichten, und Ihr solltet feiern! Hier sind Schaufeln fehl am Platze! Stattdessen ist es nun an der Zeit zu feiern!

Es ist an der Zeit, dass der Planet mit einer neuen Energie versorgt wird. Dies geschah zum letzten Mal, als der Komet Hale-Bopp vorbeikam. Die berechnete Nummerologie des Datums, an dem er der Erde am nächsten war, ergab eine heilige 7 und dennoch gab es viele, die Angst hatten, zitterten und sich in Richtung der Berge verzogen. Hier ist es dasselbe. Wo braucht diese Schaufel nicht und Ihr alle braucht sie nicht! Feiert die Astronomie! Feiert die Ausrichtungen - selbst diejenigen, die mit einer Furcht erregenden Prophezeiung verbunden sind! Nicht alles ist so, wie es zu sein erscheint.

Und was ist die Energie, die am 11.8.1999 hereingebracht wird? Es wird der Beginn einer Zufuhr von weiblicher Energie sein, welche der Planet dringend braucht, um die Menschen auszugleichen und um die Kinder zu energetisieren, deren natürliche Wesensart bereits die Attribute der menschlichen spirituellen Entwicklung beinhaltet - Attribute, für die Ihr beim 11:11 Erlaubnis gegeben habt.

Der Koffer mit den Geschenken - Programm

„Was befindet sich im nächsten Koffer?“ Packing-Angel hat sozusagen eine Glückssträhne. Wo braucht eine Pause von den sanften Schlägen, die er dadurch erhielt, dass alle seine Gegenstände abgelehnt wurden. Doch dieser Koffer ist anders und er fühlt, dass er in Ordnung sein wird. Die Sachen in diesem Koffer zeigen seine Liebe für andere - das glaubt er zumindest.

„Dieser Koffer ist ein ehrenwerter Koffer“, Wo hat den Eindruck, dass dieser Koffer gerechtfertigt ist, „denn er beinhaltet Geschenke für meine

Freunde - jene, die ich kennen lernen werde und die dann in diesem JETZT Zeitrahmen, von dem Du stets sprichst, meine Freunde sein werden. Ich bin daher vorbereitet, um anderen etwas zu GEBEN." Wo fühlt sich dabei wohl. Aber nicht für lange.

„Wo", spricht Packing-Angel langsam, „glaubst Du, dass Du sie besser behandelst, indem Du ihnen Geschenke gibst?" ... Wo spürt den Hammer der Schuldgefühle auf sich zukommen.

„Nun gut, ja", sagt Wo. „Es hat immer auf diese Weise funktioniert. Ich meine, äh..." Wo verliert auch in dieser Auseinandersetzung... und er weiß es. „Es gehört irgendwie doch zum Programm, zum Protokoll, Geschenke zu geben. Es ist ein Zeichen für Respekt und die Menschen behandeln Dich dann besser."

„Ich denke, wir sollten die Geschenke besser hier lassen", sagt der Engel, während sie sich dem am Boden immer höher wachsenden Stapel nähern. Wo sieht, wie sich der Haufen noch mehr vergrößert, und der Engel amüsiert sich zunehmend.

* * *

Ihr Lieben, die Geschenke, die sich in Wos Koffer befinden, haben mit einem Programm zu tun. Ihr habt Euer ganzes Leben auf eine Weise gelebt, bei der Ihr erwartet, dass andere auf eine bestimmte Art und Weise reagieren. Manchmal kommt die kulturelle Neigung der spirituellen Absicht in den Weg und dennoch haltet Ihr in gleicher Manier daran fest.

Wenn Ihr dies und das gebt, dann werden sie dies und jenes tun. Das ist Programm.

Gesegnet sind die aufgestiegenen Menschenwesen, die verstehen, dass die größten Geschenke, welche sie in irgendeiner Situation bringen können, Ehrlichkeit, Integrität und ihr spirituelles Licht, welches sie in sich tragen, sind! Es gibt kein größeres Geschenk als das, was ein Menschen dem anderen geben kann. Ohne Programm - ohne materielle Geschenke - der erleuchtete Mensch gibt das größte aller Geschenke: die bedingungslose Liebe.

Wo braucht den Koffer mit dem Plunder nicht, denn dort, wo er hingeht, steht er aufrecht da. Er ist von gesegneter Göttlichkeit - er ist ein Funke Gottes, der ein immenses Licht enthält. Das ist sein Geschenk und er braucht es nicht in einer Tasche mit sich zu tragen.

Der kleine Technikkoffer - Sicherheit

Der Engel ist jetzt bei der letzten Tasche angelangt und Wo freut sich. Gerade hebt Packing-Angel eine sehr kleine Tasche hoch und sagt: „Wo, diese nächste Tasche ist sehr klein und enthält etwas Technisches. Was ist das?

„Nun gut, Sir, das ist mein Telefon." Alles ist still, während der Engel Wo intensiv ansieht und Wo standhält und zurückschaut. Es verstreicht eine ganze Minute und dann kann der Engel seine Heiterkeit nicht mehr länger zurückhalten.

Wie sehr er diesen Menschen, der vor ihm steht, liebt!

„Wo, warum brauchst Du ein Telefon?", fragt der ausgesprochen liebevolle und sanfte Engel. Wo weiß, dass diese Erklärung merkwürdig klingen wird, doch er legt trotzdem mit der Antwort los.

„Du weißt, dass es auf der Straße manchmal Probleme gibt. Du, Engel, hast selbst gesagt, dass in diesem spirituellen Reich nicht alles wunderbar werden wird. Ich werde Herausforderungen erleben. Stimmt das etwa nicht?" Wo lehnt sich zurück und ist froh, nun zur Abwechslung einmal den Engel antworten zu lassen.

„Ja, Du hast Recht, Wo", erwidert der Engel. Dann folgt eine unangenehme Pause.

„Gut; und in schwierigen Zeiten brauche ich mein Telefon, um

Menschen anzurufen und Hilfe zu bekommen! Möchtest Du mir die Möglichkeit auf Hilfe, wenn ich sie brauche, verwehren?" Der Engel hebt das kleine Paket behutsam hoch und legt es zu den Kleidern, den Büchern, der Landkarte, dem Werkzeug und den Geschenken. Wo weiß, dass er sich von seiner falschen Sicherheit verabschiedet.

„Wo, es ist an der Zeit, das Telefon aus Deinem Gepäck herauszunehmen und es liegen zu lassen", spricht der Engel, während er Wo ernst ansieht und ihm die Gründe aufzählt:

„Gesegnet ist der Mensch, der sich auf dem Weg zum Aufstieg befindet", fährt der Engel fort, „denn er weiß, dass er NIE ALLEINE ist!" Der Engel hält inne, um zu sehen, ob es Wo diesmal wirklich *versteht.* „Der Mensch, der in einer höheren Weise schwingt, verfügt über die Sicherheit einer Armee - einer Legion von Engeln, die sich Familie nennt. Die *Familie* ist besser als ein Telefon, denn sie ist immer in greifbarer Nähe, nie in einem toten Winkel, sie bedarf niemals einer Nummer, um kontaktiert zu werden, und sie ist wach, selbst wenn der Mensch es nicht ist. Mehr als das, sie sind die Familie. Das bedeutet, Wo, sie lieben *Dich!*"

Langsam beginnt sich Wo mit dieser Erfahrung wohl zu fühlen. Er hat viel vom Packing-Angel gelernt und er weiß, dass noch mehr bevorsteht.

Der Engel wendet sich einem weiteren Gepäckstück zu. Es steht für sich alleine unter den ausgeschiedenen Gepäckstücken und persönlichen Gegenständen, die Wo zurücklassen wird. Er fragt sich, ob dieses nun übrig bleiben wird.

Der Koffer mit den Vitaminen - Gesundheit

„Was befindet sich in dieser Tasche, in der es rappelt und rasselt, wenn ich sie hochhebe?", fragt der Engel.

„Lieber Packing-Angel, hierin sind meine Vitamine und Kräuter. Ich brauche sie, um auf meiner Reise in die neue Energie gesund und ausgeglichen zu bleiben. Ich fühle mich manchmal schwach und da Du alles von mir weißt, weißt Du auch, dass ich auf gewisse Stoffe und Nahrungsmittel empfindlich reagiere. Daher brauche ich diese Kräuter und Vitamine, um mich während dieser Reise bei Kräften und stark zu erhalten."

Wo spürt, dass er sich selber in dieser Angelegenheit recht gut vertreten hat, und er befürchtet dennoch, dass ihm der Engel auch diese Dinge nehmen wird. Er hat aber das Gefühl, sie wirklich zu brauchen. Dann folgt eine Pause...

„Wirst Du mir meine Vitamine und Kräuter wegnehmen?", fragt Wo den Engel mit dem Gesichtsausdruck eines verletzten Welpen.

„Nein, Wo. Ich werde sie nicht hinauswerfen", antwortet der Engel. Aber Du wirst es letztendlich selber tun. Während Du den Weg gehst und Dein Potenzial als aufgestiegener Mensch erkennst, wirst Du allmählich verstehen, dass sich Deine DNS verändert. Dein Immunsystem verändert sich und wird mit Energie von den Sternen gestärkt. Botschaften und Befehlslisten *(Instruktionen)* werden von der kristallinen Struktur der Erde zu Deinen Zellen gebracht werden und Du wirst Dir vollkommen bewusst sein, dass diese Ergänzungen - obwohl sie nun noch für Dich wertvoll sind - immer geringer werden, sowie Du nach und nach Dein Wohlbefinden erlangst. Keine irdische Energie und kein Attribut werden Dich mehr zermürben können. Kein Stoff und kein Nahrungsmittel wird sich auf dieselbe Weise bei Dir auswirken können. Obwohl Du mit zunehmender Erleuchtung feinfühliger wirst, wird Dein System gestärkt werden, sodass das Licht, welches Du trägst, von nichts mehr durchdrungen werden kann. Allmählich wirst Du in der Lage sein, jegliche Abhängigkeit von den Chemikalien, die Du während Deiner Reise mitführst, aufzugeben. Du wirst stattdessen neue Ergänzungen, neue Energien und Hilfen vorfinden und neue Möglichkeiten, um genau die Nahrung zu bekommen, die Dein Körper braucht. Sei nicht überrascht, wenn Du feststellst, dass Dein *neuer* Körper und Deine Biologie ein neues Gleichgewicht brauchen.

Nein, Wo. Du kannst Deine Vitamine und Kräuter behalten, doch es wird ein Tag kommen, an dem Dein Körper sie nicht mehr länger wünschen wird. Dann wirst Du wissen, wovon ich spreche."

Das ist ein Sieg für Wo. Es gelingt ihm nicht nur (endlich), etwas zu behalten, sondern es ist auch die letzte Tasche. Er ist glücklich und kann sich nun endlich durch das Tor in eine neue Welt bewegen - eine Welt, in der das Leben mehr im JETZT ist - ein Leben, in dem er sein Licht tragen und für die Erde und die Menschheit um ihn herum von Bedeutung sein kann. Er ist sehr aufgeregt.

„Lieber Engel, danke für all Deine Hilfe", meint Wo, während er die Tasche schließt.

„Wir sind noch nicht fertig, Wo", sagt der Engel, während er die Tasche noch einmal öffnet.

„Was meinst Du damit?", fragt Wo nervös. Der Engel steckt seine Hand tiefer in die Tasche und bewegt sie ein wenig umher. Wo weiß, was er tut.

„Es versteckt sich noch etwas hier unten, Wo." Der Engel bringt ein mit einem Reißverschluss verschlossenes Fach zum Vorschein, welches auf raffinierte Weise in der Verkleidung des Koffers mit den Vitaminen und Kräutern versteckt war.

Das Geheimfach - Drama

Wo zittert. Verlegen senkt er seinen Blick. Jetzt möchte er nicht hier stehen und er möchte auch nicht, dass das, was in dem Fach mit dem Reißverschluss verborgen ist, gezeigt oder aufgemacht wird. Der Engel akzeptiert das und er steht einfach nur da mit dem kleinen, ungeöffneten Gepäckstück in seiner großen Hand. Er wartet darauf, dass Wo etwas sagt.

„Bitte nicht", meint Wo flehend.

„Ich werde es nicht öffnen", sagt der Engel, „weil ich Dich liebe, Wo, und ich werde Dir niemals absichtlich ein unbehagliches Gefühl bereiten... doch Du kannst auch dies nicht mitnehmen und Du weißt es.

* * *

Nun, Ihr Lieben, was befand sich Eurer Meinung nach in diesem kleinen, schwarzen Gepäckstück? Wir unterbrechen die Geschichte hier noch einmal, um diese Metapher vollständig für Euch aufzuzeigen.

Die Antwort hierauf ist jene, die Du mir in Gedanken geben wirst, während ich Dir, dem Zuhörer, und Dir, dem Leser, folgende Frage stellen werde: Wer ist es, mit dem Du in Deinem Leben nicht sprechen kannst? Wem kannst Du, lieber Aufstiegs-Kandidat, liebe Aufstiegs-Kandidatin, in diesem Leben nicht vergeben? *Wer ist der-/diejenige, mit dem/der Du ein Drama hast? Wer hat Dich betrogen? Wer steht in Deinem menschlichen Denken auf der schwarzen Liste?*

Das ist die Energie in dem schwarzen Gepäckstück, welches der Engel in seiner Hand hält. Sie ist entsetzlich... sie ist hässlich. Ihr wird es bei einer höheren Schwingung nicht gut ergehen, denn sie vermischt sich nicht mit der reinen Absicht eines Individuums, welches im Begriff ist, einen neuen Weg mit höherer Schwingung zu gehen, und dies kann kein Geheimnis bleiben.

Wir werden über genau diese Sache ausführlicher sprechen, nachdem wir über die Schwelle gegangen sind.

Passt dies zu Dir? Wenn ja, so lass mich Dir etwas geben, was sich in einem anderen Geheimfach befindet und den Namen **göttliche Menschenseele** trägt. Sie ist die Kraft, Macht und Stärke, die über das Drama hinausreicht, welches sich in den dunkelsten Ecken Deines Verstandes aufhält. Es ist das LICHT, welches auf jede Situation scheinen kann. Es ist die Essenz von Vergebung, Reife und Weisheit. Es verkörpert die Salbung des neuen Menschen. Es ist die Erkenntnis, dass Du ein Teil Gottes bist. Was auch immer die anderen getan haben, wer auch immer sie sind und wo auch immer sie sich aufhalten (selbst im Tode), sie werden nun als ebenbürtige Spieler in einem großen Spiel gesehen, an deren Erschaffung Ihr beide mitgeholfen habt. Kannst Du den Überblick verstehen? Kannst Du sehen, wie es ZWEIER bedurfte, um die Energie zu erschaffen, die in dem schwarzen Gepäckstück enthalten ist?

Kannst Du ihnen vergeben und sie lieben?

Du kannst es! Ihr könnt es!

Das ist das Wunder des neu von Menschen entwickelten Bewusstseins, welches Euch gehört, sofern Ihr darum bittet.

Das ist die Kraft und Macht von dem aufgestiegenen Menschenwesen!

„Bitte nimm dieses Gepäckstück", sagt Wo mit Tränen in den Augen, „und leg es mit zu den anderen auf den Boden, da, wo es hingehört."

„Welches Gepäckstück?", fragt der Engel hocherfreut, „es verschwand bereits vor einem Moment aufgrund Deiner Absicht für Vergebung und dank Deiner Weisheit, welche Du trägst, mein geliebter Mensch. Ich gratuliere Dir zu Deinem Verstehen.

Ich beglückwünsche Dich zu Deiner Graduierung.

Ich gratuliere und beglückwünsche Dich, Wo, dass Du auf einer höheren Ebene schwingst."

Wo verabschiedet sich von dem Engel und umarmt ihn zum Abschied noch einmal. Er verschwindet nun mit einem kleinen Gepäckstück durch die Tür, welche das Bild für den Wunsch des Menschenwesens ist, in ein Land hinüberzuwechseln, in dem nichts mehr so ist, wie es einmal war - ein Land mit Verheißung und Liebe und auch ein Land großer spiritueller Herausforderung. Wo tritt in ein Land von Lichtarbeitern ein, welche die Energie einer neuen Erde in der genetischen Ausstattung *(genesis configuration)* halten.

Wo fühlt sich leicht, friedvoll und sehr geliebt, während er sich weiter außer Sicht bewegt.

* * *

Ihr Lieben, dieses Gleichnis handelt von Euch.

Was ist Eure Vorstellung davon, höher zu schwingen und eine Aufstiegsenergie zu tragen? Erledigt, das heißt *tut* Ihr es zwischen dem Mittagessen und Euren alltäglichen Besorgungen? Wenn ja, dann versteht Ihr nicht, um was es sich handelt, denn es ist nichts, was Ihr *tut.*

Es ist etwas, was Ihr *lebt.*

Was vor Euch liegt, ist die am tiefstgreifenden sich verändernde spirituelle Energie der gesamten Menschheitsgeschichte. Vor Euch liegt Eure Fähigkeit, die ureigene Essenz Eurer Existenz zu verändern... - ein längeres Leben zu leben, friedvollere und freudigere Erfüllung zu haben und die Kraft und Macht zu besitzen, sogar den Boden unter Euren Füßen zu verändern. In diesem Prozess werdet Ihr lernen, lernen und lernen. Und in dem Vorgang werdet Ihr ebenso unermesslich geliebt sein und beginnen, die *Familie* zu spüren - denn sie ist spirituell einen Schritt näher bei Euch als jemals zuvor. Dies sind *nicht* die Endzeiten. Stattdessen ist dies ein neuer Anfang.

Neben Eurem Stuhl steht eine Familie. Und in dieser Familie ist der Kryon, dessen Leben nun seit einer Ewigkeit darin besteht, Euch zu lieben und zu informieren... niemals etwas erwartend... ohne Programm... niemals fordernd.

Ich verbleibe als Euer Freund und Familienangehörige(r). Ich bleibe in Liebe und beobachte, wie Ihr etwas vollbringt, das niemand erwartet hat - die Veränderung des Universums selbst. Ich bleibe auf Erden, bis es vorüber ist. Und das, meine liebe Familie, wird von jetzt an noch eine lange Zeit sein.

Wir verlassen Euch mit derselben Liebe, mit der wir gekommen sind, und wir werden sicher wiederkommen. Lasst den Zuhörer ebenso wie den Leser wissen, dass sie an diesem Tag alle von Herzen geliebt sind!

Lasst die neue Erde mit denen beginnen, die zu ihrer Kraft und Macht erwachen - denjenigen, die diese Worte hören und lesen. Ihr.

In Liebe

Kryon

Gibt es Himmel und Hölle eigentlich gar nicht?

Über den Himmel

verfasst von Papst Johannes Paul II. - Juli 1999

„Im Zusammenhang mit der Offenbarung wissen wir, dass der „Himmel" oder die „Glückseligkeit", in der wir uns selber befinden, weder ein abstrakter Begriff noch ein physischer Ort in den Wolken ist, sondern eine lebendige, persönliche Beziehung mit der Heiligen Dreifaltigkeit. Es ist unsere Begegnung mit dem Vater, welche im auferstandenen Christus durch die Kommunion des Heiligen Geistes erfolgt. Es ist stets notwendig, bei der Beschreibung dieser „letzten Realitäten" eine gewisse Beherrschung zu bewahren, da deren Darstellung immer unzulänglich ist. Die heutige persönlichere (personialist) Sprache ist besser dafür geeignet, den Zustand von Glück und Frieden, welchen wir in unserer endgültigen Kommunion mit Gott finden werden, zu beschreiben." [1]

Über die Hölle

verfasst von Papst Johannes Paul II. - August 1999

„Die Bilder der Hölle, welche die Heilige Schrift uns zeigt, müssen auf korrekte Weise interpretiert werden. Sie zeigen die totale Frustration und Leere eines Lebens ohne Gott... Mehr als nur einen Ort kennzeichnet die Hölle den Zustand jener, die sich selber freiwillig und eindeutig von Gott trennen. Die Hölle ist keine Bestrafung, welche im außen von Gott auferlegt wird, sondern der Zustand, der sich aus Einstellungen und Handlungen ergibt, welche die Menschen in diesem Leben wählen. Die Bibel verwendet viele Bilder, um den Schmerz, die Frustration und die Leere eines Lebens ohne Gott zu beschreiben. Die Hölle ist mehr als nur ein physischer Ort, ein Zustand jener, die sich freiwillig und endgültig von Gott - dem Ursprung und der Quelle allen Lebens und aller Freude - trennen. Die ewige Verdammung ist nicht Gottes Wirken, sondern eigentlich unser eigenes Tun." [2]

1. L'Osservatore Romano: „Der Himmel ist die Fülle der Kommunikation mit Gott"; Editorial and Management Offices; Via del Pellegrino, 00120, Vatican City, Europa; 28. Juli 1999. Die Worte des Papstes in einer allgemeinen Audienz vom 21. Juli 1999; Artikel ist in voller Länge zu sehen (www.vatican.va)
2. L'Osservatore Romano: „Die Hölle ist der Zustand jener, die Gott ablehnen" Editorial and Management Offices; Via del Pellegrino, 00120, Vatican City, Europa; 4. August 1999. Die Worte des Papstes in einer allgemeinen Audienz vom 28. Juli 1999; Artikel ist in voller Länge zu sehen (www.vatican.va)

Kryon

Live-Channeling

„Fünf spirituelle Energieveränderungen im Neuen Jahrtausend“

Gechannelt in
Cleveland, Ohio - Oktober 1999
Singapur - Oktober 1999

Kapitel V

„Fünf spirituelle Energieveränderungen im Neuen Jahrtausend"

Live-Channeling
Cleveland, Ohio - Oktober 1999
Singapur - Oktober 1999

Dieses Live-Channeling wurde mit zusätzlichen Worten herausgegeben, um Klarheit und ein besseres Verständnis in der schriftlichen Textform zu ermöglichen.

Seid gegrüßt, Ihr Lieben. ICH BIN Kryon vom Magnetischen Dienst. Dies ist eine kostbare Zeit für uns, während unser Gefolge sich in diesen Raum hineinbewegt. Oh, Ihr Lieben, diese besondere Zeit ist dem zu verdanken, was diese bestimmte Gruppe, welche wir als *Familie* bezeichnen, getan hat - nicht nur auf diesem Planeten und für das Universum, sondern auch für jene von uns, die das Kryon Gefolge genannt werden und die jetzt in diesen Ort einströmen. In der Tat gibt es unter Euch weitaus mehr erwachende Menschen, als Ihr meint. Selbst manche, die sich wundern, um was es hier geht, sind aufgrund des Rufes aus ihren spirituellen Herzen gekommen. Wenn dies für den Leser oder den Zuhörer passt, so ist es jetzt für Euch an der Zeit, um zu spüren, worum es bei diesem neuen Millenium geht.

Sitzt nun in Geduld auf dem Stuhl... bis die Energie zu Euch strömt. Denn diese Begegnung, Ihr Lieben, handelt **von** der Liebe der Familie... **für** die Familie. Es handelt von der Tatsache, dass so viele von Euch - Engel, jeder Einzelne - Teile Gottes sind, gekleidet *(in der Tarnung)* als Menschen. Ihr kommt und geht so schnell und Ihr werdet so sehr vermisst! Diese bestimmte, kostbare

Zeit, um die Ihr gebeten habt, ermöglicht es uns, von unserer Seite des Schleiers zu Eurer Seite zu fließen *(strömen)*. Wir werden keinen Moment mehr länger warten! Wir strömen massenweise an diesen Ort und pressen mit sanftem Druck die Liebe von Spirit und der Familie auf Euch.

Wir bewegen uns durch die Gänge - entlang den Stühlen - und halten inne und zögern für einen Moment. Jeder Teil des Gefolges, welches einem Menschenwesen zugeteilt ist - unabhängig davon, wo es sich in diesem Raum befindet - ist mit dem tiefen Wissen erfüllt, dass sie die Brüder und Schwestern derjenigen sind, die hier sitzen und dies hören oder lesen. Sie nehmen sich die Zeit, um liebevoll Eure Füße zu waschen, und es gibt nur einen einzigen Grund für sie dies tun, denn diese Wiedervereinigung ist real und gibt uns allen gemeinsam und jedem Einzelnen das Gefühl der Einzigartigkeit. Es gibt so viele Worte, um die Realität dessen, was jetzt gerade vor sich geht, zu beschreiben - unter anderem sind es: *Ehre, Liebe, Glückwünsche* und *Angemessenheit.*

Es dauert nur noch wenige Wochen, bis eine Schwelle erreicht wird - eine Schwelle, welche sich um den Planeten selber drehen wird. Hier sitzen wir alle, scheinbar ein paar Augenblicke vor dem Übergang in Euer neues Millenium. Viele in diesem Universum hätten es nie akzeptiert, dass diese bestimmte Gruppe von Lichtwesen, die Menschen genannt sind, eine solche Veränderung auf diesem Planeten der Energieprüfung durchgemacht haben könnten. Und dennoch gibt es, während wir alle hier sitzen, eine Feier, weil Ihr tatsächlich bereits eine riesengroße Veränderung vollbracht habt.

Wir alle warten auf die Schwelle - anscheinend darauf, dass diese Uhr abläuft und die Energie des Jahres 2000 beginnt und das neue Millenium sich bis zum Jahr 2012 vorwärts bewegt.

Es wird ein Zeitabschnitt sein, in dem vieles verändert werden kann - eine 12-jährige Periode von Zeit, die es einigen der neuen Kinder ermöglicht groß zu werden, in der einige von denen hier in diesem Raum sich tiefgreifend verändern können und in der diesem Planeten die Versorgung mit Energie bereitgestellt wird, wie es nie zuvor vorstellbar war.

Wir haben dies zuvor schon zu anderen Gruppen gesagt. Es handelt sich hierbei um Kerninformation und sie lautet: Es gab in der Geschichte der Menschheit noch nie eine Zeit, in der die Energie so auf den Planeten herabkommen wird, wie es für jetzt vorgesehen ist! Es gab in der Geschichte der Menschen noch nie eine Zeit, in der die Menschheit in einem solchen Grad *(Maße)* erwacht ist wie jetzt! Und so sagen wir zu Euch und Familie: „Gesegnet seid Ihr, Schamanen, jeder Einzelne von Euch, die Ihr Euch entschlossen habt, noch einmal auf die Erde zu kommen und das Finale dieser Lebenszeit und das Finale des Plans der Erde zu Ende zu spielen.“ Einige von Euch haben vielleicht beschlossen, dass dies das letzte Mal sein wird. Alle in diesem Raum hatten eine stürmische Passion auf einer spirituellen Ebene, um sicherzugehen, dass dieser Test zu Ende gespielt wird - und hier sitzt Ihr nun und tut es.

Ich sitze vor denen, die mit allem begonnen haben! Ich sitze vor denen, die dem Kryon, bevor die Menschheit existierte, geholfen haben, die Energie des Gittersystems auf eine Weise zu errichten, welche die Menschheit und ihre spirituellen Attribute fördern würde, sodass die Dualität stark sein würde. In den letzten Jahren habt Ihr all dies verändert. Einige sagten: *„Oh, lieber Kryon, stimmt es wirklich, dass Du weißt, wo wir sitzen, und dass Du unsere Namen kennst - wie lauten sie also? Kryon, vielleicht gibst Du uns in dieser Zeitperiode unsere spirituellen Namen?“*

Ich werde Euch die Wahrheit sagen. Diese Wesenheit namens Kryon kann dies nicht tun. Es gibt keinen Weg, wie wir in den begrenzten Möglichkeiten innerhalb der Sprache des Menschen, der hier sitzt, die Großartigkeit Eures wirklichen Namens ausdrücken könnten. Ihr habt die begrenzte Dimensionalität auf diesem Planeten gewählt. Vielleicht würdet Ihr es etwas besser verstehen, wenn ich Euch sage, wie es für uns ist, wenn wir Euren Namen auf der anderen Seite empfangen und wahrnehmen? Denn es wird eine Zeit kommen, Ihr Lieben, in der Ihr mich wieder sehen werdet. Und in diesen Momenten werden wir einander auf meiner Seite des Schleiers erkennen, Ihr werdet Euch mir wieder nähern und mir Euren Namen mit LICHT SINGEN! Wie bin ich in der Lage Euch diesen Namen zu geben, während Ihr in Menschenform - als Teile Gottes - göttlich, jeder Einzelne, seid? Wie kann ich Euch diese herrliche Erfahrung innerhalb der kleinen Dimensionalität, die Ihr momentan habt, geben? Ich kann es nicht.

Es ist an der Zeit, dass Euer Denken die Realität dessen, wer Ihr seid, umfasst, denn diese Gruppe, diejenigen, welche hier sitzen und diese Botschaft über die kommenden Tage lesen oder hören, ist die Vorboten-Gruppe. Diejenigen, die jetzt erwachen, sind diejenigen, die auf dem Planeten etwas verändern werden. Wir können es nur schwer abwarten, Euch wieder bei uns zu haben, geliebte Familie! Wir können es kaum erwarten, Euch die Botschaft zu überbringen, die lautet: „Ihr wart nicht nur seit Äonen auf Erden, sondern Ihr verändertet auch den Stoff des Universums selber! Die Energie der Realität auf meiner Seite des Schleiers wurde aufgrund dessen, was Ihr auf Erden getan habt, verändert! Wusstet Ihr das? Und Ihr wundert Euch noch, warum Euch das Gefolge so sehr liebt? Ihr wundert Euch, warum wir mit einem so tiefen Gefühl von Familie zu Euch kommen? Ihr wundert Euch, warum wir jetzt diese Zeit mit Euch verbringen möchten? Oh, Ihr Lieben, einige von Euch sind gekommen, um auf diesen Stühlen zu sitzen und mit einer Heilung zu beginnen, die schon längst überfällig ist. Ihr sitzt hier und lest oder hört dies und vielleicht denkt Ihr, wir wüssten nicht, wer Ihr seid? Wir wissen, wer vor uns sitzt, wir kennen Eure Namen und wir kennen Euer Ewiglichsein *(Eure Unsterblichkeit)*. Du bist Schwester. Du bist Bruder. Und so sagen wir zu Euch in der Energie, die hier vor uns allen liegt: „Lasst die Heilung beginnen."

Wir sagen denjenigen von Euch, die gekommen sind, um in dieser Energie von Liebe zu sitzen: „Lasst die lichten Veränderungen beginnen und zu dieser Gruppe herausströmen - die Essenz des Selbstwerts, für die so viele hier Anwesende gekommen sind." Seid gewiss, dass sich diese Familie - wenn wir heute fertig sind - von den Stühlen, auf denen sie sitzt, erhebt und mit einem Gefühl weggehen kann, welches sich von dem, mit dem sie hierher gekommen ist, unterscheidet. Und der Unterschied wird darin liegen, dass eine spirituelle Heilung empfangen wurde!

Das Millenium wird viele Dinge auf Eurem Planeten verändern. Die Schwelle, welche im Jahr 2000 stattfinden wird, ist eine „Erlaubnis" Schwelle. Viele der Dinge, welche Euch vorenthalten *(vor Euch zurückgehalten)* wurden, warteten darauf, überbracht zu werden, wenn Ihr es bis zu dieser Schwelle geschafft habt... und Ihr werdet es schaffen. Dieses Vorenthalten erfolgte absichtlich, denn die Energien sind korrekt und angemessen und die Astronomie ist korrekt und angemessen, um diesen Planeten von der alten Energie zur neuen Energie zu verlagern. Nun, so viele von Euch werden gar nichts merken - sie werden keine großartigen Veränderungen bemerken - aber die Schwelle wird überschritten worden sein. Wie ein Zug, der an einem grünen Lichtsignal vorbeifährt, das niemals zuvor da gewesen ist, werden die Energien in den nächsten 12 Jahren in den Planeten einströmen *(pouring = auch: wie starker Regen schütten bzw. gießen)*, um das Bewusstsein der Menschheit zu erwecken. Diese Energien werden die Menschenrasse auf eine Art und Weise berühren, welche Ihr nie für möglich gehalten hättet, und Ihr wundert Euch und fragt Euch selber, warum wir aufgeregt sind!

Fünf spirituelle Energie-Veränderungen des Jahrtausends

Wir möchten einige Themen in Bezug auf die kommenden Millenium-Energien ansprechen. Wir möchten Euch fünf Attribute der neuen Energien des Jahrtausends nennen, von denen ein Teil aus Kerninformationen besteht und ein anderer Teil noch nicht gehört wurde. Wir werden mit dem Attribut beginnen, welches das stärkste ist: die Veränderungen in der DNS der Menschen.

DNS

Einige werden sagen: *„Kryon, Du sagst schon lange, dass sich die DNS in den Menschen verändern wird. Werden wir dies jemals nachweisen können?“* Ihr Lieben, in den nächsten zwei Generationen der Menschheit werden die Wissenschaftler in ihre Mikroskope blicken und auf der Zellebene Unterschiede zwischen älteren Menschen und jüngeren Menschen feststellen können. Wir sprechen nun von den zwei Strängen (oder Schleifen, wie wir sie nennen) der physischen DNS, welche für den chemischen Namen, den man ihr gibt, verantwortlich sind - den Strängen, die Ihr sehen und überprüfen könnt. Eine der Enthüllungen der gegenwärtigen Studie der menschlichen Erbmasse wird darin bestehen, dass sie sich verändert! Wenn diese Studie vollständig ist, wird es kein besseres Maß für die Evolution des

Menschen geben, denn Ihr werdet dann den Gesamtcode einem Vergleich des Codes in den neuen Kindern der nächsten zwei Generationen gegenüberstellen können (ob Ihr ihn verstanden habt oder nicht). Wir sagten Euch bereits: Wenn Eure Wissenschaft zunimmt, dann werden auch Eure Entdeckungen von einem der seltsamsten Attribute, welche wir Euch bezüglich der menschlichen Existenz genannt haben, zunehmen. Und wieder sagen wir es: die scheinbaren Seltsamkeiten des Neuen Zeitalters von heutzutage werden die Wissenschaft von morgen sein.

Es wird sich jedoch nicht nur Eure DNS verändern. Die Chemie des menschlichen Körpers wird sich im Bereich der Immunität verändern. Das Immunsystem ist - wie es sein sollte - das erste, welches sich ändern wird, doch es wird noch mehr werden. Auf der Zellebene werdet Ihr Abnormitäten sehen, die Ihr nie zuvor gesehen habt - Stärken, die Ihr niemals vorher gesehen habt. Selbst die Zellen werden sich auf eine andere Weise spalten. Der Mensch wird sich verändern und das „Zellenbewusstsein" wird verändert sein. Viele werden sich fragen, ob es wohl schon immer so existierte, aber noch nie gesehen wurde. Doch das ist nicht der Fall, denn was Ihr schließlich als eine andere Art von Biologie wahrnehmt, wird sich allmählich auf dem Planeten ausbreiten. Einige werden sie als den Beginn der „intelligenten Zellen" bezeichnen. Manche Biologen werden sich wundern, warum sie niemals einige der intelligenten Prozesse auf der Zellebene, die sich zeigen werden, gesehen haben. Manche werden verstehen, dass sie neu sind und andere werden sich den Kopf darüber zerbrechen, wie die Vorgänge sich, mit der essenziell gleichen Chemie wie zuvor, so verändern konnten. Was viele zu verstehen verpassen werden, ist das, was wir als eine ermächtigte DNS bezeichnen wollen - der nächste Schritt in die Evolution des Menschen.

Lasst mich Euch sagen, wo diese Evolution anfängt. Viele glauben, dass sie mit den Indigokindern, die jetzt geboren werden, beginnt. Ihr mögt glauben, dass man mit der DNS geboren werden muss, um sie zu entwickeln, doch das stimmt nicht! Die Zellveränderung beginnt mit REINER SPIRITUELLER ABSICHT. *„Kryon, meinst Du, dass wir mit der Absicht tatsächlich unsere Zellstruktur verändern können?"* Ja, das könnt Ihr! Und wieder sage ich, dass die größten Wunder, von denen jemals auf diesem

Planeten berichtet worden ist, von „innen heraus“ gekommen sind. Das bedeutet, dass das göttliche Wesen im Menschen in der Tat die Veränderungen in der Zellstruktur erschuf, welches dann aus dem Bewusstsein heraus Materie erschaffen konnte.

Es gibt genau in dieser Zeit Avatare auf dem Planeten, die aus dem Bewusstsein heraus Materie erschaffen! Und wenn das wahr ist, besteht dann nicht der nächste logische Schritt für das fortgeschrittene Menschenwesen darin, dasselbe zu tun? Das ist das Wunder und es kann in Eurem Körper ebenso erzeugt werden, wie der Avatar es macht, denn die Prinzipien sind dieselben. Wenn Ihr zu verstehen beginnt, wer Ihr wirklich seid, und beginnt, dieses spirituelle „Familienmitglied“ in Euch zu verstehen, dann verändert Ihr Euch. Was hat ein großer Avatar, das Ihr scheinbar nicht habt? Die Antwort auf diese Frage lautet:
VOLLSTÄNDIGE SELBST-BEWUSSTHEIT.

Wenn Ihr das Göttliche in Euch entdeckt, dann verändert sich Eure DNS, um die Realität Eurer Entdeckung unterzubringen. Dies wird auch als „Eure eigene Realität erschaffen“ bezeichnet, ein Thema, welches wir zuvor erkundet haben.

Eure DNS ist perfekt, doch Ihr habt gestattet, dass Begrenzungen in Eurem Körper untergebracht werden, welche ein kürzeres Leben, Krankheiten und Ungleichgewicht ermöglichen. Aus gegebener Absicht werden diese Begrenzungen verringert und der DNS wird es ermöglicht, dem, was planmäßig sein sollte, näher zu kommen. All dies wurde von Euch und für Euch erschaffen. Nun seid Ihr ermächtigt, die DNS in einen Zustand zu bringen, welcher auf Euer Bewusstsein antworten und reagieren wird.

Es gibt ein anderes Attribut, über das wir im Zusammenhang mit der DNS gesprochen haben. Es ist die Geburt der neuen Kinder namens „Indigo“. Es ist ein planetares Merkmal, Ihr Lieben, und nicht nur in seiner Erscheinungsform abgekapselt, in nur einer einzigen Kultur oder einem einzigen Kontinent. Die Ankunft dieser neuen Kinder ist ein unmittelbares Resultat der Erlaubnis, welche Ihr spirituell an dem 11:11 vor sieben Jahren *(11.01.1992)* gegeben habt. Dies sind die Menschen, von denen wir sprachen und welche die Samen der menschlichen Evolution in sich tragen, und es ist wichtig, dass Ihr erkennt, dass es bei dieser DNS Diskussion um alle Schleifen geht und nicht nur um diejenigen, die Ihr möglicherweise unter dem Mikroskop untersucht. (Kryon spricht oft von den 12 Strängen der DNS, wovon ein Großteil nicht chemisch und daher noch nicht sichtbar ist).

Wie angemessen! Das 11:11 war das Fenster der Erlaubnis, welche in den frühen Neunzigerjahren auf der höchsten Ebene menschlichen Bewusstseins gegeben wurde. Die Frage wurde an alle Menschen auf dem Planeten gestellt: „Gebt Ihr die Erlaubnis, um eine Veränderung der DNS in einem solchen Ausmaß zu ermöglichen, dass jene, die nach Euch geboren werden, ein Bewusstsein tragen, welches Ihr noch nicht hattet?“ Die Antwort, welche in diesem 11:11 Fenster gegeben wurde, war ein einheitliches JA.

Die Botschaft von Kryon bestand von Anfang an darin, dass Ihr nicht nur die Lebensabschnitte der „Weltuntergangs“ Prophezeiung durchlebt und sicher passiert habt, sondern dass Ihr sie durch Eure bewusste Bestrebung verändertet. Es ist wichtig zu erkennen, dass Kryon nichts mit diesem Erlaubnis-Fenster zu tun hat oder mit der Arbeit, die Ihr auf dem Planeten geleistet habt. Diese guten Neuigkeiten haben vielmehr etwas mit dem auf der Erde wandelnden Menschen/Lichtwesen *(Mensch/Engel)* zu tun - mit Euch!

Es hat etwas mit einer ermächtigten menschlichen Rasse zu tun. Insgesamt hat sich Euer Planet graduell *(Schritt für Schritt)* für das Verständnis entschieden, dass die Dinge anders sein könnten und dass die Menschheit die Fähigkeit hatte, sie zu verändern. Letztendlich verstandet Ihr einen Code, welchen wir Euch wieder und wieder brachten - dass Ihr über die Fähigkeit verfügtet, den Kurs der Zeit zu ändern, Prophezeiungen zu verändern und eine neue Zukunft zu erschaffen. Und Ihr tatet es!

Das großartigste Attribut der Veränderung des Menschen ist im neuen Jahrtausend die Veränderung der DNS und die Stücke und Teile davon, die Ihr nicht messen könnt, werden sich als Erstes ändern. Diese Teile, die Ihr nicht messen könnt, sind jene, die unter magnetischer

Einwirkung stehen. Diese magnetisch beeinflussten Teile sind dafür vorgesehen, Teile der Chemie in Euch zu erwecken. Viele werden glauben, dass dies wundersam, das heißt einfach ein Wunder ist - die Fähigkeit dafür, eine verlängerte Lebensdauer zu haben, die Fähigkeit, in Frieden inmitten von Aufruhr zu sein, die Fähigkeit, die Liebe in Eurem Herzen zu besitzen, um die Ihr gebeten habt, oder den Angstpegel stark zu beruhigen. Diese Veränderung ermöglicht Euch letztendlich auch, den Teil Gottes, welcher Ihr seid, flüchtig zu sehen zu bekommen. All dies beginnt auf der Zellebene, denn in den Zellen des Menschen befindet sich die Blaupause für ein spirituelles und physisches Leben. Sie repräsentiert alles, was Ihr je gewesen seid, und den Grund dafür, warum Ihr hier seid. Die aus der Vergangenheit getragenen karmischen Attribute (die wir als das „Rezept" und die Aufstellung *(die Umstände)* für Euer Leben bezeichnen), sind in dieser DNS Blaupause repräsentiert.

Der Weg - Bewegung

Während Ihr über diesen Schnittpunkt geht, welcher als das Millenium bezeichnet wird, könnt Ihr einige Veränderungen im zweiten Thema erwarten: der WEG. Einige von Euch hatten das Gefühl, sie wären in ihrer spirituellen Entwicklung „gestoppt" und stehen geblieben. Ihr habt einen scheinbaren Stillstand gespürt in einer Sache, die Euch in der Vergangenheit zumindest ein Gefühl von einer „Vorwärtsbewegung" vermittelt hat. Nun ist selbst das passé. Mensch, Lichtarbeiter, Heiler, Familienmitglied: Glaubt Ihr wirklich, dass Ihr durch die Zeiten gekommen seid, nur um dann 1999 einen „Stillstand" zu haben? Wie passt das mit der neuen Energie überein? (Lachen)

Lasst mich Euch sagen, was geschieht. Ihr habt die Fähigkeit, Bewegung auf eine lineare Weise, die Euch mein Partner (zuvor in diesem Seminar) beschrieben hat und die Ihr als Eure REALITÄT bezeichnet, wahrzunehmen. Es bringt Euch auf dem spirituellen Weg von einem Ort an einen anderen. Jetzt ist es an der Zeit diese Wahrnehmung sich verändern zu lassen. Zuvor beschrieb mein Partner (Lee) als eine Metapher für Eure Lebenskraft in der alten Energie einen Zug, der in Bewegung und auf einem Gleis ist. Lasst mich Euch diese interdimensionale Frage stellen: Was würde mit dieser Metapher des Zuges auf dem Gleis, der sich in einem Kreis bewegt, geschehen, wenn wir Euch sagen, dass *der Zug zwar am selben Platz war, das Gleis sich aber noch weiter bewegte?*

Die Frage für Euch ist diese: Bewegt sich der Zug noch? Und in dem Zusammenhang: Bewegt Ihr Euch irgendwohin? Die Antwort auf beide Fragen ist ein interdimensionales JA, aber in Eurer 4D stellt Ihr es vielleicht in Frage. Das liegt daran, weil Euer „Bewegungsmelder"-System nun in den JETZT Zeitrahmen gezogen wurde. Der Grund dafür, dass Ihr Euch gestoppt fühlt, liegt oft darin, dass Ihr im JETZT (einer höheren Schwingung) eine interdimensionale Bewegung empfangt, die sich anders als alles, was Ihr spirituell zuvor verspürt habt, anfühlt. Es liegt außerhalb der normalen menschlichen 4D. Das Gleis bewegt sich und die Räder drehen und drehen sich und dennoch mögt Ihr sagen: „Ich bin gestoppt." Ihr SEID NICHT gestoppt. Das Gleis bewegt sich noch unter Euch, die Maschine arbeitet noch und läuft gut, doch die Wahrnehmung ist jetzt weniger linear. Sie bezieht sich mehr auf das, was um Euch herum ist, und Ihr habt das Gefühl, von einem Verständnisparadigma der ALTEN Energie gestoppt worden zu sein.

Denen, die dies nicht begreifen können, geben wir eine fröhliche Vision, um Euch angesichts Eurer Geduld zu helfen. Tut so, als hättet Ihr eine spirituelle Pause eingelegt und als würdet Ihr auf irgendetwas Wunderbares warten, das Euch einholen und begegnen wird! Das Gefühl der Bewegung unterscheidet sich spirituell gesehen vollständig und komplett von dem, was es je zuvor gewesen ist. Außerdem habt Ihr die Bewegung oft anhand der Synchronizität gemessen, die in Eurem Leben stattfindet. Nicht nur das, Heiler und Lichtarbeiter, Ihr neigt auch dazu, die Bewegung und die Spiritualität anhand dessen zu messen, wie gut die Dinge in Eurer Hilfe- und Beratungspraxis wirken. Wisst Ihr, was mit einer Fabrik passiert, die stillgelegt ist, weil sie renoviert oder mit neuen Maschinen ausgerüstet wird? Sie „stoppt", sie steht still. Wisst Ihr, was mit den Angestellten passiert, wenn sie für zwei Wochen MIT Entgelt entlassen werden? Sie feiern! (Lachen). Und daher müssen wir Euch das Offensichtliche fragen: Wenn Ihr stillsteht, ... warum feiert Ihr dann nicht mit? Jene von Euch, die das Gefühl hatten, während dieser Renovierungszeit aufgrund einer Herausforderung gebremst und angehalten zu werden - warum wacht Ihr am Morgen während der freien Zeit nicht mit einem Gefühl von Hochstimmung auf?

Denkt und erinnert Ihr Euch im ersten Moment des Aufwachens am Morgen daran, dass Ihr auf einem Planeten seid, den Ihr verändert habt? Feiert Ihr? Eure ersten Gedanken beim Aufwachen könnten folgende sein: *Danke, Familie. Ich bin dankbar, dass ich niemals alleine bin; danke, Familie, für diese herausfordernde Gelegenheit, auf diesem Planeten des freien Willens zu sein; danke, Familie, dass Ihr mir erlaubt, ein Teil dieser großartigen Erfahrung zu sein.* Anstatt Euch selber am Morgen aufzuraffen und Euch zu bemitleiden, versucht Euch zu sagen: *„Ich werde diesen Tag feiern, ganz egal, was er bringt!“* Vielleicht unterscheidet sich das ein bisschen von dem, was Ihr jetzt tut, doch seht, die Dinge sind nicht immer so, wie sie erscheinen.

Der Weg - Zeitbeschleunigung

Und wenn wir gerade von dem spirituellen Weg, auf dem Ihr Euch befindet, sprechen: Ihr solltet wissen, dass die *Beschleunigung der Zeit* ein weiteres Attribut der neuen Energie sein wird. Es ist das, worum Ihr in der Schwingungsveränderung von beidem, Spiritualität und Physik, gebeten habt. Essenziell habt Ihr es aufgrund Eurer Wahl bewirkt, dass die Atomstruktur von diesem bestimmten Teil des Universums schneller schwingt. Eure Zeit beschleunigt sich! Auch das, was Ihr in Eurer Geologie der Erde seht, ist ein beschleunigter Zeitrahmen. Die Geologen werden Euch sagen, dass die nun stattfindenden Erdveränderungen Veränderungen sind, die sie erst in 20 bis 30 Jahren erwartet hatten, doch jetzt stehen sie vor Eurer Tür. *„Aber Kryon“*, mögt Ihr sagen, *„warum gehen alle Uhren gleich, wenn sich die Zeit beschleunigt? Würden sie dann nicht schneller gehen?“* Entsprechend Eurer eigenen Wissenschaft würden sie nicht schneller gehen! Erinnert Ihr Euch an das wissenschaftliche Rätsel der Relativität, genannt „das Paradox der Uhr“? Zwei Uhren werden verglichen. Eine ist bei den Menschen auf Erden, die andere ist bei einem Reisenden, der sich von der Erde in einem sehr schnellen Tempo entfernt. Die Uhren zeigen scheinbar genau das an, was sie für jede Gruppe anzeigen sollten, doch als der Reisende zurückkehrt, stellt er fest, dass die Erde älter geworden ist und er nicht! Und doch schien seine Uhr während seiner Reise in jeglicher Hinsicht normal zu sein. Seine Geschwindigkeit veränderte seinen Zeitrahmen, aber seine Uhr erschien normal. Erst als er es mit zu Hause verglich, zeigte sich, dass sich die Zeit irgendwie verändert hatte.

In den nächsten Jahren können Eure Physiker allmählich die Anomalie der relativen Zeit und Euren Anteil daran zusammenbringen. Ihr verändert die Zeit in Eurem Bereich, doch Ihr habt keinen anderen Zeitrahmen, mit dem Ihr sie vergleichen könntet. Die Zeit scheint daher dieselbe zu sein, doch auf der Zellebene sind sich die meisten von Euch bewusst, dass eine Beschleunigung stattfindet. Obwohl dies vielleicht für Euch keinen Sinn ergibt, wird eine Zeit kommen, in der die Wissenschaft das Euch umgebende Universum betrachten und sagen wird, dass es „sich verlangsamt“. Die Wirklichkeit dessen ist, dass *Ihr beschleunigt!* Haltet Ausschau danach. Es steht im Zusammenhang mit der Relativität der Zeit, mit diesem Planeten und mit dem, was Ihr getan habt. Einige von Euch können das bereits wahrnehmen und sagen: *„Selbstverständlich beschleunigt sich die Zeit. Wir können es fühlen!“* Einige von Euch erwachen früh am Morgen mit Besorgnis, weil Eure Zellen es spüren. Ihr habt vollkommen Recht, wenn Ihr Euch verwundert fragt, ob die Zeit sich beschleunigt. Willkommen zum Beginn einer Dimensionalität, die Ihr gestern noch nicht hattet!

Der Weg - endlich die Entspannung

Zum Abschluss wollen wir Euch bezüglich des Weges Folgendes sagen: Während Ihr Euch über die Schwelle bewegt und über die Jahrtausendwende schreitet, wird dort ein Versprechen auf Entspannung sein. Das bedeutet, dass Ihr Euch in einer Furche *(Rille)* befindet, von der Ihr versteht, dass Ihr da hingehört, und es wird sich setzen *(einleben)*. Die Besorgnis wird sich allmählich auflösen. Auf der Zellebene werdet Ihr beginnen Euch wohl zu fühlen, Ihr werdet beginnen die „Geschenke“ zu verstehen und Ihr werdet beginnen sie auf eine Art und Weise anzuwenden, wie Ihr es nie zuvor verstanden habt. Die renovierte Fabrik wird wieder aufgemacht und das neue Werkzeug wird Euch präsentiert werden, sodass Ihr damit beginnen könnt zu lernen, während Ihr Eure Arbeit fortsetzt. So sagen wir Euch: Geduld, Ihr Lieben, Geduld - denn die Schwelle ist in Reichweite.

Herausforderung und ein Neues Werkzeug

Das dritte Attribut, welches sich stark verändern wird, ist das Attribut der Herausforderung. Wir möchten Euch wissen lassen, welches die Mechanismen der Herausforderung sind, welche wir noch nie zuvor in einer Gruppe dieser Art besprochen haben. Wir haben Euch gesagt, dass es bei der Herausforderung um die Anhebung der Schwingung des Planeten geht. Darum geht es tatsächlich. Ein Lichtarbeiter verwendet die Herausforderung, um sich durch gegenwärtige Lektionen seiner eigenen Schöpfung in der realen Zeit zu arbeiten. Ihr Lieben, all das ist Bestandteil der Anhebung der spirituellen Schwingung des Planeten, wie sie alle 25 Jahre gemessen wird. Die vorletzte Messung erfolgte 1987 und die letzte Messung dieser vollständigen und kompletten Energieprüfung wird im Jahre 2012 sein. Von diesem Zeitpunkt an wird der Planet niemals wieder gemessen werden, sondern fortgesetzt mit einem neuen Paradigma existieren.

Denn Ihr tretet in eine neue Energie ein - eine neue Menschheit, eine neue Aufgabe *(einen neuen Zweck)* auf Erden - und Ihr steht am Beginn des Übergangs *(der Schwelle)* zu all dem. Ihr mögt Euch fragen, warum es die Wesenheiten in diesem Raum kaum erwarten konnten, hier herein oder um Euren Stuhl zu strömen und Eure Füße zu waschen? Es ist der „Stolz auf die Familie", es ist eine Eigenschaft der Liebe, welche nichts mit dem Ego zu tun hat und von dieser Seite des Schleiers können wir den „Stolz der Familie" mit Euch fühlen! Ihr denkt, Ihr seid hierher gekommen, um uns zu sehen (die Rede ist von jenen, die zum Seminar gekommen sind)? Wir sind schon seit Tagen in der Erwartung hier, **Euch** wieder einmal zu sehen und wieder zu lieben! Diese gemeinsame Zeit bedeutet für uns ebenso viel wie für Euch.

Herausforderung ist ein weiteres Attribut, über das Ihr Bescheid wissen solltet. Herausforderungen im Leben werden - wenn sie mit der Weisheit von dem Spirit der Liebe gelöst werden - zusätzlich, über die Veränderung der Schwingung der Erde hinaus, auch noch etwas vollständig anderes tun. Die weise Lösung von Herausforderung wird auch die Essenz Eurer *Dualität* verändern. Wir meinen Folgendes: Über Jahre hattet Ihr eine Dualität, die auf Euch „drückte“ *(Euch zusetzte)* und diese hinterfragte jede spirituelle Bewegung von Euch. Dies ist so, wie es sein sollte, denn die menschliche Dualität ist die größte ausgleichende Kraft. Sie hat das unvoreingenommene Prüfen ermöglicht.

Es ist die Dualität, die Euch morgens um 3.00 Uhr aufweckt und sagt: „Du bist nichts, weißt Du. Du verdienst es nicht, hier zu sein.“ Es ist die Dualität, die Euch auf die Schulter klopft und sagt: „All dieser spirituelle Kram ist Blödsinn.“

Es ist die Dualität, die Euch aufweckt und sagt: „Lasst uns um etwas Sorgen machen.“ (Lachen) Es gibt diejenigen unter Euch, die täglich mit der Dualität kämpfen. Sie ist für so vieles verantwortlich, was Euch Eurem Gefühl nach aufhält *(zurückhält; am Vorankommen hindert)* und jetzt haben wir diesbezüglich neue Informationen. Die menschliche Dualität beginnt nun sich selber allmählich vom Höheren Selbst zu entfernen. Zum ersten Mal in der spirituellen Menschheitsgeschichte wird sich die eigentliche Dualitäts-Balance der Menschen verändern. Es hat so zu sein, um den Aufstiegsprozess, von dem wir bereits so viele Male gesprochen haben, zu ermöglichen.

Menschliche Dualität ist der Teil von Euch, mit dem Ihr wähltet hierher zu kommen, und er ist von niedrigerer Schwingung als der Engel in Euch. Dieser Teil ist dafür vorgesehen, all die Spiritualität, die Ihr habt, zu mäßigen *(zu drosseln)*. Es ist der *ungläubige Thomas*. Es ist der Teil von Euch, der alle spirituellen Dinge in Frage stellt, und es ist angemessen und in Balance. Wie wir es vorher bereits besprachen, hilft das Magnetgitternetz des Planeten Erde, die menschliche Dualität in dem Maße zu unterstützen, wie es so bereits seit Äonen gewesen ist.

Nun sagen wir Euch, dass sich die Balance dieser Dualität ändern kann und wird, so wie Ihr Euch durch Herausforderungen bewegt. Wisst Ihr, woher Angst, Besorgnis und Zweifel stammen? Sie kommen von dem Teil von Euch namens *Dualität*. Während Ihr Probleme löst, wird die Dualität beiseite gestoßen und es wird das Gleichgewicht in Eurer spirituellen Struktur verändert. Wisst Ihr, zu wem ein Menschenwesen wird, wenn es sie beiseite stößt? Es heißt Aufstieg! Es ist der Anfang einer neuen Art von Zeitalter. Wisst Ihr, worin Ihr es als Erstes erkennen werdet? In den Kindern. Sie haben etwas, was Ihr nicht habt. Sie haben die Fähigkeit und sind in der Lage, die Dualität beiseite zu stoßen. Es ist eines der Attribute, mit denen sie spirituell gesehen gekommen sind, denn sie kommen mit dem Wissen darüber herein, dass „sie es verdienen, hier zu sein". Manche von ihnen werden Euch sagen, wer sie gewesen sind und warum sie hier sind! Nicht alle werden zu spirituellen „Riesen" werden. Sie werden noch immer als Kinder mit menschlicher Wahlmöglichkeit handeln.

Wahrhaftig ist bei dieser menschlichen Gattung etwas wirklich anders und, wie dem auch immer sei, liegt der größte Unterschied darin, dass die Essenz ihrer Passion für den Planeten weder Gier oder Machthunger noch Eifersucht ist. Daher ist das, was viele als fundamentales menschliches Naturell bezeichneten, bei diesen Kindern anders. Diese kleinen Menschenwesen, deren ganze Welt erschüttert ist, weil ihre Eltern möglicherweise streiten oder schreien, werden den Raum nicht verlassen, wenn sie dazu aufgefordert werden, sie werden nicht gehen und sich unter dem Bett verstecken. Sie werden sich stattdessen an das Bein eines Elternteils anklammern und die beiden bitten, den Streit zu schlichten!

Dieses Kind kommt mit einer Passion für friedliche Existenz auf diesen Planeten. Haltet danach Ausschau. Es ist bereits hier. Die Kinder der Kinder werden sogar auf noch offensichtlichere Art und Weise anders sein und wenn Ihr die dritte Generation erlebt, so werden diese in einem solchen Grad *(Ausmaß)* Frieden auf dem Planeten verlangen, wie es noch nie zuvor gesehen wurde. Und die Dinge, die Ihr bezüglich der unmittelbaren historischen Vergangenheit erlebt habt, wird altertümliche Geschichte werden... beinahe schon ein MITTELALTER *(a „Dark Age" = ein Dunkles Zeitalter).* Diese neuen Menschen werden keine Attribute jeglicher Art von Mensch haben, die Ihr jemals gesehen habt. Haltet danach Ausschau. Oh, es wird eine Zeit lang dauern, bis die Alten sich weiterbewegen und die Neuen eintreten, doch mit dem Positionieren dieser neuen Generation verhält es sich ganz anders, weil sie Toleranz in Euren individuellen Beziehungen verlangen werden - danach von Land zu Land und von Religion zu Religion. Sie werden sagen: *„Es gibt einen Weg, diesen Planeten (die Menschen dieses*

Planeten) miteinander zu vereinen, auch wenn Menschen und Kulturen sehr unterschiedlich sind.“ Sie werden beginnen an einigen der ärgerlichsten Probleme, welche von der Menschheit nie gelöst werden konnten, zu arbeiten. Und Ihr werdet sehen, wie die Lösungen für die Probleme der Welt direkt aus den „Kleinen“ und aus den Kindern der Kleinen kommen werden.

Die letzte Trennung *(Spaltung)*

Wohin bewegt Ihr Euch spirituell gesehen? Was geschieht als Nächstes mit der Philosophie des Neuen Zeitalters? Wir werden Euch einen Ausdruck für diejenigen geben, die, nachdem die Jahrtausendwende gekommen ist, in der alten Energie verbleiben. Der Ausdruck ist im Jahr 2000, dass „der Zug den Bahnhof verlassen hat“. Diejenigen in der alten Energie, die sich weigerten, irgendeins der neuen Geschenke anzunehmen, und mit der alten Wirkungsweise auf dem alten Weg verblieben sind, haben nun eine letzte Einladung, „an Bord“ dieses neuen Millenium-Zuges zu kommen. Die Schritte waren in diesen letzten Jahren seit 1987 klein und viele hätten sich langsam von der alten zur neuen Energie, ihr Wissen einbringend und ihr Leben verbessernd, bewegen können. Einige von ihnen haben sich jedoch, wie auch immer, geweigert und halten (kleben) an dem alten Weg fest.

Obwohl der Übergang vom Alten zum Neuen Schritt für Schritt hätte erfolgen können, wird es jetzt ein riesengroßer Sprung für sie sein. Es wird also diejenigen geben, die in der alten Energie stehen, sich selber als Lichtarbeiter und Euch als „falsch“ bezeichnen werden. Sie werden weder den Aufstiegsstatus verstehen noch die zur Verfügung stehenden Geschenke *(Gaben)* erkennen. Sie werden Euch sagen, dass sie ihr Wissen mit ihren Erfahrungen verdienten und dass Ihr diese neuen Dinge nicht haben könnt, ohne Eure „Gebühren zu bezahlen“, so wie sie es taten. Viele von ihnen werden sich von Euch verabschieden und es wird eine Spaltung geben. Das ist das menschliche Naturell, nicht wahr? Aber es ist das, was von so einem dramatischen Wechsel vorausgesagt und erwartet wurde.

Die Unterschiede zwischen Euch beiden werden für jeden, der es von außen betrachtet, offensichtlich sein. Diejenigen in der alten Energie, welche sich selber als Lichtarbeiter bezeichnen, werden ganze Listen von Dingen haben, welche ein Mensch tun muss, und sie werden Prozedere und Pläne/Programme für jeden haben, um über eine erleuchtete Energie zu verfügen. Die NEUE Energie kennzeichnet *(steht für)* die Ermächtigung und Kraft und Macht des Menschen. Es wird sehr wenig Struktur und kein Ego geben, welche(s) um jedwede Art von menschlicher Hierarchie gebildet und einzuhalten ist. Es wird für jeden, der sie miteinander vergleicht, offensichtlich sein, wer die ALTE und wer die NEUE Energie ist.

Diejenigen in der neuen Energie verfügen über Eigenschaften, die Ihr ebenso leicht erkennen werdet. Es werden „die vier Merkmale der Liebe" sein, die in ihrer Arbeit repräsentiert werden (und bereits so viele Male in den Kryon Channelings gegeben wurden). Es wird in ihrer Arbeit und ihrer Einstellung keinen Plan/kein Programm *(keine Agenda)* geben. Sie werden in Bezug auf ihre Geschenke *(Gaben)* ruhig sein und nicht aus ihrem Ego heraus handeln. Sie werden aufgrund ihrer eigenen Leistungen nicht aufgeblasen sein und es wird Weisheit in ihren Worten liegen. Das Kennzeichen des Lichtarbeiters in der neuen Energie ist, dass er/sie im JETZT ist. Wenn er gefragt wird, was morgen passieren wird, dann wird er den Fragenden ansehen und sagen: *„Das weiß niemand."* Die Lichtarbeiter werden bezüglich der Zukunft voller Zuversicht und mit Liebe handeln, frei von Angst - denn wenn die Zukunft eintritt, wird sie auf angemessene Weise so ko-kreiert sein, wie sie sein sollte. Und das, Ihr Lieben, ist das genaue *Gegenteil* der alten Wesensart *(dem Naturell)* des Menschen. Die ALTE Art und Wirkungsweise (der alte Weg) fürchtet sich vor der Zukunft und hat kein Vertrauen in die Fähigkeit, Wirklichkeit zu erschaffen! Der NEUE Weg versteht vollkommen, dass die Zukunft genau dem entspricht, wie der Mensch sie „zu sein" macht. Ihr fürchtet nicht das, was Ihr erschaffen könnt.

Unterstützung und Spezziallieferung

Nummer fünf wird *Unterstützung* genannt werden und wir sprechen nun von den Geistführern und Engeln, die mit Euch sind. Wenn Ihr die Schwelle überschreitet, Ihr Lieben, dann werdet Ihr spirituelle Veränderungen erleben. Denkt über Folgendes nach: Wenn Ihr die Dualität in eine neue Trennung drängen werdet, wenn Ihr ein neues spirituelles Menschenwesen erschaffen werdet, wenn Ihr die DNS verändern werdet, wenn Ihr beginnen werdet, Wunder in Eurem Leben zu sehen, wenn Ihr beginnen werdet mit zuvor ärgerlichen *(verkrachten)* Bereichen im Frieden zu sein, dann hat Euch dort ein spirituelles Gefolge zu umgeben... mehr als nur drei Geistführer!

Es wird dort Übergeistführer geben, welche Überseelen sind - welche, die Ihr gekannt habt und nicht erkennt. Diese Wesenheiten sind interdimensional und schwierig zu erklären, doch sie FÜHLEN sich wie Familie an und sie sind aufgestellt und bereit, diese neue Energie mit Euch zu teilen. Einige sind genau in diesem Raum, in dem Ihr sitzt! Sie warten einfach nur auf den Übergang *(die Schwelle)* und auf Eure *Absicht*, zu sagen: „Lasst es so sein."

Dies sind Kerninformationen und wir erwähnten es zuvor: Es gibt Menschen, deren größter Umstand *(ihre Aufstellung)* die Einsamkeit ist. (Die Aufstellung ist ein Vertrag oder ein karmisches Attribut.) Es ist ein Attribut, mit dem einige gekommen sind, und es ist etwas, was sie nicht immer im Griff haben. Es ist ein Teil des Unterrichts in diesem gegenwärtigen Leben. Lange nachdem dieses Treffen zu Ende ist, werden manche von Euch nach Hause gehen und in dieses Kabinett (diese Kammer, diesen Wandschrank) hinter verschlossenen Türen kommen und in dem Kabinett mögt Ihr vielleicht so tun, als wenn Ihr alleine seid. Wir sagen Euch: „Geht voran und macht das Licht aus und tut alles, was immer Ihr wünscht, so, als ob Ihr allein wäret... und während Ihr so tut, dass niemand im Universum weiß, wer Ihr wirklich seid oder von Eurem Leben weiß, wird es dort *(hier drinnen)* eine Menge geben, die alle eine Party feiern!" IHR SEID NIE ALLEINE! Dieser Wandschrank *(dieses Kabinett)* wird zum Bersten voll sein mit Wesenheiten, die Dein Lebensattribut kennen, die Deinen Namen, Deine Überseele, Deinen Vertrag, Dein Potenzial, Deinen Selbstwert, Deine himmlische Größe, Deine Erinnerungen und Deine potenzielle Zukunft kennen! Ich weiß, dass es schwer zu begreifen ist, doch Faktum ist, dass es eine Unterstützungsgruppe gibt, die IMMER mit Euch ist und mit Eurer Erlaubnis ist sie im Begriff, noch größer zu werden!

Gesegnet sind die Menschen, die in ihren Wandschrank gehen, die Lichter ausdrehen und an der Party teilnehmen! (Lachen) Was wir Euch sagen, Ihr Lieben, ist Folgendes: Nach der Jahrtausendschwelle könnt Ihr neue Energien um Euch erwarten. Viele von Euch warten auf die neuen Energie-Prozesse. Habt Geduld, denn sie werden letztendlich vorhanden sein und die neue Familie wird sie Euch liefern.

In den nächsten 12 Jahren wird es notwendig sein, diesem Planeten viel neue Energie zuzuführen. In bestimmten astronomischen Anpassungen wird der Schlüssel liegen. Bedenkt, dass Eure spirituelle Fabrik mit neuen Maschinen ausgerüstet wird. Feiert dies gemeinsam mit den anderen, bis die maschinelle Ausrüstung komplett ist.

Der Beginn der Schwelle des Jahres 2000 wird es Euch gestatten, dass Euch diese neuen Energien, die entwickelt werden, langsam im Laufe der Zeit, wenn Ihr sie braucht, zugeführt werden. Das neue Millenium hat eine Energie, welche das Potenzial enthält, ganz anders zu sein als alles, was Ihr je zuvor erlebt habt. In der Menschheit wird vieles über den Übergang - das Gehen über die Brücke zwischen den Jahrtausenden - gesagt und getan werden. Aber Ihr werdet, als die Kerngruppe, wissen, was es in Wirklichkeit bedeutet. Aus diesem Grund seid Ihr heute hier und lest und hört dies.

Viele werden sich vor den planetarischen Ausrichtungen *(Orientierungen)* oder astronomischen Abnormitäten, die sehr bald erfolgen werden, ängstigen. Euch bitte ich, erinnert Euch an das, was heute gesagt wurde. Steht inmitten der Angst von den anderen und feiert stattdessen die Ausrichtungen! Sonnt Euch in der Energie des neuen Versprechens für den Planeten und empfangt die Balance, das Gleichgewicht, welches jetzt kommt. In den nächsten 12 Jahren wird dem Planeten viel weibliche Energie zugeführt werden. Dies betrifft nicht das Geschlecht von Personen, sondern das Gleichgewicht der Erde. Die Zufuhr von weiblicher Energie wird die Menschheit als Ganzes verbessern und die Erde in ein sanfteres Bewusstsein bringen, weg von dem ALTEN.

Wir warteten lange Zeit darauf, in diesen Raum, in dem Ihr sitzt und dies lest oder hört, eingeladen zu werden. Das Potenzial, das es diesem

Gefolge ermöglichte, Euch zu lieben, war die ganze Zeit über hier. Diese Art von Treffen hätte es vor zehn Jahren nicht geben können. Wusstet Ihr dass? Diese Art von Energie hätte Euch vor zehn Jahren nicht zugeführt werden können. So ist die Tatsache, wie sehr Ihr den Planeten spirituell verändert habt.

Wir laden Euch ein, die Liebe auf der Zellebene zu erfahren. Haltet nun inne, pausiert und spürt die Liebe der Familie, denn wir alle sind im Begriff, uns zurückzuziehen. Nachdem die Informationen überbracht und Glückwünsche ausgesprochen wurden, geht diese Familie weg. Und dennoch werden die Schüsseln mit den Tränen unserer Freude, während wir Eure Füße gewaschen haben, bereit sein, wieder verwendet zu werden, wenn Ihr diese Liebe durch Eure Absicht wieder entfachen möchtet.

Es ist das, was für uns das Härteste *(Schwierigste)* ist... das Weggehen... nachdem es uns erlaubt wurde, Euch zu umarmen - so wie wir es getan haben. Es wird nie wieder ein Treffen wie genau dieses hier mit einer versammelten Familie wie genau dieser hier geben und wir wissen das. Ihr braucht niemals wieder zu einer Veranstaltung wie dieser zu kommen, um diese Liebe zu haben. Ihr braucht niemals wieder zu einem Kryon Channeling zu kommen, wenn Ihr Euch entscheidet nicht zu kommen. Ihr braucht auch keine andere Kryon Kommunikation zu lesen, um diese Liebe zu haben. Lasst diese Botschaft zeigen, dass es rund um Kryon keine Agenda für Euch gibt. Alles ist bei Euch selbst, Ihr könnt ALL die Energie haben, welche heute hier erzeugt wurde. Wie? Versucht noch einmal dieses Kabinett zu betreten und dieses Mal nehmt Ihr an der Party teil! Ihr könnt all diese Energie der Liebe von der Familie alleine auf tagtäglicher Basis in diesem Nebenzimmer erschaffen......geht voran, versucht einfach nur „allein zu sein“. (Lachen) Bei dieser Kommunikation handelt es sich nicht um Kryon. Es geht um FAMILIE!

Geht von diesem Ort und tragt eine Lebenskraft, die so stark ist, dass Ihr jederzeit, wenn immer Ihr es wünscht, durch die Absicht, die Intention diese Art von Energie und Liebe erschaffen könnt. Habt Eure eigenen „Familien-Wiedersehens-Begegnungen“, wenn immer Ihr es wünscht. Es ist so. So ist die Kraft und Macht, über die Ihr verfügt!

Und so geschieht es, dass sich das Kryon Gefolge aus diesem Raum zurückzieht. Wir sagen unseren Dank an Euch für das, was Ihr für das Universum getan habt - denn Ihr habt nicht die leiseste Ahnung, wie sehr Eure Handlungen uns alle veränderten.

Und wenn wir Euch wiedersehen können, sagen wir alle: „Lasst die Feier beginnen. Lasst die Party beginnen."

Und so ist es

Kryon

Kryon

Live-Channeling

„Über die Schwelle“

Gechannelt in
New Hampshire
November 1999

Kapitel VI

„Über die Schwelle“

Live-Channeling in New Hampshire
November 1999

Dieses Live-Channeling wurde mit zusätzlichen Worten herausgegeben, um Klarheit und ein besseres Verständnis in der schriftlichen Textform zu ermöglichen.

Seid gegrüßt, Ihr Lieben. ICH BIN Kryon vom Magnetischen Dienst. Es ist die uns vertraute Familie, welche wir wieder an diesem Ort begrüßen (die Rede ist von dem Seminarraum in New Hampshire, in dem 400 Menschen versammelt sind). Es ist die spirituelle Familie und das Gefolge, über das wir sprechen, die hier aufgrund der Einladung der Lichtwesen, die auf den Stühlen sitzen und sich als Menschen ausgeben, hereinströmen. Es ist die Einladung von dem einen Augenpaar, welches zu Tausenden von Augenpaaren führt, die auf die Niederschrift dessen, was jetzt gesagt wird, gerichtet sind. Ich spreche im Jetzt zu dem einen, der dies liest. So schwer verständlich es auch für Euch, die Ihr dies hört, sein mag, es gibt in der Jetzt-Realität Tausende, welche die Worte auf dieser Seite berühren *(lesen)*, die Worte, die für Euch in hörbarer Art und Weise entwickelt werden.

So merkwürdig es für Euch Zuhörer auch klingen mag, wir wissen, wer die Leser sind und wo sie sitzen werden, während sie lesen, genauso wie wir wissen, wer Ihr seid und wo Ihr heute sitzen werdet *(würdet)* - denn die Potenziale der Erleuchtung sind in einem Kreis und wir sehen sie alle. Es gibt auf dieser Seite des Schleiers keine lineare Zeit; daher sehen wir zur selben Zeit die

Potenziale derer, die dies lesen und hören. Auf diese Weise sehen wir auch die Erde und die Potenziale dessen, was Ihr tun könnt.

Wir werden Euch etwas sagen, was wir bereits den letzten fünf Gruppen sagten. Ihr seid *ewiglich!* Ihr seid in beide Richtungen ewiglich! Der Kreis, welcher die spirituelle Lebenskraft in Euch ist, ist permanent! Er *war* immer und *wird* immer sein. So lange zurückdenkend, wie Du Dir auch immer eine Vergangenheit vorstellen kannst, gibt es „Dich". Wenn Du es so in dem Kreis sehen könntest, wie wir es sehen, dann würdest Du verstehen, dass - soweit zurück wie Du auch immer in der linearen Zeit gehen kannst - Du der Zukunft dessen, was Du geworden bist, begegnen kannst. Was wir damit sagen, ist, dass Du gestern das Gleiche warst und dass Du morgen das Gleiche sein wirst - ein Teil des Göttlichen, ein Teil des Ganzen und Teil von Gott. Obwohl einige von Euch vielleicht tief in ihrem Bewusstsein gespürt haben, dass Gott ein all-mächtiges Wesen ist und alles im Universum überschaut und beaufsichtigt, liegt Ihr damit nur teilweise richtig. „All-mächtig" ist korrekt, doch Gott besteht bildhaft gesprochen buchstäblich aus Trillionen und Trillionen von Familienmitgliedern, wovon jedes einzelne mit seinem Namen bekannt ist. Jedes Familienmitglied ist dem anderen bekannt. So schwer verständlich dies auch für Euch sein mag, all Eure Namen sind allen bekannt.

Oh, Gesalbter, oh, Schamane, während Du jetzt auf dem Stuhl sitzt und dies liest oder hörst, lasten Lebenszeiten des Mönch- / des Nonnendaseins auf Dir. Denn mehrere Leben bist Du in Ritualen und Verehrung und Anbetungen auf dem Boden gekrochen und hast nicht begriffen, dass Du Gott warst! Obwohl Du die Worte ICH BIN kanntest, schienen sie scheinbar nie zu dem „ICH" in Deiner Ich-Identität zu passen. Du hast nie geglaubt, dass Du es warst! Jetzt endlich, bevor die Schwelle (das Jahr 2000) kommt, beginnst Du zu verstehen, dass Du ein Teil des Ganzen bist und dass Du göttlich bist. Aber auf diesem Planeten und in Deiner 4D Existenz gibt es für mich keine Möglichkeit, Dir Deinen wirklichen Namen zu nennen. Du kannst die Dinge nicht hören oder sehen, die auf der anderen Seite des Schleiers gehört und gesehen werden.

Hier (auf Erden) gibt es kein Konzept von dem, was Dein Name ist;

doch so, wie ich Dich hier sehe, kann ich noch immer Deine unglaubliche Großartigkeit sehen. Glaubst Du, ich komme mit diesem Gefolge hierher und nehme bloß ein Meer von Gesichtern wahr? Ich sagte Euch gerade, dass es Trillionen von Teilen Gottes gibt, wir kennen jeden von Euch persönlich und wir sind stets miteinander verbunden. Wir wissen, wer Ihr seid! Und so wie das Gefolge hier hereinströmt - mit der Liebesenergie, die Euren wirklichen Namen trägt - bereiten wir uns darauf vor, Euch vom Rücken aus zu umarmen und Euch an Euren Schultern zu berühren und unsere Energie auf Eure Köpfe zu bringen. Auch werden wir Euch die Füße waschen! Zuhörer, Leser, wir sagen, wir „wissen“, vor wem wir sitzen. Wenn Ihr meint, Ihr seid gekommen, um uns zu sehen - ... so ist es ganz und gar nicht. Es sind weitaus mehr von uns hier als von Euch! Täuscht Euch nicht darin, wer gekommen ist, um wen zu sehen. Oh, hier ist solch ein Liebessauströmen für diese Familie, die hier sitzt. Wir laden Euch in diesem Moment ein, zu beginnen, die Liebe, welche wir Euch bringen, zu spüren.

Ihr Lieben, in diesen folgenden Momenten wird es neue Informationen über das kommende Jahrtausend geben und es wird eine Diskussion über Wissenschaft, Physik, Biologie und viel mehr folgen. In diesen nächsten paar Minuten werden wir den Schleier auftun und Euch Potenziale für den Planeten geben. Doch während wir dies tun - auch wenn die Informationen zu Euch fließen mögen - geht dort, wo Ihr sitzt, auch noch mehr vor sich. Es geht um eine Wiedervereinigung mit der Familie. Wir haben Euch so oft gesagt, dass Ihr keine Ahnung von der Kraft und Macht dieses Jahres habt, was sich von dem letzten Jahr unterscheidet. Und das liegt daran, weil Ihr so etwas erlaubt und damit ermöglicht habt - Ihr habt es tatsächlich mit Eurer Absicht erschaffen. Ihr habt keine Vorstellung davon, wozu Ihr fähig seid, und selbst bevor die Informationen beginnen, sagen wir Dir: „Glaubst Du, wir wissen nicht, warum Du hier bist?“

Geliebtes Wesen, und Du weißt, zu wem ich spreche, es ist an der Zeit. Lass die Heilung beginnen! Feiere sie genau jetzt mit uns. Es würde für uns alle unendliche Freude bedeuten, wenn Du Dich von dem Stuhl, auf dem Du sitzt, anders erheben wirst als zu dem Zeitpunkt, an dem Du Dich hingesetzt *(darauf gesetzt)* hast. Geliebtes Wesen, lass Deine Lebensaufgabe heute Abend beginnen. So, wie die Sonne an diesem Ort untergeht, lass sich die Energie verändern und lass sich ein neues Menschenwesen von dem Stuhl erheben - einen Menschen, der sich von demjenigen, der hereinkam, stark unterscheidet. Lass ein Bewusstsein von Ewigsein durch Deinen Körper wogen. Wenn Du diesen Planeten schließlich verlässt, wird Dein Sein in einen Teil Gottes transformiert sein, welcher göttlich und *(engelgleich)* himmlisch ist.

Wir könnten in der Energie dieser Wiedervereinigung baden und ruhig verweilen - Euch einzig und allein umarmend. Wir könnten still sein und Euch einzig nur an dieser unbeschreiblichen Liebe teilhaben lassen, die wir Euch durch Euer Herzchakra übermitteln möchten und dann Euer Sein durchdringen wird. Nicht einem Einzigen von Euch würde die Tatsache entgehen, dass Ihr heute von einer Schwester- / Brüdergruppe besucht wurdet, die vollkommen zu Euch gehört und tiefgreifend die Eure ist. Jedes Mal, wenn wir in Eure Mitte eingeladen sind, neigen wir dazu, einfach nur schweigend hier zu sein und Euch fühlen zu lassen.

Während Ihr, Ihr Lieben, die Schwelle (das Jahr 2000) überschreitet, gibt es Potenziale, die wir Euch nicht erklären können. Viele von Euch sind sich bewusst, dass - während diese Schwelle auf Euch zukommt - die letzte Jahrtausendwende, oder die vorletzte, ganz anders war als diese. Oh, die Zeit rund um die Wende eines Millenium-Datums ist immer mit Energie verbunden. Es gibt immer diejenigen, welche die Wahrsager der Panikmache in Weltuntergangsstimmung sind, die möglicherweise sagen: „Dies ist das letzte Mal!“ Die Ironie ist, dass dies tatsächlich das letzte Mal *war (gewesen sein wird)!* Durch Euer Design und mit Eurer Absicht und durch all die Planung, die von den Engeln, die Ihr seid, hineingegeben wurde, war der Kalender der menschlichen Existenz zusammengefügt und erstellt, um dies zum letzten Milleniumwechsel für die Menschheit zu machen. Das bedeutet, dass die meisten Prophezeiungen über die Endzeiten korrekt waren!

Im Jahr 2012 wird die letzte Messung des Planeten für die bevorstehende Prüfung vorgenommen. Was auch immer diese Messung zeigen wird, es wird das Ende der Prüfung sein. Diese Prüfung der Energieebene - die Prüfung der Schwingungsveränderung für den Planeten - ist bereits am höchsten Stand aller Zeiten. Die Schwelle wird genau jetzt überschritten, was die Erlaubnis, den Planeten zu verändern, demarkieren *(begrenzen)* wird. Stellt Euch diese Schwelle *(Demarkationslinie)* als ein grünes Licht vor, an dem ein Zug vorbeifährt, der sich auf einem Gleis befindet, welches wie provisorisch *(vorläufig)* war - nahezu unerklärlich, ein Mysterium. Stellt Euch das Gleis als eines vor, welches gefährlich ist und keine Garantie dafür gibt, dass vielleicht ein Zug aus der anderen Richtung auf Euch zukommt! Plötzlich seht Ihr und fahrt an etwas vorbei *(über- und durchquert etwas - sozusagen eine Schwelle -)*, was Euch ein enormes Gefühl der Erleichterung gibt - ein grünes Licht, ein Signal vom Gleiskontrolleur, welches besagt: „Wir wissen, dass Ihr hier seid, und das vor Euch liegende Gleis ist frei *(klar und o.k.)*."

Viele von Euch hatten das Gefühl, in diesen vergangenen Jahren stecken geblieben zu sein. Bereitet Euch für die Auflösung vor. Denn wenn Ihr diese Schwelle überschreitet, dann habt Ihr einen Punkt überschritten, an dem Euch die Erlaubnis für eine klarere Reise erteilt wurde. Ihr, Ihr Lieben, werdet als Vorboten dieses Zeitalters, welches wir als das „Jetzt-Zeitalter" bezeichnen möchten, beginnen, das ALTE vollständig freizugeben *(loszulassen)* und das NEUE zu erbauen. Denn diejenigen, die für so etwas Erlaubnis geben werden, erschaffen mehr grüne Lichter für den Rest von Euch. Durch die Absicht des Menschenwesens *(des Menschseins)* werdet Ihr den Planeten auf diesem neuen Gleis mit dem grünen Licht verändern. Es ist ein unberührtes, ein jungfräuliches Gleis - auf dem noch nie gefahren wurde - noch niemals. Es wird einen Zug namens Menschheit geben mit dem Potenzial dafür, sich selbst, während er fährt, zu erschaffen. Stellt es Euch vor - einen Zug, der sein eigenes, vor ihm entstehendes Gleis verlegt! Damit kann im Vorhinein nichts darauf angebracht werden, was den Zug entgleisen lassen kann. Es kann keine Zukunft vorausgesagt werden, die keinen vorhandenen *(existenten)* Gleisweg hat. Die Potenziale befinden sich letztendlich im JETZT. Sie werden erzeugt, während sich der Zug voranbewegt, das Gleis Schiene für Schiene direkt davor verlegend.

Ihr mögt fragen: *„Lieber Kryon, was wird in dieser Welt als Nächstes geschehen?"* Lasst mich Euch unsere Wahrnehmung von einigen Potenzialen geben. Lasst mich die nächsten zwei Generationen beschreiben - nach 2012 und was diese Gruppe von Engelwesen (das Kryon Gefolge im

Raum) für die Menschheit sieht. Es wurde die Frage gestellt: *„Was werden wir mit dem offensichtlichen Problem der Überbevölkerung tun - damit, dass zu viele Menschen auf dem Planeten sind? Was werden wir wegen eines der größten Probleme, die es heutzutage gibt, tun?“*

Geliebtes Menschenwesen, wir können Euch nicht die Zukunft nennen, denn Ihr verlegt das Gleis. Die Energieveränderung wurde - bezüglich dessen, was mit einem Eurer dringlichsten Themen passieren wird - vollständig in Euren Schoß gelegt. Wenn der Mensch sehr viel länger auf der Erde leben wird, was werdet Ihr dann mit all den Menschen auf der Erde tun? Wie werdet Ihr Euch ernähren? Was werdet Ihr wegen der Erwärmung des Planeten tun, die aufgrund der von Euch genutzten Energie entsteht? Es gibt keine einzige Wesenheit weder auf diesem Planeten noch jenseits davon, die Euch darauf eine Antwort geben kann!

Aber lasst mich Euch Folgendes sagen. Es wird eine Bewusstseinsveränderung stattfinden, die es ermöglichen wird, die Antworten leichter und großartiger und in einem schnelleren Zeitrahmen kommen zu lassen. Diese Probleme, mit denen Ihr es seit Jahrzehnten zu tun habt, werden plötzlich größere Weisheit und Übereinstimmung erfahren. Manche der offensichtlichen Fragen werden nicht mehr länger auf taube Ohren stoßen. Der Mensch, welcher der getarnte Engel ist, der in diesem Raum sitzt oder diese Worte liest, wird auch in der Lage sein, zur Visualisierung von Lösungen für diese Herausforderungen beitragen zu können, einfach dadurch, dass alle gemeinsam visualisiert werden. Die Lösungen sind bereits vor Euch da und die Weisheit der Menschheit wird mit Lösungen durchkommen, lange bevor der Notstand auftaucht - falls Ihr so etwas erlauben und zulassen solltet.

In der Vergangenheit hatte ein Motor zuerst kaputtzugehen, damit das Problem erkannt wurde. Plötzlich sagen wir Euch, dass die Techniker allmählich die Weisheit erlangen, dass der Motor gewartet werden kann, während er läuft, was dann eine Notbremsung vermeiden lässt. Das Wort, auf das es ankommt, lautet daher ***Weisheit*** und diese Weisheit entstammt dem Mantel, dem ***Umhang von Spirit,*** den zu tragen sich viele von Euch in ihrem Leben während des Aufstiegsstatus durch die Absicht entschlossen.

Wenn Ihr zu Spirit sagt: „*Lieber Gott, endlich begreife ich, dass ich ein Teil des Ganzen bin, und ich weiß, dass ich vorübergehend auf Erden bin. Ich weiß, dass ich ein großes und grandioses Licht für den Planeten ausstrahle; darum möchte ich vor Spirit stehen und sagen: ‚Sag mir, was ich wissen soll. Sag mir, was ich tun soll.' Ich werde ruhig und still-schweigend sein und, auf Antworten wartend, hören. Ich werde die Synchronizität respektieren und ehren. Ich bin ein Teil des Ganzen und ICH BIN.*" Und das, Ihr Lieben, unterscheidet sich von dem, wie es vor zehn Jahren war. Das, Ihr Lieben, wird eine Rasse von Menschen hervorbringen, welche sich mit den Antworten auf die größten Probleme beschäftigen und sie werden vieles würdevoll in Zusammenarbeit mit der Mehrheit lösen. Dies kann nur geschehen, wenn es eine kritische Masse *(ein kollektives Bewusstsein)* entwickelter Menschen auf Erden gibt - und das ist jetzt so. Auch wenn es sich jetzt für Euch wie eine Phantasie anhört - beobachtet einfach die Entwicklung.

Ich habe neun Punkte in dieser Kommunikation, die ich aufzählen und erklären möchte. Sie handeln von den Potenzialen des Planeten. Diese Bereiche sind Kategorien und wir verwenden neun davon, weil die Neun für die Vollendung steht. Obwohl sie Potenziale sind, werden sie Wirklichkeit, wenn die Menschen das Gleis dafür verlegen.

Weltenergie

Einige fragten: „*Kryon, was ist mit der Umwelt? Was beabsichtigen wir für die Energie in der Zukunft zu tun und dafür, dass wir unsere Ölvorkommen nicht erschöpfen oder das empfindliche Gleichgewicht der Umwelt ruinieren?*"

Ihr Lieben, wir werden etwas wiederholen, was wir schon zuvor mitteilten, denn es ist ein Potenzial für Euch dafür in Reichweite, Energievorkommen zu verwenden, die wir Euch in den vergangenen zehn Jahren bereits oft zu untersuchen baten. Ihr habt es jedoch noch nicht getan, denn die Schwelle der Weisheit war noch nicht überschritten und es schien dort auch keine Notsituation vorzuliegen. Ihr werdet beginnen, die Weisheit in diesen Worten zu verstehen.

Es gibt zwei Vorkommen, die wir Euch noch einmal nennen werden, und sie repräsentieren die Antworten darauf, wie man einen Großteil der Energieproduktion auf Erden erschaffen kann. Beide Vorkommen sind reichlich vorhanden. Jedes der beiden ist frei und keines davon wird irgendeine Ressource des Globus erschöpfen. Sie sind von Anfang an bei Euch gewesen und sie wurden Euch gegeben, damit Ihr sie entdeckt. Und dennoch wurden sie nicht entwickelt und genutzt, obwohl sie beide erkennbar und die ganze Zeit über bei Euch sind.

Das erste und größte davon ist das Geschenk von Eurem Mond und was er für Eure Ozeane tut. Ein Großteil der Erdbevölkerung lebt auf den verschiedenen Kontinenten in der Nähe von Küsten. Die Mehrheit der Bevölkerung ist in Städten rund um die Küsten herum angesiedelt. Genau dort, wo Ihr die größte Erzeugung von elektrischem Strom benötigt, gibt es zufällig tonnenweise Schub- und Zugenergie, die planmäßig kommt und geht, die gut verstanden und beständig ist. Diese gewaltige Energie schiebt und zieht und bittet Euch, sie zu verwenden, um die hydroelektrische Umwandlung für die saubere Stromerzeugung zu entwickeln. Im Vergleich zu der Technologie, die Ihr zur Verwendung für Atomkraft ausgewählt habt, ist diese hier vom technischen Standpunkt aus gesehen einfach.

Aus physischer Sicht hattet Ihr die mechanischen Erfindungen für diese Umwandlung schon sehr lange. Grundlegende Physik kann angewandt werden, um den Schub und Zug der Wellenbewegungen und Gezeiten zu nehmen und die Schaufelräder für die Generatoren zu drehen. Die größten Räder, die Ihr Euch vorstellen könnt, können mit den Tonnen von Druck gedreht werden, die an der Uferlinie für Euch vorhanden sind. Und Ihr könnt Euch auf diese Schub-Zug-Aktivität bis zum Ende der Zeiten verlassen! Was für eine Ressource und doch steckt die Entwicklung noch in den Kinderschuhen. Sie ist frei und wird niemals aufgebraucht sein. Sie erschöpft keine natürlichen Vorkommen und sie wurde dort angeordnet, wo Ihr es am meisten benötigt. Viele glauben, dass der Mond den Menschen gegeben wurde, damit verliebte Menschen ihn anstarren können. (Lachen) Hört zu! Ihr brauchtet ihn, um für einen Augenblick wie diesen hier die Gezeiten zu erschaffen! Das war die ganze Zeit über die Absicht! Lasst die Erfindungen, die dieses Vorkommen nutzbar machen werden, beginnen.

Hier kommt ein Weiteres: Denkt an die Zeit und den Aufwand, welche auf Eurem Planeten für die Erzeugung von Hitze für Dampf verwendet wurden - ein Dampf, welcher elektrische Gleichstrom-Generatoren dreht. Wir sprechen nun von Eurer Arbeit mit der Atomenergie. Denkt an die Vorkommen, welche sie gebraucht hat und das Risiko und die Probleme, vor denen Ihr als Ergebnis dessen, was Ihr getan habt, nun steht. Denkt an die Zeit, welche Ihr dafür verwendetet, um nur eine dieser Anlagen zur Energieerzeugung zu erschaffen. Denkt an die Kürze der Zeit, die sie im Dienst ist, und vergleicht sie dann mit der Enttäuschung darüber, dass Ihr das Land nie wieder für etwas anderes verwenden könnt! Was macht eine dieser Anlagen eigentlich? Sie erzeugt Hitze für Dampf. Das ist alles.

Wir haben Euch vorhin die Antwort auf die Erzeugung von Hitze gegeben. Wenn Ihr Dampf erzeugen möchtet - Unmengen davon -, dann gibt es einen Motor, der noch bestehen wird, wenn die Menschheit schon lange nicht mehr existiert. Es ist ein Motor, der Hitze für diesen Planeten erzeugt, und alles, was Ihr zu tun habt, ist zu graben! Grabt tief genug und Ihr werdet ihn finden. Denn das Versprechen ist folgendes: Ganz egal, wo Ihr auf Erden graben werdet, wenn Ihr es tief genug tut, werdet Ihr Hitze finden! Warum sollte man nicht einige der Vorkommen nehmen, die für den Bau der atomaren Anlagen verwendet wurden, und stattdessen nach Lösungen für die Schwierigkeiten der Gewinnung von Hitze aus den Tiefen des Bodens forschen und diese dann in Dampf umwandeln? Wie lange wird die Hitze anhalten? Für immer! Und sie existiert hier bereits schon so lange, wie die Erde besteht, und sie wird hier genauso lange wie die Erde bleiben und sie ist für Euch bestimmt. Gebraucht und nutzt den Hitzemotor, den wir Euch gegeben haben!

Wir bringen Euch diese zwei Beispiele und laden Euch noch einmal ein, sie auszubauen. Dies ist die Antwort auf die Energie für den Planeten! Sie wird keinen Teil der Natur erschöpfen und weder die Temperatur der Erde verändern, noch irgendetwas in die Luft bringen. Sie ist frei, sauber und stammt von Eurem Partner, dem Planeten Erde. Ihr wundert Euch über Eure Partnerschaft mit dem Planeten? Schaut genau hin. Sie ist hier und wartet darauf, dass Ihr sie entdeckt und entwickelt.

Weltpolitik

„Kryon, was wird in politischer Hinsicht bezüglich der Weltpolitik auf dem Planeten geschehen?" Wir werden Euch hier etwas sagen, was wir vor ein paar Wochen einer Gruppe auf einem anderen Kontinent (China) sagten. Regierungen, hört zu: Wenn Ihr Euren Menschen keine Wahlmöglichkeit lasst, werdet Ihr nicht lange bestehen. Das neue Bewusstsein von allen Bürgern aller Länder hat bereits begonnen, sich bezüglich dessen, was sie von der Führung erwarten, zu verändern. Dies ist keine Aussage für irgendeine bestimmte Regierung, dass sie ihre Macht verlieren wird. Es ist vielmehr eine Einladung an die Regierungen, sich dahingehend zu ändern, um etwas zu befriedigen und zu erfüllen, was in den Bevölkerungen sozusagen „in der Luft" liegt, es ist das Bedürfnis nach Wahlmöglichkeit. Gesegnet ist die Regierung auf diesem Planeten, die für jeden Bürger, den sie kontrolliert, Integrität hat, denn dies ist die Regierung, die sich vor allen anderen Regierungen hervortun wird. Gesegnet ist die Regierung auf dem Planeten, die versteht, dass in ihren Bürgern ein spirituelles Erwachen stattfindet, und die dieses Attribut separiert vom Regieren hält. Zwei Säulen können jedes Haus der Macht unterstützen und verbessern. Sie sollten jede für sich alleine stehen, aber gemeinsam das Haus zusammenhalten. Es sind (1) die Wahlmöglichkeit für spirituelles Wachstum und (2) Regierung. Wenn eine davon versucht, sich mit der anderen zu vermischen, wird das Haus einstürzen. Werft einen Blick auf Eure Geschichte, um dies zu bestätigen.

„Kryon, wird die Erde jemals eine Weltregierung zu sehen bekommen?" Ihr Lieben, es wird nie einen Grund dafür geben. Es ist nichts, was bevorsteht. In der Existenz von vielen Kulturen liegt Ehre. Sie wurden absichtlich wegen der Vielfalt dort hingebracht. Diese unterschiedlichen Kulturen sorgen sogar für die karmische Interaktion von Verträgen und sie lehren Toleranz. Was wir sagen, ist, dass es das beeindruckende Potenzial dafür gibt, dass letztendlich alle Regierungen der Welt freie Wahlmöglichkeiten für ihre Leute ermöglichen werden. Wenn sie es nicht ermöglichen, werden die Menschen sie außer Kraft setzen (sie vertreiben). Und wenn Ihr das, was wir sagen, bezweifelt, dann seht Euch an, was allmählich beginnt, während sich die Menschen in Eurer gegenwärtigen Zeit

erheben, Stamm für Stamm, und die Verantwortlichen (anklagend) hinauswerfen.

In der alten Energie konnte ein Diktator sagen: *„Wenn wir genug Macht haben, könnten wir die breite Masse kontrollieren."* Dies verändert sich nun und es ist anders. Selbst an die ältesten Regierungen ergeht die Einladung, zu erkennen, dass eine menschliche Veränderung stattfindet. Die Menschheit wird sich aussuchen, wer sie regiert, und Ihr werdet beginnen, dies sogar noch vor der Schwelle zu erkennen. Das, Ihr Lieben, ist das Potenzial des Planeten in diesen nächsten 24 Jahren. Kontinent für Kontinent und Stamm für Stamm werden ihr eigenes Schicksal bestimmen und stets die Tyrannen und Diktatoren stürzen, die ihren Bürgern in den Angelegenheiten von Moral, Spiritualität und persönlicher Verehrung keine Wahl lassen.

Ah, aber es gibt noch mehr. Wir sind noch nicht bei Nummer neun angelangt und das ist erst die Nummer zwei!

Weltweites Währungssystem

„Kryon, was wird mit dem Geld geschehen?" Wir werden Euch ein Potenzial nennen, das einige von Euch bereits erkennen. Wir haben Euch zuvor gesagt, dass der Planet sich darüber einig zu werden hat, welchen Wert die Dinge haben, und es hat unter den Nationen eine Übereinstimmung darin zu geben. Um dies in der Sprache des Geldes auszudrücken, werden wir Folgendes sagen: Es wird eine Zeit kommen, wo es so etwas wie einen „Wechselkurs" zwischen den Nationen geben wird. Außerdem hat eine Entscheidung darüber getroffen zu werden, was die Arbeitsmoral der Menschen sein soll, und auch darüber, wie viel desgleichen die menschliche Arbeit wert ist, um zu entscheiden, welchen Wert die Dinge haben.

Ihr Lieben, diejenigen von Euch, die in diesen Angelegenheiten geistig wach und rege sind und in einem äußerst wohlhabenden Land (Amerika) leben, werden etwas, was wir Euch sagen, verstehen. Es wird eine Zeit kommen, in der die Regierung, unter der Ihr lebt, ihre eigene Währung abzuwerten hat, damit der Rest der Welt zu einer Übereinstimmung gelangt. Um dies zu ermöglichen, werdet Ihr Zeuge vom Beginn einer gemeinsamen, weltweiten Handelswährung sein, welche im Handel ohne irgendwelche Wertangleichungen gewechselt wird. Der Beginn davon vollzieht sich bereits auf einem anderen Kontinent und Ihr seid Zeuge davon, wie sich Länder versammeln, um eine Art von Handelswährung zu erschaffen. Dieser Vorgang wird sich nicht einfach gestalten und kann zwei ganze Generationen andauern, um erreicht zu werden, doch das Potenzial ist, dass Ihr ihn erreichen WERDET. Aber es wird, wie auch immer, nicht einfach werden *

Haltet auch nach Folgendem Ausschau: Es kann sein, dass es eine Übergangswährung gibt, die nur von den Banken und nur für den Handel zwischen Nationen verwendet wird. Dieses Geldattribut kann sich letztlich bis zu dem Geld erweitern, welches Ihr in Euren Taschen tragt und mitführt. Und wenn Ihr Euch alles anseht, so repräsentiert es keine Eine-Welt-Regierung. Es steht vielmehr für *(und repräsentiert)* Toleranz und Einigung auf das, was die Güter der anderen Kultur wert sind. Ihr Lieben, ich werde Euch sagen, wo die Dinge für das Potenzial dafür vorgehen werden: Der Planet Erde hat dies zu tun, weil eine Zeit kommen wird, in der Ihr mit jenen einen Tauschhandel betreiben werdet, denen Ihr erst noch begegnen werdet! Wenn dies eintritt, dann wird eine weltweite Wertbestimmung Eurer planetaren Vorkommen *(Ressourcen)* erforderlich sein.

Weltreligion

„Kryon, was wird mit der Religion geschehen? Was machen wir mit den diversen Fragen der spirituellen Doktrin, die so verschieden auf dem Planeten sind? Wie werden wir uns jemals auf irgendetwas einigen können, solange eine Religion sagt, dass die andere Unrecht hat? Die einen bezeichnen die anderen als ‚Ungläubige' und die anderen antworten ‚Heide'! Mehrere Gruppen behaupten, dass sie die einzige Antwort auf das Leben haben und sie schließen alle anderen Systeme aus! Wie werden wir damit umgehen?"

* (Anmerkung: Während dieses Channeling überbracht wurde, brachen in Seattle bei der World Trade Conference Meinungsverschiedenheiten aus. Dies entspricht genau dem, wovon Kryon redete).

Die Antwort auf das Problem hat bereits begonnen. Es gibt einen spirituellen Führer in Eurem Land, der diejenigen scharf kritisierte, die auf diesen Planeten mit dem schweren karmischen Attribut einer Geschlechtsveränderung kamen - eine geplante Herausforderung -, und einige von Euch wissen, was ich meine. In der Vergangenheit bezeichnete dieser religiöse Führer diese Gruppe als „Sodomiten"! Der Führer hat sich dahingehend geäußert, dass er gegen jeden Menschen ist, der mit diesem Geschlechtsthema hierher gekommen ist, und er sagte seinen Anhängern in der Vergangenheit, dass diese Familienmitglieder „von Gott gehasst" seien!

Vor nicht allzu langer Zeit traf dieser bestimmte Führer diejenigen, die er beschimpft hatte und nannte sie „geliebte menschliche Familie". Oh, er stimmt noch immer nicht mit dem, was sie repräsentierten, überein, doch irgendetwas in ihm bezeugte die Tatsache, dass er SIE LIEBTE! Und er sagte öffentlich zu seinen Anhängern, dass Gott auch sie liebt!

Ihr Lieben, was war geschehen, dass sich das Denken dieses Mannes verändert hatte? Warum jetzt? Es war in der Tat die Liebe in Spirit! Es hat etwas damit zu tun, dass er auf der Zellebene erkannte, dass er Toleranz zu predigen und zu praktizieren hat, selbst wenn er nicht mit ihnen übereinstimmt. Er hatte Angesicht zu Angesicht seinen „Feind" persönlich kennen zu lernen, diejenigen, welche er als Sünder bezeichnet hatte, zu denen er gesagt hatte, dass es seine Herde nicht einmal verdienen würde, hier zu sein. Obwohl er nicht mit ihnen übereinstimmte, *liebten* sie sich von Angesicht zu Angesicht, sodass es alle sehen konnten. Er bestätigte auch ihr Recht, denselben Gott zu verehren, wie er es tat. Findet Ihr den Zeitpunkt hiervon interessant? Findet Ihr, dass es tiefgründig ist?

Wir erwähnen dies, weil es ein Vorbild für Euch ist, an dem Ihr ein Beispiel für die Möglichkeiten derjenigen, die sich nie zuvor gegenseitig tolerieren konnten, sehen könnt. Beobachtet weltweit die Veränderungen wie diese. Beobachtet, wie sich diejenigen verändern, von denen Ihr Euch niemals gedacht hättet, dass sie sich ändern. Beobachtet, wie die große islamische Mehrheit ihre Einstellung verändert und diejenigen toleriert, die einen anderen Glauben als sie haben. Seid nicht geschockt, aber ihre Doktrin lehrt ebenfalls Moral und Liebe.

„Kryon, wird es jemals eine Zeit geben, in der es nur eine Religion auf Erden gibt?“ Nein, auf diese Weise war es nicht geplant und es macht sehr wenig Sinn, zu denken, dass es jemals der Fall sein könnte. Das Potenzial, Ihr Lieben, ist folgendes: Es mag eine Zeit kommen, in der es stattdessen religiöse Toleranz und Lehren der Weisheit (*doctrinal wisdom)* gibt. Mein Partner sprach vorher von dem „gottlosen Papst“ (ein prophetisches Thema, welches sich auf die Tatsache bezieht, dass die Essener, entsprechend den Schriftrollen vom Toten Meer, Christus als den „gottlosen Priester“ bezeichneten. Er wurde so genannt, weil er die Geheimnisse des Tempels preisgab und die spirituelle Ermächtigung des Menschen förderte). Wisst Ihr, warum es diese Prophezeiung gibt und was die Potenziale für den „gottlosen Papst“ sind. Ich werde es Euch sagen.

Es kann sein, dass dieser Mann in seinem eigenen „Schloss“ (seiner Burg) nicht sehr beliebt ist, doch er wird Folgendes sagen: „ Die Zeit ist reif für die Familienplanung! (Lachen) Die Zeit ist reif dafür, dass das weibliche Geschlecht als Priesterin geehrt wird!“ Er sollte sich besser schützen! (Lachen) Und ob das jetzt das Potenzial von dem nächsten Papst oder dem übernächsten ist, wird im Zusammenhang mit den Verträgen stehen, die in dieser religiösen Hierarchie akzeptiert oder abgelehnt werden. Denn seht, Spirit kann Euch keine Informationen darüber geben, welcher von den beiden es sein wird, weil es etwas damit zu tun hat, wie sich die Menschheit in der Realität, welche sie erschafft, entwickelt. Wir können Euch nicht sagen, wer dies sein wird. Es gibt auch das Potenzial für einen kurzzeitigen Papst zwischen diesem und dem nächsten. Wir können Euch nicht sagen, welcher derjenige sein wird, der als gottloser Papst bezeichnet wird. Aber wenn es geschieht, Ihr Lieben, möchte ich, dass Ihr Euch erinnert, wo Ihr das gehört habt! (Lachen)

Wissenschaft - Astronomie

Das fünfte Potenzial dreht sich um die Astronomie. Die Potenziale sind unbegrenzt. Das größte davon ist die Einstellung und sie hat bereits begonnen. Sie ist genau entgegengesetzt im Vergleich zu der Einstellung, welche Eure Astronomen vor 10 bis 15 Jahren hatten. Ihr Lieben, es wird eine Bestätigung dafür geben, dass im Universum noch anderes Leben existiert als das auf dem Planeten Erde. Es wird eine Bestätigung dafür geben, dass das Universum für das Leben gemacht ist! Von allen überprüften Quellen werden die Chancen überwältigend gut stehen, eine Bestätigung dafür zu bekommen, dass das Universum voller Potenzial von dem, was sich hier auf dem Planeten Erde ereignete, ist!

Umso besser die wissenschaftlichen Geräte werden, desto mehr Planeten werdet Ihr mit dem gleichen chemischen Potenzial von dem, was geschah, um ursprünglich Leben auf Erden zu erschaffen, entdecken. Die Wissenschaft wird zu verstehen beginnen, dass das Universum mit Leben übersät ist, und wird vielleicht sogar postulieren, dass die Lebenssamen dessen, was hier (auf Erden) geschah, von einem anderen Ort hierher gebracht wurden! Während dies in der Vergangenheit als Unsinn galt, kann es morgen eine anerkannte Wissenschaft sein.

In der Astronomie wird man auch beginnen die Bestätigung für das, was wir als „unterschiedliche Zeitrahmen" bezeichneten, zu bekommen. Es hat so zu sein, denn es wird schließlich offensichtlich werden, denn dies ist das einzige physische Modell, welches zur „unmöglichen Physik" passen wird, welche aus dem gesamten Universum aufgezeichnet wird (siehe Physik, S. 56). Es wird letztlich auch eine Bestätigung sein - ein großer Schritt weg von dem Aufhänger des Missverständnisses, der „Urknall" genannt wird. Wenn Ihr erkennt, dass das Universum aus sich heraus selbsterschaffend ist, werdet Ihr verstehen, dass es in der Tat die ganze Zeit über „knallt"! (Lachen)

Gesundheit

Nummer sechs ist die Gesundheit. Ihr Lieben, Ihr steht an der Schwelle zu einer Enthüllung und einer Revolution, welche als Verlängerung des menschlichen Lebens bezeichnet wird. Wir haben darüber schon so oft gesprochen und wir haben viel über die menschliche DNS geredet. Lasst mich Euch dies noch einmal sagen: Die nächsten 24 Jahre enthalten ein Potenzial, das Eure Lebenserwartung als Mensch verdoppeln wird. Und ist es nicht merkwürdig, dass diese Dinge gerade jetzt präsentiert werden - und nicht bereits vor zehn oder zwanzig Jahren zur Verfügung standen? Der

Zeitpunkt ist perfekt, denn seht, Ihr seid diejenigen, die sich selber über die Schwelle brachten und damit so etwas erlaubten *(ermöglichten)*! In der neuen Energie gehören die menschliche Termination, kurze Lebensdauer, und alte karmische Attribute und Lektionen zur Vergangenheit. Es ist das Ende eines alten Paradigmas. Die neue Daseinsart spricht von dem „Neuen Jerusalem". Diese Metapher steht für einen Neuanfang und ein friedliches Dasein *(eine friedvolle Existenz)*. Diese neue Energie gibt das Potenzial für einen friedvollen Planeten. Sie spricht von Menschen, die für eine sehr lange Zeit hier leben mit einem anderen Zweck als dem, mit dem sie im letzten Millenium hereingekommen sind - und das ist die Wahrheit. Ist es nicht merkwürdig, dass Ihr an der Schwelle zum neuen Millenium anstelle des schwarzseherischen Endes vom Weltuntergang und Atomkrieg Entdeckungen macht, die Eure Lebenserwartung erhöhen werden?

Aber das ist noch nicht alles. Es gibt welche, die jetzt gerade die menschlichen Gene kartografisch erfassen. Es existieren Billionen Elemente im menschlich-genetischen System, welche den gesamten Menschen ausmachen. Es ist die Blaupause des Menschen oder zumindest soviel, wie Ihr chemisch sehen könnt. Und wenn es bis zu dem Ausmaß erfasst ist, dass alles als Ganzes erkannt und gesehen wird, gibt es Potenzial für eine großartige Offenbarung! Denn dann und nur dann wird die Wissenschaft beginnen, den Überblick von der Blaupause *(dem Plan)* zu verstehen. Sie werden „die Schleife" sehen, die verborgen war. Zusätzlich werden sie eine Codierung sehen, welche sie in Staunen versetzen wird! Diese Codierung wird ihnen eindeutig zurufen, dass es niemals allein aus sich selbst heraus hätte geschehen können!

Überlegt Folgendes: Sagen wir, dass Ihr einen anderen Planeten besucht. Dort steht der größte Supercomputer, den Ihr je gesehen habt - funkelnd, strahlend und wunderbare Rechnungen durchführend. Er ist clever und selbstunterhaltend. Ihr mögt ihn ansehen und sagen: *„Es ist erstaunlich, was für ein Gerät das ist!"* Das Erste, was der Mensch an dieser Stelle fragen wird, ist: *„Wer hat ihn hergestellt?... Wer hat ihn gemacht?"* Sofort wird der Mensch versuchen, den meisterhaften Erbauer zu finden, denn es würde ein Attribut geben, nach welchem sich die Maschine niemals hätte selber erbauen können.

Menschliches Leben wurde Euch noch nie auf die Weise gezeigt, wie es bei der menschlichen Erbmasse der Fall sein wird. Nach Abschluss des Projektes und nach weiterer vielseitiger Analyse werden die Ergebnisse eine Antwort verlangen: Wer hat sie gemacht? Sie hätte sich niemals selber erschaffen können, weil sie zu groß ist, um vom anerkannten Werk der Evolution auf Erden zu stammen. Stattdessen erzählen die Codes eine Geschichte von Logik und Schöpfung und auch die Geometrie erzählt eine Geschichte - die Geschichte der Basis-12, auf die wir so oft hingewiesen haben!

Es gibt noch mehr. Es werden Euch hier Informationen gegeben, die Euch noch niemand zuvor überbrachte. Wenn die Wissenschaftler beginnen, sich über den Überblick dessen, was der Code ihnen verrät, zu wundern, wenn sie die Informationen in die großartigen Computer eingeben und mit Mustern zurückkehren werden, die etwas bedeuten, dann ist das der Zeitpunkt, an dem es ihnen in den Sinn kommen wird, dass sie etwas Außergewöhnliches haben! Sie werden nicht nur etwas sehen, was sich nicht selber im Rahmen des evolutionären Vorganges, den sie kennen und als selbstverständlich betrachten, erschaffen hat, sondern sie werden auch den Code für ein Rätsel sehen! Haltet Euch bereit für wunderbare Offenbarungen über eine Lebensverlängerung - denn der Code wird die Geschichte erzählen, wie der Mensch für eine kürzere Lebensspanne vorgesehen war - und für eine Chemie, die sich eigentlich selbst zunichte macht. Wenn diese verstanden werden, dann können die begrenzenden Faktoren entfernt werden. (Wir sprechen in diesem Channeling später noch ausführlicher darüber). Es besteht auch das Potenzial für viel Missverständnis, viel Angst und sogar für einige religiöse Neubewertungen - alles aufgrund der Chemie.

Biologie

Nummer sieben ist die Biologie, und wenn sie sich auch ähnlich wie die Gesundheit anhören mag, haben wir Euch doch über Dinge zu berichten, die neu sind. Irgendwann einmal haben wir etwas erwähnt, was wir bis heute niemals wieder besprochen haben. Es besteht für Euch das Potenzial dafür, Leben auf Erden in einer anderen Dimension zu entdecken.

Es wird die Überzeugungen jener Biologen, die das Leben als dieses oder jenes definiert haben, zutiefst erschüttern, nur um dann herauszufinden, dass es auch in einer anderen Form existiert, in einer anderen Art und Weise. Es ist anscheinend intelligent, hat sich anscheinend entwickelt, hat sich anscheinend in einer ganz anderen Dimension entwickelt - Leben, das Ihr nicht unbedingt berühren könnt, aber Leben, welches Ihr sehen könnt.

Vor über einem Jahr sagten wir Euch, dass Ihr auf Eurem Planeten danach Ausschau halten sollt und jetzt ist es in Reichweite. Wir sagen Euch, dass das Potenzial großartig ist, denn Ihr steht an der Schwelle zu einer Entdeckung dieses neuen Lebens! Und wenn Ihr diese Entdeckung macht, dann bitte ich Euch, Euch wieder daran zu erinnern, dass „die Familie“ hier Euch zuerst davon berichtete. Warum sagen wir das? Damit die anderen Dinge, die sich hier ereignen, auch glaubwürdig sein werden - wie die Heilungen, die in denjenigen vorgehen, welche dies jetzt hören oder lesen, oder in einzelnen Menschen, welche von Spirit berührt werden, oder die Tatsache, dass irgendjemand von der anderen Seite des Schleiers channelt! Wenn Ihr die wissenschaftlichen Nachweise hört, werdet Ihr Euch erinnern, dass Ihr sie in diesem seltsamen Channeling-Treffen gehört habt! „Das war real“, werdet Ihr dann vielleicht ausrufen. Möglicherweise wird Eure 4-D dann die vielfache Dimension der Potenziale einholen, die Ihr erschafft?

Es gibt noch mehr. Ihr werdet das Rätsel der vorsätzlichen Blockaden in der Chemie des Menschen auflösen, so wie wir es vor einem Augenblick in der Frage der Gesundheit besprochen haben. Eure Körper sind dafür geschaffen, sich vollkommen zu verjüngen. Ihr wurdet dafür geschaffen, für 950 Jahre bestehen zu bleiben und dennoch tut Ihr es nicht. Ihr gabt bereits vor so vielen Äonen die Erlaubnis für eine kurze Lebenszeit und diese Attribute sind nun Teil eines sich dem Ende nähernden Zeitalters. Wenn die letzte Messung vorgenommen ist, wird es neue Potenziale für die Menschheit geben und Ihr werdet die wissenschaftlichen Werkzeuge benötigen, welche solche Potenziale ermöglichen. Wir sagten Euch zuvor: Mensch, Du bist dafür geschaffen Dich zu verjüngen und dennoch wächst ein Glied, welches Du verlierst, nicht nach! Was geht mit Eurer Chemie vor? Warum können sich diese niederen Wirbeltiere, von denen Ihr Euch eigentlich hättet entwickeln sollen, ein Glied nachwachsen lassen und Ihr - ganz oben auf der

Leiter der Evolution - könnt es nicht? Habt Ihr jemals darüber nachgedacht?

Warum verbringt der Mensch den Rest seines Lebens in einer Lebenslektion namens Rollstuhl - unfähig, irgendeinen Teil seines Körpers zu spüren - wenn im Rückenmark Nerven abgetrennt werden? Warum? Warum verjüngt sich der Mensch biologisch betrachtet nicht, obwohl er dafür geschaffen war, jeden Teil zu verjüngen? Hier ist eine merkwürdige Tatsache: Es gibt wachstumshemmende Stoffe, die geweckt werden und bremsen, um die Heilung und Wiederverbindung der verletzten oder abgetrennten Nerven zu blockieren oder zu verbergen *(maskieren)*. Wusstet Ihr das? Ihr mögt denken, dass dies für die Biologie ein dürftiges Design ist, und Ihr hättet Recht! Doch es ist von Eurem Design, weil diejenigen in den Rollstühlen Lektionen zu lernen haben, indem sie dort sind. Ihr schaut auf ein spirituelles Eingreifen in naturgegebene Evolution und das, meine geliebten Menschwesen, ist ein Teil dessen, was sich verändert! Vor einiger Zeit sagten wir Euch, dass das Nervengewebe in Eurem Körper allesamt Adressen hat (sie haben eine Chemie, welche sie codiert). Wir sagten Euch, dass sie auch dann, wenn sie abgetrennt werden, noch immer „wissen", zu wem sie jeweils gehören! Ihr habt es bisher noch nicht gesehen, weil es ihnen nicht erlaubt gewesen ist, zusammenzuwachsen. Beobachtet diese Veränderung. Ihr steht an der Schwelle der Entdeckung, wo die Blockaden und wachstumshemmenden Stoffe im menschlichen Körper sind. Wenn Ihr sie findet, dann haltet nach Wundern Ausschau, die geschehen, wenn sich die Nerven des Körpers wiederverbinden.

Ihr werdet schließlich diese Wunder geschehen sehen und vielleicht werdet Ihr auch beginnen zu verstehen, dass diese Wunder, welche Ihr in der alten Energie gesehen habt, einfach nur eine „erwachte DNS" waren - ein Erwachen, das von der Kraft *im* Menschen anstatt von oben kam. Es ist die göttliche Kraft im Menschen und nicht irgendeine geheimnisvolle Energie von oben, welche das Wunder geschehen lässt. Haltet Ausschau danach! Es wird großartig sein und wenn Du es siehst, geliebtes Menschenwesen, dann feiere es. Es hätte sich auf dieser Seite der Schwelle niemals ereignet, doch auf der anderen Seite der Schwelle - nach dem Jahr 2000 - gibt es viel, was Euch noch an Wissen überbracht zu werden hat!

Physik

Nummer acht ist die Physik. Wir werden dies so einfach wie möglich behandeln und wir werden Euch zwei Attribute zum Nachdenken geben. Das jetzige Potenzial ist jedoch, wie auch immer, so, dass keines davon verstanden wird (Lachen). Ihr habt erst noch DIE Formel der Physik zu entwickeln. Sie ist noch nicht hier und wir werden Euch die drei Attribute der Formel nennen, aber ohne die Formel (noch mehr Lachen). Diese Attribute sind miteinander verbunden, doch die Art und Weise, in der sie verbunden sind, wird missverstanden. Eure Wissenschaft beginnt jedoch jetzt gerade, wie auch immer, ihre Schatten zu sehen.

Das erste Attribut der Formel ist die Fähigkeit, die DICHTE DER MASSE zu verstehen. Warum ist der Elektronenschleier so weit vom Kern entfernt? Wir haben Euch gesagt, dass Ihr diese Entfernung verändern könnt und wenn Ihr das tut, dann wird sich die Dichte in der Masse verändern, welche von den sich ändernden Atomen definiert wird. Der Elektronenschleier wird schneller schwingen müssen, je näher er dem Kern ist. Wenn der Elektronenschleier schneller schwingt, bedeutet dies, dass sich sein ZEITRAHMEN verändert. Daher ist das zweite Attribut der Formel eine Veränderung der Zeit und sie gehören zusammen. Seid Euch auch bewusst, dass Ihr irrtümlich annehmt, dass die tatsächliche Geschwindigkeit des Elektronen-SCHLEIERS unabhängig von seiner Entfernung immer dieselbe sein muss. Dies wird auch noch nicht verstanden. Es gibt einen Unterschied zwischen Geschwindigkeit und Schwingungstempo *(Schwingungsrate)* und das hat mit der tatsächlichen physischen Definition des ELEKTRONEN-SCHLEIERS zu tun.

Die Unterscheidung der Masse ist die Fähigkeit, die Dichte der Masse zu kontrollieren. Mit einer Veränderung der Dichte wird ein Wechsel der Zeit kommen und mit einer Veränderung der Zeit *(einem Zeitenwechsel)* wird absolut ein drittes Attribut kommen, welches Ihr überhaupt noch nicht verstehen werdet! Wir nennen es die REALITÄT DES STANDORTS oder dort (da), wo die Materie ist ..., in welche Dimensionsrealität es gehen wird, wenn es wechselte (es sich veränderte). Ein allgemein anerkannter Grundsatz lautet: Veränderungen in der Dimensionalität, wenn die Materie auf diese

Weise verändert wird, erschaffen eine Realität, WO die Materie in ihrer neuen Form existent zu SEIN HAT. Es könnte ein paar Zentimeter oder auch Meilen, von dort, wo Ihr sie verändert habt, entfernt sein. Das hängt davon ab, wie sehr sie verändert wurde. Die schwer erklärbare Sache ist ein Konzept, welches nicht anerkannt wurde... dass die Materie einen Realitätsindex hat und dass ihre Hauptattribute dort verbunden sind, wo sie in Raum und Zeit existiert. Die drei Attribute, die folglich zusammenarbeiten müssen, sind DICHTE, ZEITRAHMEN und STANDORT.

Wenn Ihr in das Weltall hinausblickt und physische Attribute seht, die Euch zurufen, dass Ihr einen anderen Zeitrahmen seht (was wir als „unmögliche Physik" bezeichnen), dann wird er Euch von der Masse und der Dimensionalität (dem Standortindex) dessen, was Ihr betrachtet, berichten. Diese bestimmte Formel ist tiefgreifend. Sie ist die Grundlage sämtlicher universeller Physik, doch Ihr kennt sie noch nicht.

Lasst uns schwerelose Objekte erörtern - etwas, wovon wir zuvor gesprochen haben. Eure Wissenschaft weiß bereits über diese Art einer Konzentration von Masse Bescheid, bei der ein Löffel voll etwas erschafft, was so schwer wie Euer Planet wiegt! Was ist die wirkliche Größe dessen? Seht Euch die Schwerkraft an, welche sie erzeugt! Wusstet Ihr, dass diese Art von Zustand nur bei bestimmten Realitäten existieren kann... oder in bestimmten Gegenden des Alls? Die Dichte und der Zeitrahmen schreiben genau vor, wo er zu sein hat.

Nun, was wäre, wenn Ihr etwas Riesiges habt, das fast gar nichts wiegt? Was wären die Aspekte der Schwerkraft dabei? Die jeweiligen Aspekte sind daher nicht unbedingt Größe. Sie sind Dichte und Zeitrahmen. Wenn diese Dichte verändert wird, dann verändert sich auch der Zeitrahmen um sie herum. Wenn die Wissenschaft dieses Modell auf das anwenden würde, was in einem schwarzen Loch geschieht, dann würde sie vielleicht die „unmögliche Physik", welche sie um dieses Loch herum sehen, verstehen. Ihr möchtet etwas über die Anti-Gravitation *(Anti-Schwerkraft)* erfahren? So etwas gibt es nicht. Haltet stattdessen nach dem Geheimnis der Erschaffung von variabler Masse Ausschau. Und wenn Ihr dies tut, dann haltet nach den anderen beiden Variablen Ausschau, die bei einer profunden

Formel von regulärer Beziehung mit auftauchen.

Die andere potenzielle Entdeckung, welche wir Euch geben werden, ist: Wir können die Diskussion über Physik nicht beenden, ohne noch einmal über das Kosmische Gitter zu sprechen, denn die Informationen über das Gitter wurden genau hier (in New Hampshire) vor nacheinander zwei Jahren gegeben. Es gibt etwas, was wir als APD, *Atomic Phasic Displacement (Atomare-Phasen-Verschiebung)*, bezeichnen werden. Dies ist ein Ausdruck, der sich auf Eure Fähigkeit bezieht, dass Ihr letztlich das Gitter für unbegrenzte Energie erschließen *(anzapfen)* könnt. Wenn Ihr versteht, wie man das Gitter erschließt, dann werdet Ihr unbegrenzte freie Energie haben, ohne in der Erde zu bohren, ohne die Wellen zu fangen und ohne Atomkraft.

Hier findet sich das wieder, was passieren wird, und hier ist die Verheißung von dem, was sich hinter APD verbirgt. Wir haben bereits zuvor von dem Gitter gesprochen und wir möchten Euch nun eine Metapher von einem riesigen Spinnennetz geben, so groß wie Ihr es noch niemals gesehen habt. Was passiert an jedweder Stelle bei einem riesigen Spinnennetz, wenn in einem anderen Teil des Netzes irgendetwas in Bewegung ist? Die Antwort lautet, dass es als Schwingung wahrgenommen wird. Aufgrund seiner Konstruktion schwingt das ganze Netz, wenn ein Teil davon berührt wird. Wir sind hier, um Euch etwas Tiefgründiges zu sagen: Wenn Ihr das Gitter wegen der Energie erschließt, dann spürt es das ganze Gitter. Die Energie wird hineinstürmen, um den leeren Raum zu füllen, welchen Ihr mit APD aufmachtet, doch dieses Fließen *(dieser Fluss)* wird über das ganze Gitter gespürt werden.

Wir haben Euch bereits vorher einige der Kommunikationsaspekte über das Gitter gegeben. Wir haben besprochen, wie rasch die Kommunikation zum ganzen Universum (dem gesamten Gitter) erfolgt. Hier ist etwas, was Ihr nicht gewusst habt: Zu welcher Zeit auch immer Ihr herausfinden könnt, wie Ihr das Gitter für Energie unter Verwendung von APD erschließen könnt, es wird auch jeder andere, der diese Fähigkeit (APD) hat, sofort wissen! Es werden andere Lebensformen, die weiter entfernt sind, als Ihr Euch je vorstellen könnt, da sein und es augenblicklich wissen. Und was sagt Euch das über das Potenzial für Kommunikation im Universum? Wie steht es mit dem Modulieren von Signalen auf dem Gitter selber? Wie steht es mit der Kommunikation mit Lichtpünktchen (-sprenkeln), die Ihr nicht einmal mit Euren Teleskopen sehen könnt? Wenn Ihr das Gitter erschließen könnt, dann könnt Ihr mit dem Ganzen kommunizieren. Es liegt hinter Eurem Verständnis? Ja, heute. Aber wenn es dann stattfindet, werdet Ihr Euch erinnern, dass Ihr es genau hier von einem Familienmitglied gehört habt - einem, welches die unglaublichen Potenziale von menschlicher Zukunft kennt.

Die Kinder

Ah, wir haben auf Nummer neun gewartet und wir sind beinahe fertig. Es ist das Beste von allen! Das mächtigste Potenzial aller Zeiten. Eine neue Energie ist auf dem Planeten - eine Energie, die noch nie hier gewesen ist - potenzieller Frieden auf Erden! Und es dreht sich um den Engel, der vorgibt, Mensch zu sein, eine Veränderung in der DNS, welche eine evolutionäre Veränderung des Menschen ermöglicht. Diese neue Energie verändert das menschliche Bewusstsein und bei den Kindern fängt es bereits an.

Einige von Euch sind wegen dem, wer die Indigokinder sind, verwirrt, so lasst es mich Euch also in ein paar Sätzen sagen. Diese Kinder repräsentieren ein neues menschliches Bewusstsein. Sie repräsentieren Menschen, die mehr Interesse daran haben werden, Frieden in ihrer Familie und Frieden auf Erden zu erschaffen, als sie in dem, was Ihr das alte „menschliche Naturell" nennt, sein würden. Macht, Gier, Eifersucht und alle anderen menschlichen Attribute, deren Zeuge Ihr in der alten Energie seit Äonen gewesen seid, sind Teil einer dunkleren Dualität als jene, welche den Menschen momentan bei der Geburt gegeben wird.

Oh, Ihr Lieben, wenn Ihr sehen könntet, wie sich das Gleichgewicht der Dualität verlagert, dann würdet Ihr verstehen. Wenn Ihr glaubt, dass die Kinder etwas sind, dann seht Euch die Kinder der Kinder an! Wir haben Euch nicht nur von einer Bewusstseinsveränderung berichtet, sondern wir haben sie auch als die Friedensstifter bezeichnet! Wir haben Euch gesagt, dass es den Biologen gelingen wird, ihre Erbmasse zu betrachten und zu sehen, was sich von denjenigen, die sie jetzt gerade fertig erfasst haben, verändert hat! (Lachen) Die Wissenschaft wird in den Kindern der Kinder eine zunehmende Stärke des Immunsystems entdecken. Sie werden feststellen, dass die Kinder der Kinder keine Krankheiten bekommen werden und können, welche Ihr jetzt leicht bekommt, und Ihr werdet Euch fragen, woher diese Fähigkeit gekommen ist. Ich werde Euch sagen, woher sie gekommen ist. Sie kam von Euch! Sie kam von dem, was zwischen 1962 und 1987 auf „Eurer Uhr" geschah. Sie ist darauf zurückzuführen, was Ihr gemacht habt, und es ermöglichte die Potenziale, von denen wir an genau diesem Nachmittag gesprochen haben. Aus diesem Grund werdet Ihr so sehr geliebt. Aus diesem Grund, Ihr Lieben, wäscht Euch dieses Gefolge, welches wir Familie nennen, jetzt gerade Eure Füße. Obwohl die Hoffnung für die Erdveränderungen in den Kindern der Kinder liegt, so täuscht Euch bitte nicht darin, dass das Kernthema (das Hauptthema) ihrer Evolution von EUCH begonnen wurde!

Kryon und das Gefolge kommen an einen Ort wie diesen hier und möchten vor Euch, hinter Euch und neben Euch bleiben, doch es kann nicht so sein. Während Ihr diese Worte lest, tut sich rund um Euch etwas und wir wissen, dass einige von Euch es gespürt haben. Wir möchten bleiben und Euch bei uns haben, um die Potenziale, von denen wir gesprochen haben, zu feiern. Ihr habt keine Ahnung davon, wie viel Liebe wir für Euch haben. So viele von Euch denken, dass Ihr alleine seid, wenn Ihr diesen Ort verlasst und nach Hause geht. So viele denken, dass die Energie weg ist *(abgebrochen ist)*, wenn Ihr Eure Lektüre beiseite gelegt habt. Ihr seid nicht alleine! Die Energie verbleibt so lange mit EUCH, wie Ihr sie tragt. Versucht alleine zu sein... und Ihr könnt es nicht. Wir haben Euch wieder und wieder gesagt, dass Ihr niemals alleine seid. Ihr werdet vielleicht in dieses Kabinett der Selbstverleugnung gehen mögen - in das Nebenzimmer, welches wir den „Wehe mir! Wandschrank" nennen. Du magst vielleicht die Tür verschließen, das Licht abdrehen und denken, dass Du alleine bist. In Deiner eigenen Kreation beginnst Du, in Deiner Einsamkeit zu weinen, und Du bist Dir der Party, die um Dich herum stattfindet, niemals bewusst! Oh, es gibt so viele von uns, die dort mit Dir sind! (Lachen)

Die Einladung ist folgende: Mach nicht in dem Nebenzimmer die Glühbirne an, um zu sehen, ob irgendjemand da ist. Mach stattdessen das Licht in Dir an und sieh uns zu, wie wir Dein Leben feiern! Mach das göttliche Licht an, welches die Familienenergie zeigt, und spüre, wie die Liebe von uns allen hereinströmt. Und dann wisse, dass Du niemals alleine bist.

Kryon und das Gefolge werden sich jetzt zurückziehen und wir sagen dies jedes Mal: Das zu tun ist für uns das Schwierigste. Wir strömen hier mit Freude und Aufregung in Liebe für Euch herein und ziehen uns in Trauer zurück, weil wir Euch vermissen werden. Wer wünscht sich diese Versammlung zu beenden? Wir nicht. Und doch hat es so zu sein, denn Ihr Lieben, es gibt noch Arbeit in der Dualität und in den Leben der gesamten Menschheit zu tun.

Wir feiern die Energie der Familie.

Wir feiern die neue Schwelle.

Wir feiern DICH.

Und so ist es

Kryon

Eine Bestätigung für die Hinweise von Kryon?

„... in Bezug auf die Computertechnologie lasst Ihr das Offensichtlichste außer Acht! Wenn Ihr schon die Wirkung des höchst erstaunlichen Erdcomputers auf Eure gesamte Biologie beobachtet, warum ahmt Ihr das nicht nach? Begnügt Ihr Euch immer mit einer halben Technologie oder wollt Ihr die komplette Technologie? ... Die elektrochemische Computermaschine entspricht dem Mechanismus des Universums. Ebenso verhält es sich mit Eurer Biologie und Eurem Gehirn. Wann werdet Ihr mit Untersuchungen beginnen, um beides zusammenzubringen?"

Kryon Buch Band II, *Denke nicht wie ein Mensch,* Seite 262ff
Live original: 7/1994; deutsch: 11/2000

In Kryon Buch Band III, *Alchemie des Menschlichen Geistes,* Seite 267, zeigten wir, wie die Zeitschrift Scientific American berichtete, dass die wissenschaftliche Forschung Computer auf Proteinbasis untersuchte. (Original: 1995; deutsch: 11/2001)
Sehen Sie, wie sich das jetzt weiter entwickelt hat!

DNS Computer wurde geschaffen und führt komplizierte Rechnungen durch.

Die Wissenschaftler haben anhand von Strängen einer synthetischen DNS einen DNS-Computer erschaffen, welchen sie dazu gebracht haben, relativ komplizierte Rechnungen zu lösen... Die konventionelle Computerwissenschaft wird von Computerchips gesteuert, doch diese Technologie nähert sich rasch den Grenzen der Verkleinerung. Die Wissenschaftler träumen davon, die riesige Speicherkapazität zu verwenden, welche es der DNS und ihrer chemischen Verwandten, der Ribonukleinsäure, ermöglicht, die komplexen Pläne von lebendigen Organismen zu enthalten... Nach jahrelanger Arbeit produzierten Dr. (Lloyd) Smith und seine Kollegen mehrere dieser Computer, die alle aus etwa 100 Trillionen synthetischen DNS-Strängen bestehen, welche das Problem - zwar mit menschlicher Hilfe - wiederholt lösten.

The New York Times: By the Associated Press, Donnerstag, 13. Januar 2000, „DNA Computer is Created and Does Complex Calculations" (dt.: „DNS Computer wurde geschaffen und führt komplizierte Rechnungen durch")
Der Artikel wurde nicht vollständig abgedruckt.

Kryon

Live-Channeling

„Das Ende des Alten... Freigabe der Aufstellung“

Gechannelt in
Buena Park, Kalifornien
Dezember 1999

Kapitel VII

„Das Ende des Alten... Freigabe der Aufstellung"

Live-Channeling in Buena Park, Kalifornien, Dezember 1999

Dieses Live-Channeling wurde mit zusätzlichen Worten herausgegeben, um Klarheit und ein besseres Verständnis in der schriftlichen Textform zu ermöglichen.

Seid gegrüßt, Ihr Lieben. ICH BIN Kryon vom Magnetischen Dienst. Wir möchten einen feierlichen Moment für das einlegen, was hier in diesem Raum gerade vor sich geht. Denn diejenigen von Euch, die Energie fühlen und Farben sehen können - und wissen möchten, wer Euch an diesem Tag besucht, sollten wissen, dass ein großes Gefolge diesen Ort erfüllt. Es ist ein Gefolge mit graduierten und unlängst verstorbenen Menschen. Eine ganze Familiengruppe strömt jetzt gerade Eurer Bitte folgend hier herein. Sie möchte diesen Raum und die Gänge zwischen den Sitzplätzen im Hintergrund füllen. Hier sind heute mehr anwesend, als es jemals zuvor bei einer Versammlung wie derjenigen hier der Fall war.

Diejenigen von Euch, die Energie fühlend wahrnehmen, werden anfangen, hier die Gegenwart von Spirit zu spüren. Wir sagen Euch, so wie wir es schon so viele Male gesagt haben: Lasst den Beweis der Realität dessen, was jetzt hier aufgrund der Euch erfüllenden Energie geschieht, sein. Wir sprechen hier nicht einfach nur zu Menschen oder irgendwelchen fremden Wesenheiten, so wie diejenigen von unserer Seite des Schleiers von Euch wahrgenommen werden. Nein. Wir sprechen stattdessen zur FAMILIE. Und wir werden Euch noch einmal Folgendes sagen, Ihr Engel, die sich als Menschen

ausgebend zeigen. Hört zu: Ihr seid genauso, wie wir es sind! Der einzige Unterschied zwischen Euch und uns besteht darin, dass Ihr hier *(auf der Erde)* die Arbeit leistet und wir Euch dabei unterstützen.

Liebe Familienmitglieder, so wie wir seid Ihr in *beide* Richtungen ewiglich. Es gab keinen Anfang Eurer Existenz und es wird auch kein Ende geben. Der göttliche Funke, der sich in Euch befindet, weiß dies sehr wohl! Es wird für jeden von Euch eine Zeit kommen, in der Ihr am Ende dieses Lebensausdrucks in dieser Inkarnation die Gelegenheit haben werdet, die Angst vor dem, was Ihr Tod nennt, zu fühlen. Und dennoch werden ihm so viele in diesem Raum zublinzeln und ihn als das erkennen, was sie seit Äonen durchlebt haben. In dem Tod ist kein Stachel enthalten. Er ist einfach nur eine Transmutation von Energie - eine Energie wandelt sich zu einer anderen um. Wenn Ihr dies wieder fühlt, dann werdet Ihr augenblicklich wissen, dass es ein „Willkommen Daheim" sein wird. Wir sagen Euch dies, liebe Familienmitglieder, weil wir möchten, dass Ihr versteht, wie tiefgehend Eure Arbeit auf diesem Planeten ist.

Wir haben Euch in diesen letzten 11 Jahren viele Informationen gebracht. Wir haben sie in verschiedene Arten verpackt und damit verschiedene Themen präsentiert. Heute Abend möchten wir Euch noch einmal nicht nur einfach Anleitungsserien oder Potenziale vermitteln, sondern vielmehr ein wahrhaftiges Feiern der Vervollkommnung. Denn jeder von Euch, selbst diejenigen, die hier sind und nicht glauben können, dass diese Botschaft von der anderen Seite des Schleiers stammen könnte, sind als Familienmitglieder an der Bewusstseinsveränderung des Planeten Erde beteiligt. Das ist das letzte Mal in diesem Jahrtausend, dass diese Wesenheit namens Kryon eine Menschenmenge dieser Art anspricht. Ihr mögt fragen: *„Was ist es, was Kryon Euch sagen möchte?"* Ich würde sagen: *„Danke!"* Danke an Euch dafür, dass Ihr es zulasst, dass sich die Göttlichkeit in Euch bis zu dem Punkt steigert, bis sie das Schwingungstempo Eures Wesens verändert hat.

Danke, Heiler, dass Du zulässt, dass die Energie durch Dich fließt und dafür, dass Du die Absicht bekundest, sie hinaus in die Menschheit ergießen zu lassen. Danke, Lichtarbeiter, dass Du auf die Worte von der anderen Seite des Schleiers hörst und die FAMILIE erkennst. Danke, Lichtarbeiter, dass Du die Wahrheit der LIEBE channelst. Danke, Engel namens Mensch, dass Du die Erde verbesserst *(erhöhst)!*

Einige von Euch sagen vielleicht: *„Ich sehe mich selber nicht als einen Heiler oder als einen Lichtarbeiter an. Ich weiß nicht, was ich für den Planeten tue."* Ich will Euch sagen, was Ihr tut: **Ihr tragt ein Licht, welches so hell ist, dass wir es von unserer Seite des Schleiers aus sehen können!** Jedes Menschenwesen, welches die Absicht bekundet hat, den Funken des Göttlichen in sich zu finden... hat ein spirituelles Licht **erzeugt.** Manchmal bittet Ihr vielleicht aus dieser Absicht heraus, Euer Licht zu finden, und dann sitzt Ihr anschließend da und fragt Euch verwundert, ob Ihr es bereits bekommen habt, ob es schon angekommen... ob es **hier** ist. Lasst für das, worum Ihr gebeten habt, **keinen größeren Beweis gelten** als den der Schwierigkeiten, die nach Eurer Absichtsbekundung rasend schnell kommen und eintreten! Ihr möchtet wissen, ob es schon angekommen und „hier" ist? Ja, es ist hier und es hat Platz genommen! (Lachen) Manchmal mögt Ihr fragen: *„Warum habe ich durch diese Prüfungen zu gehen?"* Ihr Lieben, wir haben ein paar Worte für Euch und wir hoffen, dass Ihr diese Metapher versteht: „Eisen schmiedet Eisen" *(Eisen stärkt Eisen).* Wenn Ihr aufrecht dastehen werdet und dieses Licht haltet, dann habt Ihr durch diese Schmiede *(diesen Schmelzofen)* zu gehen. Einige von Euch haben verschiedene Grade von Prüfungen in unterschiedlichen Gebieten und jedes Mal, wenn Ihr durch sie hindurchgeht, sagen wir Euch: Ihr seid nicht alleine! Und inmitten des Prozesses, während Ihr sie durchlebt, habt Ihr Eure eigene Schwingung erhöht.

Wisst Ihr, wie sehr in diesem Raum hier jetzt gefeiert wird? Einige von Euch werden während dieser Zeit die Familienmitglieder hinter und um Euch herum fühlen. Leser, glaubst Du, dass Du von diesem Vorgang ausgeschlossen bist? Diese ganze Botschaft gilt ebenso gut für das JETZT der Niederschrift. Diese Feier ist daher für ALLE, die sie in der JETZT Zeit hören und lesen, in der sie präsentiert wird.

Einige von Euch werden wissen, dass Euch die Füße gewaschen wurden, bevor Ihr hier weggeht oder bevor Ihr Euch von dem Ort erhebt, an dem Ihr dies lest. Diese Wesenheitsgruppe, genannt Kryon, die in tiefer Liebe mit Euch ist, hat kein Programm, keinen Plan, keine Agenda. Wir bitten Euch nicht darum, irgendetwas Bestimmtes zu tun. Wir möchten nur, dass Ihr hier sitzt und gewürdigt werdet *(seid)*. Wir möchten, dass Ihr hier sitzt und geehrt werdet *(seid)*. Wir möchten, dass Ihr unsere Liebe für Euch versteht, für das, was Ihr für Euren Planeten getan habt.

Denn wisst, in der Art und Weise, wie es sich herausstellt, haben wir es niemals erwartet. Die Menschheit ist seit Äonen hier und die Potenziale für das Ende des Tests schienen von Eurer Energie gesetzt *(bestimmt)* zu sein. Nichts hat sich je geändert und das Experiment mit der Energie vom Prozess der Menschwerdung auf Erden schien in die Richtung auf eine Beendung zuzugehen, die Ihr alle erschaffen hattet, weil *(so wie)* Ihr mit Eurem „Zug der Realität" jahrelang über dasselbe Gleis gefahren seid. Aber... hier sitzt Ihr nun, nur noch ein paar Tage von der Schwelle entfernt (dem Jahr 2000) und alles hat sich verändert!

Alle... alle... alle... die gesamte Menschheit, der gesamte Spirit, die gesamte Familie (was Ihr Gott nennt), wusste von der Schwelle - dem Anfang vom Ende der Zeit. Es ist in der Tat das Ende der Prüfung *(des Tests)* auf diesem Planeten und Ihr könnt Eure Kalender der Einheimischen betrachten und es überall sehen! Auch Eure größten Propheten berichteten Euch davon. Ihr möchtet wissen, für wann das Ende beabsichtigt war - wann der Test vorbei sein sollte? 1998 hätte es begonnen, zu genau diesem Zeitpunkt wäre es zur Zuspitzung gekommen und es hätte sich bis 2012 aus sich selbst heraus beendet.

Ab jetzt und in den nächsten 12 Jahren wäre die Vervollkommung von allem, was es je für die Menschheit gab, gewesen.

Das hört sich ziemlich großartig an, nicht wahr? Und dennoch habt Ihr es nicht von dieser Bühne gehört, Ihr Lieben. Es wurde deutlich in den meisten Schriften geschrieben. Es wurde Euch durch viele Sprachen gechannelt. Es kam über die Menschen der Antike *(des Altertums)*, über die Ureinwohner und über die Avatare und Schamanen. Sie alle haben Euch durch so viele verschiedene Doktrinen gesagt, dass es so ist! Und doch sitzt

Ihr heute hier in einer friedlichen Existenz. Anstelle von einer Welt, die an den Nähten auseinander bricht, ist es eine Welt, die bereit ist, sich selbst an den Nähten zusammenzufügen. Und Ihr wundert Euch, warum wir kommen und zu Euren Füßen sitzen? Die Schwelle ist nur ein paar Stunden entfernt!

Die großartige Aufstellung

Das Potenzial für die Menschheit ist gerade jetzt beeindruckend, aber um es zu erwähnen, es ist an der Zeit für Euch, zurückzuschauen und Euch einige Punkte des Überblicks bezüglich dessen, wie Ihr Euren Test kreiertet, anzusehen. Wir geben Euch einige Potenziale bezüglich dieser Schwelle, welche Ihr im Begriff seid zu überqueren. Diese Informationen sind nachfolgend nahezu eine Ausdehnung dessen, wovon wir vor ein paar Wochen mit Lichtarbeitern und einer Familie (ganz ähnlich dieser hier) gesprochen haben (New Hampshire).

Es gibt einige Dinge, an die Ihr in der Betrachtung des Ganzen nie gedacht habt. Einige sagten: *„Kryon, Du hast uns gesagt, dass wir göttlich sind - ein Teil von Gott - und dass dieses irdische Leben alles Teil eines Tests ist.“* Ja, das ist richtig. *„Und wo ist der Beweis dafür?“*

Er umgibt Euch überall, doch Ihr habt noch nie innegehalten, um ihn zu betrachten! Es gibt Tatsachen und Realitäten, die Ihr einfach nur absorbiert oder als Selbstverständlichkeit angenommen habt. Ihr lebt in der Wiege einer Struktur *(einer Aufstellung)*, die in der Tat merkwürdig ist, doch Ihr betrachtet sie nicht als merkwürdig. Ihr betrachtet sie stattdessen vielmehr als normal. Wenn Ihr zurückgeht *(zurückschaut)* und sie betrachtet, müsst Ihr Euch jedoch wundern, warum so etwas sein sollte.

Intervention (Eingreifen) in die menschliche Biologie in der Vergangenheit

Zum ersten Mal schneiden wir ein Thema an, welches wir niemals zuvor erwähnt haben. Liebe Menschenwesen an der Spitze der Evolutionskette, woran liegt es, dass es nur eine einzige Art von Mensch gibt? Ihr mögt fragen: *„Kryon, was meinst Du? Es gibt viele Unterschiede bei den Menschen.“* Hört zu: Wir möchten, dass Ihr Euch die GESAMTE andere Biologie auf Eurem Planeten anseht. Seht Euch all die Ordnungen, Arten und Typen an. Ihr seid an der Spitze der Kette *(Reihe)*, doch es gibt viele Arten von Säugetieren, viele Arten von Walen, viele Arten von Primaten. Jede einzelne Type hat viele verschiedene Arten, solange, bis sie bei der Menschenart angelangt ist. Und dann geschah eine anthropologische Anomalie: Nur eine einzige Art von Mensch wurde an der Spitze angeordnet!

Oh, es gibt viele Kulturen, doch nur eine Art von Mensch. Und das, Ihr Lieben, war absichtlich so. Ihr habt nur eine *Art* von Mensch. Natürlich habt Ihr in der Tat verschiedene Farben und ein paar voneinander abweichende Gesichtsformen, aber nur eine einzige *Art*. Seht Euch die Menschenaffen und Affen an. Diese Primaten haben Dutzende Arten, keine davon lebt mit der anderen zusammen und sie verpaaren sich normalerweise nicht - und doch sind sie alle Menschenaffen oder Affen. Was geschah in der Evolution, Euch nur eine Art von Mensch zu geben? Je mehr die Wissenschaftler darüber herausfinden werden, wie die Evolution stattfand, desto verblüffter werden sie darüber sein, warum all die anderen „Anfänge“, die sie bezüglich unterschiedlicher Menschentypen und -arten entdecken werden, aufhörten. Geht voraus und seht und Ihr werdet letztendlich die Grundentwicklung von anderen Arten von Menschen in der Erdoberfläche begraben finden. Einige hatten Schwänze, einige hatten eine andere Art von Haaren, einige waren sehr klein und einige waren sehr groß. Ihr solltet genau jetzt mit vielen Arten von Menschen überall um Euch herum existieren und doch habt Ihr nur eine Art - die Art, welche Ihr als selbstverständlich normal annehmt.

Glaubt Ihr, dass Ihr bei dieser Einzigartigkeit der Evolution Hilfe bekommen habt. Ja, das habt Ihr. Vor einigen Wochen sagten wir einer Gruppe wie dieser hier, dass die Wissenschaft - wenn die menschliche Erbmasse schließlich erfasst ist - zurücktreten wird und die endgültige Blaupause vor sich liegen haben wird. Und nach einer gewissen Zeit werden die Wissenschaftler einen Überblick sehen, der sie erstaunen und vor ein Rätsel stellen wird. Die Attribute dieser biologischen Karte werden verräterische Zeichen eines Designs zeigen statt desjenigen von der Evolution, welches sie erwartet hatten. Sie werden verstehen, dass diese menschliche Prägung kein natürlicher Schritt ist, der sich aus den unmittelbaren, darunterliegenden Evolutionsschritten entwickelte. Was sichtbar werden wird, ist eine göttliche Blaupause, gemacht für Menschen auf Erden, die sich in einem Test befinden. Diese göttliche Blaupause wurde von Euch und für Euch gesetzt, damit Ihr in menschlichen Körpern von einer Art leben könntet, die alle einheitlich sind.

Diese Gleichheit war von entscheidender Bedeutung für Euren Test, denn Ihr alle hattet letztendlich **als ein Planet** miteinander umzugehen. Wenn es der Menschheit gestattet gewesen wäre, sich normal zu entwickeln, dann hätte es viele Kriege zwischen den verschiedenen „Typen“ von Menschen gegeben und keine Bestrebung, jemals von gleicher Gesinnung zu werden. Spezies, die sich voneinander unterscheiden, sehen sich immer als voneinander getrennt und so hätte es für Euch nie die Gelegenheit gegeben, Euch selber als „eine Menschheitsfamilie“ zu benennen. Die meisten von Euch haben dies nie in Erwägung gezogen und Eure Wissenschaftler werden diejenigen sein, die dieses Thema schließlich zur Sprache bringen, wenn sie sehr bald menschliche Entwicklung entdecken, die *nicht* wie Euresgleichen ist. Haltet Ausschau danach. Es ist der Beweis dafür, dass diese Intervention ausgeführt wurde, um Euch gleich zu erschaffen. (Vergl. auch Seite 407.)

Wir haben zuvor (im letzten Channeling) erwähnt, dass Ihr Euch an der Spitze der Evolutionskette befindet. Woran liegt es dann, dass Ihr Euch ein Glied, welches Ihr verloren habt, nicht mehr nachwachsen lassen könnt? Die Wirbeltiere, die aus den Ozeanen kriechen, aus denen Ihr Euch entwickelt habt, können es? Warum glaubt Ihr, dass dies so ist? Wie passt das zu einem „Überleben des Stärkeren“? Warum beabsichtigtet Ihr es so? *Aufgrund der Karma-Unterrichtung*, so lautet die Antwort. Wenn sich irgendetwas von dieser Natur für den Menschen ereignet, dann ist es so von Dauer. Karmische Unterweisungen siegen über die Evolution. Ihr geht von Lebenszeit zu Lebenszeit und wenn Ihr in einem Lebensausdruck ein Glied verliert, dann bleibt dieser Zustand permanent solange so, bis Ihr hinübergeht. Das ist eine Aufstellung von höchstem Range und sie versorgt Euch mit einer Lebenslektion. Es ist eine Anomalie der Evolution, die Euch alle ganz neugierig hätte machen sollen, doch nehmen es die meisten Menschen einfach als selbstverständlich hin.

Es gibt überall im biologischen System des Menschen viele dieser Anomalien. Hier ist eine große Anomalie, von der wir zuvor gesprochen haben: Bestimmte Arten von Nervenverletzungen in Eurer Biologie werden etwas tatsächlich Merkwürdiges hervorbringen. Anstelle von Heilung und Verjüngung wird eine ungewöhnliche Chemie zu der Stelle der Verletzung rasen, um die Heilung der Nerven zu *hemmen* und zu *blockieren*. Wusstet Ihr das? Ist es beabsichtigt, dass die Spitze der Evolutionskette auf diese Weise arbeitet? Das würde man nicht meinen und doch habt Ihr Euch daran gewöhnt und fragt Euch nie, wie ungewöhnlich dies ist. Wisst Ihr, warum der Nervenschaden blockiert wird? Wenn die Wirbelsäule beschädigt ist, bringt dies einen Menschen hervor, der für sein *Leben* an einen Rollstuhl gebunden ist! Das ist eine karmische Aufstellung und sie wurde achtsam und sorgfältig von Euch geplant. Beginnt Ihr das ganze Bild - den ganzen Zusammenhang zu begreifen? Lasst den Beweis für Eure spirituelle Aufstellung in der ungewöhnlichen Art und Weise liegen, auf die sich der Mensch entwickelt hat - **er ist schwächer**, als es jemals hätte sein sollen, **und in einer Einzigartigkeit,** die eine Rasse erschafft, in der alle von gleicher Art sind.

Seid Ihr bereit dafür, dass sich einige dieser Anomalien verändern? Seid Ihr bereit für das Wissen darüber, warum diese Dinge stattfinden? Alles Wissen ist bereits hier und die Potenziale sind großartig. Es ist an der Zeit, eine Schwelle zu feiern. Lichtarbeiter, die während dieser letzten Jahre eine große Besorgnis empfunden haben, wir versprechen Euch - Entlassung *(Freigabe)*. Es ist an der Zeit, dass Ihr mit dem, warum Ihr hierher gekommen seid, weitermacht. Es gibt welche in diesem Raum und unter denen, die dies lesen, die sich wie „aufgeschmissen“, gebremst, gestoppt, erstickt fühlten und die sich so fühlen, als würden sie nur auf der Stelle treten. Wir sagen Euch, dass Ihr auf die Schwelle gewartet habt! Denn während die Energie in diesen nächsten 12 Jahren nach der Schwelle hervorkommt, werden viele der Dinge passieren, die Ihr für Euch selbst geplant habt und von denen Ihr intuitiv spürt, dass sie zu Euch gehören. Ihr habt auf etwas gewartet, nicht wahr? Oh, glaubt Ihr, wir wissen nicht, wer dies hier liest oder hört? Als Ihr das letzte Mal im Tod durch den Schleier gekommen seid, konntet Ihr es kaum erwarten, zum Planeten zurückzukehren!

Oh, Ihr Lieben, wir betrachten diese Menschheit und wir sehen die Engel, die Lichtwesen und Familienmitglieder, welche Ihr seid. Das letzte Mal, als wir Euch auf meiner Seite des Schleiers sahen, konntet Ihr es kaum erwarten, zur Erde zurückzukehren! Und als Ihr geboren wurdet, kamen so viele von Euch in einer Welt an, die genau jetzt das Potenzial zur Beendigung hatte. Und doch seid Ihr zurückgekehrt und konntet es kaum erwarten, am Leben auf der Erde teilzunehmen, weil viele von Euch von Anfang an hier waren. Ihr hättet das Zeitfenster auf keinen Fall versäumt! Es ist das Ende der Prüfung und Ihr wolltet hier sein. Was also war geschehen? Anstelle einer Unheilsverkündung habt Ihr nun eine Aussicht auf Frieden. Anstelle von Entsetzen habt Ihr potenzielle Freude. Und wenn Ihr noch nicht wahrgenommen habt, dass Eure Füße gewaschen worden sind, dann gebt dem etwas Zeit. (Lachen)

Weltweite Religiöse Toleranz

Es gibt hier so viele Feiern! Lasst mich Euch über eines der Potenziale berichten, das so aufregend ist, dass wir es schon zuvor beim letzten Channeling erwähnt haben. Dies ist deswegen aufregend, weil es etwas mit der menschlichen Wahrnehmung und der Zusammenarbeit mit Gott zu tun hat. Es gibt viele Kulturen, viele Doktrinen und viele Glaubenssysteme, die alle versuchen, gemeinsam auf diesem Planeten zu existieren. *„Wird es jemals geschehen, Kryon, wird es jemals eine Weltreligion geben?"* Nein. Wir haben das bereits gesagt. Es ist weder angemessen noch nützt es den Kulturen dieses Planeten, eine Weltreligion zu haben. Wir haben über die Ehrung der nach Gott suchenden Menschen gesprochen. Eine Einheitlichkeit der Doktrin hierbei ist ganz und gar nicht das Thema. Es gibt keine Belohnung dafür, dass jeder dasselbe denkt *(alle gleich denken).*

Das größere Bild ist in Reichweite. Was wird geschehen? Ich werde es Euch sagen. Es wird der Anfang einer Toleranz zwischen den bestehenden Glaubenssystemen sein. Ihr werdet eine potenzielle

Zusammenarbeit und Ehre und Achtung mit- und füreinander haben - eine Erkenntnis, dass das andere Menschenwesen das Recht auf eine persönliche Beziehung mit Gott hat - so wie auch Du selber. Du kannst über Toleranz verfügen ebenso wie der andere. Und gerade so wie Ihr an diesem Nachmittag hier sitzt oder woanders sitzt und dies lest, gibt es welche, die sich auf der anderen Seite des Planeten treffen, um mit dieser Idee zu beginnen (Die Rede ist vom Parlament der Weltreligionen-Begegnung in Afrika, erst das dritte Mal in 106 Jahren - vergl. auch Seite 242). Schaut auf den Überblick. Es gibt hier einen kosmischen Witz. Wo war es beabsichtigt, dass das Ende Eurer Zivilisation gerade jetzt stattfinden sollte? Die Antwort lautet: im Mittleren Osten. Überprüft all die Schriften und die Vielzahl von Prophezeiungen. Israel ist der „Krisenherd", nicht wahr? Dort schäumt alles über und von dort würde die Energie das Ende des Planeten herbeiführen. Tatsächlich ist der Mittlere Osten der Brennpunkt, so wie viele von Euch es gewusst und gesehen haben.

Nun, geht für einen Moment dort hinüber. Es gibt dort keinen großen Krieg. Sicher habt Ihr dort Verwirrung, Frustration und sogar Hass. Aber das Hauptaugenmerk *(der Fokus)* ist darauf gerichtet, *wie* der Frieden gestiftet werden kann! Von den vielen Seiten des Problems habt Ihr die Energie dafür, wie man Frieden schließt! Klingt das so wie Eure Prophezeiung? Der kosmische Witz ist dieser: Sie werden dort letztendlich ein Wunder erschaffen, in dem drei oppositionelle, dogmatische, führende Religionen dieses Planeten zur gleichen Zeit die gleichen heiligen Plätze miteinander teilen können, friedvoll, in Frieden. Und wie? Es geschieht durch Toleranz und Verständnis. Es beginnt dort und es wird nicht einfach sein - aber es geschieht genau jetzt in dieser Zeit, während Ihr die Schwelle überquert. Betrachtet Folgendes: Was auch immer um Punkt Mitternacht überall auf der Erde geschieht, es ist der Vorbote *(Vorläufer)* der Energie des neuen Jahrtausends. Wird es zu dem Zeitpunkt Verwirrung, Ausschreitungen und Terrorismus geben? Oder wird es Freude, Feiern und ein Gefühl von einem Neuanfang geben? Ich denke, Ihr wisst es bereits.

Das 12:12 - Neue Bedeutung

Nach der Schwelle besteht ein Potenzial für eine neue Sanftmütigkeit und eine neue Weisheit. Die größte Ermahnung aller Zeiten wird potenziell beginnen sich von selber zu zeigen: Ihr werdet beginnen „einander zu lieben". Was für ein Konzept!

„Kryon, Du meinst mir damit sagen zu wollen, dass sich nach all den Äonen von Zeiten die Energie zwischen den Religionen verändern wird?" Ja. Das ist in der Tat das Potenzial. Und, Ihr Lieben, ich will noch etwas Weiteres sagen. Möchtet Ihr wissen, was die hilfreiche Unterstützung hierbei ist und wo das Geschehen anfangen wird? Ich werde Euch einen Satz nennen: *Wartet, bis Ihr sehen könnt, was die Kinder tun werden!* Ein heute 10-jähriges Kind wird im Jahr 2012 - wenn die letzte Messung vorgenommen wird - 22 Jahre alt sein. Diese Kinder von heute, genannt die Indigos, werden an der nächsten Schwelle junge Erwachsene sein. Sie werden das Bewusstsein des Planeten verändern. Einige von Euch haben nach der Bedeutung des 12:12 gefragt. Es bedeutet noch mehr, als Euch bisher darüber gegeben wurde.

Der Zeitraum von der Harmonischen Konvergenz in 1987 bis zum Jahr 1999 ist eine Reihe von 12 Jahren. Der Zeitraum von jetzt bis zum Jahr 2012 ist eine weitere Reihe von 12 Jahren. Betrachtet hierbei das 12:12. Obwohl das 12:12 eine Machtübernahme durch die Menschheit in den Neunzigerjahren repräsentiert, ist es zugleich auch eine Metapher für den Zeitrahmen, welcher in den zwei 12-jährigen Abschnitten für die Veränderung der Menschheit gegeben wurde. Ihr habt gerade die ersten 12 der zwei vollendet und was Ihr bereits getan habt, hat selbst die Potenziale, die Euch 1987 gegeben wurden, bei weitem übertroffen! Als in 1989 diese Schriften begannen und mein Partner (Lee, der Kryon channelt) anfing, hatten wir keine vorgegebenen Potenziale für die Energie, so wie sie heute wirklich ist. Das, was geschah, und die Geschwindigkeit, mit der es sich vollzog, ist eindrucksvoll! Das ist einer der Gründe dafür, warum wir hier sitzen, Familie, ein Ereignis feiernd, das so tiefgreifend ist, dass Ihr es Euch nicht einmal vorstellen könnt. Keiner von Euch sah die Energie von dem, was es hätte sein können.

Weltpolitik

In den vergangenen Channelings haben wir über die Politik auf der Erde gesprochen. Wir haben über finanzielle Angelegenheiten gesprochen. Erst vor ein paar Wochen haben wir beim letzten Channeling gesagt, dass sich die Erde zu entscheiden hat, welchen „Wert die Dinge haben“. Nun, es hat begonnen und betrachtet die es umgebende Energie (die Rede ist von den Ausschreitungen in Seattle bezüglich des Welthandels). Seht Euch an, wie das Alte und das Neue gegeneinander drücken. Seht Euch an, wie die Dritte Welt und die Erste Welt politische Zusammenkünfte haben, in dem Versuch zu entscheiden, wie viel die Dinge wert sind - wie viel die Arbeit wert ist, wie viel der Handel wert ist. Seht Euch das an. Es ist ein Teil des neuen Paradigma der Erde und es schmerzt, während es geschieht, doch es folgt in der Begleitung von allem, was ich Euch für die letzten zwei Jahre gesagt habe. Es ist der Anfang von wachsenden Schmerzen, während die Gesellschaften der Erde tatsächlich beginnen zusammenzuarbeiten. Es ist der Anfang von etwas, was wir das „Neue Jerusalem“ nennen werden.

Durch eine neue Sanftmütigkeit wird ein Land nach dem anderen feststellen, dass Handel die Antwort auf Krieg ist. Lasst es jetzt beginnen. Oh, es gibt viel Arbeit zu tun, aber Ihr macht keinen Krieg mit den Volksstämmen, mit denen Ihr Handel betreibt! Erinnert Euch an Folgendes: Hier ist ein Potenzial, eine Ermahnung, eine Reihe von Instruktionen für diesen Kontinent Amerika. Lichtarbeiter, es ist Zeit, Eure Energie auf die Dritte Welt zu konzentrieren. Es gibt dort viel für Euch. Richtet Eure Augen auf das, was in diesen dunklen Gegenden geschieht, die Ihr zuvor noch nicht betrachtet habt. Es gibt dort Familienmitglieder - es gibt dort Lichtarbeiter - und sie brauchen Eure Energie wie niemals zuvor. Das ist das Potenzial. Erinnert Euch, dass wir davon gesprochen haben, denn das Gleichgewicht der Erde hängt davon ab.

Wissenschaft

Wir haben oft über Wissenschaft gesprochen. Wir haben über Physik und Chemie und DNS gesprochen. Sie repräsentieren mehrere der Gedanken“pakete“, die allmählich umfallen werden (die Grenzen des alten

Denkens auflösend). Wartet, bis Ihr sehen werdet, was die Kinder tun werden! Lasst mich über die älteste Wissenschaft auf dem Planeten sprechen: die Studie der Magnetfelder Eures Sonnensystems und die Reaktion darauf in Eurer zellularen Chemie bei der Geburt = die Aufstellung zwischen dem Magnetgitter und dem Kristallgitter, wie sie vom Sonnensystem bei Eurer Geburt festgelegt wurden. Diese magnetischen Instruktions-Zusammenstellungen enden dort, wo sie die Kristallhülle der DNS umgeben. Ihr habt dieses Wissen jetzt. Es ist die älteste Wissenschaft auf dem Planeten und sie wird *Astrologie* genannt.

Magnetismen, Zellchemie, Lebensprägungen und karmische Attribute gehören alle zum Studium der Magnetismen und Gravitationsattribute Eures Sonnensystems. Die menschlichen Persönlichkeitstypen entwickeln und drehen sich um ein System, das erschaffen wurde, damit Ihr, ein Typ von Mensch, große Unterschiede zwischen Euch zu bewältigen und miteinander auszuhandeln habt! Und doch verdrehen die Wissenschaftler auf diesem Kontinent (Nordamerika) bei dieser ältesten Wissenschaft des Planeten die Augen. Es wird eine Zeit kommen, Ihr Lieben, in der Eure vorherrschende Wissenschaft *(Hauptstrommenge)* damit beginnen wird, der Astrologie Glaubwürdigkeit zu schenken. Warum das allmählich geschehen sollte? Weil es auf das vollständige Verstehen der menschlichen Erbmasse und die darin verborgenen Muster und Anomalien zurückzuführen sein wird. Und wieder, wenn die Wissenschaftler das Rätsel erkennen, werden sie die Ursache studieren.

Seht Euch Eure Wissenschaftler heute an und vergleicht sie mit der Energie, welche sie vor der Harmonischen Konvergenz von 1987 hatten. Seht Euch die Astronomen an! Was war vor zehn Jahren das Hauptziel ihrer Arbeit und was ist es jetzt? Was ist jetzt der Gegenstand vieler Astronomieexperimente, genau jetzt in 1999? Es ist die Entdeckung von Leben im Universum! Es gibt ein Rennen darum, Planeten zu entdecken (etwas, was vor zehn Jahren noch kein Thema war - 22 wurden bis jetzt, dem Zeitpunkt dieser Niederschrift, entdeckt). Warum? Um zu sehen, ob irgendwelche davon in der „Sicherheitszone" der Erde sind und um sie für das Leben zu erforschen! Diese Suche wurde jetzt zur vorherrschenden Wissenschaft! Die Untersuchungen auf dem roten Planeten haben Lebens-

Detektoren! Man vermutet, dass sogar ein Jupitermond Leben in seinem Ozean beherbergt, und die Astronomen können es kaum erwarten, dort hinzukommen. Wenn Ihr diesen Schwerpunkt vor zehn Jahren vorgeschlagen hättet, dann wäret Ihr ausgelacht worden. Wenn Ihr damals darüber gesprochen hättet, dass sich noch anderes Leben in Eurem eigenen Sonnensystem befindet, wäret Ihr aus dem Zimmer entlassen worden! So weit seid Ihr gekommen. Was der Grund dafür ist, warum sich diese Einstellung geändert hat? Beschleunigte Entdeckungen und Bewusstseinsveränderungen auf der Kernebene des menschlichen Denkens. Erinnert Ihr Euch an das, was wir 1993 mitteilten? Wir sagten: „Die Verrücktheit von heute enthält das Potenzial, die Wissenschaft von morgen zu werden“ Gut...Willkommen im Morgen!

Denkt darüber nach, was die nächsten 12 Jahre bringen könnten. Die Wissenschaft wird die Göttlichkeit des Schöpfers entdecken und die Gelegenheit haben, es als das zu bezeichnen, was es ist. Einige werden es bestätigen und andere nicht. Mehr noch, sie werden etwas anderes entdecken, das sie nicht erwartet haben, wenn ihnen schließlich offenbar werden wird, dass Energie in der menschlichen Absicht und im menschlichen Bewusstsein enthalten ist. Wenn sie die Wissenschaft entdecken, die sich hinter der Energie des Bewusstseins befindet, dann mögen sie erstaunt sein, aber es wird viele Dinge auf den logischen Stand dessen bringen, wie der Körper funktioniert und arbeitet - wie die Materie funktioniert, wie Gott wirkt. Es gab eine Zeit, in der Ihr glaubtet, dass Gott und die Wissenschaft sehr weit voneinander entfernt seien. Es wird eine Zeit kommen, Ihr Lieben, in der diese Vorstellung schließlich lachhaft ist.

Lasst mich Euch sagen, dass es hier sehr viel Feierlichkeit gibt! Ich möchte hier für einen Moment anhalten. Warum seid Ihr heute Abend gekommen? Warum lest Ihr dies? Hattet Ihr eine Aufgabe oder eine Lebenshoffnung, als Ihr hierher kamt oder diese Aufzeichnung in die Hand genommen habt? Warum gebt Ihr nicht genau jetzt Eure Absicht dafür? Ihr solltet wissen, dass Euch die Dinge, um die Ihr bezüglich einer höheren Schwingung, Heilung, Frieden und besserem Wissen von dem Höheren Selbst gebeten habt, genau jetzt gewährt werden können. Und im Verlauf dieser Dinge, Ihr Lieben, wird die Synchronizität folgen, die Ihr Euch in

Eurem Leben ersehnt. Oh, die Dinge werden vielleicht nicht exakt genau so Gestalt annehmen, wie Ihr es Euch vorgestellt habt, doch wir sagen Euch noch einmal, setzt Euch nicht vor Spirit und bittet um einen Baum, wenn wir Euch doch einen ganzen Wald geben können! Definiert nicht, wie Gott Euch helfen wird, denn Ihr begrenzt damit das Ergebnis! Lasst es stattdessen **sein** *(geschehen)*. Setzt Euch vor Spirit und erkennt die Familie und sagt: *„Lieber Spirit, was möchtest Du mich wissen lassen?"* Sagt diese Dinge so, dass wir Euch die Informationen übermitteln können, die göttlich für Euer Leben sind!

Ihr Lieben, befindet Ihr Euch inmitten von Trauma, Prüfungen, Prozessen und Not? Dann feiert es! Könnt Ihr das? Mein Partner hat Recht, wenn er sagt, dass ein inneres Leuchtfeuer eingeschaltet wird, wenn Ihr Eure Schwierigkeiten mit reiner *(purer)* Intention feiert, und Ihr werdet zu einem Katalysator für Lösungen in Eurem Leben. Dies bringt Synchronizität, Antworten und Lösungen hervor *(herein)* - und daraus entwickelt sich ein neues Menschenwesen. Lasst Euch von den Passionen erzählen, welche sich auf diesem Planeten verändern. Menschenwesen, es gibt einige von Euch, die mit einer Blaupause hierher gekommen sind, die sich durch die Absicht, die Ihr bekundet habt, total und vollständig verändert hat. Vieles von dem, was Ihr einst gewünscht, geliebt, geschätzt und als wichtig erdacht habt, ist jetzt verschwunden. Stattdessen fand eine totale Umkehrung statt und nun seid Ihr an Menschen interessiert. Ihr fangt an, Euch für die Familie zu interessieren... Beziehungen und Verbindungen herzustellen - ein Netz der Familie. Wenn Ihr feststellt, dass sich Eure Passion verändert, dann ist es ein sicheres Zeichen für einen höher schwingenden Menschen.

Die neuen Kinder - die Indigos

Gesegnet sind die Menschen in diesem Raum und dies lesend, welche die neuen Kinder erkennen. Wartet, bis Ihr seht, was die Kinder tun werden! Gesegnet sind die Menschen, die bereit sind, die Kinder an die Hand zu nehmen, ihnen in die Augen zu sehen und zu sagen: *„Ich erkenne Dich. Du wurdest erwartet."* Dies sind die Kinder, welche die Potenziale ermöglichen werden, von denen wir heute gesprochen haben. Eltern, seid achtsam. Versucht nicht, Eure Vorurteile auf diese Kinder zu übertragen, denn sie werden sie weder akzeptieren noch glauben. Es wird keinen schnelleren Weg für eine Spaltung zwischen Kind und Erwachsenem geben, denn die Kinder werden das Vorurteil, welches Ihr an sie weiterzugeben versucht, erkennen und sie werden Eure Weisheit nicht ehren.

Indigokinder kommen mit einer Reihe von zellularen Instruktionen auf die Erde und ich möchte Euch sagen, was das Hauptziel ist. Es ist nicht Eifersucht, Hass oder nicht einmal Überleben oder Schutz. Wenn diese Kinder erwachsen sind, dann möchte ich, dass Ihr auf das aufpassen werdet, was ihre Worte und Absichten der Menschheit sagen werden. Ihr ganzer Absichtszweck wird dies fragen: „Wie können wir Lösungen für die Probleme der Erde finden und wie können wir als eine Familie gemeinsam in Toleranz beisammen sein? Wie können wir die Volksstämme zusammenführen, die sich immer bekämpften?" Diese Kinder können zu den Führern werden, die diese Veränderungen ermöglichen werden... etwas, das dem Großteil der Menschheit seit Äonen nicht eingefallen ist. Nun habt Ihr Seelen, die darauf bestehen werden.

Wartet, bis Ihr seht, was die Kinder tun werden!

Die Geschichte von Herman - Eine Weihnachtsgeschichte

Lasst mich Euch von Herman erzählen. Herman war ein Krieger, ein richtiger Mann. Herman ist nicht mehr unter uns. Er und viele andere Männer waren Zeugen von etwas, das vor nahezu 100 Jahren noch einzigartig war. Jetzt gerade, im Jahr der Erde 1914 nahm Herman an einer großen Schlacht teil, welche der Anfang dessen war, was Ihr als den ersten Krieg benennen würdet, in den die ganze Welt involviert war.

Es fand eine wütende Schlacht statt, bei der Herman eine Rolle spielte. In diesen Tagen war das Kriegführen rauer: Krieger sahen ihren Gegnern in die Augen, bevor sie sie töteten. Und Herman und der Feind lagen zu Beginn dieses Großen Krieges - in dem ein Land gegen ein anderes kämpfte -, in den Schützengräben. Herman hatte tagtäglich den Tod vor Augen. Tagtäglich verlor er Freunde. Tagtäglich sah er Grobheit, Grausamkeit und Hass und für sein Land war auch er so wie die anderen ein Teil davon.

Herman lag in einem Schützengraben an der Front. Gar nicht weit entfernt davon befand sich der Schützengraben seines gehassten Gegners und sie bekämpften sich Tag und Nacht heftig. Die Männer waren wochenlang im Kampfgefecht - erschöpft, verwundet und dreckig. Herman hasste es. Dann geschah etwas. Er hörte von seinem Kommandanten, dass es zwischen den Ländern eine Vereinbarung gab, dass an Weihnachten alle zu kämpfen aufhören würden. Denn seht, beide Seiten teilten eine gemeinsame Religion. Tatsächlich teilten sie eine Doktrin, die von der Liebe Gottes spricht.

Herman wird das, was dann geschah, niemals vergessen. Er überlebte den Krieg und er erinnerte sich immer an das, was an diesem Weihnachtstag geschah. Denn an diesem Tag stoppten alle Kämpfe für 12 Stunden. Doch das war noch nicht alles. Es schien für Herman so, als wenn das Schweigen für ihn ohrenbetäubend war - keine Explosionen oder Schreie mehr. Beim Einbruch der Nacht sah er Licht von den Feuern in den Schützengräben der Feinde - etwas, was sie nie zuvor getan hatten. In diesem Moment von vereinbartem Frieden wagten sie es, ein Feuer anzuzünden, um sich selber zu wärmen. Henrys Seite machte das Gleiche und es wurde immer offensichtlicher, wie nahe sie einander wirklich waren. Henry konnte die Umrisse von einigen ihrer Helme sehen und dann hörte er sie singen!

Sie sangen in einer anderen Sprache, aber die Melodien waren dieselben wie die Melodien, die er als Kind gehört und gesungen hatte! Die Lieder handelten vom Frieden auf Erden und der Liebe Gottes. Er hörte sie frohlocken und er roch ihre Nahrung. Das veränderte Herman. Niemand starb an diesem Tag. Es war das Erstaunlichste, was Herman jemals widerfahren war. Er erzählte seinen Kindern und seinen Enkelkindern, dass er ein Wunder erlebt hatte: Die Männer hatten ihre Waffen abgelegt, als sie erkannten, dass sie etwas wunderbar Schönes gemeinsam hatten und es überstieg ihren Krieg oder ihren Hass. Die Sache, welche sie gemeinsam besaßen, war die Liebe Gottes.

Er sagte zu seinen Kindern: „Wäre es nicht großartig, das Geheimnis von diesem Wunder herauszufinden? Was wäre, wenn Ihr dieses Geheimnis, welches die Kämpfe für einen Tag anhielt, nehmen könntet und dann das Kämpfen für eine Woche, einen Monat oder für immer stoppen könntet? Was wäre, wenn die Menschen hinter ihren Hass blicken und eine Vereinbarung über die gemeinsame Liebe Gottes erreichen würden?“ Er sagte ihnen selbst noch einmal, bevor er starb: „Ich sah es! Ich sah das Wunder dessen, was die Liebe Gottes vollbringen kann! Ich weiß, dass es wieder geschehen kann. Ich sah es in einer alten Energie und nur für einen Tag.“ Und er forderte seine Kinder auf, als er sagte: „Ich weiß, dass es möglich ist. Bitte findet einen Weg.“

* * *

Ihr wundert Euch, warum wir mit Euch feiern? Dieses Gefolge von uns sieht das Potenzial des neuen Menschenkindes, welches Ihr durch Eure Wahl auf diesem Planeten erschaffen habt. Dieses Gefolge, welches hier hereinströmt, um Euch zu lieben, erkennt das Potenzial der Menschheit, eine Vereinbarung zu haben, welche die Göttlichkeit eines jeden auf dem Planeten respektiert. Oh, es mag Meinungsverschiedenheiten darüber geben, wie es Form und Gestalt annehmen wird oder wie es schließlich ermöglicht wird, doch die Menschheit kann sich schließlich über etwas einigen, das anstelle der Energie von Krieg treten kann. Sie kann - bevor jemals ein Krieg ausbricht - vereinbaren, dass es einen größeren göttlichen Sinn für die Friedensfindung gibt. Bezweifelt Ihr, dass so etwas geschehen kann? Glaubt Ihr, dass dies alles Heuchelei ist und dass das menschliche Naturell so etwas nie ermöglichen wird?

Wartet, bis Ihr seht, was die Kinder tun werden!

Ihr Lieben, Ihr nähert Euch einer Zeit, die eine Ferienzeit der Liebe ist - die Jahreszeit, in der sie in 1914 aufhörten zu kämpfen - ein Wunder, welches sich auf die Leben aller Soldaten, die es sahen, auswirkte. Ihr werdet nun die Aussprüche überall rund um Euch herum hören, die Ihr Euer Leben lang gehört habt: „Frieden auf Erden“.... Erst jetzt habt Ihr und die Kinder das Potenzial dafür in Euren Händen, diese Worte zu ermöglichen!

Wird es geschehen? In der Geschichte der Menschheit gibt es kein größeres Potenzial dafür als jetzt.

Wie wird dies erreicht werden? Es hat genau dort, in Euch, zu beginnen. Wie würdet Ihr die Kämpfe gerne beenden? Wie wäre es mit einer Vereinbarung zwischen dem „Dualitäts-Selbst" und dem „Höheren-Selbst" darüber, die Kämpfe zu beenden. Lasst die Dualität ihren eigenen Weg gehen und bringt das Wissen ein, dass Ihr das Kämpfen - mit einer Vereinbarung über die Liebe Gottes - beenden könnt.

Oh, aber es gibt noch mehr und ich habe es zu anderen Lichtarbeitern gesagt, doch Ihr bedürft es wieder zu hören. Geliebter Mensch, der dies hört und liest, wer ist der-/diejenige, mit dem Du nicht sprichst? Wer ist der-/diejenige, dem Du nicht vergibst... tot oder lebendig? Ist es nicht an der Zeit, diese Energie zu beenden und anzufangen, das große Bild zu sehen - den Umstand *(die Aufstellung)*, die es verursachte? Was ist mit der Liebe Gottes? Ist sie nicht wichtiger als Euer Drama? Frieden auf Erden hat hier zu beginnen, genau da, wo Ihr sitzt!

Es gibt einen göttlichen Funken in Euch, welcher ein Teil in jeder einzelnen Wesenheit ist, die hier sitzt oder dies liest. Es ist an der Zeit, einverstanden zu sein und gemeinsam mit dem Engel in Euch zu beabsichtigen, alle Bitternis, Grausamkeit und Hass zu entlassen *(freizugeben/erlösen)*. Und zu diesem Thema bezüglich der Mensch-zu-Mensch-Beziehungen sagen wir Euch: Wartet, bis Ihr seht, was die Kinder tun werden!

Noch einmal sagen wir Euch: möchtet Ihr wissen, was unsere Botschaft von heute ist? Sie heißt *Danke!* Dank an Euch dafür, dass Ihr die Schwingung des Planeten erhöht und mit etwas begonnen habt, das tiefgreifende und interstellare Auswirkungen hat, die in den entferntesten Reichen Eures Universums gespürt werden. Jedes Familienmitglied weiß von der Erde - jedes. Es wird eine Zeit kommen, in der wir Euch wiedersehen werden, und das wird nicht in diesem Raum sein oder dort, wo Ihr sitzt und dies lest. Es wird eine Zeit kommen, in der Kryon Euch in all Eurer Pracht und Glorie und Euren Farben sehen wird. Wenn dies geschieht, werden wir über diesen Erdentag sprechen, das letzte Treffen vor der Schwelle.

Wir werden von der Feier sprechen, welche wir im Dezember 1999 hatten, von dem Waschen Eurer Füße, Euch umarmend und von dem letztendlichen Feiern Eurer Rückkehr. Für mich geschieht es jetzt.

Aber bis dahin, Ihr Lieben, bis das in Eurer Realität geschieht, sagen wir das Folgende zu Euch: Bleibt hier und bewahrt das Licht! Bringt diese Schwelle zum Zählen! Was wird bezüglich dieser Welt geschehen? Ihr Lieben, wenn Ihr die Schwelle überquert, werden wir dies sagen: Lasst den Unterricht beginnen! Denn dann wird die Besorgnis beginnen sich aufzulösen. Die Weisheit wird Euch von selbst umhüllen, weil die Schwelle, die Ihr gespürt habt und von der Ihr geglaubt habt, sie sei Euer Ende, überschritten sein wird! Die Angst rund um dieses Ereignis wird besiegt sein und nun wird nur Hoffnung an ihrem Platz stehen - Hoffnung auf die mächtigste und stärkste Kraft im Universum ... die Hoffnung auf die Liebe Gottes!

Von Euch wegzugehen ist das Schwierigste für uns. In meinem Partner quillt es empor und die Worte des Abschieds fallen schwer. Er fühlt, was Kryon fühlt (Weinen). Diese Momente, die wir in diesen sich vermischenden Energien mit Euch geteilt haben, sind kostbar, so kostbar. Und nun ziehen wir uns zurück und verlassen Euch mit derselben Feierlichkeit, mit der wir hereingekommen sind - mit Danksagungen in der Botschaft, die wir geben. Erinnert Euch und denkt an das, was alle Meister sagten und fortgesetzt sagen: „Liebet einander!" Und wenn Ihr das tut, dann werden die drückendsten Probleme der Welt weichen, als wenn sie niemals existiert hätten. Der Katalysator für Frieden ist Liebe - sagt es wieder und wieder und wieder.

Nun, an der Schwelle, könnt Ihr es vollständig ermöglichen.

Danke, Ihr Lieben. Danke.

Und so ist es

Kryon

Kryon

Live-Channeling

„Die Überquerung der Brücke der Schwerter“

Gechannelt in
Orlando, Florida
Januar 2000

Kapitel VIII

„Die Überquerung der Brücke der Schwerter"

Live-Channeling
Orlando, Florida

Dieses Live-Channeling wurde mit zusätzlichen Worten herausgegeben, um Klarheit und ein besseres Verständnis in der schriftlichen Textform zu ermöglichen.

Seid gegrüßt, Ihr Lieben. ICH BIN Kryon vom Magnetischen Dienst. Dies ist ein kostbarer Moment, während wir so leicht in die Energie des Gefolges hineinkommen - ohne dass wir die Energie zu erstellen haben - , und wir lassen das Gefolge hervorströmen, während wir damit beginnen, Eure Herzen zu berühren. Denn es gibt viele von uns, die heute kommen, um Euch zu sehen. Tatsächlich werden wir die Gänge rund um Eure Sitzplätze erfüllen ebenso wie die Plätze hinter und vor Euch. Selbst wenn Ihr meint, es gäbe weder Raum noch Platz, werden viele von uns hier sein.

Von der Interdimensionalität, die zu allem gehört, verkünden wir, dass wir ebenbürtig *(gleich)* mit Euch sind. Die ICH BIN Gegenwart ist nicht Kryon. Wir laden Euch ein, die ICH BIN Gegenwart der Engel in diesem Raum zu spüren. Der erste Engel in diesem Raum, der möchte, dass Ihr die ICH BIN Gegenwart spürt, ist derjenige mit der Erzengel Energie. Während Ihr Euch an den Frieden gewöhnt, der jetzt in Euch fluten mag, ist die alles über-deckende Energie in diesem Raum - heute Abend - von Erzengel Michael. Sie freut sich, hier zu sein! Und so geht es Eurer Schwester / Eurem Bruder Kryon. Versteht Ihr, dass Spirit kein Geschlecht hat?

Der zweite Engel in diesem Raum, der Euch begrüßen möchte, ist derjenige, den Ihr in Euch tragt - welches die WIRKLICHE Familie ist. Das Höhere Selbst von jedem Individuum steht in diesem Raum, um uns alle zu begrüßen, ebenso wie den Zweifel in Euch, dass dieses geschehen könnte. Es ist die andere Hälfte des ICH BIN.

Jeder Engel, von dem jemals berichtet wurde, dass er mit einem Menschen gesprochen hat, und jede berichtete Vision mit Attributen eines himmlischen Besuchers *(Engel)*, ist in gewisser Art und Weise dasselbe. Ein Engel oder eine Wesenheit tritt in Euer Leben, ob in Scharen oder immer nur einer zur selben Zeit (Lachen) und das Erste, was jeder tun wird, ist, vor den Menschen hinzutreten und zu sagen: „Fürchte Dich nicht." In Wirklichkeit sagen sie: „Habe keine Angst vor mir, denn ich bin Deine Familie".

Das zweite Attribut jedes himmlischen Besuchers ist, mit einem Wort gesprochen, das des *Beistands (der Assistenz)*. Die Engelwesen *(Himmlische Seinswesen)* sind Teile von Gott, die Euch in all ihrer Pracht besuchen. Oh, wenn Ihr nur ihr Aussehen sehen könntet! Sie sind alles, was Ihr Euch je vorstellen würdet! Wie fühlt es sich für Euch an, wenn Ihr wisst, dass jeder Einzelne von ihnen kommt, um EUCH beizustehen? Seht Euch die Geschichte und die dokumentierten Besuche von Engeln wie diesen hier an.

Klingt das nach dem Gott, von dem Euch von früh an in Eurem Leben gelehrt worden sein mag - dem Einen, der Euch sagt, dass Ihr nicht würdig seid? Klingt das nach einem Gott, der sich weit weg, jenseits hinter dem menschlichem Verstehen befindet? Nein. Es ist an der Zeit für Euch, das zu verstehen, soweit Ihr es noch nicht ganz verstanden habt, was mein Partner früher an diesem Tag erklärte: Ihr habt keine Vorstellung davon, **wer** jetzt während dieses Channelings gekommen ist, um **wen** zu sehen! Lasst die Energie in diesen Raum hervorströmen und Euch den Beweis dafür geben, was in dieser Realität vor sich geht. Versteht die Beziehung zwischen uns! Versteht, dass WIR hier sind, um EUCH zu sehen!

Denn dies ist der Grund dafür - wie wir zuvor sagten -, dass es hier eine Wiedervereinigung gibt. Es ist ein Erwachen mit der Familie. Wir laden

Euch ein, jene von uns in dem Raum mit Euch fühlend wahrzunehmen, und dies gilt auch für den Leser. Es wird sich warm und bewegend anfühlen mit sanft auf Euch pressender Energie, welche die Dichte des Geistes (Spirit) auf Euch drückt - es ist das Gefühl von Daheim. Und Ihr könnt es als eine Umarmung bezeichnen. Es gibt nichts, Ihr Lieben, was dem gleichkommt - nichts ist so wie dies. Sitzt für einen Moment mit in einem Raum, gefüllt von denen, die Euch so sehr tief lieben, an diesem Platz von Frieden und feiert mit mir.

(Pause)

In meinem Partner wallt das Gefühl empor in dem Wissen, dass so viele von Euch jetzt spirituelle Energie geben, welche Ihr mit Euch gebracht habt - welche die Absicht dafür ist, uns hereinzulassen - die Intention, Euch von uns umarmen zu lassen. Lasst nur wenige Momente lang zu, dass sich die Energien von Eurer Familie auf der anderen Seite des Schleiers mit den Euren vermischen. Lasst dies von diesem Moment an, nur für ein paar wenige Augenblicke, Eure gemeinsame Realität mit der unseren Realität sein. Spürt die Familie, so wie sie kommt, und fühlt als Beweis dessen selber, wie sie Euch berührt. Obgleich dies nicht immer der Weg der Dinge ist, gibt es doch genau jetzt einige kostbare Wesenheiten, welche unlängst entschlafene Menschen sind - die jetzt diesen Raum und den Raum rund um den Leser besuchen. Dies ist nicht immer der Fall, Ihr Lieben, aber heute gibt es hier die Zuhörer und Leser, die das Spüren dieser spezifischen Energie benötigen. Vielleicht war es die ganze Zeit über Eure Absicht. Seht Ihr, was Eure Kraft und Macht ausrichtet? Hier sind sie! Leser, verstehst Du nun das JETZT besser? Diese Abschrift wird alles in einem *(gleichzeitig)* sowohl gehört als auch gesehen! Spürt die Liebe der hier Anwesenden! Diese Energie rund um Euch herum handelt von der *Vervollkommnung* und sie handelt von einem *spirituellen Anfang.* Aber dann ist das der Grund, warum Ihr das lest, nicht wahr? Im Unterricht von heute gibt es viele Dinge, die wir Euch zu sagen haben, also werden wir nun besser damit anfangen. Seid im weiteren Verlauf des heutigen Unterrichts nicht erstaunt, wenn die Umarmungen kraftvoller werden.

Die Überquerung

Um was handelt es sich bei der jetzigen Energie? Es handelt sich um die Tatsache, dass Ihr sie erzeugt habt! Wir werden diesen heutigen Unterricht *Die Überquerung der Brücke der Schwerter* nennen. Vor ein paar Wochen bewegtet Ihr Euch alle in einem Zeitraum - im Rahmen der linearen Zeit -, von dem Euch selbst Spirit nicht berichten konnte. Hier ist nicht nur die Zeit anders als in den Neunzigerjahren, sondern auch die Lichtarbeiter sind anders. Tatsächlich unterscheidet Ihr Euch von dem, wie Ihr nur vor wenigen Wochen wart.

Es gibt eine Kluft zwischen alter und neuer Energie und Ihr habt sie gerade überquert. Versteht, dass ich als Schwester / Bruder Kryon zu Euch spreche - im JETZT - und bitte versteht dies: All die Prophezeiungen über Krieg, Aussterben der Menschen, Massenleiden, Zerstörung des Planeten und globale technische Kernschmelze sind vergangen. In der Überquerung der Schwelle (der Zeitrahmen des Jahres 2000) kreiertet Ihr just eine neue Realität. Wie wir Euch letzten Monat sagten, konnte dies keine Wesenheit für Euch tun und keine Wesenheit konnte genau vorhersagen, was geschehen würde. Wir gaben Euch stattdessen die großartigen Potenziale (die Rede ist von dem Channeling in New Hampshire im Dezember 1999).

Als Erstes laden wir Euch ein, die Schwelle an sich in der realen menschlichen Zeit zu betrachten. Sie erstellte die Bühne für das, was kommen wird. Haltet immer nach der Energie rund um bedeutungsvolle Daten Ausschau. Sie erzählt oft von den Potenzialen für den nächsten Teil Eurer Reise. Die Schwelle, welche wir zuvor (letzten Monat) besprachen, brachte Euch in das Jahr 2000 hinein. Ihr wart Euch über die bevorstehende Kluft sehr im Klaren und viele Menschen wussten, dass es viele Dinge für sie bedeuten konnte. Ihr hattet ein zellulares Bewusstsein über die Bedeutung dieser Schwelle. Die meisten hatten, wie auch immer, keine Ahnung davon, welche Veränderungen es in ihrem Leben bewirken mochte. Es würde eine endgültige Trennung von Äonen von Potenzial sein - eine Trennung der alten Energie von der neuen Energie - eine Trennung von der gesamten Aufgabe der Erde *(dem Sinn und Zweck)* in der Vergangenheit - hinein in eine Bewegung zu einer neuen Aufgabe der Erde *(dem Sinn und Zweck)* für Eure

Zukunft.

Keiner von uns konnte Euch sagen, was bei dieser Schwelle geschehen mochte, doch in den vorherigen Channelings nannten wir Euch einige Potenziale. Nur Ihr, als Menschen, die Ihr seid - in der Verantwortung für Eure Realität - konntet die Brücke der Schwerter überqueren. Die Schwelle erschien und es war beeindruckend! Wenn Ihr die Energie dessen, was mit Eintritt der Schwelle auf diesem Planeten geschah, halten und wahren möchtet, dann seht Euch die Energie rund um den Übergang der Menschheit in das Jahr 2000 an.

Mein Partner sprach zuvor darüber (Lee erwähnte die Feiern am Silvesterabend). So wie die Überquerung der Schwelle überall in Eurer Welt - innerhalb des jeweils individuellen Zeitrahmens - realisiert wurde, wurde gefeiert und dann wurde gefeiert und dann wurde gefeiert! (Lachen) Es ist kein Zufall, dass Frieden herrschte, während Ihr in das Jahr 2000 hinübergegangen seid, und genau dafür habt Ihr, Lichtarbeiter, Absicht bekundet. Versteht irgendeiner von Euch wahrhaftig, dass IHR es erschaffen habt? Das ist die Macht von menschlichem Bewusstsein.

Schaut nach Israel! Wir sagten Euch in der Vergangenheit, dass alle Zukünfte hier beginnen würden. Unabhängig davon, was auf dem Planeten geschah, hatte es energetisch dort zu beginnen. Erinnert Ihr Euch an die Prophezeiung, die da lautet: Kriege des Grauens für den gesamten Planeten würden dort beginnen. Doch es geschah überhaupt nichts zu der Zeit, wie es prophezeit wurde. Anstelle von Krieg oder Terror gab es etwas anderes, das kennzeichnend für dieses große Ereignis zur Zeit des Übergangs sein sollte. Was geschah an dieser Schwelle? Feier! Und wenn Ihr heute dorthin geht, so liegt der Schwerpunkt in diesem energetisch profunden Land darauf, wie Frieden zu erschaffen ist, und nicht darauf, wie man Krieg führt! Obwohl die Energie sich nur langsam verändert und auf sehr viel Widerstand stößt, besteht das überwältigende Gefühl in diesem prophetischen Land darin, Frieden zu erschaffen. Nun frage ich Euch, welche Prophezeiung hat Euch davon berichtet? Die Antwort? Keine. IHR habt es selbst erschaffen! Von allen Dingen sollte dies der Beweis für das sein, was wir sagen - und Eure Medien ermöglichten der ganzen Welt, die Feiern miteinander zu teilen *(mitzuteilen)*. Es ist nicht erstaunlich, dass diese wichtigen Gebiete der Welt Schwierigkeiten damit haben, sich der Energie anzupassen! Viele versuchen noch immer die alten Prophezeiungen zu FORCIEREN und stoßen dabei auf extremen Widerstand. Haltet nach einem anscheinenden „Rückzieher“ in diesem Jahr Ausschau, wie die alte Energiekraft ihr Möglichstes versucht, um die alten Konflikte am Leben zu erhalten. Diese Energie ist neu für den Planeten und wird potenziell viele Prüfungen für diejenigen bringen, die versuchen, im alten Paradigma zu verbleiben.

Wie Ihr bemerkt, geben wir niemals Vorhersagen. Wir sagen Euch niemals, was geschehen WIRD. Vor der Schwelle hatten wir keine Ahnung davon, was Ihr erschaffen würdet. Ausgehend von der Energie, die Ihr erzeugt habt, gaben wir Euch jedoch Potenziale. So konnte Euch keine Wesenheit im Universum sagen, was sich auf der anderen Seite der Brücke der Schwerter befand. Das ist die Art von spiritueller Wahl, welche die Menschen haben. Nun steht Ihr dort! Es ist großartig! Wir werden niemals das, was Ihr getan habt, unterschätzen!

Die Brücke

Die Brücke der Schwerter ist eine Metapher, nicht wahr? Die Brücke befindet sich über der Felsschlucht zwischen den alten und neuen Energien. Die Schwerter kreuzen sich über Eurem Kopf so wie bei so vielen Feiern, die für Krieger stattfinden. Einige haben sich vorgestellt, dass die Schwerter eigentlich die Brücke sind, doch die Brücke ist die pure *(reine)* Absicht. Die Schwerter sind der Baldachin. „Krieger des Lichts“, wie Ihr Euch selbst bezeichnetet -, Ihr nanntet es - den Krieg zwischen den alten und neuen Energien. Seid nicht schockiert oder überrascht darüber, dass er noch nicht vorbei ist. Genau gesagt, hat die Schlacht in einigen Fällen tatsächlich gerade erst begonnen! Wenn Ihr möchtet, könnt Ihr sie als die letzte Schlacht bezeichnen, denn sie präsentiert wieder den Aufschlag von altem Paradigma von Macht und Kontrolle - eine alte Prägung dessen, was hätte geschehen können - gegen eine neue, unerwartete Energie von Integrität, Weisheit und friedvoller Absicht. Was die Kluft zeigte, war eine totale Veränderung im menschlichen Potenzial - eine Veränderung, die das Ende der menschlichen Geschichte zu einem Neuanfang umschreiben würde.

Die Kluft zwischen dem Alten und dem Neuen war tatsächlich von der Brücke der Schwerter überspannt. Schaut, was das Schwert repräsentiert: Wahrheit. Das Schwert IST Wahrheit! Das Schwert singt mit der Schwingung des Herzchakras, welches in der Musik die Note F ist. Die Überquerung der Brücke der Schweter führt gleichfalls auch in ein neues Jahrtausenddatum hinein und in eine neue Energie, die WAHRHEIT beabsichtigt.

In vergangenen Channelings gaben wir Euch Informationen über die Art von Energien, die Euch bald überbracht werden. Wir sprachen darüber, wie dem Planeten Energien zugeführt werden, und eine der besten Methoden ist die durch Euer Solarsystem. Wir sprachen von den Energien rund um Eklipsen und auch denen von Kometen. Nun, selbst dieses Jahr, innerhalb der bevorstehenden planetaren Anpassung (die Rede ist von der planetaren Anpassung im Mai 2000) kann die Energie, die Euch zugeführt wird, in einem Wort verstanden werden: MUTTER.

Einige von Euch sagten, es ist eine weibliche Energie. Das ist nicht die ganze Geschichte. Es ist die Energie der MUTTER. Diese Energie ist nicht geschlechtsspezifisch. Sie ist eine Energie, die alle Menschen verstehen werden, weil sie aus pflegend nährender Fürsorge, Sanftmut, Frieden und Achtsamkeit besteht. Das ist die Energie vom Beginn des Gleichgewichts des Planeten und sie ist seit langem überfällig. Es ist eine Energie, die auch das vervollständigen wird, was in der Evolution des menschlichen Bewusstseins Platz nehmen wird.

Nicht alle werden die Brücke überqueren

Nicht alle, nicht jeder der gesamten Menschheit wird die Brücke der Schwerter überqueren, aber das wusstet Ihr, nicht wahr? Es gibt diejenigen, die niemals auch nur irgendetwas von der neuen Energie akzeptieren werden. Es gibt diejenigen, die niemals die Brücke der Schwerter überqueren werden. Sie werden im Alten verbleiben und sich darin wälzen. Sie wollen sich nicht verändern und halten noch an der alten zellularen Prägung fest, welche ihnen sagt, dass wir alle verloren *(dem Untergang geweiht)* sind. Einige mögen sagen: *„Kryon, sie sind aber doch in das neue Jahrtausend hinübergegangen, nicht wahr?“ Ja, das sind sie. „Haben sie dann nicht auch die Brücke der Schwerter überquert?“* Nein, das haben sie nicht.

Das Überqueren der Schwelle ist das, was die GESAMTE Menschheit getan hat (ALLE). Die Überquerung der Brücke der Schwerter ist eine Beschreibung dessen, was nur einige von EUCH taten. Die Brücke der Schwerter ist daher auch eine Metapher für die verwirklichte und manifestierte Absicht von Lichtarbeitern auf dem ganzen Planeten. Viele sind über die Schwelle gegangen, aber sie veränderten nicht ihre eigene persönliche Energie. Ihr Lieben, begreift, dass es rund um dies herum keine Bewertung gibt, sondern nur ein Feiern darin, dass sie genauso wir Ihr als Familie hier sind. So wie dieser neue Zeitrahmen vorwärts verläuft, werdet Ihr viele sehen, die sich so entscheiden, dass es auf der Zellebene sehr viel effizienter sein wird, diesen Planeten zu verlassen und als neugeborenes Kind (mit der Schwingung eines Indigos) zurückzukehren. Ich sage Euch, dass das Potenzial für viele ungeklärte *(unerklärbare)* Tode besteht. Es dreht sich hierbei um nichts, was nun zu befürchten ist, sondern vielmehr um eine potenzielle Tatsache, auf die geachtet werden sollte. Einiges hiervon mag Euch berühren und manches auch nicht. Aber wenn es Euch berührt, dann versteht und feiert das, worum es geht.

Überblick über den Zeitrahmen (wieder besucht)

Der Zeitrahmen, über den wir Euch berichten möchten, wurde bereits zwei anderen Gruppen mitgeteilt, doch es ist ein Überblick, den Ihr noch einmal sehen solltet. Er gibt dem 12:12 eine neue Bedeutung, denn das 12:12 war die ganze Zeit über eine Metapher. Vor einigen Jahren in Eurer linearen Zeit handelte sie von der Ermächtigung der Menschheit. Wir nannten es „Die Übergabe der Fackel“. Es war eine Zeit, in der die Kontrolle der Energie vollständig von den anderen Wesenheiten - die Teile davon in der alten Energie für Euch hielten - an Euch übergeben wurde. Damit hier kein Missverständnis entsteht: Ihr hattet immer Kontrolle, doch es gab eine wunderbare Gruppe, die neben Euch zu sein hatte, um bestimmte Arten von Energie zu halten, mit der Ihr innerhalb Eurer Göttlichkeit wirken konntet.

Sie sind diejenigen, die weggegangen sind. Sie sind weggegangen, weil Eure Göttlichkeit zugenommen hat. Der „Energieeimer" der Erde wurde voll und sie hatten zu gehen - und ließen Euch 100 Prozent *(zurück).*

Betrachten wir nun eine andere Bedeutung des 12:12 und es ist tatsächlich ein anderes, weiteres Hauptereignis. Wieder wird es um die Ermächtigung des Menschen gehen - eine Ermächtigung, welche die alten Vorhersagen verworfen und einen neuen Zeitplan erschaffen hat. Der Zeitraum zwischen 1987 (der Harmonischen Konvergenz) und Eurer Schwelle 2000 war 12 Jahre. Und diese 12 Jahre wurden in einer alten Energie mit zu erwachen beginnenden Lichtarbeitern verbracht, in der Erwartung der Brücke der Schwerter, welche Euer Übergang in die doppelte 00 war.

Die nächsten 12 Jahre werden Euch zum Datum 20:12 führen. Wenn Ihr einige aus dem Altertum über die Bedeutung der 2012 befragt, so werden sie Euch sagen, dass es das ENDE DER ZEIT ist! Ratet mal? Es ist so! Es ist die letzte Messung eines alten Erdenparadigmas und das Ende der Zeit für einen sehr alten Plan. Wenn es stattfindet, besteht das Potenzial für eine andere, weitere Feier, einen Planeten des Friedens hervorbringend. In der Tat ist es eine weitere *(andere)* Schwelle! Die letzten 12 Jahre der Anstrengungen geben Euch in Kombination mit den nächsten 12 Jahren der Offenbarung ein weiteres 12:12 zur Betrachtung. Innerhalb der Zahlen gibt es keine Zufälle und die 12 ist die Grundlage aller Physik. Physik ist das Vorbild für Wahl und die Wahl ist, was die Menschen zur Kreation manifestierten: eine neue Realität auf dem Planeten zu erschaffen. Etwas später, wenn sich das Muster von selbst überall im Universum zeigt, werdet Ihr die Bedeutung dessen verstehen.

Das Potenzial der neuen Energie ist nun grenzenlos, doch Ihr hattet zuerst selber die Schwelle zu überqueren, um die Potenziale zu erzeugen. Eine neue Art von Mensch wird den Planeten bevölkern (die Indigos) - neue Einstellungen *(Haltungen)* werden an am wenigsten erwarteten Plätzen vorherrschen - Toleranz wird dort erlebt werden, wo sie nie zuvor existierte - ausgeweitetes *(verlängertes)* Leben wird durch Wissenschaft und spirituelle Erfindungen garantiert sein. Es gibt hier so viele Dinge, von denen wir bezüglich des Potenzials von diesem Neuen Zeitalter gesprochen haben, welches wir beginnen „Das Jetzt Zeitalter“ zu nennen. In so vielen Channelings baten wir Euch darum, Euch hinzusetzen und die Energien des Feierns zu spüren - eine Feier rund um Euch selbst herum - eine rund um Eure Kinder und Eure Kindeskinder. Wir baten Euch, die Einen zu feiern, die darauf warten, geboren zu werden - diejenigen, die es kaum erwarten können, hierher zu kommen - diejenigen, die sich EUCH als Eltern und einige von Euch als Großeltern ausgesucht haben. Und wenn sie ankommen, fordern wir Euch auf, ihnen in der ersten Stunde in die Augen zu sehen - in den ersten Minuten ihrer Geburt - und die alte Seele zu sehen! Und wenn Ihr persönlich bei der Geburt seid, fordern wir Euch auf, ihnen Folgendes in diesem Zimmer der Freude zu sagen und ihre Reaktion zu beobachten: „Willkommen zurück!“

Was kommt als Nächstes?

Ihr habt die letzten 12 Jahre damit verbracht, Euch für den Tanz vorzubereiten und bereit zu sein, und hier seid Ihr! Nun werdet Ihr Euch in die *Handlung (Aktion)* dieser neuen Zeit hineinbewegen. Lichtarbeiter, verbrachtet Ihr die letzten Jahre mit Gefühlen von „wie eingestellt sein“, angehalten, hingehalten, besorgt, aufgeschmissen, in Umbau und Nervosität? Einige von Euch wachten zu jeder Stunde in der Nacht auf und wunderten sich und fragten, warum das so ist - nicht in der Lage zu sein zu schlafen. Heiler, hört Ihr aufmerksam zu? Die Dinge werden sich ändern! Viele Eurer Verträge haben auf diese neue Energie gewartet. Wenn Ihr Euch in der Vergangenheit zurückgehalten fühltet, so liegt das daran, dass es so war! Vielleicht wart Ihr frustriert darüber, dass sich die Dinge nicht auf die Weise entwickelten, wie Ihr es beabsichtigt hattet? Die Schwelle war noch nicht bereit. Ihr wart noch nicht bereit. Eure Absicht hat die Energie, in der Ihr wart, übertroffen, doch nun sitzt Ihr in genau der Energie, die Ihr erschaffen habt - endlich! Das, worum Ihr gebeten habt, ist jetzt hier. Die Schwelle wurde überschritten und sie ist der Anfang eines neuen Paradigmas für Euer Leben und den Planeten Erde.

Der Triumphwagen der neuen Energie ist hier, um Euch in ein neues Land zu bringen. Während der Triumphwagen beginnt zum Leben erweckt zu werden, wird er verstärkt und bekräftigt. Ihr nennt Euch selber

Lichtarbeiter? Gut, es ist für Euch an der Zeit zur Arbeit zu gehen. Und Ihr habt gedacht, Ihr wärt alle fertig, nicht wahr? Ihr werdet beginnen Ergebnisse zu sehen und darin liegt der Unterschied zwischen dem, wie es war und dem, wie es sein kann. Wie bald? Dies wird keine unmittelbare Energieveränderung sein. Ebenso wie bei jeder anderen Veränderung *(jedem anderen Wechsel)* auf dem Planeten braucht es Zeit und es muss durch den Willen, die Arbeit und das Bewusstsein der sich darin befindenden Menschen verbessert werden. Es hat auch etwas mit der Gesamtenergie zu tun, welche der Erde zugeführt wird - der Energie der *Mutter* - der Sanftmütigkeit- der Synchronizität. Diese neue Energie darf Euch nun endlich persönlich in einer fröhlichen und weisen Art und Weise zugeführt werden, anstatt der Energie, die kommt und Euch von hinten einen Tritt gibt - wie in der Vergangenheit.

Ihr batet um eine neue Arbeitsart und -weise mit Spirit; nun haltet nach dem Beweis dafür Ausschau und feiert ihn! Sagt uns nicht, wie wir es machen sollen. Sagt Euren Geistführern nicht, wie sie ein Problem in Eurem Leben lösen sollen! Seid stattdessen ein Partner in dem Prozess. Visualisiert das Thema als etwas bereits fertig Erstelltes *(Ausgeführtes)*. Visualisiert Euch selber als friedvoll an einem Platz sitzend, an dem alles in Ordnung ist. Lasst Euren Partner *(Gott)* die Mittel *(Bedeutung)* bereitstellen, während Ihr die Absicht bereitstellt. Lasst uns durch Synchronizität ein paar wundervolle Lösungen für Euch präsentieren - Lösungen, an die Ihr nie gedacht habt, aber Lösungen, auf denen Euer NAME gedruckt ist (da Ihr sie - ebenso wie die Herausforderungen - erschaffen habt, bevor Ihr hierher gekommen seid). In der Tat! Dies ist das Bild von einem Menschen, der das JETZT versteht.

Viele von Euch werden von einem Zustand der Enttäuschung und Besorgnis darüber, dass *nichts* geschieht, übergehen zu einer Besorgnis darüber, dass *alles* geschieht! Viele Türen dürfen sich nun öffnen - viele Optionen können sich von selbst zeigen. Energie für Veränderung darf sehr wohl beginnen in Euch einzufließen, weil die neue Energie es erzeugte - eine Energie, auf deren Hilfe Ihr Euch immer gefreut habt - aber jetzt kann sie Euch zu viele Dinge zur Auswahl geben! Ihr seid alle sehr verschieden voneinander und jeder Fall wird in dieser Energie leicht unterschiedlich sein. Aber alle Eure Namen sind von uns gewusst und ich spreche jetzt von dem spirituellen Namen, den Du hast. Sogar bei denen, die anscheinend zufällig zu diesem Treffen gekommen sind, werden sich Veränderungen durch Synchronizität präsentieren. Ihr möchtet wissen, was Synchronizität ist? Sie ist: Hier zu sein und diese Worte zu hören oder zu lesen. Es sind die Dinge, die Ihr in Eurer Realität betrachten und sehen könnt.

Gesegnet ist der eine, der dies völlig ungläubig liest oder hört, denn derjenige ist oftmals einer, der die Erde am ehesten ändert! Betrachtet die Menschheitsgeschichte. Oft ist derjenige, der am meisten gegen die neue Energie ist, derjenige, der sie später am besten begreift. Dies schreit nach SPIRITUELLEM VERTRAG! Oft sind die ehemals Skeptischsten später die besten Arbeiter. Manchmal erfordern spirituelle Verträge diese Art von innerer Überprüfung, bevor sie sich manifestieren können. Daher ist es kein Zufall, dass es hier (und unter den Lesern) eine zweifelnde Familie gibt. Sie werden genauso geliebt wie Ihr!

Die Integrität der Bewahrung (des Haltens) Eures Lichts

Ihr Lieben, ich möchte Euch ein Konzept bezüglich der Liebe Gottes präsentieren. Wir bringen zwei Themen von Integrität zur Sprache. Lichtarbeiter, Integrität muss in allem, was Ihr hier tut, auftauchen, denn falls Ihr das noch nicht gewusst habt, es hat in allen Dingen eine spirituelle Integrität zu existieren. Wir sprechen zu allen von Euch, die eine Schwingung halten, welche höher ist als diejenige, mit der Ihr hier geboren wurdet - eine, welche Eure Wahl und Absicht dafür kennzeichnet, näher *(dichter)* an Eure Göttlichkeit zu kommen. Das ist die Definition von *Lichtarbeiter.*

Die neue Energie ist von zwei Integritätsthemen umgeben, Heiler und Lichtarbeiter im Allgemeinen, zu denen Fragen gestellt wurden.

(1) Einige sagten: *„Kryon, ich bin ein Helfer. Was ist unsere Verantwortung gegenüber denen, denen wir helfen? Was ist generell die Verantwortung von Lichtarbeitern gegenüber den Menschen, die sie umgeben? Wir haben viel Energie zu geben, doch wenn wir es tun, wie weit sollen wir beteiligt werden? Beeinträchtigt irgendetwas davon die freie Wahlmöglichkeit des Individuums?“*

Wir werden Euch die Metapher vom Leuchtturm geben. Der Leuchtturm ist auf dem Felsen verankert, egal, wo er hingebaut wird. Manchmal wird der Leuchtturm in anderen Gebieten, weil sich das Wetter und die Umstände verändern, wieder neu gebaut - derselbe Leuchtturm - derselbe Leuchtturmwärter - immer im Felsen verankert. Der Leuchtturm ist für eine einzige Sache dort - das Licht leuchten zu lassen. Der Sinn und Zweck des Lichts variiert oft. Manchmal ist es ein Warnlicht, manchmal ist es dort, um Aufmerksamkeit zu erwecken und manchmal ist es dort, um zu leiten. Was auch immer der Zweck ist, es ist immer im Felsen verankert. Diejenigen die den Leuchtturm erbauten und dort arbeiten, wissen etwas, was die anderen nicht wissen: Sie wissen, wo die Felsen sind - wo die Schwierigkeiten liegen -, und sie sind hier, um andere um diese Dinge herumzuleiten.

Wenn das Licht fähig ist die Schiffe in den sicheren Hafen zu lotsen, dann erfreut sich der Leuchtturm! Wenn dies geschieht, kommt der Leuchtturmwärter jedoch, wie auch immer, nicht herüber zum Kapitän des Schiffes, um mit ihm gemeinsam eine Party zu feiern. Stattdessen erfreut sich der Wächter stillschweigend und fährt fort das Licht weiterhin leuchten zu lassen. Die meisten Kapitäne, die aufgrund des Lichtes vom Leuchtturm den sicheren Hafen erreichen, kennen den Leuchtturmwärter nicht. Der Leuchtturmwärter veröffentlicht auch keine Erklärung, in der er anderen mitteilt, dass er ein Schiff rettete! Er arbeitet stillschweigend und fährt fort, oft alleine, verankert im Felsen.

Über die Schiffe, die nicht nach oben zum Leuchtturm aufschauen und dann im Unglück sich am Felsen verletzen, mag der Leuchtturm betrübt und traurig sein. Doch der Leuchtturmwärter geht nicht hinüber, um das Schiff zu erretten. Der Leuchtturmwärter übernimmt keine Verantwortung für diejenigen, die auf dem Felsen enden *(aufschlagen)!* Der Leuchtturmwärter fällt aufgrund des Geschehens nicht in eine Depression und er baut den Leuchtturm nicht aufgrund des Schiffes, welches nicht nach oben geblickt und das Licht gesehen hat, ab. NEIN. Stattdessen hat der Leuchtturm einen Sinn und Zweck und das ist, das Licht leuchten zu lassen, das Licht leuchten zu lassen und das Licht leuchten zu lassen.

Was wir Euch sagen - insbesondere den Heilern unter Euch - ist Folgendes: In der neuen Energie werdet Ihr über Geschenke verfügen, die Euch als Leuchtturmwärter gegeben werden. Vielleicht habt Ihr das bereits früher gehört, doch wir sagen Euch noch einmal, dass Ihr keine Verantwortung für diejenigen, welche an der neuen Energie nicht teilhaben wollen, zu übernehmen habt. Übernehmt keine Verantwortung für diejenigen, die nicht heilen. Übernehmt keine Verantwortung für diejenigen, die HEILEN. Feiert jene, die heilen, weint über diejenigen, die nicht heilen, aber übernehmt keine Verantwortung für etwas außer für die Integrität der Energie, die Ihr abgebt *(aussendet/ausstrahlt)*. Lasst das Licht leuchten und steht am Platz. Fahrt weiter damit fort, Euch im Felsen der Weisheit zu verankern, und pflegt stets die Reinheit des Lichts, welches Ihr zeigt.

Euer Leuchtturm kann überall, wo immer Ihr wollt, auf Erden hingehen, doch stellt sicher, dass Ihr, wo immer Ihr Euch zu stehen entscheidet, Ihr Euch wieder am Felsen verankert und das Licht gut leuchten lasst. Es ist wichtig, dass Ihr dies jetzt hört, weil Euch in der neuen Energie viele gebracht werden, die niemals zuvor Eure Tür verdunkelt hätten. Viele werden von Eurem Licht angezogen werden. Als der Menschenfreund, welcher Du bist, als jemand, der versteht und das Beste für jeden möchte, wirst Du vielleicht meinen, dass Du bei jedem erfolgreich ZU SEIN HAST - und Du fühlst es so, dass alle Schiffe in Sicherheit sein MÜSSEN. Erinnere Dich an das, was wir früher gesagt haben: Heiler heilen nicht - Heiler gleichen aus *(balancieren)*. Es ist die Wahl des Individuums, welches vor Euch sitzt - bereit geheilt zu werden - welches die Kraft und Macht trägt. Ihr seid der Katalysator. Verankert Euch und lasst Euer Licht leuchten. Dort ist die Integrität.

(2) *„Kryon, was ist, wenn ich mein Licht leuchten lasse und es sich auf einen anderen Menschen auswirkt? Beeinträchtigt das nicht die freie Wahlmöglichkeit? Kryon, Du hast gesagt, dass dies keine Bekehrungstätigkeit, kein Missionieren ist. Habe ich nicht ihr Leben unterbrochen? Bitte sag mir, wie dies funktioniert."*

Ihr Lieben, der Leuchtturm ist nicht proaktiv. Er bekehrt niemanden, er ist nicht missionarisch. Er leuchtet einfach nur. Lasst uns annehmen, Ihr betretet einen dunklen Raum, in dem nur schwer zu sehen ist. Andere in dem Raum bewegen sich einfach nur in einem dunklen Raum und tun ihr Bestes. Als der Leuchtturm, der Du bist, leuchtest Du das Licht in ihre Richtung und plötzlich erhellt es die Stelle, wo sie gehen. Sie haben nun die *Wahl,* den Weg zu sehen oder nicht - in eine andere Richtung zu gehen oder in die, welche erhellt ist. Ich frage Euch, habt Ihr sie an ihrer Wahl gehindert? NEIN. Ihr habt ihnen stattdessen ein paar stille Optionen gegeben.

Einige mögen sagen, dass Du ihr Leben beeinflusst hast und sie haben Recht, doch Du hast Dich nicht in ihr Leben eingemischt. Du hast sie nicht genötigt oder angestachelt. Alles, was Du getan hast, ist, still und verankert zu sein und das Licht leuchten lassen. Manche werden nicht einmal wissen, dass Du da gewesen bist! So ist die Wirkungsweise. Es existiert eine Integrität in der Stille. Es ist die Integrität in die Menschheit, welche die freie Wahl und den freien Willen von jeder Menschenfamilie, der Du begegnest, ehrt. Es liegt daher Integrität darin, ein Leuchtturm zu sein! Lichtarbeiter, Du hast die Brücke der Schwerter überquert. Ich sitze genau jetzt vor Hunderten von Leuchttürmen!

Wissenschaft in der neuen Energie

Dies wäre kein Kryon Channeling, ohne an dieser Stelle nicht von Eurer Wissenschaft zu sprechen, nicht wahr? Es hat sich etwas ereignet, was wir niemals zuvor besprochen haben. Eure Wissenschaftler beginnen jetzt in einer Art über das Atom zu sprechen, in der WIR seit Jahren darüber gesprochen haben. Und ob Ihr es glaubt oder nicht, dies steht im Zusammenhang mit der Überquerung der Brücke der Schwerter. Ein vollständiges Verstehen der atomaren Struktur wird ein interdimensionales Verständnis sein. Eure Wissenschaftler kommen zu der Überzeugung, dass es Stücke und Teile von dem Atom gibt, die nicht in Eurem Zeitrahmen sind. Endlich! Es sind Informationen, die wir Euch vor Jahren gaben! Manche von ihnen sagen, dass die Teile, welche sie vormals für kleine Partikel hielten, die sich umeinander herumdrehten, jetzt irgendwie miteinander verbunden sind! Sie sind irgendwie auf eine interdimensionale Art und Weise zusammengesetzt. Eure Wissenschaftler fangen an, den Beweis dafür zu sehen, und es beginnt ihnen klar zu werden, dass eine spezielle Interaktivität zwischen den Teilen existiert, die hinter der von ihnen verstandenen Physik liegt.

Zusätzlich sieht es so aus, als hätten die Partikel eine Wahl! Und was schockierend ist, sie können hingehen, wo sie hingehen *möchten*, anstatt einige der verstandenen Regeln der Physik einzuhalten (Erzählt das nicht Euklid). Gut, sie haben Recht! Lasst mich Euch sagen, was ihnen fehlt oder was sie finden werden. Lasst mich Euch sagen, was einige der zukünftigen Entdeckungen zeigen können. Es ist wieder Zeit für die Basis-12 Mathematik! Ihr braucht eine andere Art von Mathematik, um die Beziehungen, welche innerhalb des Atoms vor sich gehen, vollständig zu verstehen. (Dies ist eine alte Botschaft, welche wir fortfahrend den Wissenschaftlern geben werden, welche diese bestimmte Abschrift lesen. Wir wissen, dass Ihr dort seid!)

Lasst mich Euch sagen, was sich im Inneren des Atoms befindet, das noch nicht gesehen, sondern nur angedeutet *(darauf hingewiesen)* wurde. Sind die Teile irgendwie mit unsichtbaren Strängen verbunden? Vielleicht gibt es hier eine neue Kraft? Sind sie von interdimensionalen Fäden beeinflusst? Was passiert? Und wir sagen hierzu Folgendes zu Euch! Es existiert eine Energie zwischen den Teilen, den kleinstmöglichen Partikeln, die Ihr Euch vorstellen könnt. Und es gibt tatsächlich eine interdimensionale Energie, die sie nach einem ungewöhnlichen Muster verbindet oder an ihnen zieht. Haben die Teile eine *Wahl*? Ja, das haben sie. Und was merkwürdig und außergewöhnlich ist, ist, dass, wenn Ihr zurücktretet und die Energiestränge zwischen diesen Stücken und Teilen innerhalb des Atoms anseht, sich Euch ein reales geometrisches Muster zeigen wird, das Ihr als die Merkabah des Menschen erkennen werdet! Ihr werdet die heilige Geometrie sehen, die interdimensional präsentiert wird, und im Herzen der Atomstruktur werdet Ihr die Blume des Lebens erkennen. Wissenschaftler, denkt außerhalb Eurer bestehenden Gedankenpäckchen! Die Wahl der Materie in ihrem Fluss ist nicht irgendeine Art von Chaos. Sie ist die Neigung von Gleichgewicht *(Balance)*! Diese anscheinende Wahlmöglichkeit wird durch eine neue Regel der Physik verursacht - eine Regel von dem Universum, die besagt: „Alle Materie strebt nach göttlichem Gleichgewicht *(sucht göttliche Balance)*." Ihr werdet anfangen dies auf der größten und kleinsten Ebene aller Materie zu sehen.

Manches davon mag Euch merkwürdig erscheinen, aber es wird eine Zeit kommen, in der Ihr es in Eurer vorherrschenden Wissenschaft hören werdet, und dann mögt Ihr Euch erinnern, dass Ihr es hier zuerst gehört haben. Wir sagen dies, um dieser spirituellen Erfahrung Gültigkeit *(Beweiskraft)* zu verleihen. Einige von Euch werden das brauchen, um glauben zu können, dass diese Botschaft real ist. Erinnert Ihr Euch an das, was wir Euch vor zehn Jahren sagten? Wir sagten Euch, dass dann, wenn die Wissenschaft in der Lage ist, das Atom vollständig zu begreifen, sie in seinem Herzen finden wird: Die Liebe Gottes!

Ich möchte zu den Leuchttürmen und Leuchtturmwärtern sprechen, die dies jetzt hören und lesen. Ich möchte auch zu den potenziellen Leuchttürmen sprechen, während sich die Energie, wo Ihr sitzt, zu bewegen beginnt und Ihr all die Umarmungen rund um Euch inmitten dieser Familie spürt. Mit den Lehren von heute haben wir Euch einige der Konzepte für diese neue Energie, in die Ihr eintretet, gezeigt. Um die Metapher des Zuges zu verwenden, hat diese Energie überhaupt gar kein Gleis für Euch, um wie in der Vergangenheit weiterzurollen. Stattdessen ko-kreiert, mit-erschafft Ihr, während Ihr fahrt - eine Realität, die niemals zuvor existierte. Ihr braucht ein Licht, bei dem Ihr sehen könnt, während Ihr Eure neue mitschöpferische Arbeit bewerkstelligt, und Ihr und die familiären Leuchttürme seid diejenigen, die dieses Licht leuchten lassen werden. Leuchtturm, komm an Bord dieses neuen Zuges! Überquere diese Brücke der Schwerter und bewege Dich in eine Energie, die Du niemals zuvor erfahren hast - eine, die mit Dir kooperiert und innerhalb derer es viel leichter zu arbeiten ist. Postiere *(Pflanze)* Dich selber dort und halte Dein Licht. Beobachtet und seht sie, denn einige von denen, die auf der anderen Seite der Brücke sind und sie niemals überquert hätten, diese jetzt wegen Euch überqueren... aufgrund Eures Lichtes.

Versteht Ihr diese Metapher? Leben werden sich aufgrund der Art und Weise, wie Ihr lebt und handelt, zu Euch hingezogen fühlen. Manche, die derzeit im Leben sind, und manche, die noch nicht einmal geboren wurden, werden aufgrund Eures Lichts und dem, was Ihr heute tut, ein erhöhtes Bewusstsein haben. Sie haben nicht neuzeitalterlich oder metaphysisch zu werden, an Kryon zu glauben, zu spirituellen Veranstaltungen zu gehen oder zu irgendetwas anderem, was Ihr als religiös bezeichnen mögt. Stattdessen werden sie durch die Weisheit der Liebe Gottes erleuchtet werden. Die ganze Idee ist, den Menschenwesen eine Energie zu präsentieren, welche ihnen die Entscheidung lässt, ob es noch mehr zu leben gibt als das, was sie gedacht hatten. Gibt es einen Gott? Gibt es vielleicht einen Plan? Gibt es Hoffnung? Kann ein Mensch in Freude leben? Hier beginnt die persönliche SUCHE und das ist es, worum es sich bei dem Halten Eures Lichtes handelt!

Leuchttürme auf dem Felsen, spürt die neue Energie! Wir sprechen zu DIR. Du wunderst Dich, warum Du zu der Stelle im Leben geführt wurdest, an der Du jetzt bist? Steh auf dem Felsen. Lasse das Licht kreisen. Fühlt Frieden in diesem Herzens-Weg, in dem Göttlichkeit ist! Seid in reiner Absicht, selbst wenn es ein schwieriger Platz in Eurem Beruf sein mag oder eine schwierige Stelle in Euren Beziehungen. Versteht das Leuchtturm-Konzept. Lemurier, das ist nicht das erste Mal, dass Ihr das getan habt. Schamanen, dies ist nicht das erste Mal, dass Ihr das getan habt. Ich sagte Euch, wir wissen, wer dies hört und liest, nicht wahr? Das ist der Grund, warum dies so persönlich ist.

Ich erwähnte jene, die sich auf der anderen Seite des Schleiers befinden und die jetzt, bildhaft und symbolisch gesprochen, im Raum mit Euch sind. Einige von ihnen knien vor Euch. Einige von ihnen haben Tränen der Freude, weil Ihr diese Brücke überquert habt. Wir haben von jenen gesprochen, die zuvor auf diesem Planeten lebten und jetzt zu diesem spirituellen Raum *(Weltenraum)* zurückgekehrt sind und neben Euch sitzen. Ich möchte Euch sagen, worum es bei all dem geht. Für viele hier geht es um Vollendung - Schluss. Ich möchte Euch gerne sagen, was in den Gedanken jener vorgeht, die mit diesem Attribut hereinkamen und nun vor Euch sitzen. Sie sind hier, um mit Euch zu feiern. Habt Ihr jetzt den Punkt erreicht, zu wissen, dass Ihr niemals alleine seid? Sie sind hier, um Euch zu feiern! Dieses Gefolge und diese kostbare Energie werden auf die andere Seite des Schleiers hinübergehen, wenn dies hier getan ist, aber doch werdet Ihr noch ein eigenes Gefolge haben. Es ist das Gefolge, mit dem Ihr hierher gekommen seid - das Gefolge, das bei dem Engel namens Mensch sitzt.

Einige von Euch wissen nicht, worum sie bitten sollen. Einige von Euch sind verwirrt. Wenn Ihr nicht wisst, worum Ihr bitten sollt, so findet Ihr hier eine feuersichere Möglichkeit, um Euch selber zu helfen und eine bessere Kommunikation zu bekommen. Sitzt alleine. Eröffnet einfach einen Dialog, einfach mit Euren Engeln und Geistführern. Versucht nicht zu analysieren, wie viele da sind. Selbst die Dualität hält Euch davon ab, Eure eigene Energie inmitten der ihren zu sehen! Ihr braucht ihre Namen nicht zu kennen! Sagt ihnen einfach nur, dass Ihr sie liebt! Sagt ihnen, dass Ihr sie liebt und tretet dann zurück! Ihr werdet sie spüren! Es ist der Anfang des Wiedererkennens und eine wechselseitige Liebeskommunikation. Habt Ihr jemals gedacht, sie sei nur einseitig? Die alte Energie war wirklich irreführend, wenn Ihr das gedacht habt. Sagt ihnen, dass Ihr sie liebt und dann seid still. Seid nicht überrascht, wenn Ihr Flügel schlagen hört! Ihr haltet nach einem Zeichen von Gott Ausschau oder nicht? Setzt Euch alleine hin und seht zu, was geschieht. Seid still und wisset, dass IHR Gott seid. Die FAMILIE ist immer da.

Dies ist die Zeit, in der wir Herzen berühren möchten. Dein Gefolge ist hier, sie sind zur Stelle. Alles ist bereit. Die Absicht ist rein und so sagen wir, lass die Heilung beginnen! Lass sie durch Dich strömen, während Du dies liest, und durch diese Familienansammlung. Die Botschaften, welche morgen von verschiedenen Helfern kommen werden, mögen *(dürfen)* Dich derart berühren, wie Du sie erbeten hast (die Rede ist vom zweiten Tag des zweitägigen Kryon Seminars). Lass sich die Puzzelteile in Deinem Leben zusammenfügen. Mögest Du die Energetisierung von Spirit jetzt spüren. In der Tat, lass die Heilung beginnen!

Lass sich die Ungewissheit Deines Lebens und Deiner Zukunft auf eine Weise, die frisch und kostbar ist, sich zu klären beginnen. Finde Dich selber sagend: „Nun weiß ich, was geschehen wird! Vielleicht kenne ich keine Einzelheiten, aber aus der Tiefe meiner Göttlichkeit weiß ich, dass es von der Liebe Gottes sein wird, und das bedeutet, dass ich ein Partner darin bin.“ Darum bist Du gekommen, nicht wahr? Um diese Wahrheit zu hören?

Darum liest Du dies, nicht wahr? Meinst Du nicht auch, dass wir wissen, wer hier ist? Aus diesem Grund bist Du gekommen. Fühle Dich lebendig, so wie die Familie Dir in diesen letzten Momenten dieser Botschaft sagt: „Ich liebe Dich."

Diese Familie vor uns ist so sehr geehrt, denn wir spüren, wie sie beginnt unsere Liebe zu erwidern. Wisst Ihr, wie wichtig das für uns ist? Die Familie, welche von meiner Seite des Schleiers hier hereinflutete, sitzt hier und nimmt das Gefühl und die Liebe auf, welche Ihr sendet! Wir möchten nicht weggehen.

Und so ist es, dass wir diejenigen in diesem Raum und diejenigen, die jetzt gerade dies lesen und die in vielfacher Weise geheilt werden, feiern. Dafür seid Ihr gekommen und das hat Euch zu diesen Worten geführt. Wir feiern die Engel in diesem Raum und rund um die Stühle derer, die dies lesen - die Engel, welche die Familienengel beschützen, die sich als Menschen ausgeben. Ihr hörtet dies früher: Das Schwierigste *(Härteste)* für uns ist es, Euch zu verlassen. Ich danke Euch, dass Ihr uns hereingebeten habt. Wir sammeln unsere Schüsseln mit den darin enthaltenen Freudentränen - die, welche wir verwendeten, um Eure Füße zu waschen - und wir gehen allmählich weg.

Mögen unsere Worte des Abschieds für Euch gleichzeitig Worte der Begrüßung sein, denn alles ist in einem Kreis.

Seid gegrüßt, Ihr Lieben! Wir lieben Euch!

Und so ist es

Kryon

Kryon

Live-Channeling

„Die Dritte Sprache und das Neue Bewusstsein"

Gechannelt in
Reno, Nevada
Februar 2000

Kapitel IX

Die Dritte Sprache

Live-Channeling
Reno, Nevada

Dieses Live-Channeling wurde mit zusätzlichen Worten herausgegeben, um Klarheit und ein besseres Verständnis in der schriftlichen Textform zu ermöglichen.

Seid gegrüßt, Ihr Lieben. ICH BIN Kryon vom Magnetischen Dienst. Wir möchten, dass Ihr im Frieden und in der Reinheit von diesem Moment - in allem, was von Gott ist - ruht. Ich sagte die Worte „ICH BIN Kryon“ und für diejenigen von Euch, die das Hören dieser Übersetzung brauchen, noch einmal, ich habe die Worte „ICH BIN“ gesagt. Und das „ICH BIN“ ist die Familie. Es ist keine Begrüßung. Stattdessen ist es eine Identifikation. Das „ICH BIN“ ist der Gruß und die Erklärung der Reinheit der Familie, welche mich nun umgibt.

Es wird einige von Euch geben, die sagen mögen: *„Vielleicht stammt das, was wir hören und lesen nicht von Spirit - wir erfahren nur das Menschenwesen, Lee.“* Wenn dem so wäre, dann würdet Ihr die Energie, die jetzt übertragen wird, nicht spüren. Und in der Tat ist dies ein guter Zeitpunkt, um das Energiethema dessen, was vor Euch ist, anzusprechen. Lasst den Spirit und die Liebe der Familie in diesen Platz strömen. Wir (Spirit) sind im JETZT. Es hat niemals ein ergreifenderes JETZT als dieses hier gegeben und ich spreche zu der Familie, die vor mir versammelt ist - Schwestern und Brüder von Kryon - ebenso wie zu den Lesern, die im JETZT sind. Zuhörer, kannst Du Dich mit dem JETZT des Lesers verbinden? Kannst Du verstehen, dass Deine Zukunft sein JETZT ist und dass seine Vergangenheit Dein JETZT ist? Und doch seid Ihr zusammen hier! Vielleicht versteht Ihr ein bisschen mehr von der JETZT Erfahrung? Zuhörer und Leser sind in derselben Energie!

Leser, wir sehen das Potenzial desjenigen, der seine Augen auf diese Botschaft richtet. Wir blicken in Eure Herzen und sehen Familie, genauso gut wie wir es auch im Zuhörer sehen. So merkwürdig dies für manche von Euch, die in diesem Raum sitzen, auch klingen mag, diese Botschaft von Liebe „trieft“ von einem Potenzial von Verständnis und Erwachen für buchstäblich Hunderte, deren Augen heute, morgen und viel später im neuen Jahrtausend konzentriert auf diese Seite schauen werden. Und so bitte ich die Familie, die in diesem Raum sitzt, den Leser zu begrüßen, obwohl er/sie unsichtbar und anscheinend unbekannt ist. Könnt Ihr diese Leser auch als Familie betrachten? Wenn Ihr es könnt, seid Ihr gerade zu einem Teil durch den Schleier in unser JETZT gegangen, wo alles zusammen ist. Leser, stopp und halte für einen Moment inne und spüre die Liebe von Hunderten, die Euch nun von dorther grüßen, was Ihr als Eure Vergangenheit bezeichnet. Aktuell seid Ihr tatsächlich alle hier versammelt!

Das Verstehen der JETZT Zeit ist einer der ersten Schritte zu dem wahrhaftigen Verstehen von der göttlichen Zeit, in der Ihr seid. Die Familie strömt mit der gleichen Art von Verständnis in diesen Raum. Für uns seid Ihr genauso, wie Ihr das letzte Mal wart, als wir Euch sahen! Lasst in diesen wenigen Augenblicken die Energie, die hier entsteht, der Beweis dafür sein, dass dies real ist. Dies sind nicht nur Worte von einem Menschen. Die Familie kommt und sitzt zwischen Euch - Zuhörer und Leser. Obwohl es den Anschein haben mag, dass es keinen Platz für sie gibt, so gibt es ihn doch, denn es ist der Raum in Eurem Herzen, den Ihr für so ein Ereignis offen *(frei)* gehalten habt. Die Familie sitzt in diesem Moment auf manchen Eurer Schöße. Wir begrüßen zu diesem Moment die göttliche Energie der Engel. Wir begrüßen zu diesem Moment die Familie des Erzengels Michael. Wir begrüßen zu diesem Moment die göttliche Energie von Metatron. Wir sehen, wie die Physik und das Göttliche zusammenkommen, und das nennen wir *Familie!*

Es hat niemals jedwede andere Art des Seins als diese gegeben - das kreisende JETZT - aber es ist der Schleier der Dualität, der Euch davon zurückhält, die Wahrheit dessen, wovon ich spreche, zu erkennen. Die vor mir Sitzenden und diese Worte Lesenden sind in der Tat Menschen, die Teile und Stücke *(Anteile)* von Gott sind. Menschenwesen, heute bist Du für mich

Familie gleichwohl ebenso, wie Du es in Deinem Gestern warst. Doch für mich hat sich das niemals verändert. Ich schaue auf Euch - diejenigen, die dies hören und lesen -, und was ich höre, sehe und koste, ist Dein „Name“. Du bist kein Fremder für mich. Wenn Du glaubst, Du seiest zufällig hierher gekommen: dies ist nicht so! Wenn Du glaubst, Du habest zufällig diese Seite aufgeschlagen und liest darin: dies ist nicht so! Denn jetzt adressieren wir persönliche Botschaften an diejenigen, die gekommen sind, um mit mir Familie zu sein.

Wir brachten Euch vor 30 Tagen eine Botschaft über das Überschreiten der Schwelle. Um diese Energie für diejenigen, die hier sitzen und dies lesen, zu identifizieren, sagen wir: Dies ist erst der zweite Monat seit dem Überschreiten der Schwelle. Und doch, Ihr Lieben, ist die Energie im Vergleich dazu, wie sie war, sehr fortgeschritten! Dieses Gefolge ist heute nicht gekommen, um Euch zu nähren, obwohl Ihr vielleicht den sanften Druck von ihrer Gegenwart auf Euren Körpern spürt. Nein. Dafür ist dieses Gefolge nicht gekommen. Stattdessen sind wir gekommen, weil wir die Menschenwesen zu ehren haben - diejenigen, welche über die Schwelle gegangen sind - diejenigen, welche die „Brücke der Schwerter“ überquerten. Menschenwesen, es gibt so viele von Euch, die frisch und neu in dieses Leben auf diesem Planeten kamen, Euren ersten Atemzug nehmend - und wir waren hier, wie Kinder, jedes einzelne, aufwachsend. Wir sind Eure spirituelle Familie!

Die Spiritualität Eures Vertrages besagte, dass Ihr es kaum erwarten konntet, in diese planetare Energie zurückzukehren, um den Test zu beenden, den so viele von Euch vor langer Zeit als Lemurianer begonnen hatten! Es ist so, dass viele von Euch hier und denen, die dies lesen, in der Balance der ureigenen Struktur *(den Halt, jede Faser)* der Erde zum Ende der Prüfung des Planeten ausgleichend helfen wollen. Ihr seid hier in dieser neuen Energie, um „den Ball ins Rollen zu bringen“, wie Ihr sagen würdet. Wir haben früher über diese Familienmitglieder gesprochen, die zurückgekehrt sind. Manche von Euch konnten es kaum erwarten wieder hierher zurückzukehren, obwohl Ihr wusstet, dass das Potenzial dieses Planeten darin bestand, Euch in Aufruhr und ein Durcheinander zu versetzen - bis sogar dahingehend, dass einige von Euch bis jetzt durch den Tod gegangen sind. Aber nichts von dem geschah! Stattdessen feiern wir eine Gruppe, die dies hört und liest und die Realität der alten Erde verändert hat und Teil dieser Erschaffung *(Schöpfung)* eines neuen Planeten sein wird!

Ihr durchquertet die Schwelle und Ihr saht die Energie von der Feier, die an diesem Tag stattfand. Wir sagten Euch zuvor, Euren Blick auf den „Schnappschuss" der Energie der Feier rund um das, was zu diesem Zeitpunkt des neuen Jahrtausends geschah, zu richten, denn diese Energie ist eine Vorankündigung des Potenzials, was von jetzt an existieren kann. Und das Potenzial war - wie Ihr sehen konntet -, ein Potenzial von Feiern - eine Feier, bei der Ihr in Frieden wart, nicht unbedingt zwischen allen Nationen, aber mit Euch selbst.

Darüber möchten wir sprechen, Lichtarbeiter, denn wir sind heute gekommen, um persönlich über das zu sprechen, was in Eurem Leben stattfinden wird. Ihr mögt zu Euch sagen: *„Oh, ich bezeichne mich selber nicht als Lichtarbeiter; ich bin nur mit jemand anderem hier."* Einige von Euch sind mit denen gekommen, die sie ehren und lieben, und Ihr seid nicht wirklich an spirituellen Dingen interessiert. Aber dies kann auch das Öffnen einer Tür des Erwachens durch Wahlmöglichkeit darstellen. Denn wir sagen Folgendes: Es gibt mehr zu leben, als Ihr denkt. Eure gegenwärtige Präsenz wird vollkommen geehrt, unabhängig davon, ob Ihr glaubt, dass dies real ist. Wir erkennen Euch, unabhängig von Eurer Einstellung und Eurem Benehmen. Wir ehren Euer Leben in demselben Maße wie das Eures Nächsten. Ein Lichtarbeiter? Vielleicht meint Ihr es nicht, doch eines Tages wird all dies weitaus mehr Sinn für Euch ergeben als jetzt, während Ihr vorgebt, nicht interessiert zu sein! Euer Potenzial ist so großartig wie das von jedem in diesem Raum und nur so, wie Eure lineare Zeit vergeht, wird Euch dies gezeigt werden.

Ihr seid in beide Richtungen ewiglich - Teile Gottes. Ihr seid immer gewesen und werdet immer sein - das ist es, was Familie ist! Was denkt Ihr, wie es für diese Wesenheit und das Gefolge mit mir, das hier hereinströmt, ist? Was denkt Ihr, wie es für diese Wesenheit namens Kryon ist, zu kommen und vor Familie zu sitzen? Wir fühlen es emotional, wie wir Euch berühren. Wir kennen Euch persönlich, bestens, vertraulich! Wir wissen von den Leben der Menschenfamilie, die hier ist. Wir wissen von Euren Namen auf der anderen Seite des Schleiers, den Namen, die Ihr uns im Licht singt. Wir haben Euch seit Äonen gekannt. Dieses Spiel, in dem Ihr Euch befindet - diese Prüfung, der Test, in den Ihr eingewilligt habt - ... ist ein Test der Liebe. Die Dualität, die seit Äonen auf Euch drückte *(presste)*, repräsentiert eine Art von Energie, die sich jetzt zu verändern beginnt!

Lasst mich Euch sagen, worum es sich beim Überschreiten der Schwelle wahrhaftig handelt. Unmittelbar bevor Ihr sie überschritten habt, gab es keine einzige Wesenheit auf diesem Planeten oder in dem Universum, die Euch sagen konnte, was geschehen würde. Das Überschreiten der Schwelle ist tatsächlich eins der meist energetisierenden Dinge, die jemals auf dem Planeten stattgefunden haben. Es ist wahr, dass die ganze Menschheit über die Schwelle gegangen ist, aber es ist auch wahr, dass nur eine Handvoll die Brücke der Schwerter überquerten. Das ist die Botschaft, die wir Euch das letzte Mal, als wir zusammen waren, gaben. Die Kluft ist groß. Ihr habt die Absicht bekundet, Euch, die Kluft überquerend, von der alten zur neuen Energie zu bewegen. Das ist in Wahrheit das, was die Überquerung der Schwelle ist! Aber vielleicht habt Ihr nicht verstanden, was das eigentlich in dieser neuen Energie wirklich bedeutet. Lichtarbeiter und Krieger des Lichts, in einem Moment werden wir Euch ein neues Geschenk *(eine neue Gabe)* und auch fünf „Bewusstseine" geben, aber wir wünschen, dass Ihr Euer Verstehen dessen, was das Überschreiten der Schwelle bewirkt hat, erhöht (verbessert). Absicht ist der König der irdischen Energieverwandlung, denn die Absicht des Menschenwesens und der Teil von Gott, welcher Du bist, senden eine Botschaft an die ureigene Struktur der Erde, was Du *(in Einklang dessen)* zu schaffen wünschst. Dies ist: Realität auswechseln *(ändern)*.

Die Erde, Euer Partner, reagiert *(antwortet)* gleichwohl mit absichtsähnlicher Energie. Sie verändert sich ebenso, wie Ihr es tut, derart wie wir es bereits zuvor besprachen. Darum habt Ihr genau jetzt solch profunde, tief greifende Erdveränderungen. Wozu die Menschheit Absicht bekundete, Ihr Lieben, ist, die Energie des Planeten in solch einer Weise zu ändern, dass sie eigentlich die Dualität verändert. Rückblickend möchte ich Euch wieder sagen, Ihr Lieben, dass so viele von Euch, die sich für so lange in diesen vergangenen Jahren wie gebremst *(aufgelaufen)* und aufgehalten fühlten, jetzt endlich erkennen werden, um was Ihr gebeten habt. Familie, als Helfer, Menschenfreunde, Heiler und Betende, Ihr seid im Begriff *(steht kurz davor)* EURER Energie zu begegnen - der Energie, welche Ihr durch diese Veränderung erzeugt habt!

Ihr steht kurz davor, einer Energie zu begegnen *(kennen zu lernen)*, die Euren Namen trägt! Ihr verlegt das Gleis, Ihr Lieben, für den neuen Zug der Menschheit, während seine Maschine an Geschwindigkeit zunimmt. Seid nicht schockiert oder erstaunt, wenn sich diese Energie, die während dieser neuen Zeit zum Vorschein kommt, irgendwie vertraut anfühlt. Es ist Eure Energie! So tiefgreifend *(profund)* ist sie. Wenn das JETZT in einem Kreis ist, warum solltet Ihr dann schockiert sein, wenn Ihr Euch selber an einem vertrauten Platz findet? Das ist die Verheißung, wenn Ihr so wählen solltet, sie zu kreieren! Die Verheißung besteht darin, dass sich Eure Realität verändern wird, um der größten Absicht der Menschheit zu entsprechen *(ihr Ausdruck zu verleihen)*. Sie wird aufsteigen (erstehen), um dem zu begegnen, was Ihr kreiert.

Wir haben Euch Folgendes zu sagen: Ihr kamt, um in der Energie zu sitzen, um in der Energie zu lesen, aber es gibt noch mehr - noch viel mehr. Ihr Lieben - meine Familie, welche ich liebe - Schwester, Bruder - Ihr seid in der neuen Energie! Das bedeutet, dass die Heilung, die Ihr wünschtet, jetzt stattfinden kann. Das bedeutet, dass ein Teil der Hilfe *(der Unterstützung)*, die Ihr nicht erreichen konntet, jetzt wirken wird. Lasst uns sagen, wie wir es schon so oft zuvor sagten, warum nicht die Heilung jetzt gleich beginnen lassen? Wir sprechen über menschliches Bewusstsein, wir sprechen über die Liebe in Eurem Leben, wir sprechen über die Themen, für die Ihr hierher gekommen seid, und wir sagen: Zuhörer, Leser, denkst Du nicht, dass wir wissen, wer Du bist? Wir sitzen vor Königlichkeit und wir wissen das. Dieses Kryon Gefolge wusste von Eurer Entscheidung darüber, hier zu sein. Manche von Euch mögen sagen: *„Kryon, ich habe mich erst vor zwei Tagen zum Herkommen entschieden“*, oder *„Ich habe dieses Buch erst vor kurzem in die Hand genommen.“* Es gab in diesem Raum einen Platz mit Eurem Namen darauf! Und es GIBT genau jetzt einen Raum in der Göttlichkeit für Euch, um dieses zu lesen. Das liegt daran, weil das Potenzial für Euch, dies zu hören oder zu lesen, für uns REAL war. Es ist unser JETZT.

Ihr seid für diese wenigen Augenblicke hier, während Euch das Gefolge berührt, Euch liebt und auf Eurem Schoß sitzt. Lasst uns Euch einfach nur für einen Moment lieben. Seid in diesem Prozess nicht schockiert oder erstaunt, wenn Ihr unsere Präsenz mit Euch fühlen könnt. Seid nicht schockiert oder überrascht, wenn es sich wie Heimat anfühlt, denn das ist es, was es ist. Bevor der Unterricht beginnt, Hörer, Leser, lege das Buch beiseite - wir werden pausieren, innehalten - fühle uns nur einfach genau jetzt mit Dir und spüre, wie die Familie Dich umgibt!

Die Dritte Sprache

Lasst mich von einem kommenden Geschenk erzählen - einer Gabe, von der wir Euch schon seit langem erzählen wollen. Diejenigen von Euch, welche die Brücke der Schwerter überquert haben: Ihr seid nun in der neuen Energie, aber wir haben Euch zu sagen, dass uns Eure vergangenen Klagen und Beschwerden in der alten Energie sehr wohl bewusst waren. (Lachen) Ihr denkt möglicherweise, Gott und Eure Geistführer hätten kein Wort davon gehört. *„Warum geschah dies oder jenes nicht? Warum war ich ängstlich? (Und bin es vielleicht noch immer?) Warum stehen die Dinge nicht so gut?“* Wir hörten Euch - wir hörten Euch wirklich! Nun, in dieser neuen Energie, Ihr Lieben, werdet Ihr eine Reihe von ganz anderen Beschwerden und Klagen haben und sie werden sich ungefähr so anhören: *„Oh, es ist zu viel! Es ist zu viel Auswahlmöglichkeit. Ich sollte besser langsamer treten! Welche Richtung soll ich nehmen (einschlagen)? Kryon, Geistführer, ich habe um dieses und jenes gebeten und nun habe ich zu viele Möglichkeiten und ein bisschen zuviel Energie!“* In einem Erdenjahr weiter, von jetzt an, probieren sich manche von Euch mit den neuen Ess- und Schlafgewohnheiten - neuen Wegen um mit höherer Energie umzugehen - und mit einer neuen Uhr (welche schneller geworden ist!)

Es ist an der Zeit, nicht wahr? Jeder von Euch ist anders. Wir können Euch nicht exakt das sagen, was im Leben eines jeden Einzelnen von Euch geschehen wird, weil Ihr Eure Veränderungen während Eures Vorangehens erschafft - ein neues Gleis für Eure Maschine verlegend, so wie

Ihr Euch voranbewegt. Aber wir sagen Euch, dass es eine Energie mit Eurem Namen darauf gibt, die mit Eurer Absicht im Einklang stehen wird. Ah, aber es gibt noch mehr. Bevor wir Euch über einige der Bewusstseine erzählen werden, die Ihr in dieser neuen Energie haben werdet, möchten wir Euch von einem neuen Geschenk erzählen. Es ist Zeit, dass Ihr das kommende Fenster versteht. Um einen metaphorischen *(bildlichen)* Ausdruck zu verwenden, werden wir es „Die Dritte Sprache" nennen. Die Dritte Sprache hat nichts mit drei Sprachen zu tun. Sie ist eine Metapher, welche die Kommunikation in der Sprache von Spirit beschreibt. Das „dritte" bezieht sich auf die Ehre und den Katalysator der „Drei". Betrachtet die Dreier und ihre spirituelle Präsenz *(Bedeutung)*. Und so ist hier dann *Die Dritte Sprache*. Es ist die Sprache von den Dreien, die Sprache zwischen dem Vater, dem Sohn und dem Heiligen Geist. Diese Metaphern wurden in vergangenen Channelings für Euch identifiziert und es wurde Euch gesagt, was sie bedeuten.

Alle drei davon erschaffen, „wer" Ihr spirituell seid. Die Dritte Sprache kooperiert mit der Gitterbewegung und ist eine Verbesserung *(Erhöhung)* der spirituellen Sprache zwischen dem Menschenwesen in der Dualität auf Erden und dem, was Ihr als Gott bezeichnet. Lasst mich Euch eine andere Definition von der Dritten Sprache geben: Es ist eine wunderschöne, liebende, 100-prozentige, 24-stündig wirksame Meditationssprache. Manche von Euch, die sich wie abgetrennt fühlten, sind dabei, sich fürs Leben *(für immer, ständig, lebenslang)* zu verbinden! Manche von Euch werden sich verwundert fragen, wie es noch war, nicht diese neue Verbindung zu haben. In meinem Partner wallt es überfließend auf, weil - Ihr seht - dies ein zweiseitiges *(wechselseitiges, gegenseitiges)* Geschenk ist. Ihr gebt Absicht und wir sind in der Lage, hereinzukommen und täglich mit Euch zu gehen - 100 Prozent der Zeit - nicht nur wenn Ihr Euch zur Meditation niedersetzt, sondern die ganze Zeit!

Hört nicht mit der Meditation auf! Sie ist wundervoll, sie ist eine Ehrung unserer Beziehung, aber versteht, dass Ihr diesen Platz verlassen und unter Verwendung der Dritten Sprache eine Kommunikation entwickeln könnt - eine wandelnde Meditation - immer, jederzeit in Verbindung *(Berührung)* sein, jederzeit mit dem feinen Gespür *(der feinen*

Wahrnehmung) Gottes, jederzeit mit dem Frieden des Verstehens, jederzeit mit der puren Reinheit, welche Du bist. Erinnert Ihr Euch, wie die Schamanen waren? Erinnert Ihr Euch an die Weisheit des heiligen Mannes? Nun kann es die Eure sein. Dies wird die Leben rund um Euch herum verändern, weil IHR Euch verändert. Eure geplanten Meditationen werden daher zu einer Zeremonie anstelle einer bloßen Kommunikation. Es bringt dem Ereignis eine völlig neue Bedeutung.

Die Dritte Sprache erscheint in Fenstern der Gelegenheiten, die jedes Menschenwesen, so wie es vorangeht - wie es das neue Gleis verlegt - kreieren wird. Haltet nach der Dritten Sprache Ausschau, denn sie wird Euch auf eine Weise erfüllen, wie dies nur bestimmte Meditationen und Energien getan haben - wie dies nur bestimmte Ereignisse getan haben. Fühlt Ihr hier die Energie von Spirit? Nehmt Ihr hier die Familie wahr und fühlt Ihr sie? Fühlt Ihr jetzt den sanften Druck auf Euren Körpern? Spürt Ihr die Liebe, die nun in Euch hineinströmt? Ich möchte Euch sagen, dass Ihr - lange nachdem dieses Ereignis vorüber ist - von diesem Platz gehen könnt und diese Energie immer dann haben könnt, wenn Ihr es wünscht! Die Dritte Sprache ist das, was ihre Bezeichnung ist, die Verbindung von den dreien *(der drei).* Sie ist der Anfang der Verbindung mit ZUHAUSE.

Diese Dritte Sprache vollzieht sich langsam und in natürlicher Art und Weise für diejenigen, welche die Brücke der Schwerter überquert haben (überquert mit Absicht, in die neue Energie des Jahrtausends hinüberzugehen, mit Verstehen und einem spirituellen Erwachen). Wie bei vielen anderen Veränderungen gibt es, wie auch immer, eine Lernkurve in Verbindung mit Weisheit ... *eine mit Weisheit kommende Lernkurve*). Es gibt fünf „Bewusstseine“, die mit der Dritten Sprache einhergehend auftreten, und sie können Missverständnis, Besorgnis und sogar Fallstricke für die Fortsetzung eines spirituellen Lebens verursachen. Wir werden sie überprüfen und in diesem Vorgang könnt Ihr erkennen, dass sich manches davon bereits ereignete, und wir wünschen während des Prozesses, dass Ihr auch UNS erkennt - denn darum sind wir hier -, um Euch liebende Informationen zu geben und Euch während des Übergangs die Hand zu halten.

Plötzliches Bewusstsein vom JETZT

Seid Ihr es müde, von Kryon über das JETZT unterrichtet zu werden? Wir werden dies fortlaufend weiter tun, bis Ihr es so wie Eure Atmung lebt. Es ist ein anderes Zeitrahmen-Bewusstsein für Euch und für manche unter Euch ist es wie ein Schlag ins Gesicht! Seit Äonen seid Ihr in der linearen Zeit gewesen. Eure Dualität unterstützt *(fördert)* nur das Konzept der linearen Zeit. Wie auch immer werden sich plötzlich viele von Euch so vielem von dem, was rund um Euch herum gegenwärtig potenziell oder „vergangen" ist, bewusst. Mit neuen „Augen" kann das neue JETZT Bewusstsein auf Euch drücken, so als wenn alles stattfinden würde, während Ihr hier sitzt (oder dies lest)! Dies kommt durch die Akzeptanz der Dritten Sprache.

Das Verstehen des JETZT, Ihr Lieben, ist der göttliche Weg, doch für manche ist es möglicherweise verwirrend, weil sich die menschliche Wahrnehmung von Zeit „verpackt" und sich in einem Energiepaket präsentiert. Desgleichen repräsentiert es den Anfang von Eurem spirituellen Verstehen. Das Menschenwesen, welches versteht und sich mit dem Verschmelzen linearer Zeit und JETZT Zeit wohl fühlt, ist der Mensch, der die Zukunft nicht als Problem sieht. Denn in dem JETZT ist die Zukunft hier. All die Dinge, die jemals sein werden oder jemals waren, sind in dem Potenzial der Göttlichkeit dieses Moments enthalten *(geborgen, verborgen)*. Dies ist schwierig denjenigen zu erklären, die es nicht FÜHLEN. Alles, was jemals geschehen ist, und das Potenzial von allem, was sich jemals ereignen *könnte*, ist in einer Energie des Wissens gegenwärtig. Alle Probleme und Lösungen von *für immer* sind vor Euch. Alle Freuden und alle Sorgen sind *(im)* JETZT gelebt gewesen.

Alle Potenziale von den Herausforderungen, welche Ihr jemals haben werdet oder hattet, sind in einem Spot verpackt. Und wisst Ihr, was dieser Spot, dieser Punkt, diese Stelle ist (und das ist wichtig)? Es ist Euer „göttlicher Spot", welcher von der Dritten Sprache genährt wird. Es ist die Trinität *(Dreifaltigkeit)* von EUCH. Das sollte manchen von Euch Frieden geben, aber für andere ist es einfach nicht verständlich.

Für einige, welche diese Botschaft nicht haben, kann es möglicherweise ein Bewusstsein darstellen, welches Unbehaglichkeit erzeugt. Wir sagen Euch, Ihr Lieben, dass Ihr einen Fuß auf der anderen Seite des Schleiers habt. Willkommen im JETZT! Das Gefühl von Zuhause ist die JETZT Zeit. Das Gefühl zu wissen, dass alles gut ist, da hier alle zu Euch „gehören" und innerhalb Eurer Mitschöpfer-Kraft und Macht liegen, erschafft einen friedvollen Menschen. Aber dies unterscheidet sich sehr von der alten Wahrnehmung „es zu leben", es hat daher gelernt und verstanden zu werden. Wenn Euch das JETZT auf eine Weise besucht, die Euch zuvor nicht bekannt war, dann kann es möglicherweise Unruhe in der Verwirrung von seiner Wahrnehmung verursachen. Wenn dies eintritt, dann feiert die Verwirrung! Anschließend bittet Euer Höheres Selbst um Führung, um zu verstehen und mit dem Übergang im Frieden zu sein. Manche von Euch mögen das Gefühl haben, dass diese Botschaft eine rätselhafte Information ist - für jemand anderen geschrieben... Wartet es einfach ab.

Bewusstsein von dem „Was war"

„Verpackt" im Bewusstsein des JETZT sind vier andere Bewusstseins*(inhalte)*, von denen Ihr wissen solltet - sie alle sind von der Dritten Sprache verursacht. Wenn Ihr ein JETZT-Bewusstsein habt, dann habt Ihr ein tief gehendes Bewusstsein von Eurem alten „Du"- allem, was Ihr vor der Schwelle wart. Wenn Ihr in Weisheit zurückblickt, so werden einige von Euch aufgrund dessen, was sie sehen, beunruhigt sein! Ihr fragt möglicherweise: *„Wie konnte ich das nur jemals tun? Wer war ich damals wirklich? War ich wirklich der-/diejenige, der/die diese Dummheit, diesen Blödsinn gemacht hat? Warum tat ich nicht dieses oder jenes, als ich es tun sollte? Was ist mit der Tatsache, dass ich einige falsche Entscheidungen getroffen habe? Ich bin solange stecken geblieben. Nun erkenne ich, dass alles, was ich zu tun hatte, dieses oder jenes war... aber ich habe es nicht getan!"*

Die nachhaltige Einsicht ist im JETZT vollkommen. Einige von Euch werden sich selber Vorwürfe machen. Einige von Euch werden sich selber die Schuld auferlegen für das, was sich ereignete, bevor Ihr über die Schwelle gegangen seid, denn jetzt seid Ihr mit der Weisheit des JETZT erfüllt. Ihr seid nun mit Informationen erfüllt, die Euch den Rückblick in die Vergangenheit anders aussehen lassen. Das wird Euch einen anderen Blick für Euch selber geben. Ich habe eine Botschaft für Dich, wenn Du einer von denen bist, der möglicherweise dazu neigt, zurückzublicken und die Vergangenheit zu beweinen oder das zu bedauern, was Du vielleicht *(zu tun)* verpasstest. In der alten Energie waren die Dinge anders. Du sitzt nun in einem hellen Licht und es ist leicht, in die Dunkelheit hineinzublicken und einst verborgene Dinge zu sehen. Ich möchte Dir sagen, wer dort bei Dir war - Dir mit diesen „Fehlern", die Du jetzt siehst, half. Wir waren es! Die Familie war bei allen „falschen" Wendepunkten an Deiner Seite. Wenn Ihr wissen möchtet, warum Ihr nicht gegen diese Tür der Gelegenheit gedrückt habt oder warum Ihr nicht das, was Ihr zu tun „beabsichtigt" hattet, getan habt - Ihr nicht links abgebogen seid, als Ihr nicht rechts abbiegen solltet - hier ist eine Antwort: Die liebenden Hände von Eurem Gott und Eurer Familie behielten Euch dort, wo Ihr wart! Mit anderen Worten, Ihr hattet HILFE von Spirit, um stecken zu bleiben!

Du möchtest wissen, warum Du stecken geblieben warst? Weil ein riesiger Engel auf Deinem Schoß saß und Du nicht aufstehen konntest! Du kannst nicht beginnen die Dinge, die Du nicht schaffen konntest, zu verstehen, bevor nicht diese Energie hereingekommen ist. Du warst nicht bereit und die Liebe Gottes hielt Dich dort, wo Du warst! Denk darüber nach. Während der Zeit, in der Ihr Euch darüber beschwertet, keine Antworten von Gott zu bekommen, habt Ihr Antworten von Gott erhalten. Es ist bei den Menschen gewöhnlich so, dass ein „Nein" von Spirit oft für „keine Antwort" gehalten wird. Dieser Engel saß auf Eurem Schoß und Ihr konntet nichts tun! Das Timing *(der Zeitpunkt)* war alles und Ihr wurdet mit einem „Nein" geehrt. Ihr müsst wissen, wie Wahrnehmung und Bewusstsein wirken. Diejenigen von Euch, die sich umschauen und sagen: *„Ich bin ein Narr"*, lasst mich Euch sagen, dass Ihr dann damit übereinzustimmen habt, dass Eure spirituelle Familie mit Euch zu Narren wurde, denn Ihr wurdet davon abgehalten bestimmte Dinge zu tun, bis diese neue Energie die Schwelle überschritt.

Vielleicht hattet Ihr ein Gefühl, als würdet Ihr im Kreis laufen oder auf der Stelle treten? Nun sagt Ihr: *„Ich habe es vergeudet/ich ließ es brach* *liegen.*" Nein, das habt Ihr nicht. Feiert das Ereignis und feiert Euer damaliges und Euer jetziges Leben. Feiert das, was kommen wird und begreift, dass alles angemessen ist. Ihr hattet damals Hilfe und Ihr habt jetzt Hilfe. Ihr habt nichts versäumt und nichts verpasst!

Bewusstsein der „verpassten" Synchronizität

Das dritte Bewusstsein ist die Synchronizität - Bewusstsein von Synchronizität, etwas „verpasst" zu haben. So etwas gibt es nicht, Ihr Lieben. Ihr lebt in einem Kreis, wie wir Euch zuvor sagten. Wenn etwas, was zu einem nicht angemessenen Zeitpunkt erschien, verpasst wurde, dann wird es wieder erscheinen. Das ist eine Ehre im JETZT, nicht wahr? Wenn Ihr im JETZT seid, versteht Ihr die kreisende Weise, wie Leben wirkt. Ihr werdet auch verstehen, dass es Spirit ist, der Euch das bringt, was Ihr als „verpasst" betrachtet. Lichtarbeiter, dies hat viele Bedeutungen und es ist eine Metapher, die Ihr Euch nicht einmal vorstellen könnt.

Das, worum Ihr gebeten habt, hat viele Gesichter. Viele Dinge in Eurem Leben werden sich Euch mit einem neuen Gesicht zeigen. Aber wenn Ihr die darum liegende Hauptenergie betrachtet *(das, was damit in Verbindung ist)*, so wird es etwas sein, worum Ihr vor langer Zeit gebeten habt. Lichtarbeiter, es gibt hier neue Paradigmen von Bewusstsein und es arbeiten auch neue Energien für Euch. Lasst mich von einem neuen Thema sprechen, woran Ihr niemals gedacht habt. Warum sind so viele von Euch in Eurem Körper schwergewichtig? Helfer, Heiler, Arbeiter im Licht: Warum leisten so viele von Euch feine Arbeit, aber schwer? Es liegt ein altes Paradigma von „Schutz" auf der Hand. Wir nennen es auch „Festigung". Es bedeutet, sich viele Lagen von Energieschichten rund um Eure Person zu legen, um Euch dabei zu helfen, Euch vor anderen Energien zu schützen, damit Ihr das tun könnt, was Ihr tut.

Ihr habt dies möglicherweise für Euch selber gemacht, weil es das Einzige war, was Ihr tun konntet, um Euch mit der Energie zu verbinden *(zu verflechten)*. Und es schien das Einzige zu sein, was Ihr zu der Zeit tun konntet, um Euch selbst existieren zu lassen. Ihr wart Euch dessen bewusst und viele, die schwergewichtig sind, haben den Versuch aufgegeben, es irgendwie zu verbessern. Einige mögen zum Universum gesagt haben: *„Ich kann nichts anderes sein als das, was ich bin - ich sehe so aus, wie ich bin. Ich bin es und es ist alles, was ich jemals sein werde.“* Nun gut, ratet einmal? Beobachtet, wie die neue Energie das verändert! Wie viele von Euch möchten endlich dieses Attribut ändern? Ihr wisst, zu wem ich spreche!

Es ist an der Zeit, einige der Dinge auszuprobieren, die Ihr zuvor getan habt, um dem Gewicht abzuhelfen. Wenngleich zuvor bei bestimmten Versuchen nicht viel geschah, so schaut, was jetzt geschehen wird. Denn nun kooperiert die Energie mit Euch und Eurer Zellstruktur. Möchtet Ihr Gesundheit erlangen und einen Teil von diesem Gewicht verlieren? Versucht es jetzt. Meintet Ihr nicht, dass Spirit Euren Ruf hierfür vernommen hat? Jetzt ist die neue Synchronizität! Die Familie ist hier, sitzt bei Euch und sagt: „Es ist jetzt an er Zeit, es noch einmal zu versuchen. Tut es und Ihr werdet Ergebnisse erzielen und die Kooperation einer Energie haben, die Ihr noch nie zuvor hattet.“ Glaubt es. Es ist wahr.

Oh, es gibt hier so viel! Wir möchten innehalten und die Heilung, die jetzt stattfindet, feiern. Es hat eine kleine Weile gedauert, bis Ihr wusstest, dass wir wirklich hier sind, nicht wahr (zu dem/der Anonymen im Publikum sprechend, der/die eine gewisse Art von Heilung empfängt)? Wir lassen Energie in Euch strömen, um die Ihr gebeten habt - vor langer Zeit.

Darum sind einige von Euch gekommen, nicht wahr? Das ist es, was die Familie tut - sie liebt Euch so sehr, dass sie das verändert, was Ihr Eurer Ansicht nach seid!

Bewusstsein von Verantwortung und menschlichen Beziehungen

Nummer vier ist *(das Bewusstsein von)* Verantwortung und ebenso Beziehungen. Wir haben in verschiedenen Arten zuvor darüber zu Euch gesprochen, doch Ihr habt zu verstehen, dass Ihr Euch im Rückblick möglicherweise wieder für etwas prügelt, was Eurer Ansicht nach nicht geschehen ist. Und noch einmal sagen wir Euch, dass Ihr im Nachhinein ein plötzliches, tiefgehendes Bewusstsein davon haben mögt, ein Teil der menschlichen Familie zu sein und dann möglicherweise sagen werdet: *„Ich bin ein Menschenfreund und ich hätte diesem Menschen helfen sollen oder dieses oder jenes tun sollen."* Das ist Unsinn. Ihr habt nichts verpasst und die Familie umgab Euch in diesen Zeiten, in denen Ihr vielleicht das Gefühl hattet, versagt oder gefehlt zu haben. Eine ältere, niedrigere Energie, die nicht mit Eurer Göttlichkeit vereinbar war, hinderte Euch daran, bestimmte Entscheidungen zu treffen, die Ihr jetzt leicht treffen könnt.

Bei dieser göttlichen Einsicht *(Nachsicht)* beginnt Ihr zu sehen, worum es bei einigen der vergangenen Alte-Energie-Beziehungen ging. Manche von Euch sehen in dieser Energie endlich, worum es beim Tod ging - und es ist für Euch herzergreifend, wenn Ihr das große Bild seht. Noch einmal, einige von Euch werden sich selber die Schuld dafür geben, dass sie dies nicht früher gesehen haben, und Ihr werdet über vergeudete Zeit nachdenken -oder noch schlimmer, Ihr denkt vielleicht über gesagte oder unausgesprochene Dinge nach, die Euch jetzt Leid tun. Erinnert Euch und bedenkt: Dies ist ein Studium im JETZT Bewusstsein. Es gibt keine lineare Zeit, nur das JETZT. Es gibt nichts, was in der Vergangenheit existierte und nicht JETZT korrigiert werden könnte. Vielleicht ist Euch das nicht in den Sinn gekommen?

Wenn Euch das Folgende überflüssig erscheint, so ist das absichtlich so. Ihr Lieben, wir sagen Euch dies, weil es der Katalysator für Eure Erleuchtung ist. Möchtet Ihr wissen, wie Ihr zu dem voranschreitet, was Ihr als den Aufstiegsstatus bezeichnet - wie auf einer höheren Ebene zu schwingen? Ich werde Euch wieder die Antwort geben *wie* im letzten Channeling. Ihr beginnt die Umstände *(Aufstellungen)* von Mensch-zu-Mensch zu „sehen" oder Euch ihrer bewusst zu werden. Diese Aufstellungen der Vergangenheit haben in dieser neuen Energie beendet zu werden, damit Ihr weiterkommen könnt. Einige Dinge haben *(bedürfen es - es ist notwendig)* beendet zu werden - wirklich beendet.

Erinnert Ihr Euch daran, als der Charakter Wo seine Koffer für das neue Jahrtausend packte? Erinnert Ihr Euch an sein verborgenes Fach? Es war menschliches Drama. Wir sagen Euch noch einmal in Liebe, Ihr Lieben - liebe Menschenfamilie, wer ist der-/diejenige, zu dem Ihr nicht sprechen wollt? Wer ist der-/diejenige, dem Ihr nicht vergeben wollt, tot oder lebendig? Es ist an der Zeit für die Beendigung! Vielleicht seid Ihr deshalb hierher gekommen - um dies zu hören! Vielleicht ist das der Grund dafür, warum Ihr Euch entschlossen habt, dies zu lesen! Zieht die göttliche Liebe aus der Tasche der neuen Energie und betrachtet Euch selber *(und einander)* auf versöhnliche Weise. Vergebt dem Kind in Euch. Vergebt dem einen, der Euch etwas angetan hat. Nehmt das Wort *Opfer* von Eurer Person fort - - heraus aus Eurem Wortschatz und setzt das Wort *Familie* an seine Stelle. In allen Dingen existiert Angemessenheit . Sie muss irgendwann beginnen und vielleicht sollte das jetzt sein. Ihr wisst, zu wem wir sprechen. Lasst es jetzt sein.

Es ist für jeden Lichtarbeiter, der denkt, dass er in einem Aufstiegsstatus ist, unangemessen, eine Situation zu haben, bei der er sich weigert, eine Beziehung mit jedwedem anderen Familienmitglied, ob tot oder lebendig, zu haben. Lasst dies nun wirken *(sich in Euch senken)*.

Wir erinnern Euch daran, dass die Vergangenheit JETZT ist. Vielleicht gibt es jene Menschen, die im JETZT auf eine Beendigung warten? Vielleicht seid Ihr ebenso bereit? Ihr entscheidet es..

Beseitigung von Gelübden vor Gott

Wir bringen Euch das fünfte Bewusstsein. Wir haben das stärkste, das mit dem größten Potenzial für den Schluss aufgehoben. Die Dritte Sprache ist nun am Werk - in ihrer besten Art. Lichtarbeiter, Schamanen, Zuhörer, Leser, ich spreche nun zum Großteil von Euch. Ich werde Euch hier einige Informationen geben. Es gibt etwas, was Ihr braucht - etwas, was von Euch aufgegeben, entfernt und abgelöst werden kann, sodass es nie wieder ein Teil von Euch sein wird.

Hört: Schamane, dies ist nicht das erste Mal, dass Du in manchen Leben zur Spiritualität erwacht bist. In den Leben der unmittelbaren Vergangenheit, nahezu in jedem, hattest Du ebenso ein Erwachen zu Deiner Spiritualität. Manche von Euch wissen sogar, wer Ihr wart, so tiefgreifend war es! Ihr wart die Mönche, Schwestern der Kirche, Schamanen,

Medizinmänner und Medizinfrauen. Ihr wart diejenigen, von denen die Stämme abhängig waren bezüglich der Arzneitränke und der Energieheilungen - der Hand-auflegen-Arbeit. Lasst mich Euch sagen, was damit gekommen ist - eine alte Energie, die es erforderte den Fokus auf Gott auszurichten. Wenn Ihr dabei wart, den Trank herzustellen, die Energie zu senden und diejenigen zu heilen, die dafür gekommen waren, hattet Ihr Euch wahrhaftig auszurichten *(zu konzentrieren, zu fokussieren)*. Um in dieser alten Energie etwas zu fokussieren, gabt Ihr gleichfalls etwas zurück. Einige von Euch legten für den Fokus Gelübde zur Beseitigung irdischer menschlicher Eigenschaften eines normalen Lebens ab. Ihr habt Gott Versprechen gegeben und diese Versprechen geschahen in Form von Opfern.

Wie viele von Euch erinnern sich daran der Schamane und der Medizinmann gewesen zu sein? Erinnert Ihr Euch, was die Attribute des Medizinmannes waren? So viele Male lebte er/sie am Rande des Dorfes. Er/sie lebte alleine. Erinnert Ihr Euch? Hört, was ich sage. Es ist wichtig. Habt Ihr ein Gelübde abgelegt, dass Ihr - um spirituell zu sein - niemals in den Genuss und die Freude der vertrauten/intimen Gesellschaft mit einem anderen Menschen kommen würdet? Habt Ihr das getan? Habt Ihr das Gelübde der Ehelosigkeit abgelegt? Ich habe neue Informationen für Euch. Ein Gelübde vor *(an)* Gott, das in reiner Absicht in IRGENDEINEM Leben abgelegt wurde, wird mit in das nächste Leben genommen und wieder und wieder durch den Schleier getragen. Ihr konntet das Gelübde nicht einfach aufheben, weil sich Eure innere Seele Gott gegenüber verpflichtet hat. Wenn Ihr spirituell erwachen würdet und in diesen vergangenen Lebenszeiten der Schamane seid, dann hättet Ihr rückwärtig viele Dinge aufzugeben *(zu opfern)*.

Lichtarbeiter, bereitet es Euch Schwierigkeiten, Beziehungen zu bewahren und aufrechtzuerhalten? Fülle? Ein normales Leben zu führen? Dies könnte der Grund dafür sein! Lasst mich Euch jetzt sagen, dass diese neue Energie denjenigen, welche die Brücke der Schwerter überquert haben, Erlaubnis gibt, alle Gelübde abzuwerfen *(fallen zu lassen)*! Vielleicht dachten manche von Euch, sie wären für immer alleine? Ihr habt Euch jetzt nicht mehr länger Beziehungen zu versagen. Lasst uns genau jetzt eine

Zeremonie halten.

Visualisiert die alten Gelübde, welche Ihr in den alten Tagen abgelegt habt, sich selber auflösend. Seht, wie sie in die Luft hinausschweben. Feiert die Freisetzung in dieser neuen Energie! Kryon hat niemals irgendetwas darüber gesagt, noch nie! Ich konnte in der alten Energie nicht einmal beginnen, dieses Thema anzusprechen. Das war vorher nicht möglich. Dies ist ein neues Geschenk für Euch und es ist erst der Anfang der Werkzeuge vom Aufstieg - einem Aufstieg, den Ihr mit einem Partner teilen könnt, wenn Ihr Euch so entscheidet. Ihr könnt einen Lichtkörper haben, wenn Ihr Euch so entscheidet. Ihr könnt Fülle haben, wenn Ihr es wählt. Lasst diese alten Gelübde genau jetzt von Euch losgelöst werden. Lasst uns zusammen ein neues Gelübde erschaffen: *„Ich gelobe, die Dritte Sprache zu verwenden, um meinem Höheren Selbst so nahe zu kommen, wie es einem Menschen möglich ist! Und in diesem Prozess nehme ich in Anspruch, dass ich in der Fülle sein kann, friedvoll und niemals einsam. Ich nehme mein Höheres Selbst als meinen besten Freund in Anspruch. Ich beanspruche die Göttlichkeit die ICH BIN."*

Versteht, dass Ihr im Gebrauch der Dritten Sprache die Erlaubnis habt, Euch auf Gott auszurichten *(den Fokus zu setzen)*, ohne dabei irgendetwas zu opfern. Ihr könnt der Schamane sein und Euer Menschsein genießen, Ihr könnt Beziehungen und Fülle haben. Mönch, es ist an der Zeit, nicht wahr? Klosterschwester, es ist an der Zeit, nicht wahr? Oh, Familie, wisst Ihr nicht, dass wir Euch intimst vertraulich kennen? Wir sagten Euch das an jedem einzelnen Treffen mit Euch. Wisst Ihr nicht, dass, wenn die Familie hier hereinkommt, es nicht eine Art von allgemeinem Besuch ist? Nein, es ist eine offene Aussprache, von Herz-zu-Herz, liebe Familie. Wenn es so aussieht, als würden wir zu DIR sprechen, dann liegt es daran, weil wir dies tatsächlich tun.

Das Härteste für uns, Leser, Zuhörer, ist, Euch zu verlassen. Ihr könnt diese Energie jederzeit, wenn Ihr es wünscht, wieder erschaffen. Ihr braucht an keinem Treffen wie diesem hier teilzunehmen, um dies zu erschaffen. Ihr braucht nicht mit anderen Lichtarbeitern beisammen zu sitzen, obwohl es angenehm ist und Ihr die Liebe hier spüren könnt. Ihr braucht kein Buch oder keine Zeitschrift oder irgendetwas anderes zu kaufen. Wir haben Euch so oft gesagt, dass Ihr nach Hause gehen und dies selbst mit Eurer eigenen Göttlichkeit erschaffen könnt. Nun sagen wir Euch, dass die Dritte Sprache der Schlüssel hierzu ist! Wir feiern Euch! Wir feiern die Energie des Familienmitglieds!

Heute wurden von Lichtarbeitern Fragen über Eure Geistführer und darüber, wie sie wirken, gestellt. Ich werde Euch sagen, wie es sich anfühlt, wenn Eure Geistführer mit Euch arbeiten: eine *Expansion/Ausdehnung* von Euch. Genießt und erfreut Euch an den vielen „Dus", die hier sind! Genießt und erfreut Euch an der Familie, die Euch umgibt. Genießt und erfreut Euch an den Teilen von Gott, welche Ihr alle seid. Genießt die himmlische Gegenwart der goldenen Farbe, welche wir Euch jetzt zeigen. Das seid Ihr! Das bist Du!

Das Gefolge zieht sich in vollkommener Liebe und Reinheit von diesem Platz zurück. Es badet in den Offenbarungen, die gegeben wurden - die Geschenke, welche Euch gezeigt wurden und die jeder von Euch annehmen kann. Es gab niemals eine vertrautere *(dichtere)* Zeit mit der Familie wie diese, Ihr Lieben. Ihr seid jetzt in der Lage, jenen auf der anderen Seite des Schleiers sehr nahe zu kommen... UNS!

Ihr Lieben, achtet auf Euch selber und lasst Euer Licht leuchten. Tatsächlich werden sich andere um Euch herum verändern, so wie Ihr die Dritte Sprache verwendet und Euer Licht „gesehen" wird. Dies ist von Anfang an unsere Botschaft gewesen und es ist jetzt unsere Botschaft, während sich dieses Gefolge verabschiedet. Es wird eine Zeit kommen, in der ich Euch wieder sehen werde, und es mag sein, dass es nicht auf diesem Planeten sein wird. Zu der Zeit, Ihr Lieben, könnt Ihr diese große Treppe emporsteigen und Ihr werdet alle Einzelnen in Eurem Spiel sehen und jeden von uns erkennen.

Glückselig werden wir applaudieren und sagen: „Willkommen Daheim!"

Und so ist es

Kryon

Zusammenarbeit zwischen den Religionen?

„Es gibt viele Kulturen, viele Doktrinen und viele Glaubenssysteme, die alle versuchen, zusammen auf diesem Planeten zu existieren... Wir haben über die Ehrung der Menschen auf der Suche nach Gott gesprochen... Da wird ein Anfang für eine Toleranz zwischen den existierenden Glaubenssystemen sein. Was Ihr haben werdet, ist eine potenzielle Zusammenarbeit und Ehre - ein Erkennen, dass der andere Mensch das Recht auf eine persönliche Beziehung zu Gott hat...“

Kryon, Dezember 1999, bezüglich der Potenziale der Welt, vergl. Seite 186.

(1) In Kapstadt, Südafrika, trafen sich am 1. Dezember 1999 religiöse Führer und Denker der ganzen Welt. Es war erst das dritte Treffen in 106 Jahren seit Bestehen des Parlaments der Weltreligionen. Ein Eröffnungsgebet von Rabbi Cyril Harris besagte: *„Mit dem Beitritt in dieses Parlament haben wir die Überzeugungen und Praktiken unserer Glaubensbekenntnisse nicht aufzugeben, doch wir haben der Menschenfamilie, von der wir alle ein Teil sind, zu geben.“* [1]

Das Treffen wurde durch Nelson Mandela eröffnet und vom Dalai Lama beendet. Haben Sie das auf CNN gesehen? Wahrscheinlich nicht. Es wurde in den meisten amerikanischen Städten gar nicht erwähnt.

(2) Die Vereinten Nationen, am 26. Juni 2000. Die Entstehung von URI-UN (United Religions Initiative at the United Nations = Initiative der Vereinten Religionen bei den Vereinten Nationen): *„Mit der heutigen Unterschrift entstand die URI. Sie wurde nach Rücksprache mit Menschen vieler verschiedener Glaubensrichtungen aus der ganzen Welt entwickelt. Es ist eine wachsende Gemeinschaft, die der Förderung von anhaltender, täglicher Zusammenarbeit zwischen den vielen Glaubensrichtungen und der Beendigung von Gewalt mit religiösem Hintergrund sowie der Erschaffung von Kulturen von Frieden, Gerechtigkeit und Heilung für die Erde und alle Lebewesen gewidmet ist“* [2]

1. *Reuters News Service* - 1. Dezember 1999
2. Zitiert von der UN Einladung zur Feier der Charta-Unterzeichnung, 26. Juni 2000. Die eigentliche Unterzeichnung erfolgte in Philadelphia.

Kryon

Live-Channeling

„Kein Zögern und kein Zaudern mehr"

Gechannelt in
Kansas City, Missouri
März 2000

Kapitel X

„Kein Zögern und Zaudern mehr“

Live-Channeling in Kansas City, Missouri März 2000

Dieses Live-Channeling wurde mit zusätzlichen Worten herausgegeben, um Klarheit und ein besseres Verständnis in der schriftlichen Textform zu ermöglichen.

Seid gegrüßt, Ihr Lieben. ICH BIN Kryon vom Magnetischen Dienst. Es existiert hier eine Energie, welche *Ihr* an diesen Platz hereingebeten habt. Es ist eine Energie, die von Daheim kommt und sie hat Euren aufgezeichneten Namen. Sie hat Eure aufgezeichnete Energie. Sie hat viele Eurer Attribute und sie strömt ungehindert und frei an diesen Platz, denn sie wurde von Euch entworfen. Sie sollte sich für Euch sehr vertraut anfühlen, denn sie ist die Liebe Gottes - welche Ihr auch als die Liebe des Spirit, des allbeseelenden Geistes, bezeichnet habt - und sie ist nicht mehr als eine spirituelle Essenz, welche Ihr seid.

Ihr Lieben, es gibt diejenigen hier, die sich in den nächsten wenigen Momenten an die Tatsache gewöhnen werden, dass das, was Ihr hört, nicht unbedingt die Stimme eines Menschen ist. Oh, wir brauchen wohl die Hilfe von meinem Partner für die Worte, doch die Energie ist von Daheim. Die Energie ist von Spirit. Wir werden Euch etwas sagen, was wir schon so oft zuvor gesagt haben: Lasst den Beweis dafür, dass dies wahr ist, in der Tatsache enthalten sein, dass Euch die Energie zugeführt wird und Ihr sie spüren werdet! Denn so wie wir an diesen Ort strömen, sind es diejenigen, welche Ihr um ihre Anwesenheit gebeten habt. Wir haben schon zu so vielen Herzen gesagt: Ihr versammelt Euch an diesem Platz und Ihr gebt von Eurer Energie, um hierher zu kommen und um vor meinem Stuhl zu sitzen. Vielleicht wünschtet Ihr Euch die Energie dieser Familie zu spüren, wie sie auf den Boden und rund um Euch herum fließt? Sie umhüllt den Raum und erzeugt hier eine Blase von Dichte. Vielleicht seid Ihr deswegen gekommen? In dieser neuen Energie hat diese Familie, die durch den Schleier strömt, „Schlange gestanden", um heute hier zu sein! Vielleicht mag dies bezüglich der Frage, wer gekommen ist, um wen zu sehen, eine ganz neue Bedeutung ergeben.

Es ist kein Zufall, dass Ihr gekommen seid und auf dem Stuhl sitzt, auf dem Ihr jetzt sitzt. Wir wussten von dem Potenzial, geliebtes Wesen, lieber Lichtarbeiter, dass Du hier bei dieser Wiedervereinigung sein würdest. Es ist das großartige Potenzial, welches im „Jetzt" existiert, von dem wir sprechen. Wir wussten, dass Ihr hier sein würdet. Die Potenziale dafür, dass Ihr an diesen Ort kommen und diese Worte heute hören würdet, waren groß. Ich spreche selbst auch zu denjenigen, die vielleicht das Gefühl haben, sie wurden hierher gezerrt. Dies gilt auch für Euch! Und schließlich spreche ich zum Leser, der sich jetzt auch vor diesem Gefolge befindet.

Das ganze Gefolge rund um diese Episode im Spiel namens „Erde" hat einen einzigen Namen - und der ist Liebe. Wir sind hier, um einander zu lieben und wenn Ihr heute nicht mehr als das getan habt, dann werdet Ihr Euch - wenn Ihr aufsteht und von diesem Ort geht, wenn wir fertig sind -, erinnern, dass Ihr an diesem Tag hier gesessen seid, um geliebt zu werden. Und während Ihr die Arme von Spirit um Euch spürt, möchte ich, dass Ihr auch die Botschaften fühlt - Botschaften, die in der Dritten Sprache überbracht werden - nicht die Sprache, die Ihr mit den Worten sprechen hört, sondern die Sprache der neuen Energie - die Sprache, die Euch energetisch und emotional überbracht wird (wie im letzten Kryon Channeling als Energie für „Meditation im Gehen" definiert). Diese Dritte Sprache sagt Euch Folgendes: „Wir wissen, wer Ihr seid. Wir wissen, was gegenwärtig für Euch da ist und was Ihr durchmacht. Wir wissen, was Euch gezeigt wird. Wir feiern mit Euch. Wir tanzen rund um Euch. Wir lieben Euch!"

Die Lösungen für die Herausforderungen, welche Ihr, Zuhörer und

Leser, mit hierher bringt - der Grund warum Ihr gekommen seid - liegen „auf der Hand“ und sind in Reichweite. Die Sychronizitäten, um die Ihr teilweise bereits vor langer Zeit gebeten habt, liegen nun vor Euch. Ein Großteil von dem, worum Ihr gebeten habt, liegt nun sichtbar auf dem Teller vor Euch und es ist ein Teller, den Ihr erschaffen habt. Alles, was wir tun, ist, ihn Euch darzubieten und darauf zu warten, bis Ihr die Lösung, die Ihr bereits habt, darauf legt.

Wir haben Euch heute viel über die Energie dieses neuen Jahrtausends zu unterrichten. Wir nennen diese Botschaften von Kryon an Euch „Die Channelings von der Schwelle“. Sie alle handeln vom selben Thema, sie handeln von der Energie, welche Ihr, Ihr Lieben, während Eurer Bewegung in eine neu erschaffene Realität auf diesem Planeten erzeugt habt. Manchmal wird es kurze Rückblicke auf das, was wir vorher (in vergangenen Channelings) gesagt haben, geben, um Euch zu ermöglichen, diese gegenwärtige Botschaft zu verstehen. Wir sagen Euch also nochmals, dass wir vor einer Familie sitzen, und viele davon haben beschlossen, das zu überqueren, was wir als die Brücke der Schwerter bezeichnet haben. Die Überquerung der Schwelle dieses neuen Jahrtausends versetzt Euch in eine Energie - ein Potenzial, welches täglich entwickelt wird.

Am 1. Januar 2000 wurde die Erlaubnis gegeben sich „dem Beginn der Zeiten“ zu nähern. Die alte Energie von der anderen Seite der Kluft, welche wir die „andere Seite der Schwelle“ nennen werden, ist nicht mehr die Hauptstärke der Erde. Der Existenzgrund der Erde innerhalb einer Prüfung ist der, dass sie sich einhüllen und vervollkommnen kann. Ihr habt einen 12-jährigen Zeitzyklus, in dem Ihr viel von der neuen Energie für das, was wir als den „Neuanfang des Planeten“ bezeichnen, entwickeln könnt. Obwohl es sich vielleicht grandios anhören mag, so bitten wir Euch, Euch umzusehen und es zu sehen. Mein Partner sagt, dass Ihr sehen könnt, wie sich das Bewusstsein der Erde verändert.

Es ereignet sich viel mehr hier, Ihr Lieben, als das, was Ihr wisst. Wir sehen, wie sich Eure Sonne verändert. Wir sehen, wie sich das Zentrum der Erde verändert. Wir sehen, wie es höher schwingt. Die Menschheit auf dem Planeten ist der Katalysator für Erdveränderung. Wir erinnern Euch an

Folgendes: Während Ihr seht, wie sich die Erde rund um Euch verändert und Ihr offensichtlich im Zentrum der größten Veränderung seid, möchten wir, dass Ihr Euch daran erinnert, wer verantwortlich ist. Die Erde macht Euch gegenüber nicht „irgendetwas", dem Ihr nicht zugestimmt habt. Sie re-agiert. Sie reagiert auf das Bewusstsein, welches Ihr hervorbringt. Die Geologie beschleunigt sich zur Erschaffung eines höher schwingenden Planeten.

Ich sitze heute Abend vor der Familie - einer Familie, die ich so gut kenne! Während ich Euch diese Konzepte bringe, werde ich sagen, dass es in jedem von Euch einen Höheren Engel gibt, der diese Dinge auch weiß. Wir bitten Euch mit der Wahrheit widerzuhallen, wenn sie Euch begegnet. ... Jetzt sind wir lange genug hier in dieser Kommunikation anwesend (die Rede ist von der Zeit seit Beginn dieses Channelings), dass Ihr beginnen könnt, die wahre Energie, welche wir tragen, fühlend wahrzunehmen - die wahre Energie dieser Botschaften von Daheim. In der Tat sind einige von Euch jetzt an dem Punkt, wo wir mit der Dritten Sprache wirken können. Und so können wir nun diese Worte sagen: „Lasst die Heilung beginnen." Dafür seid Ihr gekommen, nicht wahr? Wir wissen, dass Ihr dafür gekommen seid.

Es gibt Veränderungen, die heute in den Menschen vollzogen werden können. Ich spreche sowohl von der Biologie als auch vom menschlichen Bewusstsein. Ich spreche von der Umgangsweise mit dem Thema, aufgrund dessen Ihr hierher gekommen seid. Familie, wir wissen, wer Du bist, und wir sagen es Dir so liebevoll liebend, wie wir können. Es ist das Wissen davon, dass Familie vor Dir ist, welches Dich an diesen Ort geführt hat und zu dem Platz, an dem Du jetzt bist und dies hörst und liest. Der Bruder/die Schwester Kryon ist vor Dir - nicht in großartiger Weise, sondern als jemand, der in aller Ehre vor Dir kniet und sagt: „Ich feiere Dein Licht. Ich feiere alles davon. Ewiglich bist Du. Ich feiere Dich. Ich weiß, wer Du bist. Als ich Dich beim letzten Mal auf der anderen Seite des Schleiers sah, erkannte ich Dich. Du sangst Deinen Namen im Licht für mich und ich habe es gesehen. Ich sang Dir in Antwort darauf meinen Namen zu und Du hast ihn gesehen. Wir vermischten die Energien. Wir sind Familie! Ihr kennt mich!"

Die Liebe von Spirit hier ist stark. Für diejenigen von Euch, die für eine spezifische Lösung gekommen sind, wäre dies ein wunderbarer Zeitpunkt, um Eure Herzen zu öffnen und das zu empfangen, für das Ihr hierher gekommen seid. Leser, bist Du bei uns? Glaubst Du, dass dieses Channeling etwas ist, was vor langer Zeit stattgefunden hat? Denke noch einmal nach. Selbst während unserer Unterrichtung sagen wir Euch, dass an diesem Platz Heilung stattfindet. Das beinhaltet auch den Platz, an dem der Leser sitzt. Das ist der Grund, warum wir gekommen sind. Das ist der Grund, warum wir gekommen sind. Wir vermischen jetzt unsere Energien. Gesegnet ist der Mensch, der auf den Planeten kommt und der zweckgebunden absichtlich nichts von der anderen Seite weiß - der Seite, welche Zuhause ist. Wir werden ein Geheimnis enthüllen, welches Ihr intuitiv längst kennt, und wir werden es vor der Beendigung dieser Botschaft lüften. Für manche wird es wohlbekannt und verstanden sein... und für einige wird es eine Enthüllung. Für die Menschheit im Allgemeinen ist es eine Enthüllung.

Die Ausweitung der Kluft

Zuerst lasst uns noch einmal die Überquerung der „Brücke der Schwerter“ besprechen. Hier kommst Du, Lichtarbeiter, über die Kluft zwischen dem Alten und dem Neuen! Hier nun fängt es an interessant zu werden. Ihr lernt die neue Dritte Sprache, von der wir sprachen und rückblickend und rückschauend: Es ist die Sprache von Spirit. Diese neue Energie auf dieser Seite der Schwelle, wo Ihr jetzt sitzt und steht, ist anders und wird die ganze Zeit über zunehmend stärker wachsen. Ein Teil der Stärke des Attributs von dieser Energie ist eine Trennung vom Alten. Wenn Ihr eine Visualisierung wünscht, so gebe ich Euch die folgende: Die Brücke der Schwerter, die Ihr überquertet, erstreckte sich über eine riesig große Kluft. Ich möchte, dass Ihr Euch Folgendes vor Eurem geistigen Auge vorstellt: Da Ihr die Brücke der Schwerter überquertet, gibt es überhaupt keinen Grund mehr für eine Brücke und bald wird sie einstürzen. Sowie dies geschieht, beginnt die Kluft zu wachsen - sie repräsentiert Geschichte - die Entfernung *(die Distanz)* zwischen dem, was war, was ist und was sein wird. Es ist die Öffnung eines Geschnatters *(unaufhörlich plätscherndes Gequassel)*, breiter *(erweiternd)* und breiter und breiter werdend, zwischen der alten Art und Weise und dem Bewusstsein von der alten Erde und der entstehenden Energie von der neuen Erde.

Wir haben Euch gesagt, dass Ihr verschiedene Systeme haben werdet, um Eurem Planeten Energie zuzuführen und im Mai 2000 wird eins davon kommen. Wir sagten Euch, das Euch diese Systeme gebracht werden dürfen. Insbesondere haben wir gesagt, dass das eine im Mai die Energie der „Mutter“ haben wird. Die Anpassung des Planeten wird Euch die Energie der Mutter bringen. Für Euch, die Ihr dies lest: es war in Eurer Vergangenheit *(Mai 2000)*. Für diejenigen, die dies hören, ist es die Zukunft. Für Kryon ist es alles JETZT.

Seht Euch das Datum an, denn das Datum „schreit“, dass es ein Katalysator für Veränderung ist. Die Anpassung wird eine nährende Betreuung und Pflege bringen (und hat sie gebracht). Die Anpassung wird ein Attribut auf diesen Planeten fließen lassen, um welches Ihr wieder und wieder gebeten habt. Doch wir konnten Euch diese Bitte nur zu einer Zeit nach der kollektiven Angst erfüllen - nach der alten Energie und den alten Aufstellungen - nach der Schwelle, für deren Existenz Ihr Erlaubnis gegeben habt. Nicht eine einzige Wesenheit wusste, dass dies geschehen würde, bis die Schwelle überschritten worden war. Nun, hier sitzen WIR - der Anfang von dem *Neuen Jerusalem*. Ihr Lieben, Ihr sitzt inmitten einer großen potenziellen Veränderung, bereit, wieder zu beginnen menschliche Geschichte zu schreiben.

Die Kluft wird sich verbreitern und während dies geschieht, möchten wir Euch sagen, was möglicherweise geschehen kann. Es ist etwa so, als hätte Euer Zug der Realität, der Euch (zuvor im Seminar) als Metapher gegeben wurde, mehrere Wagen. Einer davon war abgesondert - der Alte-Energie-Wagen. Langsam, während Ihr die Geschwindigkeit erhöht *(beschleunigt)*, driftet er von Euch ab. Er gehört zu einer anderen Zeit und obwohl Ihr auf demselben Gleis seid, driftet diese alte Energie von Euch ab, als wenn sie aus einer anderen Zeit wäre. Dies ist wahrhaftig eine Metapher für Eure interdimensionale Veränderung!

Hier ist das Attribut, welches die Öffnung der Kluft verursachen wird. Haltet danach Ausschau, denn es wird Euch in Kürze überall umgeben. Es ist buchstäblich das *Ende des Zauderns (das Ende für „Zaungäste")*. Die „Zauderer", von denen wir sprechen, sind jene, die mit dem einen Fuß in der alten und mit dem anderen Fuß in der neuen Energie stehen. In der alten Energie war dies sehr, sehr gut machbar. Es war in der Tat eine gewöhnliche Lebensweise. Die Menschen hatten niemals eine Entscheidung zu treffen - ein bisschen vom Alten - ein wenig vom Neuen - es diente ihnen und sie hatten niemals eine Entscheidung zu treffen. Sowie sich die Kluft verbreitert, wird eine daraus hervorgehende Energie freigesetzt. Obgleich dies metaphorisch, bildhaft ist, lasst mich Euch sagen, dass sich die Zauderer bei der Energie, welche von der breiter werdenden Kluft freigesetzt wird, extrem unbehaglich fühlen werden. Diejenigen, die vormals keinen Grund für Bewegung hatten, werden eine Entscheidung zu treffen *haben,* denn ihre Biologie wird sie „anschreien", wenn sie es nicht tun sollten... so ist die Wirkungsweise von der neuen Erde.

Niemals zuvor hat der Mensch auf diesem Planeten so viel neue Energie erhalten - göttliche Energie - eine andere Energie von Veränderung und Balance *(Gleichgewicht)*. Ihr möchtet wissen, warum die pflegendnährende Betreuung zu kommen hatte? Ihr möchtet wissen, warum die Mutter-Energie hier ist? Sie wird die Kinder nähren - sie wird die Energie und das Bewusstsein der neuen Kinder nähren! Ihr seht derzeit viel Ungleichgewicht in den Kindern. Ihr seht diejenigen, die sie nicht verstehen, und Ihr seht, wie die Kinder reagieren - selbst die Kinder töten die Kinder! Diese Handlung ist der Inbegriff eines fehlenden Gleichgewichts innerhalb ihres Ranges. Auf diesem Planeten wird eine Energie gebraucht - eine Mutter-Energie, welche der Erde im Mai zugeführt wird. Diejenigen, die darauf als Erstes reagieren werden, sind die Kinder. Sie brauchen es, um die „Kinder der Kinder" zu kreieren, welche Ihr schließlich als die „Friedensstifter" bezeichnen werdet. Wir haben bereits zuvor darüber gesprochen. Es ist eine Energie, die Euch in diesem Jahr zugeführt zu werden hat.

Die Zauderer werden beginnen sich sehr unwohl zu fühlen. Die Kluft wird sich auftun und es wird sie einfach vom Zaun wegreißen. Und in ihrem unbehaglichen Zustand, in dem sie sich von der Position, die sie zuvor innehatten, weggerissen und weggezogen fühlen, der Position, welche bislang so sehr wohlbehaglich für sie war, gibt es etwas anderes, was Ihr beobachten könnt. Wir werden es **„spirituelle Wut“** *(spirituelle Rage -Raserei)* nennen. Einige selbstgefällige Zauderer mögen fragen: *„Warum habe ich mich zu verändern? Kryon, was ist das, was mich anstößt und schubst? Ich war vorher glücklich und plötzlich bin ich es nicht mehr. Du sagst, dass ich meine Meinung auf die eine oder andere Weise zu treffen habe, aber ich möchte das nicht.“* Die Antwort befindet sich in Eurer Zellstruktur.

Ihr könnt nicht in einer Energie sitzen und eine andere Energie praktizieren, ohne dabei Angst zu haben. Zusätzlich ist Euer Daseinszweck jetzt ganz anders als zuvor. Eure Zellen wissen das und so kommt die Botschaft aus Eurem Inneren von der Kernebene Eures Seins. Wenn in Eurem Leben plötzlich jeder beginnen würde eine andere Sprache zu sprechen, glaubt Ihr, dass Ihr dann zu reagieren hättet? Ja! Ihr hättet es zu tun, um leben zu können. Einige werden vom Zaun herunterkommen und die neue Sprache lernen und einige werden sich mit anderen zurückziehen und fordern, dass die alte Sprache die *einzige* sei. Ihr werdet es sehen.

Spirituelle Glaubenssysteme

Glaubenssysteme auf dem ganzen Planeten werden vor Veränderung zerplatzen. Oh, sie werden weiterhin bestehen bleiben, doch es kann kein Zaudern mehr geben in Bezug auf die alten Wege, die nicht mehr länger wirken und funktionieren. Diejenigen, die über die Liebe Gottes sprechen, ohne sie zu praktizieren, sitzen auf einem Zaun, nicht wahr? Diejenigen, die verzweifelt versuchen den Geboten Gottes zu folgen und stattdessen die Gesetze von Männern und Frauen befolgen, sind auf einem Zaun, nicht wahr? Zusätzlich fängt die Welt an sie für das, was sie lehren, verantwortlich zu machen *(zur Verantwortung aufzurufen)*. Wie die gesamte Erdbevölkerung beobachten kann (wie durch kommunikative Offenbarungen wie dem Internet), wird sich zeigen, dass einige Systeme unausgeglichen sind und diejenigen, die niemals spirituell ausgerichtet waren, werden die ersten Kritiker von Doktrinen sein, welche die eine Sache verkünden und etwas anderes tun. Infolgedessen werden immer weniger und weniger junge Menschen in ihren Rängen sein und ein Großteil der Organisationen wird aus Mangel an Respekt dahinschwinden.

Was als Nächstes zu folgen hat, ist ein Streben *(eine Suche)* nach der Göttlichkeit im Kern einer dogmatischen Anschauung - eine Rückkehr zu den Prinzipien der Liebe. Ihr werdet es zuerst in den Glaubenssystemen des Planeten sehen und wenn Ihr in der Beobachtung weltweiter Ereignisse bewandert seid, dann seht Ihr es bereits (siehe Seite 266). Die größten spirituellen Führer, die Ihr habt und die nach dem Göttlichen auf Eurem Planeten streben, kommen zu einer Abrechnung und das selbst sogar derzeit, während Ihr hier sitzt. Einiges davon wurde mit Euch diskutiert (im Seminar). Dies ist das Ende des Zauderns *(der Zaungäste)*. Dies ist eine Rückkehr zur Suche nach Integrität - die Moralität der Suche nach der Liebe Gottes und dem Hauptthema der Familie.

In dieser neuen Energie werdet Ihr Schwierigkeit damit haben, eine Sache zu verkünden und etwas anderes zu tun. Wenn Ihr das tut, dann seid Ihr auf dem Zaun. Diejenigen, die sagen: *„Ich werde einfach hier sitzen bleiben. Ich weiß, was Kryon gesagt hat, doch ich werde einfach hier sitzen bleiben*“, werden sich mit der Zeit sehr unbehaglich fühlen. Ihr werdet diese „spirituelle Raserei“ immer öfter sehen - jene, die so wütend sind - vielleicht sind sie wütend mit Gott, vielleicht sind sie wütend mit sich selbst- sie wissen es nicht. Sie wissen nur, dass sie von diesem sehr angenehmen Ort weggezerrt wurden, an dem sie sich aufgehalten haben. Kein längeres Zaudern mehr.

Den spirituellen Glaubenssystemen auf Eurem Planeten steht ein Hausputz bevor. Die meisten werden überstehen und sie werden in dem Prozess der Absicht denjenigen näher kommen, die sie erschufen - um die Liebe Gottes auf eine Weise zu feiern, welche die Menschheit ehrt und sie nicht herunterzieht und klein macht *(und hält)*.

Die Energie zurückziehen?

Es gibt noch weitere Bereiche, in denen sich dies zeigen wird, doch lasst mich Euch von etwas anderem berichten, nach dem Ihr Ausschau halten sollt - eine andere Art von Zorn und Raserei. Es hat bereits begonnen. Wir werden diesen Bereich „Diejenigen, die nicht glauben können, dass die Prophezeiung nicht eingetreten ist“ nennen. Ihr Lieben, in diesen nächsten Jahren werdet Ihr einige Umkehrungen beobachten. Ihr werdet diese Umkehrungen vielleicht betrachten und sagen: *„Weißt Du, unserer Erde schien es ganz gut zu gehen, bis wir an diesem Punkt angelangt waren. Nun sieht es so aus, als würden einige der guten Dinge, die geschehen sind, umgepolt.“* Wie viele hoffnungsvolle Friedensverträge auf diesem Planeten werden jetzt plötzlich hinausgezögert? Wie viele politische und stammespolitische Themen sind jetzt einfach in einer Sackgasse gelandet? Habt Ihr unlängst beobachtet, dass sich irgendwelche Vereinbarungen einfach auflösen? Was geschieht hier? Ist dies nicht die neue Energie?

Es wird auch in einigen Themen auf die eine oder andere Weise Vorgehensarten *(Handlungen)* geben, die einfach für eine sehr lange Zeit hinausgezögert wurden. Dinge, die scheinbar stecken geblieben sind, lösen sich von selber und einige werden scheinbar wieder ins Chaos zurückkehren! Lasst mich Euch darüber erzählen. Es gibt diejenigen auf dem Planeten, welche die alte Energie lieben - die sich mit der neuen Energie unwohl fühlen und in Rage sind, warum die neue Sprache überhaupt hier ist. Sie werden bis zu ihrem letzten Atemzug als Mensch versuchen, die alten Prophezeiungen eintreten zu lassen... und sie werden eine Weile bei Euch sein.

Sie sind überzeugt, dass die Prophezeiungen hätten eintreten sollen, dies aber irgendwie nicht geschehen ist. Sie werden sich fragen, ob sie vielleicht nicht ihre Pflicht im göttlichen Plan getan haben und sie werden versuchen, Euch zurück über die tatsächlich breiter werdende Kluft zu ziehen, um für ihre eigene Rettung zu sorgen. Das Einzige, was geschehen wird, ist, dass sie sich anschließen werden! In diesem Prozess möchten wir, dass Ihr bemerkt und Euch daran erinnert, dass sie ebenso geliebt sind wie Ihr. Sie sind ebenso Familie wie Ihr. Es ist ihre Wahl und ihre Entscheidung auf diesem Planeten des freien Willens. Was ich also sage, Ihr Lieben, ist, dass es Familie gibt, die versuchen wird, das Erreichte zurückzuziehen - der letzte Atemzug von einer Alten-Energie-Erde. Manche werden sich niemals ändern und manche werden eine so weitreichende Offenbarung haben wie das Versprechen, welches sie jetzt in ihrem Leben haben. Es liegt an jedem einzelnen Individuum, die Realität des „neuen Zuges“ anzunehmen oder zu leugnen.

Toleranz

Wisst Ihr von einem der großen Themen, die diese Erde nicht tolerieren wird? Intoleranz! (Lachen) Ihr werdet sie nicht dulden. Ihr seht dies allmählich. Bei einigen von diesen Glaubenssystemen, die sich für Euch wie aufgepresst anfühlten - von Euch wohl aufgenommen - ist es darauf zurückzuführen, dass ihre spirituelle „Kiste“ für diejenigen rund um sie herum unerträglich *(nicht tolerierbar)* wird. Sie mögen glauben, dass es ihre „Kiste“ sei, auf der herumgehackt wird (entsprechend der „Kisten“ von verschiedenen religiösen Anschauungen). Doch, wie auch immer, so ist es nicht.

Es ist ihre *Intoleranz, nicht ihre Doktrin*, die beobachtet und gesehen wird. Intoleranz wird sich völlig von selbst zeigen. So viele werden sagen: *„Ich erkenne dieses anscheinend zweigesichtige Handeln und Verhalten und ich akzeptiere es nicht.“* Ist es nicht merkwürdig, dass so viele, denen jegliche Moral vorher gleichgültig war, jetzt zu den Beobachtern der Spiritualität werden?

Die „Nicht-Spirituellen“ werden die Ankläger?

Was geschieht hier?

Es wird „vom Zaun herabsteigen“ genannt.

Es geht nicht um Religion. Es geht um die Göttlichkeit und die Integrität des menschlichen Geistes in Spirit. Es geht in Wirklichkeit um die (Erkenntnis der) *nicht* in einer Kiste steckenden Spiritualität (Spiritualität ohne die dazugehörigen Doktrinen oder Organisationen)! Wir werden sie die *Neue Persönliche Spiritualität* nennen.

Persönliche Veränderung zu Hause

Es wird einige geben, die persönlich in einer neutralen Position sind. Das bezieht sich nicht auf Nationen oder Religionen oder die vielen Arten von „Kisten", aber es bezieht sich aufs Persönliche... wieder, die persönliche Spiritualität. Ihr Lieben, Ihr werdet vom Zaun abzusteigen haben! Manche haben das so interpretiert: *„Oh, Kryon, bedeutet das, dass ich in meinem Zuhause diejenigen verlieren werde, die auf dem Zaun sind? Werden sie in diesem Zugwaggon namens alte Energie, so wie er wegzieht, verschwinden?"* Ganz und gar nicht. Bedenkt, es ist genauso wahrscheinlich wie unwahrscheinlich, dass sie Euch begegnen! Vom Zaun herunterkommen bedeutet nicht immer, in den Spalt zu fallen. Es bedeutet Selbstbeobachtung und Selbst-bewusst-sein *(Selbstbewusstwerdung = Verantwortung für mich übernehmen).* Es wird eine Veränderung geben - das Ende der Neutralität, denn Ihr könnt nicht in der neuen Energie sitzen und so tun, als wäre nichts geschehen. Wenn Ihr das tut, dann streitet Ihr es ab und das erschafft Ungleichgewicht und Zorn ... spirituelle Wut. Es bedeutet einfach, dass es viele geben wird, die beginnen werden Fragen darüber zu stellen, wer sie sind.

Persönliche Veränderung am Arbeitsplatz

Lichtarbeiter, in diesen letzten Jahren hat sich etwas Einzigartiges ereignet. Viele sind um drei oder vier Uhr morgens aufgewacht. Ihr habt Euch unwohl gefühlt. Ihr habt gegen Türen gedrückt, die nicht aufgingen (Metapher für Dinge, die scheinbar nicht funktionierten): Es zeigten sich Euch alle Arten beunruhigender Ereignisse, während wir auf die Schwelle (die Jahrtausendwende) zurasten. Inmitten der Veränderung ist es niemals angenehm. Nun beginnt sich die Energie zu entwickeln, um die Ihr gebeten habt - die Ihr erschaffen habt. Nun seid Ihr an der Reihe! Doch seht Euch an, was das wirklich bedeutet und was es nicht bedeutet.

Einige sagten: *„Ich kann es kaum erwarten in die neue Energie zu gelangen, denn diese Person in der Arbeit... mit der werde ich fertig sein. Gott wird es für mich beseitigen (sie von mir fortnehmen)."* So ist das nicht. Lasst mich Euch sagen, sie werden vielleicht in Wut geraten. Es kann schlimmer werden. Sie wünschen möglicherweise Euch mit in ihre Wut zurückzuzerren. Hier liegt der Unterschied: Eure „Knöpfe", die sie in Eurer gemeinsamen Interaktion drücken, werden abgetrennt werden. Ihr seid in der neuen Energie. Ganz egal, was sie tun, alles, was Ihr tut, **ist,** sie zu lieben. Dies wird nicht schwierig sein und Ihr werdet feststellen, dass die Liebesenergie jetzt viel leichter zugänglich ist *(zu erreichen ist)*. Das Stehen im „Jetzt" wird nicht das Problem sein, wie es vorher war. Euch von ihrem Drama loszulösen wird nicht annähernd so schwierig sein, doch die Energie unterstützt Euch nun dabei.

Obwohl sie „der Sand in Eurer Auster" waren, gibt es keine Auster mehr! Sie wurde im Alte-Energie-Waggon zurückgelassen. Ihr Lieben, Ihr geht nun mit einer reinen Weste zur Arbeit. Wenn Euch jemand irritiert und versucht „diese Knöpfe" Eurer Persönlichkeit zu „drücken", dann könnt Ihr jetzt die Weisheit ihres Weges verstehen und wer sie sind und warum sie hierher gekommen sind. Ihr werdet friedvoll werden! Weisheit und Liebe verwandeln Irritation und Ärger. Das wird es sehr interessant werden lassen. Was werden sie tun, wenn Ihr nicht mehr reagiert? Was werden sie tun, wenn Ihr Euch nicht länger fürchtet? Sie werden nicht mehr länger zaudern (auf dem Zaun hocken)! Haltet danach Ausschau.

Manche werden aufgeben und zu Euren besten Freunden werden. Einige werden anfangen Fragen zu stellen. Einige werden sogar beginnen, ein Licht zu tragen - etwas, von dem Ihr nie gedacht habt, dass sie das tun würden. Sie sind vom Zaun heruntergekommen und haben beschlossen, sich zu Euch zu gesellen!

Der sich ausdehnende Mensch!

Ich habe gute Neuigkeiten. Ich möchte Euch von einem Attribut erzählen, das Euch gegeben wird - und wir feiern mit Euch! Es ist ein Attribut, welches wir jetzt offenbaren können und das einige Helfer in diesem Raum allmählich zu erfahren beginnen. Das *Energiefeld des Menschen* war in der Anordnung der alten Energie etwa 90 Zentimeter bis einen Meter groß. Helfer, die mit Energie arbeiten, werden Euch sagen, dass

6. Bem, Darl J. and Charles Honorton (1994) „Does psi exist? Replicable evidence for an anmalous process information transfer." *Psychological Bulletin*, Vol.115, pp.4-18 *Science News*, January 29 1994, Vol. 145, No. 5, p. 68, „Scientists Peer into the Mind's Psi."

dies die Entfernung ist, in der sie oft die Energie spüren, während sie sich zur Heilung einem Menschen nähern. Sie fühlen das Feld, welches die persönliche spirituelle Energie eines Menschen ist. Es gehört zu jedem Menschen. Diejenigen, die Energie fühlen können, werden Euch sagen, dass dies mehr als eine Aura ist. Es trägt Eure „Energieprägung“ *(Euren Energie-Stempel)* - Euren Namen - wer Ihr seid. Oft können intuitive Heiler, Mediziner und Energiearbeiter alle Art von Dingen in diesem Bereich spüren. Einige Energiearbeiter können ihre Hände in das Feld legen und besprechen, was tatsächlich auf der Zellebene in Eurem Körper vorgeht - Ungleichgewicht ebenso wie Erleuchtung und sogar Kummer oder Freude! Das ist die Art, wie es war.

Nun, diese Entfernung wird sich verändern, sie wird sich drastisch verändern. Wir sind hier, um Euch Folgendes zu sagen, Ihr Lieben: Ihr habt jetzt die Erlaubnis, dieses persönliche Feld auszudehnen, langsam durch diese neuen Jahren gehend, Zentimeter für Zentimeter - bringt *(nehmt)* Ihr Eure Kraft und Macht auf ihr vollständiges Potenzial von 27 Fuß *(rd. 9 Meter)*! Das ist die Größe der kompletten menschlichen Merkabah. Wenn ich Euch hier sehe... sehe ich Euch immer in Eurer vollständigen göttlichen Größe. Es ist tatsächlich der äußere Umkreis der Merkabah, den ich, wenn ich an diesen Platz komme, um mit Euch zu kommunizieren, erfahre, doch diese Wahrnehmung wurde seit Äonen auf ungefähr einen Meter pro Menschenwesen begrenzt.

Wenn die menschliche Energie der Energie der Merkabah entspricht, dann werdet Ihr tatsächlich ein interdimensionales Wesen sein, welches in seiner 4-D dasteht, Liebe, Licht und Verständnis ausstrahlend, welches von multidimensionalen Aspekten erfüllt ist. Schamane, das ist es, worum Du gebeten hast! Lichtarbeiter, das ist es, was Du immer wünschtest! Beginne es zu visualisieren und jetzt gleich daran zu arbeiten. Ihr habt die Erlaubnis für Veränderung und Ausdehnung.

Festigung - noch einmal...

Wenn wir von der Ausdehnung sprechen, wollen wir jetzt auf etwas zurückblicken, das für viele von Euch sehr wichtig ist. Einige von Euch erinnern sich möglicherweise daran aus dem letzten Channeling. Es ist sehr real! Weil Ihr seit Äonen eine begrenzte Ausdehnungsweite von nur drei Fuß hattet, spürten viele von Euch auf der Zellebene eine Unvereinbarkeit. Heiler und Lichtarbeiter *wussten*, dass sie größer waren! Feinfühlig spürten sie es. Um beides bereitzustellen, einerseits Schutz vor der alten Energie und andererseits zu versuchen, sich in eine Energie auszudehnen, von der sie intuitiv wussten, dass sie es eigentlich waren, taten sie etwas, was „festigen" genannt wird. Festigen ist der Name, welche dem Menschenwesen gegeben wird, der Schutzschicht über Schutzschicht auf seinen Körper legt, um für die Ausdehnung des ICH BIN aufzuschichten *(aufzulegen)* was scheinbar fehlt.

Nun, was ich Euch sage, ist Folgendes: Lichtarbeiter, zum zweiten Mal werde ich sagen, dass dies der Grund dafür ist, warum so viele von Euch zusätzliches Gewicht mit sich tragen. Obwohl es etwas war, das für Euch angemessen war und für das Ihr hierher gekommen seid, kann es sich verändern. Wenn Du Dich selbst im Spiegel betrachtest, welches *Du* ist das? Ist es das des alten Energiezug-Waggons im Versuch zu überleben oder das im neuen Wagen? Die Möglichkeiten, die Ihr zuvor ausprobiert habt um das Gewicht zu verlieren, können jetzt funktionieren. Seht Euch auch neue Prozesse an, die intuitiver sind, viele davon haben mit Wasser zu tun, um das Gewicht zu verlieren. Ihr braucht die Schichten nicht länger. Das Festigen ist vorbei. Während dieser nächsten Jahre habt Ihr endlich die Erlaubnis, Euch selbst zu dem Gewicht zu reduzieren, welches Ihr als der Mensch erwählt, der in vollkommener Gesundheit dasteht. Dies ist neu und es ist Teil der kooperativen Wesensart *(Natur)* der Lichtarbeiter und der neuen Energie.

Es gibt manche, die ungläubig bezüglich dessen, was gerade gesagt wurde, hier sitzen. *„Ich habe alles versucht. Nichts wirkt. Ich komme mit meiner Größe nicht zurecht."* Dem ist nicht so. Einige werden sich nicht ändern, denn sie mögen sich selbst mit genau der Größe, welche sie haben. In der Tat, das ist auch in Ordnung. Denjenigen, die sich zu verändern wünschen, sagen wir, dass der Prozess, wie auch immer, in Reichweite ist. In Eurem Leben wird keine Festigung mehr benötigt. Es hilft dem Spirituellen nicht und es kann Eure Lebenserwartung begrenzen. Die Einladung, Euch auf eine andere Weise auszudehnen, steht offen. Diese Informationen wurden Euch jetzt zweimal gegeben, weil es so wichtig ist, dass Ihr sie versteht.

Das große Geheimnis

Lasst uns über das große Thema sprechen: Schamanen, Ihr hört und lest dieses hier. Ich nenne Euch noch immer so, weil ich weiß, wer Ihr seid und wer Ihr wart. Was meint Ihr, wer diejenigen sind, die jetzt erwachen werden? Wer sind die Ersten, die jetzt auf dem Planeten in diesem neuen Jahrtausend zu dieser göttlichen Energie erwachen werden? Ich werde es Euch sagen. Diejenigen, die jetzt zu ihrer Spiritualität erwachen, sind die Priester und Nonnen - die Mönche und die Schamanen - die Medizinfrauen und Medizinmänner der *(ur)*einheimischen Völker - IHR! Wenn ich Euch eine Rückblende dessen geben könnte, wer Ihr seid, diejenigen, die in diesem Raum sitzen und diese Worte lesen - das ist es... wer Ihr seid. Es ist nicht das erste Mal, dass Ihr erwacht, um nach Eurer zellularen Spiritualität zu fragen *(zu bitten)*. Dies ist ein Rückblick und wir sagten es beim letzten Mal, als wir hier waren. Wir erinnerten Euch an die von Euch abgelegten Gelübde, die durch den Schleier gegangen sind, Lebenszeit für Lebenszeit. Wir baten Euch diese Gelübde aufzuheben *(fallen zu lassen)*. Wir sagten, dass Ihr das Gelübde der Ehelosigkeit und des Alleinseins aufheben könnt. Wir sagten Euch, dass sich viele von Euch - um Euch auf Gott auszurichten - dazu entschieden hatten, arm zu sein und wir sagten Euch, dass Ihr auch dieses Gelübde aufheben könnt. Diese Informationen wurden übermittelt und aufgezeichnet. Vielleicht habt Ihr sie sogar schon gelesen oder gehört?

Aber es gibt noch ein weiteres großes Thema. Es ist das Thema, von dem wir seit dem Tag gesprochen haben, an dem Ihr Eure Suche nach dem Göttlichen begonnen habt. Es gibt ein Geheimnis der Menschheit, welches sich verbirgt. Die Menschheit ist seit ihrer Ankunft auf dem Planeten auf der Suche nach dem Göttlichen. Seht Euch um. Betrachtet die Religionen und die Struktur dessen, wie die Dinge funktionieren *(wirken)*. Betrachtet Tausende von Doktrinen und die weltweite historische Suche nach Gott. Seht Euch diejenigen an, die Euch in ihr Leben brachten und in ihre eigene religiöse Gruppe, weil sie Suchende sind und Euch helfen wollten. Seht Euch die Suche nach allen heiligen Dingen an. Was ist mit dem Jungbrunnen? Seht Euch die Suche nach dem Jungbrunnen an. Ihr habt

Euer ganzes Leben lang davon gehört. Könnte er real sein? Die Suche danach ist zeitlos! Die Menschheit sucht seit ewigen Zeiten *(schon immer)* nach diesen Dingen. Das Grundmuster (die Basis) hinter den Regierungen, die auf Erden kommen und gehen, handelt von der Suche nach dem Göttlichen. Das meiste der Erdreligionen und all der Zeremonien handelt von der Suche nach Gott. Die Geschichte schreit, „noch und nöcher" von dieser Suche und Königreiche wurden aufgrund dieser Suche gewonnen und verloren. Betrachtet die Ressourcen, welche die Menschheit hervorbringt, um Gott zu finden!

Ich möchte Euch gerne Folgendes sagen: Wir versteckten das Göttliche. Ihr verstecktet es. Wir alle haben es sehr gut versteckt Wir haben es an dem für jeden Menschen, der jemals danach sucht, unwahrscheinlichsten Platz versteckt! Das Menschenwesen, welches die Stufen, eine nach der anderen, emporklimmt, um von Gott geehrt zu werden, würde niemals vermuten, wo es versteckt war. Das Menschenwesen, welches sich täglich auf den Gebetsteppich zu Boden wirft, würde niemals vermuten, wo sich die wirkliche Göttlichkeit verbirgt. Das Menschenwesen, welches wieder und wieder den Rosenkranz betet, damit man ihm seine Sünden vergeben möge, würde niemals vermuten, wo sie sich verborgen hielt. Die Millionen Menschen, welche einer höheren Kraft und Macht huldigen und durch Elend gehen, um Gottes Gunst zu erlangen, würden niemals vermuten, wo sie sich verbirgt.

So, Lichtarbeiter in diesem Raum und dies lesend, Ihr wisst es längst, aber noch gibt es Zweifel *(herrschen Zweifel)*. Das größte Geheimnis auf diesem Planeten - das größte - ist das, wo sich die Göttlichkeit wirklich befindet. Lasst mich Euch einen Hinweis geben. Warum existiert soviel Energie rund um die Worte „ICH BIN"? Der unwahrscheinlichste Platz, um den Jungbrunnen (Ewiges Leben) zu finden - der unwahrscheinlichste Platz, um eine Göttlichkeit zu finden, die den Menschen heilen und ihn „ganz" machen kann - der unwahrscheinlichste Ort aller Zeiten, derjenige von dem kein Mensch jemals daran denken würde nachzuschauen, niemals, ist dort, wo wir alle beschlossen haben, sie am besten zu verstecken *(zu verbergen)*. Ihr wisst, wovon ich spreche, nicht wahr? Der Platz, an dem sie verborgen ist, ist **innen** in jedem lebenden Menschen verborgen. Da ist es, wo die Kraft und Macht ist. Da ist es, wo der Jungbrunnen ist. Da ist es, wo das Ewige Leben ist. Da ist es, wo Ihr das Heiligste im Heiligen findet. Da ist es, wo die Liebe Gottes ist.

Das größte Thema des Lichtarbeiters, ...das Zaudern *(das Zaungast-Sitzen)* im Leben des Lichtarbeiters ist: Ihr könnt nicht akzeptieren, wo die Göttlichkeit in Wirklichkeit ist... selbst wenn Ihr die Antwort kennt. Der Teil von Gott in Euch - das Höhere Selbst in Euch - ist so gut versteckt, dass Euch die Dualität für den Rest Eures Lebens zurufen *(anschreien)* wird, dass es *nicht* so ist. So habt Ihr es entworfen *(designt)* - damit es niemals offensichtlich sein würde.

Eines der größten Themen, für das wir Euch gerne heute Nachmittag die Erlaubnis zur Klärung geben möchten, zusammen als einer Gruppe, ist dieses: Ihr könnt es nicht glauben, dass Ihr etwas verändert habt. *„Kryon, wer bin ich wirklich? Wer bin ich und welchen Unterschied mache ich aus? Bin ich wirklich ein Teil von Gott?"* Ich werde Euch einige Zahlen nennen. Schaut zurück und betrachtet das, was sich erst vor ein paar Monaten ereignete. Ihr gabt Erlaubnis dafür, den Planeten zu verändern, und mit diesen vergangenen Jahren habt Ihr nun in Eurer Realität den Beweis dafür, dass er sich verändert *hat*. Ihr wechseltet *(verändertet, verwandeltet)* das Gleis des Zuges der Menschheit von einer alten Realität zu einer neuen Realität. Und wer, mögt Ihr sagen, hat dies getan? Gott von oben, über Euch? Nein.

Es ist dieses Erwachen auf diesem Kontinent und auf den anderen Kontinenten des Planeten, welches dies getan hat. Ich werde Euch nun ein Faktum nennen. Weniger als 15 Prozent aller Menschen sind sich dessen bewusst, wessen Ihr Euch jetzt bewusst seid. Sie wissen nicht, was das Geheimnis ist. Doch haben diese 15 Prozent den Planeten für immer verändert! Wir haben von der kritischen Masse *(dem kollektiven Bewusstsein)* derer gesprochen, die bewusst sind und denen bewusst ist, was geschieht, wenn sie „das Licht halten". Wir haben darüber gesprochen, was geschieht, wenn Ihr ein Licht in einen dunklen Platz scheinen lasst. Wir haben Euch die Parabeln vom Licht und der Dunkelheit gebracht. Wir haben die Attribute von spirituellem Licht besprochen - das aktive Attribut von Licht und die

Passivität von der Dunkelheit. Hör zu, Lichtarbeiter: Wenn Du Dich selber als einen Lichtarbeiter auf diesem Planeten verstehst, dann bist Du Teil von der Minderheit der Erdbevölkerung und der Mehrheit der Energie, welche den Planeten verändert hat! Eure 15 Prozent sind verantwortlich für das, was Ihr seht. Gibt Euch dies einen Hinweis darauf, was die Menschen tun können, wenn sie Erlaubnis geben, höher zu schwingen? Wie die Kraft und Macht des Engels in Euch ist auch dies von Euch *(vor Euch)* verborgen.

Und Ihr meint nicht, dass Ihr irgendetwas getan habt? Oh, ich möchte Euren Namen singen! Ihr seid so wertvoll! In diesem Wandschrank, wo Ihr vorgebt ganz allein zu sein und dabei weint, tanzen wir um Euch herum. Ihr seid niemals allein. Das Gefolge, welches Ihr Gott nennt, ist immer dort. Es ist immer da! Macht weiter und tut so, als würdet Ihr uns ignorieren. Verlasst diesen Platz und geht nach Hause. Legt dieses Buch beiseite und macht weiter. Wir sind immer da, wo immer Ihr auch hingeht. Wir sind selbst dort in Eurem Auto! Jeder Lichtarbeiter, der Absicht bekundet hat, höher zu schwingen, nimmt ein Gefolge auf! Das ist es, wo die Kraft und Macht ist! Das ist es, was Euch die Fähigkeit gegeben hat, den Planeten zu verändern. So wie sich die Energie des Planeten verändert, werden noch mehr davon erwachen. Und diejenigen, die erwachen, werden nicht alle Lichtarbeiter sein. Sie werden nicht alle die Dritte Sprache sprechen. Sie werden nicht alle zu einem Kryon Seminar kommen! Auf ihre eigene Art und Weise und in ihren eigenen „Kisten" werden viele beginnen vom Zaun zu steigen und langsam ihre Haltung darüber zu verändern beginnen, **wie groß Gott ist**. Sie werden beginnen Weisheit und neue Integrität zu haben. Viele werden mehr von sich erwarten und zu suchen beginnen. Dies wird also nicht das ändern, was sie alltäglich im Leben tun, aber es wird es einfach erweitern. Und mit der Erweiterung wird Toleranz und die Liebe füreinander kommen *(Nächstenliebe)* - das Kernthema. Viele werden das Geheimnis entdecken. Die Suche wird den inneren Platz des Verstecks enthüllen.

Lichtarbeiter, Schamanen, Ihr habt die Gelübde fallen gelassen. Nun ist es an der Zeit, den Engel hervorzubringen! Es ist an der Zeit, Eure Kraft und Macht anzunehmen. Viele von Euch wissen, wovon ich spreche, doch wenige haben den Realitätswechsel des Hervorbringens des Engels wirklich umgesetzt! Es gibt kein Zaudern *(kein Zaun-Sitzen)* mehr. Einige von Euch werden die Passionen haben, die Euch früh im Leben in den Sinn gekommen sind - sie, die Ihr in Eure Hintertaschen gesteckt hattet, werden in Eurem Leben wieder auftauchen. In der Vergangenheit haben einige von Euch Dinge auf das Regal gestellt und gesagt: „*Das ist nichts für mich; ich glaube nicht, dass ich jemals dazu fähig* (in der Lage sein) *werde.*" Ihr werdet jetzt wieder zu diesem Regal gehen und es wieder besuchen. Es ist alles Bestandteil davon, vom Zaun herunterzukommen. Dies ist die Energie, um die Ihr gebeten habt, und erwartet in diesem Prozess nicht, dass Ihr viel sitzen könnt.

Bereitet Euch auf die Arbeit vor.

In dem Prozess, Ihr Lieben, ist hier das Versprechen:

Das Euch umgebende Gefolge... diejenigen, die sich in einem Moment zurückziehen werden... diejenigen, die Ihr Familie nennt, gehören zu meiner Seite des Schleiers. Es gibt auch ein Gefolge, welches Euer eigenes ist, auf Eurer Seite des Schleiers, welches gleichfalls Familie und immer mit Euch ist. Beide Arten haben jetzt eine Sprache, um mit Euch zu kommunizieren. Die Dritte Sprache ist die Sprache Gottes. Das ist die Beanspruchung *(das Erringen, das Erorbern)* des neuen Gelübdes! Ihr werdet diesen Engel in Euch zu *Eigen* haben, wenn Ihr diese Sprache sprecht. Einige haben dies sogar das letzte Abendmahl mit Gott genannt. Ihr werdet wissen, dass Ihr von uns umgeben seid, wenn Ihr die Dritte Sprache sprecht. Es ist Zeit dies zu akzeptieren. Lasst die Vergangenheit fallen, in der Ihr nach dem Göttlichen suchtet. Bringt den Engel hervor!

ICH BIN das ICH BIN - der Kreis von Worten, welcher das Menschenwesen als Gott beschreibt, ist die Wahrheit. Es ist das letzte *(das ultimative)* Geheimnis. Selbst die ausgesprochenen Namen des ICH BIN in der spirituellen Geschichte verweisen auf das Menschenwesen. Die allergöttlichsten Schriften, die jemals geschrieben wurden, weisen zu dem Menschenwesen *(kamen durch Menschen)*. Denkt darüber nach! Die tiefstgründigen Gedanken, die auf diesem Planeten jemals gedacht wurden, wurden Euch nicht auf ein paar Schreibtafeln gebracht. Sie entstammten *(kamen hervor aus)* dem Kern des Menschen. Dort ist es, wo das Göttliche die ganze Zeit über verborgen gewesen ist.

Nun ist es an der Zeit den Jungbrunnen zu finden. Er ist hier drinnen, Ihr wisst (Lee berührt sein Herz)... Oh, wir sagten es Euch, er ist dort drinnen. Seid nicht überrascht, wenn Ihr herausfindet, dass die neuen Wasserkuren damit etwas zu tun haben. Vielleicht ist das der Grund dafür, dass es Brunnen *(auch Springbrunnen, Fontäne)* genannt wird. Es ist im Kommen. Ihr werdet sehen, was ich meine. Ihr habt darum gebeten, Ihr Lieben.

Alles, was wir tun können, ist, zu feiern, während sich das Gefolge von diesem Raum zurückzieht. Wir haben mit dem Feiern an diesem Tag mehr Zeit als mit irgendetwas anderem verbracht. Denn die menschliche Familie hat dies jetzt erlaubt - ... uns Erlaubnis gegeben, zu kommen und diese Zeit mit Euch zu teilen. Es ist an der Zeit, diejenigen um Euch herum zu sehen. Sie werden sich jetzt selber zeigen. Wir möchten, dass Ihr Euch dessen bewusst seid, wer wir alle hier in diesem Raum und dies lesend sind. Wir möchten, dass Ihr Euch dessen bewusst seid, dass dies keine Übung ist. Wir wünschen, dass Ihr wisst, sodass Ihr diesen Platz verlassen und sagen könnt: *„Heute habe ich gespürt, dass Gott mich berührt hat."* Ja, und Ihr habt doch auch die Schwester/den Bruder Kryon - Familie - gespürt, nicht irgendein göttliches Wesen, das hereingekommen ist und irgendetwas mit Euch gemacht hat. Nein. Es war vielmehr ein Bruder oder eine Schwester, der/die zwischen den Gängen und zwischen den Stühlen gegangen ist, selbst neben dem Sessel, dem Stuhl, auf dem Du liest. Ein Familienmitglied, welches Euch berührte und in der Dritten Sprache sagte: „Ich möchte Dich wissen lassen, dass ich hier bin, dass ich Dich liebe und dass das, was jetzt gesagt worden ist, korrekt und wirklich *(real)* ist."

Die Familie, die auf Besuch ist, geht nun. In dem Vorgang sagt sie: „Willkommen zu der neuen Erde". Es gibt keine Vorherbestimmung. Sie wird fortlaufend *(kontinuierlich)* in Euren Händen sein. Ihr könnt alles tun, was Ihr damit zu tun wünscht. Das ist die Möglichkeit der Wahl. Es ist ein Beispiel für die Göttlichkeit in Euch. Das Kryon Gitter-Verschiebungs-Gefolge kam 1989 an. Die Verschiebung des Gitters wird 2002 beendet sein. Das Gefolge, sie, die für die Verschiebung des Gitters verantwortlich waren, werden auf ihrem Weg sein. Sie werden nicht wieder zurückkehren, weil sie es niemals wieder zu tun haben. Ihr habt jetzt all die Kraft und Macht, um hier spirituell alles zu tun, was getan zu werden hat. Eure Schwester / Euer Bruder Kryon war seit Anbeginn hier und wird es fortgesetzt sein - in der ganzen Geschichte der Erde, Vergangenheit und Zukunft.

Hört: Dies ist wichtig für Euch zu wissen. Ihr seid ermächtigt *(You are empowered)!* Es gibt keinen Einzigen von Euch, der zu diesem Raum zurückzukehren hat, um dies zu erfahren. Kein Mensch hat diese Worte noch einmal zu lesen, wenn er es nicht möchte. Kein Mensch hat sich an irgendetwas anzuschließen oder an irgendetwas zu beteiligen oder irgendein Glaubenssystem zu verkünden, um das Göttliche in sich zu finden. Die Dritte Sprache ist Eure Führung! Wir sind alle verfügbar - ... alle im Wandschrank, wenn Ihr es so wollt!

Ihr alle seid Gott!

Und so ist es, dass die neue Energie des Planeten diesen Raum *(space)* erfüllt und Euch die Weisheit von Gott gibt. Und so ist das, um das Ihr gebetet und das Ihr an diesem Tag erhalten habt: Instruktionen über die Potenziale des Planeten und darüber, wer Ihr wirklich seid. Und so ist es, dass das Geheimnis enthüllt worden ist über den als letztes von Euch erwarteten Platz für Gottes Sein - innen im Menschen. Und so ist es, dass wir Euch heute an diesem Tag die Erlaubnis gegeben haben, Euren mangelnden Selbst-wert aufzugeben *(fallen zu lassen)* und vom Zaun herunterzukommen und Euren Engel leuchten zu lassen. Und so ist es, dass da Traurigkeit ist, wenn wir uns aus diesem Raum *(space)* zurückziehen - Traurigkeit, dass diese Zeit nicht länger dauerte - Traurigkeit, dass wir Euch noch nicht bei uns Zuhause *(Daheim)* haben, aber auch Feier, dass das ICH BIN beginnt erkannt zu sein und Feier, dass Euer Licht so groß *(hoch und lang und weit und breit)* ist.

Und so ist es

Kryon

Über das Channeling, welches Sie soeben gelesen haben:

Als dieses Seminar gegeben wurde, bezog Kryon sich auf zwei gegenwärtige Ereignisse:

(1) Die unerwartete Entscheidung des Papstes, in diesem Jahr (2000) zu versuchen, Vergebung für das Handeln der Kirche in der Vergangenheit zu erlangen, ist ein Attribut, welches die Menschen über die Kluft bringt und sie in Liebe vereint. Er ist der erste Papst, der Israel besucht und mit ihnen ihr Recht, Gott zu huldigen, feierte... und er hat sogar an einem jüdischen Ritual teilgenommen. Ich glaube, dass er auch die neue spirituelle Energie erkennt und den Weg für seinen Ersatz vorbereitet, damit diese grundlegende (radikale) Veränderung innerhalb einer sehr alten Staatsreligion auf Erden fortgesetzt wird. Dies wurde im Juli 1999 prophezeit und Sie können es in diesem Buch auf Seite 86 wiederfinden. Selten hatten wir so schnell Beweise für die Potenziale, die uns laut Aussage von Kryon zur Verfügung stehen!

(2) Die Selbstmorde in Uganda im März 2000 waren eine direkte Folge der Besorgnis (Angstneurose) des Zauderns. Jene, welche in dem Kult die Morde begingen, waren in „spiritueller Wut", dass der Wechsel ins neue Jahrtausend nicht das Ende der Tage mit sich brachte. Gott „holte sie nicht zu sich", so wie sie erwartet hatten. Sie glaubten, dass es besser wäre, die Mitglieder umzubringen und sich anschließend ihr eigenes Leben zu nehmen, als auf einem Planeten zu leben, von dem sie sicher waren, dass er sich nun in den Händen Satans befände - so ist das mit der breiter werdenden Kluft der alten und neuen Wahrnehmungen.

Übrigens... Kryon erwähnte, dass die Anführer des Selbstmordes noch am Leben sind.

Lee Carroll

Kryon

Live-Channeling

„Die Reise nach Hause, wieder besucht"

Gechannelt in
San Francisco, Kalifornien
April 2000

Kapitel XI

Die Reise nach Hause, wieder besucht

Gechannelt
San Francisco, Kalifornien

Dieses Live-Channeling wurde mit zusätzlichen Worten herausgegeben, um Klarheit und ein besseres Verständnis in der schriftlichen Textform zu ermöglichen.

Seid gegrüßt, Ihr Lieben. ICH BIN Kryon vom Magnetischen Dienst. Liebe Familie, dies ist in der Tat ein kostbarer Moment. Es gab eine Zeit, als das Gefolge in einen Raum wie diesen eintrat und die Dualität uns davon abhielt, die uns entgegenkommende Liebe *(die von Euch zu uns herüberfloss)*, von der Familie *fühlend* wahrnehmen können. Nun kann ich berichten, Ihr Lieben, dass wir etwas *fühlen* können, um das wir gebeten haben, was jedoch nur von Euch erfüllt werden konnte. Es ist eine neue Energie, die es uns erlaubt, unmittelbar Eure „Umarmung" für uns zu fühlen und das ist neu.

Die letzten Male, in denen wir mit dem Gefolge, welches wir Familie nennen, hereingekommen sind, hatten wir - anstatt einfach nur unsere Plätze zu Euren Füßen und rund um Euch herum einzunehmen - einen Augenblick innezuhalten, um die Welle der Liebe, die uns entgegenkommt, aufzunehmen. Dies ist ein Beweis dafür, dass neue Fähigkeiten in den hier Anwesenden und dies Lesenden sind. Es ist eine göttliche Weisheit, ein „Händeschütteln", das besagt: „Ja, wir erkennen Dich, Bruder/Schwester Kryon, und das Gefolge, welches Ihr Familie nennt." Für dieses Gefühl gibt es keine andere Bezeichnung als *kostbar*.

Und so ist es, dass wir Euch so tiefgehend fühlen können, während wir an diesen Platz/Ort strömen. Hier ist etwas, was wir Euch bereits so viele Male gesagt haben: Wir kommen hierher, um Euch zu feiern! Oh, es ist wahr, dass es heute Nachmittag Unterricht geben wird, doch lasst uns Euch für einen Moment feiern. Ihr Lieben, wir sagen dies so oft zu Euch, aber vielleicht ist Euch die Energie an diesem Platz nicht bewusst. Selbst rund um den Sitzplatz, an dem Ihr diese Aufzeichnung lest, gibt es eine Veränderung, wenn Ihr sie erlaubt *(zulasst)*. Vielleicht verstehst oder erkennst Du nicht, dass wir von Deiner Absicht dafür, dass Du dort sitzt, wo Du jetzt sitzt, wussten... Leser und Zuhörer. Vielleicht hast Du die Tatsache, dass wir Dich auf Deinem Weg zu diesem Platz sahen ebenso wie zu dem Zeitpunkt, als Du Deine Absicht hierfür bekundetest, noch nicht vollständig aufgenommen oder begriffen. Wir wussten, dass einige von Euch ihre Entscheidungen im letzten Augenblick trafen und andere gaben bereits vor Wochen ihre Absicht.

Doch wir sahen in unserem *Jetzt* diese Gruppe von Familie - zuhörend und lesend - vor uns. Und wir sagen Euch, dass wir von Eurer Ankunft wussten, bevor Ihr angekommen seid! Wir wussten von dem Potenzial, dass Eure Augen diesen Worten begegnen würden! In dieser Versammlung kannten wir die Namen derer, die auf den Plätzen sitzen - keine Namen, die Ihr als Menschen erkennen würdet. Kryon und sein Gefolge versammelten sich hier vor mehr als drei Tagen, um der Energie derer, die kommen würden, zu entsprechen. Vielleicht wusstet Ihr auch nicht, dass das Gefolge jeweils, wenn Kryon hereinkommt, unterschiedlich ist. Es besteht aus Wesenheiten von Familienmitgliedern, die Euch kennen. Es wird manchmal aus jenen gebildet und versammelt, die einmal auf dem Planeten waren und gestorben sind. Manchmal ist das so der Fall und manchmal auch nicht. Es ist jedes Mal anders und unterscheidet sich mit den Menschen, die einwilligen, hierher zu kommen... oder die vor ihnen liegenden Seiten zu lesen.

Das Gefolge flutet hier herein und nimmt rund um Euch herum, hinter und zwischen Euch, seinen Platz ein. Es kennt Euch gut. Vor drei Tagen gab es eine Feier für das Potenzial derer, die auf den Stühlen sitzen und hier sein würden. Es herrschte Freude und ein überquellender Fluss von Liebe und es gab Geduld, bis Ihr an diesem Tag gekommen seid. Und so kann es

Euch zu denken geben, während Ihr diese Worte hört oder diese Seite lest, wer eigentlich gekommen ist, um wen zu sehen. Obwohl es für Euch schwer zu verstehen ist, so sind die Inkarnationen von Niederschriften dieser Worte in vielen Sprachen ein Potenzial, das für uns bereits hier ist. Die Tausende, die diese Worte lesen werden, sind alle in Eurem linearen Leben, in dem Ihr es die Zukunft nennt, bereits aufgestellt. Für uns sind sie, wie auch immer, Potenziale, die sich in unserem *Jetzt* manifestieren. Daher gratulieren wir dem Leser und wir sagen Dir, dass dies ebenso auch für Dich gilt. In der Tat haben wir Dich dort bereits mit dem Buch in der Hand gesehen!

Und das ist es, warum unser emotionales Herz so sehr bewegt ist mit denen, deren Energien als Leser und Zuhörer hier sind. Ihr mögt Euch selber fragen: *„Wer bin ich, dass ich göttliches Wesen genannt werde? Was habe ich überhaupt womit zu tun?"* Die Frage, die Ihr stellt, Ihr Lieben, ist darauf zurückzuführen, dass die Dualität in ihrer besten Form arbeitet. Denn hier sitzt Ihr in einer Energie, die ganz anders ist als alles, was jedwedes Geschöpf in diesem Universum hätte voraussagen können. Ihr habt Euch kollektiv entschlossen, ohne Zusammenkünfte, das Gleis der Realität Eures Planeten zu verändern.

Selbst für diejenigen, die sich selber nicht als Lichtarbeiter bezeichnen, gibt es Erspüren und Verstehen - den Beginn von Passion für den Planeten. Ihr werdet anfangen es in Euren religiösen Führern zu sehen - in Euren Politikern - und in der Welt *(dem Weltgeschehen selber)*. Ihr werdet anfangen das Potenzial für Veränderungen zu sehen, nach dem Ihr jahrelang fragend Ausschau gehalten habt. Einige haben gefragt: *„Warum haben sie sich zuvor nicht manifestiert?"* Die alte Energie war für vieles von dem, was Ihr erwartetet, nicht passend. Doch viele von Euch sehen jetzt den Beginn dieser Dinge, weil die neue Energie sie erlaubt.

Einige von Euch stehen vorm Spiegel und sagen: *„Ich bin unbedeutend. Wer bin ich, dass man mich einen Engel oder Lichtarbeiter nennt?"* Ich möchte Dich wissen lassen, dass wir Dich kollektiv feiern! Ohne das von Dir Erreichte wäre es, so wie Du dort sitzt, ganz anders gewesen. „Das Große ICH BIN" sitzt heute vor mir. Ihr nennt Euch selber Menschen, doch seid Ihr Teile von Gott. Ihr Lieben, wenn Ihr nicht hier, sondern auf meiner

Seite des Schleiers seid, dann werdet Ihr wissen, wovon ich spreche, denn Eure Großartigkeit wird dort gefeiert! Es ist schwierig für uns, Euch zu unterrichten, wenn alles, was wir zu tun wünschen, ist, Euch einfach nur zu umarmen. Eure Dualität verbirgt vollständig, wer in diesem zerbrechlichen Körper wohnt!

Seit vielen Jahren lauteten unsere Botschaften: „Du kannst es tun! Du kannst Dich auf die andere Seite der Schwelle bewegen, ohne dass eine der Prophezeiungen eintritt." Ich habe vom „Durchhalten" und vom Geduldigsein gesprochen. Wir gaben Euch oft die Worte *Gott ist langsam...* und Ihr wolltet es nicht hören. Doch nun sitzt Ihr in der Energie, die Ihr erzeugt habt. Schaut sie an! Es ist nicht das *Ende* der Zeiten. Es ist der *Beginn* der Zeiten!

Die Schöpfung einer neuen Erde liegt vor Euch *(ist in Euch, Euren Fingerspitzen, Eurem kleinen Finger)*. Das Gleis, auf dem sich Euer Zug befindet, hat absolut nichts vor sich liegen. Es ist ein jungfräulich schöpferisches Gebiet, welches nie zuvor berührt wurde. Es ist ein Territorium, welches Ihr niemals zuvor gesehen habt, und es wird sich selber erschaffen, so wie es aus Eurem Bewusstsein hervorkommt. Manche von Euch sind sich bewusst, dass Ihr sogar selbst die neuen Gleise verlegt und es das erste Mal ist, dass Ihr darauf gewesen seid.

Es ist wahr, dass Ihr fortgesetzt die freie Wahl habt und alles Mögliche geschehen kann. Doch es wurde die kritische Masse erreicht und Ihr fangt an es daran zu erkennen, wie sich die Erde verhält. Heute wird sich mit bestimmten Arten von Problemen bezüglich moralisch - ethischer Themen auseinandergesetzt, die sich zuvor zeigten. Während diese Art von Dingen dem Planeten in der Vergangenheit anscheinend gleichgültig waren, sind sie jetzt die Schlagzeilen in Euren Nachrichten. Dies ist der Anfang von spiritueller Entwicklung, so wie sie von Eurer Schwingungsebene definiert ist.

Wir sind hier, um Euch heute Nachmittag eine Offenbarung zu geben. Wir werden sieben neue Deutungen mit Euch durchgehen. Letztendlich werden wir für die schriftliche Aufzeichnung das offenbaren, was mit dem Channeling, welches Ihr *Die Heimreise* genannt habt, gemeint war (Dies bezieht sich auf Kryon Buch Fünf, eine von Lee Carroll geschriebene Novelle „The Journey Home - Die Reise nach Hause"). Diejenigen von Euch, die von dieser übermittelten Geschichte gehört oder sie gelesen haben, werden von den Dingen, die in dieser heutigen Lektion folgen werden, wissen. Denen, welche die Geschichte *nicht* kennen, wird die Botschaft noch in Vollständigkeit übermittelt.

Das Channeling namens *Die Reise Heim (nach Hause)* ist ein Gleichnis. Für einige ist es eine Metapher und für andere einfach nur eine Geschichte. Für viele von Euch wurde sie in Eurer Vergangenheit erschaffen und vor Jahren niedergeschrieben. Doch für uns war sie im *Jetzt*. Wenn Ihr in dem *Jetzt* sitzt, in dem *wir* schon immer gesessen sind, war das Potenzial von diesem Nachmittag da... und die folgenden Informationen lagen auf der Hand. Auch als die Geschichte für das Buch übermittelt wurde, sahen wir das Potenzial Eures Wesens auf dem Platz, auf dem Ihr nun sitzt... so ist die Kraft und Macht des *Jetzt* Zeitrahmens.

Die Botschaft von *Die Reise nach Hause* wurde in Wirklichkeit für die Menschen im neuen Jahrtausend gegeben. Es ist die Geschichte von dem Potenzial vom *Aufstieg*, ein Wort, welches innerhalb der Geschichte von Michael Thomas und seiner Heimreise niemals erwähnt wurde. Innerhalb der Geschichte wurden spirituelle Metaphern präsentiert, anhand derer Ihr wohl prüfen und sehen könnt, aber wir haben niemals das offenbart, was wir heute offenbaren werden. Es werden jetzt die Informationen aus den letzten zwei Botschaften in diesem neuen Jahrtausend (die Channelings der vergangenen zwei Monate) miteinander kombiniert.

Die Reise nach Hause, wieder besucht

Die Geschichte handelt von einem Gentleman auf Erden namens Michael Thomas - der Name entstand aus einer Kombination der Energie von Erzengel Michael und der Energie von dem *ungläubigen Thomas*. Es ist dies die Energie eines Menschen in der Dualität, denn es ist genau das, was vor Euch liegt - eine Dualität, welche zum einen Teil der Engel und zum anderen Teil der Zweifler ist. Der Mensch verbirgt im Inneren einen Engel, doch die Dualität versteckt dies und so gibt es Zweifel und Furcht. Das Menschenwesen ist mit wundervollem Potenzial ausgestattet und erfüllt, denn Ihr habt die Wahl, das göttliche Wesen zu finden und den Engel zu entdecken. Ihr habt daher die Wahl der Möglichkeit, eines der größten Geheimnisse der Menschheit herauszufinden. Aber dies verbirgt sich auch vor Euren Gedanken.

Dieser Mann wurde auf dem Weg einer Reise, von der er meinte, dass sie ihn zu seiner heiligen Heimat führt (und er sehnte sich danach, dorthin zurückzukehren), in sieben Schulungshäuser gebracht. Er war auf seinem Weg im Üben dessen, was er als Himmel verstand und in diesen sieben Häusern waren Energien, die wir Euch jetzt offenbaren wollen - Energien, welche sich nur mit Dingen kombinieren lassen, welche wir Euch im Anschluss an den 1. Januar 2000 gegeben haben.

Oh, Ihr Lieben, einige von Euch kamen heute für etwas anderes als diese Information, nicht wahr? Einige von Euch lesen es und sehnen sich nach etwas anderem, als diesem hier.

Wir möchten hier innehalten und sagen: „Wir ehren Euch für die Heilung, für die Ihr hierher gekommen seid, für die Heilung des Herzens. Ihr wisst, zu wem ich spreche! Wir ehren Euch für die Biologie und für die Heilung, um die Ihr gebeten habt. Wir ehren die Geheimnisse, die Ihr mit Euch tragt. Meint Ihr, wir wissen nicht, wer hier ist? Meint Ihr, wir wissen nicht, wer dort liest? Wir wissen von manchen der verzwickten Lagen in Eurem Leben!“

(Pause...)

Jetzt würde eine gute Zeit für Heilung für Euch sein, nicht wahr? Jetzt ist eine gute Zeit für Euch, die Farben zu sehen, während sie von dieser Bühne strömen und die Herzen derer vor uns erfüllen. Jetzt ist für viele von Euch die Zeit, die Heilung zu feiern, die soeben stattgefunden hat! Ihr habt es in diesem Moment nicht erwartet, nicht wahr? Der Unterricht hat kaum begonnen, doch erlaubt Eure Absicht und Reinheit, dass die Energie zu Eurer Kristallhülle spricht (die Rede ist von den Informationen über die DNS, die beim letzten Mal, als Kryon in der Umgebung von San Francisco war, präsentiert wurden).

Lasst die Energie jetzt den Beweis dafür sein, dass dies nicht bloß ein weiteres Treffen ist - oder bloß einfache Worte in einem Buch sind. Es gibt nichts von größerer Kostbarkeit in der Welt - auf dieser Erde - als den Menschen, der zu entdecken beginnt, dass er/sie Kraft und Macht aus dem Inneren hat! Denn es ist für Dich nicht erforderlich, dass Du jemals wieder zu einem Treffen wie diesem hier zurückkehrst. Es ist nicht erforderlich, jemals ein Buch über Channeling in die Hand zu nehmen, wenn Du es nicht möchtest. Ihr könnt in den kleinsten Winkel und Wandschrank verschwinden und dort Eure eigene Heilung vollbringen, denn das Gefolge ist dort, die Heilung ist dort und die Kraft und Macht ist dort! Es ist der Mensch, der die Kraft und Macht hat. Es ist der Mensch, der das Höhere Selbst ist - das Göttliche im Inneren, welches aber in der Verkleidung eines zerbrechlichen *(fragilen)* biologischen Wesens auf der Erde wandelt. Und Ihr fragt Euch verwundert, warum wir Euch feiern?

Lasst die Heilung beginnen!

Das Erste Haus - Land- und Wegekarten

Das erste Haus, welches Michael betrat, war das Blaue Haus, das Haus der Landkarten. Wir haben viele Male darüber gesprochen. Wir haben es viele Male geübt und Beispiele für die Metaphern gegeben. Doch in dieser neuen Energie ist niemals eine vollständige Erklärung gegeben worden. Wir sprachen in vergangenen Channelings von der Dritten Sprache. Dies ist eine neue Sprache, welche Euch gehört, wenn Ihr darum bittet. Sie ist sehr neu und konnte vor der Schwelle in dieser Art nicht existieren. Dies ist die Sprache, welche einst nur für den Schamanen verfügbar war, denn sie erforderte Schulung, Disziplin und Verständnis. Nun, da sich die Angst auf Erden verringert hat, kann die Dritte Sprache die Lichtarbeiter und all diejenigen, die sie haben möchten, durchdringen. Sie ist der Inbegriff des neuen Zeitalters. Die Dritte Sprache ist die Sprache von Spirit. Sie ist eine beständige, 100-prozentige, „In-Verbindung-Seiende" Sprache zwischen dem Menschen und Gott. Es ist eine „wandelnde"

Meditation (sozusagen: im Gehen), in vollem Bewusstsein und Wachzustand - während des ganz normalen Lebensalltags.

Michael Thomas erhielt eine wundersame Karte, die anscheinend nur im letzten Moment, wenn er sie brauchte, auch sichtbar wurde und wirkte. Zusätzlich gab ihm die Karte niemals Informationen über das, was bevorstand, sondern sie gab ihm immer erst dann, wenn er inmitten der Energie der Herausforderung stand, Lösungen nach Lösungen für Situationen. Hier ist die Metapher für die Landkarte des neuen Zeitalters, nach der Schwelle.

In der alten Energie, Ihr Lieben, habt Ihr vielleicht den Schamanen für Rat und Hilfe aufgesucht... für weise Informationen. Ihr hörtet durch den Schamanen auf die Weisheit von Spirit, so wie es viele von Euch nun auch tun. Der Schamane gab/gibt Euch Informationen über die Potenziale kommender Dinge und was zu tun ist, wenn Ihr dort angelangt seid. Ihr habt ihn möglicherweise gefragt, was passieren wird, wenn Ihr bestimmten Situationen begegnet, und der Schamane wird Euch geholfen haben, indem er Euch bei diesen Dingen Führung gab.

Später habt Ihr dann den Schamanen verlassen und seid in Eurem Leben vorangegangen, in der Hoffnung, dass Ihr alle Informationen bekommen habt, die Ihr brauchtet, und dass Ihr Euch an alles erinnern könnt. Wenn Euch auf der Straße Hindernisse und Gabelungen begegneten, dann habt Ihr versucht, Euch das ins Gedächtnis zu rufen, was Euch der Schamane gesagt hat, und Ihr habt dieses Wissen auf die gegenwärtige Aufgabe angewandt in der Hoffnung, dass Ihr es richtig verstanden und gemacht habt! Das, Ihr Lieben, ist die alte Energie. Sie steht für das Geben von Informationen durch Spirit an den Menschen, doch es erfordert, dass sich die Menschen an das, was überbracht wurde, erinnern.

Hier ist nun das, um was es sich bei der Wegkarte im Blauen Haus, dem ersten Haus, handelt. Das Haus der Karten repräsentiert die Dritte Sprache, eine Art „Schamane auf Eurer Schulter". Wie gefällt es Euch, wenn Ihr, anstatt auszugehen und zu versuchen, Euch an das zu erinnern, was Euch andere in einem erleuchteten Zustand gesagt haben, alltäglich mit diesen Informationen lebt? Und dann, wenn Ihr Euch jedweder Gabelung auf der Straße nähert, sagt die göttliche Weisheit des Schamanen: *„Biege nach rechts oder nach links ab. Fühle es - geh in diese Richtung oder in die andere - spüre es.“*

Anstatt Euch an das zu erinnern zu versuchen, was Euch während einer Lektion gegeben wurde, habt Ihr jetzt eine unmittelbare Kommunikation mit dem Göttlichen. Jede auftauchende Situation gibt Euch Weisheit über das, was zu tun ist, und es gibt dort keine Überraschungen. Diese Art von Kommunikation lässt Euch mit jeder Situation in Eurem Leben in Frieden sein, nicht wahr? Ihr habt den Schamanen auf Eurer Schulter! Das ist die Wegkarte. Es ist „die Dritte Sprache“, Euch alle Zeit besuchend, sodass es niemals eine Frage darüber gibt, in welche Richtung *(welchen Weg)* Ihr gehen sollt. Das Haus der Landkarten beschreibt die Energie auf Erden nach der Schwelle. Dies ist auch sehr stark im *Jetzt*: ein Schamane, der still ist, bis Ihr ihn inmitten der Energie der Herausforderung braucht.

In der Nutzung dieser Landkarte oder der Dritten Sprache geht es darum, zu verstehen, dass sich die Energie der Herausforderung mit der Energie der Lösung zu verbinden *(zu verschmelzen)* hat. Diese heilige Sprache ist jederzeit verfügbar und Ihr könnt Eure Karte jederzeit betrachten. Die Karte wird jedoch, wie auch immer, nur zu den Zeiten wirksam sein, wenn die Energie der Herausforderung von größter Bedeutung *(auf ihrem Höhepunkt)* ist. Feiert dieses Attribut! Es ist das kreisende Jetzt, es ist so, wie spirituelle Dinge wirken. Und so ist es, wie Ihr mit Frieden in die Unsicherheit gehen könnt, wie es Euch niemals zuvor zu Eigen war. Doch Ihr habt das Timing all dessen zu verstehen, um das Wunderbare und die Schönheit dieses Geschenkes, dieser Gabe vollständig zu begreifen!

Das Zweite Haus - Geschenke und Werkzeuge

Das nächste Haus auf der Reise ist das Orangene Haus - das Haus der Geschenke und Werkzeuge. Wir haben Euch bereits Informationen über einige der neuen Werkzeuge der Energie von diesem Millenium gegeben. Das letzte Mal, als wir uns im Channeling und in der Zeit davor getroffen haben, gaben wir Erlaubnis *(Referenz)* für die Aufhebung der alten Gelübde.

Wir gaben sie für jene, die vor uns sitzen, Familie, welche durch viele Lebenszeiten auf einer spirituellen Suche waren. Wir erinnerten Euch daran, dass die Gelübde, welche Ihr vor Gott abgelegt habt, selbst über mehrere Lebenszeiten zurückliegend, wieder und wieder durch den Schleier getragen werden.

Nun kommt Ihr in diese Inkarnation... anscheinend frisch und neu, aber doch tragt Ihr Stücke und Teile von den in der Vergangenheit an Gott gegebenen Gelübden mit Euch.

Wir unterrichteten Euch über Eure neuen Geschenke. Dies ist das Haus der Geschenke und Werkzeuge und die Gelübde können jetzt fallen gelassen werden. Dies sind rückblickende Informationen, doch es ist für einige von Euch notwendig, sie noch einmal (oder erstmalig) zu hören. Wir sagten Euch , dass Ihr das Gelübde, arm zu sein, aufheben könnt! In den alten Zeiten habt Ihr dieses Gelübde abgelegt, um Euch auf Gott auszurichten. Nun habt Ihr stattdessen die Dritte Sprache. Wir haben Euch gesagt, dass es angemessen wäre, das Gelübde aufzuheben, welches besagte, dass Ihr aus demselben Grund allein sein müsstet. Einige von Euch haben sich wirklich mit Gott vermählt und sind einem Muster des Opferns gefolgt, um Euch auf spirituelle Dinge zu konzentrieren. Nun habt Ihr ein Geschenk, welches die Gelübde ersetzt, also könnt Ihr sie fallen lassen.

Lasst uns eins noch einmal rückschauend betrachten, was, wie auch immer, in der Parabel eigentlich gezeigt wurde. Michael Thomas wurde ein Schwert übergeben. Zu der Zeit erschien es wie ein Kampfschwert der Schlacht und das war es auch. Es ist auch ein Teil der Brücke der Schwerter, welcher die *(Über)*kreuzung in die neue Energie repräsentiert, von der wir in vergangenen Channelings gesprochen haben. Das Schwert repräsentiert einen Kampf gegen die alte Energie. Es ist kein Kampf zwischen Menschen, das heißt von Mensch zu Mensch. Es ist ein Kampf zwischen der alten und der neuen Energie. Es ist ein Kampf gegen die Dualität und daher keine andere Energie als Eure eigene.

Dieses besondere Schwert war auch eine Waffe, die sang, wenn Ihr sie benutztet! Es sang den Ton *(die Note)* F, welcher das Herzchakra repräsentiert. Versteht Ihr jetzt, warum Ihr diesen Ton in dieser neuen Energie braucht? Die Planetenangleichung im Mai 2000 brachte Mutterenergie - behütend nährende Energie - zur Herzenergie dieses Planeten. Die Kinder und viele von Euch werden sie fühlen ebenso wie die Geschenke und Werkzeuge, welche Ihr in diesem (organgenen) Haus der Schulung bekommt, und werden ebenso entsprechend den Ton F singen. Wir bringen Euch diese Dinge, weil es an der Zeit ist, die Bänder zu durchtrennen, die Bindungen aufzulösen und sie zu entlassen, es ist an der Zeit, die Fesseln der alten Energie und der alten Verträge abzunehmen.

Das Schwert war das Schwert der Wahrheit... ein Schwert, welches einen Teil der Brücke der Schwerter erkennen lässt, welche die Kluft über die alte Energie anschneidet und Euch hilft, Euch auf die neue Energie vorzubereiten. Es ist in der Tat kraft- und machtvoll, doch es verbindet sich *(es verschmilzt)* jetzt perfekt mit der betreuend nährenden und liebenden Energie, für die es bestimmt war. Jetzt hallt der ureigene Boden der Erde in Kooperation mit diesem wunderbaren Geschenk. Wenn ein Kampf zwischen Energien ausgefochten zu werden hat, dann ist dies das erforderliche Werkzeug.

Das Dritte Haus - Biologie

Michael Thomas trat ein in dieses Haus, welches Grün war - das Haus der Biologie. In der Originalgeschichte wurde ihm viel gegeben und Michael Thomas übte und trainierte in diesem Haus. Wir haben oft über die Verjüngung der Zellen gesprochen. Wir gaben Euch gesundheitliche Ermahnungen. Wir gaben Euch Ratschläge und erzählten Euch viele Dinge über Eure DNS, aber nicht so wie dies Folgende hier! Ihr Lieben, an diesem grünen Platz namens „Das Haus der Biologie“ wurde Michael Thomas etwas gezeigt, was niemals aufgeschrieben wurde. Wir können Euch nun in dieser neuen *Jetzt* Energie sagen, dass in diesen nächsten 12 Jahren bis 2012 stärkere lebendige Essenzen zum Vorschein kommen werden als in den vergangenen 100 Jahren! Wir werden Euch sagen, wie ein Großteil davon aussehen wird, und Ihr werdet in Verlegenheit sein, denn es wird sich für Euch nicht so wie nach lebendigen Essenzen anhören.

Jetzt können wir Euch sagen, was wir wirklich mit lebendigen Essenzen meinen. Es gab zahlreiche Diskussionen darüber, was eine „Lebendige Essenz“ *(Live-Essenz)* ist. Oh, es ist wahr, dass eine Substanz mit einer lebendigen Essenz tatsächlich von Dingen abgeleitet ist, die in lebendiger Form auf dem Planeten waren und in der Kräuterheilkunde ebenso wie in Essenzen und Aromen verwendet wurden. Doch es gibt eine Essenz, an die Ihr nie gedacht habt. Und wenn wir es Euch sagen, so werdet Ihr sagen: *„Aber Kryon, das ist nicht lebendig!“*

Wir werden Euch sagen, was es ist. Es ist Wasser! Und es ist lebendig, interdimensional. Wasser wird jetzt beginnen Euch etwas zu zeigen, was Ihr niemals zuvor gesehen habt... Energien der Heilung. Haltet nach einer Überfülle von Wasserheilmitteln auf diesem Planeten Ausschau! Wasser ist das Leben dieses Planeten! Es ist lebendig mit der Essenz der Heilung! Es ist das Vehikel für lebendige Essenz und das ist es, was die ganze Zeit über gemeint war - eine Lebens-Essenz heilender Energie in/im Wasser!

Die Zellen des Körpers sitzen in einem Wasserbad. Das Leben sitzt in einem Wasserbad. Die Erde besteht hauptsächlich aus Wasser. Einige Wasserheilmittel, die von Euch ausdrücklich benötigt werden, können jetzt besorgt werden. Einige Heilmittel werden selektiv sein, um zur Energie dessen, was Ihr genau braucht, zu passen, während andere nichts für Euch tun werden, doch keines davon wird für Euch schädlich sein. Es wird eine Explosion von Wasserheilmitteln geben und einige davon mögen Euch erstaunen. Es wird eine ganze Reihe davon geben, von denen Ihr denken werdet, dass sie „energetisches Wasser“ sind. Ein Teil des Wassers wird Energie beinhalten, die nur in bestimmten Teilen der Erde verfügbar ist und nun die Energie zum allerersten Mal überhaupt in Containern am Leben erhält. Wasser wird zum ersten Mal gut von einer Energie zur anderen reisen. Haltet nach Wassern Ausschau, die Ihr trinken könnt und die mit Eurem Körper kooperieren, was Ihr innerhalb weniger Augenblicke, nachdem Ihr es getrunken habt, fühlen könnt.

Dies sind neue Informationen, die nun heute, an diesem Tag offenbart werden. Es ist etwas, was vor der Schwelle nicht offenbart werden konnte, denn Ihr wart überhaupt nicht bereit, dies zu akzeptieren. Erst nach der Schwelle können Euch diese Dinge auf die Weise, wie es jetzt möglich ist, gebracht werden, da Ihr das Schwert haltet, welches den Ton F weit oben über Eurem Kopf singt. Der Kampf zwischen Euch und der alten Energie und dem alten Selbst beinhaltet eine Verjüngung auf der zellularen Ebene. Er beinhaltet Erlaubnis für eine Lebenszeiterweiterung und es wird mit dem Wasser beginnen! Und davon handelte es sich bei dem Grünen Haus. Wir werden in zukünftigen Channelings noch mehr Informationen über das Wasser für Euch haben.

Das Vierte Haus - Verantwortung

Michael Thomas betrat das Violette Haus, welches das Haus der Verantwortung war. Hier lernte er von Verträgen und wie er bei der Planung von allem, was ihm auf Erden widerfahren war, mitgeholfen hatte. Dies mag nach alten metaphysischen Informationen klingen, aber mit einer überraschenden Umdrehung in diesem neuen Millenium. Michael Thomas lernte, dass seine Verträge und Veranlagungen potenziell gewisse Dinge taten, wenn er sich dazu entschloss. Er lernte den Unterschied zwischen Vorherbestimmung und Veranlagung *(Disposition)* kennen. Er lernte, wie es war, auf diesen Planeten gekommen zu sein mit einer Neigung zu etwas Bestimmten und dann diesem Gefühl zu folgen, zum Teil deshalb, weil der Mensch sich so fühlt, als wenn er gar nicht anders kann. Das ist ein Vertrag.

Einige von Euch haben erst noch zu begreifen, was das Wort *Vertrag* bedeutet. Wir möchten, dass Ihr das Wort jetzt überprüft. Das Wort *Vertrag* bedeutet, so wie es in Eurer Sprache definiert wird: „Eine Vereinbarung zwischen zwei Wesenheiten". Wenn Ihr einen Vertrag auf der Erde habt, wer ist dann die zweite Wesenheit (Person)? Jetzt offenbaren wir Folgendes: Der größte Vertrag, den Du hast - der Lebensvertrag - der Vertrag, der aussagt, wie lange Du auf diesem Planeten leben wirst, der Vertrag, der spezifiziert, dass Du krank werden könntest, all diese Energiekonzepte, die in Dir verankert sind - ist zwischen dem „irdischen Du" *(Erden Du)* und dem „himmlischen Du" *(Engel- oder Lichtwesen Du)*, dem Höheren Selbst geschlossen. Dies ist eine bindende Vereinbarung zwischen dem Menschen in der Dualität und dem Menschen in der Göttlichkeit. Vielleicht dachtest Du, es wäre eine Vereinbarung zwischen Dir und Spirit? Tatsächlich ist es so, aber es ist Spirit in Dir.

Bevor Ihr Euch voranbewegen könnt, kann diese Vereinbarung, dieser Vertrag, mit dem Ihr von einer alten Energie hereingekommen seid, jetzt aufgelöst werden. Wir haben zuvor darüber gesprochen, wie man die Rezeptur, die Ihr auf zellularer Ebene für einen alten Vertrag habt, der „gegart werden möchte", vernichtet. Viele von Euch haben Restgefühle, die rückständig von der Rezeptur verblieben sind! Es hat diese Art von einer Energie, wenn der Vertrag noch existiert und darauf wartet, aktiviert (aufgespielt) oder verändert zu werden.

Es ist an der Zeit für eine Zeremonie. Wenn Ihr im Zweifel seid, haltet eine Zeremonie! (Lachen) Ihr Lieben, wir sagen Euch dies in Leichtigkeit, doch sie wird von Spirit so verehrt. Denn der Mensch, der für eine Zeremonie etwas Bedeutungsvolles, Wichtiges vorbereitet, sei es ein Altar oder eine Zeit der Stille, ist sehr geehrt. Wenn Ihr dies in der neuen Energie tun solltet, so haben wir Euch etwas zu sagen:

Willige ein, die Gelübde der Ehelosigkeit fallen zu lassen, die Gelübde der Armut fallen zu lassen, von einem Vertrag mit Deinem Höheren Selbst Abschied zu nehmen, der in einer alten Energie entwickelt wurde. Willige ein, die Zutaten des Rezepts für den Vertrag zu löschen und ihn neu zu formulieren und aufzuzeichnen, um die Gelübde der Liebe der Erde zu erneuern. Bestätige, dass Du NICHT arm zu sein hast; Du KANNST einen liebenden *(liebevollen)* Partner haben; Du hast einige der Herausforderungen, für die Du unterzeichnetest, NICHT auszuführen. Dies ist eine neue Erde und als Du angekommen bist, existierte sie nicht. Das ist es, wofür das Haus der Verantwortung steht. Es repräsentiert nicht nur die Verantwortung zu der Familie durch die Verträge, welche die Deinen *waren,* sondern es repräsentiert jetzt auch die Verantwortung zu der Erde und Dir, um sie zu verändern!

Das Fünfte Haus - Beziehungen

Michael Thomas betrat das Haus der Beziehungen, das Rote Haus. Dort wurde er über die karmischen Interaktionen zwischen Menschen auf dem Planeten unterwiesen. Hier ist es, wo er über den Tod seiner Eltern und die Bedeutung lernte. Wir haben viele Male darüber gesprochen, doch in den letzten Sitzungen sagten wir diese Worte zu Euch: *„Wer ist es, dem Ihr nicht vergeben oder mit dem Ihr nicht sprechen wollt?"* Das Rote Haus der Beziehungen handelt von dem Vergeben der Familie!

Wünschst Du das Werkzeug, um der Familie zu vergeben? Wer bist *Du* wirklich? Was trägst Du aus der Vergangenheit mit Dir herum? Wir sagen Euch dies, Ihr Lieben, ob es das Haus der Beziehungen oder das Haus der Verantwortung ist: *Ihr* habt das Schwert, um die Verbindungen dieser alten Ketten zu durchschneiden. Das ist es, wofür das Schwert da ist! Es ist das Herzchakra und *(gleich dem Schwert)* schwingt es und übt die Macht aus, die einzig und allein nur die Passion geben kann... und was für eine Kraft und Macht das ist!

Wer ist es, dem Ihr nicht vergeben wollt? Das war es, was wir fragten. Diese Frage kam unmittelbar aus dem Haus der Beziehungen heraus, denn alles, was Euch im Leben präsentiert wurde, war eine Aufstellung für diesen Moment! Vielleicht ist es genau jetzt an der Zeit für eine andere Art von Heilung in diesem Raum, eine andere Art von Heilung auf dem Platz, auf dem Du sitzt und dies liest? Es mag sein, dass es für einige von Euch an der Zeit ist, sich von diesem alten Aufhänger des unbehaglichen Dramas zu entfernen? Was ist es, durch was Du anscheinend in Deinem Leben nicht hindurchkommen kannst? Wer ist derjenige, dem Du zu vergeben hast? Wer ist derjenige, mit dem Du nicht sprechen willst? Das ist es, was das Haus eigentlich präsentiert. Wofür sind die Übungen, welche Michael Thomas erhielt: Sie sind für die Fähigkeit, alles im Schema des Lebens als eine Familie mit einem Zweck zu sehen.

Ihr habt etwas zu erkennen: Damit die Landkarte wirkt, damit die Dritte Sprache effektiv ist, damit Eure Gelübde wirksam fallen gelassen werden, damit sich die Biologie zu verändern beginnt, damit Ihr für die Erde Verantwortung übernehmen könnt, hat eine pure Reinheit des Geistes gegenwärtig zu sein, eine Reinheit, die Ihr absolut nicht verfälschen könnt. Vergebung des Unverzeihlichen zeigt ein Mitgefühl für das Leben, welches nur das Göttliche hervorbringen kann. Mitgefühl dieser Art erschafft einen göttlichen Geist und das ist der Katalysator für alle anderen Bereiche. Die

Schlacht ist gewonnen, wenn Ihr in der Lage seid zu vergeben und es auch so meint. Und was ist, wenn Ihr es nicht tut? Dann ist es an der Zeit für eine Zeremonie! Sage Spirit, dass es das ist, was Du haben möchtest und beobachte und siehe, wie sich Deine Einstellung verändert. Mitgefühl ist die Folge und das Ergebnis der Bereitschaft, das größere Bild zu sehen - die Einwilligung und die Absicht zu vergeben zu lernen. Bald wird das Lernen offenkundig *(manifestiert)* sein und Du erkennst, dass Du tatsächlich viel erreicht hast.

„Lieber Gott, zeige mir, wie ich mitfühlend sein kann. Zeige mir das Göttliche in allen Dingen. Zeige mir die Liebe in allen Dingen. Lass mich mit Verstehen erstrahlen und gib mir die Fähigkeit, denen zu vergeben, mit denen ich es schwer habe. Lass mich den Frieden eines vollkommenen Verstehens haben. Lass es mit mir beginnen. Lass den Frieden auf Erden in meinem Herzen beginnen."

Das Sechste Haus - Liebe

Alle vorherigen Häuser ergaben zu dem Zeitpunkt einen Sinn, als Michael Thomas zu dem Weißen Haus kam - dem Haus der Liebe. Hier erlernte er die vier Attribute der Liebe. Er beobachtet das Menschenwesen Mary, wie sie eine Vision darlegte, in der sie ihrem Vater, der sie missbraucht hatte, vergab, ihn während seines Todes zudeckte und ihn segnete. Sie sagte dem Universum, dass sie stolz darauf war, den missbrauchenden Mann als ihren Vater zu haben, und sie zeigte die Art von Reinheit und Mitgefühl, die nur von einem Menschen kommt, der die Dritte Sprache praktiziert. Und Michael Thomas stand in Erstaunen da.

Geliebtes Familienmitglied, wer ist Deine *Blockade*? Vielleicht ist es das, warum Du heute hier bist... oder dies liest... um Dich selber in dieser stillen Zeit genau danach zu fragen. Wenn Du zu dieser Wahrheit durchdringst, wird es eine gewaltige Entlastung sein! Diese Dinge haben eins nach dem anderen geklärt und eins nach dem anderen verstanden zu werden in der Schulung und dem Üben von den sieben Häusern. Aufstieg ist die Anhebung der Schwingungsebene von Euch selber, ...dann von der Erde. Ihr könnt keine aufgestiegene, graduierte Erde haben, ohne dass die darauf lebenden Menschen es nicht zuerst vollzogen haben.

Nun, hier ist etwas Neues. Wir haben die Dritte Sprache während der ganzen heutigen Botschaft erwähnt und sie wurde auch zwei Botschaften zuvor (vor zwei Monaten) präsentiert und hier ist sie noch einmal. Es ist jetzt möglich, liebe Engel, die Dritte Sprache nicht nur zwischen Mensch und Spirit zu haben, sondern auch zwischen Menschenwesen. Dies wird sich auf Eure Einstellung gegenüber denen auswirken, die wahrlich der Sand in Eurer Auster waren. (Lachen) Mit anderen Worten, Ihr könnt die Dritte Sprache mit anderen sprechen!

Einige von Euch, die regelmäßig hitzige Auseinandersetzungen mit anderen Menschen haben, werden feststellen, dass sie der anderen Person während dieses Austauschs *zuhören*. (Lachen) Einige von Euch werden feststellen, dass sie die Vorzüge dessen, was der andere sagt, abwägen! Was geschieht? Die Dritte Sprache ist nicht nur zwischen Euch und Spirit. Sie ist genauso gut auch zwischen den anderen Engeln (anderen Menschen). Was wir hier sagen, ist, dass es das Potenzial geben wird, dass sich die Einstellung in Situationen, die zuvor unhaltbar zu sein schienen, ändert. Dies wird nur deswegen zulässig möglich sein, weil zur gleichen Zeit, in der Ihr sprecht und redet, eine andere Energie gegenwärtig ist - eine neue Energie, die Dritte Sprache! Es wird die Art und Weise von allem verändern, was Ihr mit einem anderen Menschen tut... sogar die Art, wie Ihr streitet. Zorn wird sich langsamer entwickeln und Geduld wird leichter zu finden sein. Humor vermag alles zu mäßigen und der Katalysator für eine Einigung anstelle von einer Trennung sein.

Mit Eurer Absicht werden dies viele von Euch bald erleben und dann werdet Ihr wissen, wovon wir sprechen. Ihr werdet Euch aus geschäftlichen Gründen mit einem Menschen unterhalten und gleichzeitig feststellen, dass Ihr ihn auf einer Ebene liebt, wie Ihr es niemals für möglich gehalten hättet. Zuerst mag dies beunruhigend sein! Alles in allem gibt es einige Attribute von Menschlichkeit *(menschlicher Wesensart)*, die unveränderlich zu sein scheinen. Dies wird anders sein. Einige davon werden Menschen sein, von denen Ihr dies nie und niemals in der Vergangenheit gedacht hättet.

Die Dritte Sprache ist eine starke Sprache, weil sie das ist, was wir die „Kernsprache“ *(Hauptsprache)* nennen. Sie wird hier für diese Lichtarbeiter vorhanden sein, die sie ergreifen möchten. Einige von Euch werden es die „neue Intuition“ nennen. Ihr mögt es vielleicht auch „den Übergang in eine neue Dimension“ nennen und das wäre korrekt. Erinnert Euch, dass die Dimensionen verborgen sind, bis Ihr Euch auf sie einstellt *(eintuned)*. Dies wird daher etwas sein, worauf sich einige von Euch einstellen werden. Es lässt Euch die Menschenwesen anders betrachten. Es lässt Euch denen aus der Vergangenheit vergeben, die Euch Dinge angetan haben mögen, welche viel Hass und Zwietracht für Euch bereiteten. Nun werdet Ihr sie als Familie betrachten und sie so-wie-so lieben. Ungeachtet ihrer eigenen Einstellungen Euch gegenüber werdet Ihr sie so-wie-so lieben. Hierin kommt Ihr dem näher, wer Ihr wirklich seid - ein rund neun Meter hohes Wesen, das sich dreht - ein jeder von Euch. (Doch Ihr wusstet das, nicht wahr?) Das ist es, was ich sehe, wenn ich mich hier umblicke. Ich sehe Großartigkeit in Euch, auf diesem Platz sitzend und sich als Mensch ausgebend.

Das Siebte Haus - Gold - Selbst-Wert

Michael Thomas betrat das Haus von Selbst-Wert und erlebte viele Überraschungen - einschließlich der, was geschah, als er die magische Tür zu seinem „Zuhause“ öffnete. Lest die Aufzeichnung, wenn Ihr noch mehr darüber wissen möchtet. Wir sagten Euch im letzten Channeling, dass der Selbst-Wert der Schlüssel zu allem spirituellen Wachsen und allem spirituellen Aufstieg ist. Dieses Goldene Haus handelt von der Suche der Menschheit nach dem Göttlichen. Dieses Haus sollte ein Geheimnis offenbaren und das hat es auch getan.

Im letzten Channeling sagten wir Euch auch, dass es das größte Geheimnis der Menschheit war, dass der Jungbrunnen und der Heilige Gral alle gut verborgen inmitten des Menschen enthalten sind. Dies ist nicht nur eine Metapher. Wovon das Goldene Haus wirklich handelt, ist die Fähigkeit des Menschenwesens, persönliche Veränderungen und Erdveränderungen vorzunehmen, welche selbst die tatsächliche Realität dessen ändern können, von dem Ihr nur immer meint, dass es auf dem Planeten möglich ist!

Während Ihr Euch in das neue Millenium hineinbewegt, gibt es ein paar sehr erschreckende Möglichkeiten, da die Menschheit zahlenmäßig ansteigt. Ihr habt Probleme von Überbevölkerung und Krankheiten, die erst noch gesehen werden müssen, welche mit Eurer Technologie sehr wohl unaufhaltbar sein können. Ihr habt eine Erderwärmung und Eiszonen, die schmelzen und abbrechen können. Ihr habt Probleme mit der Atmosphäre und dem Wetter, das anscheinend immer schlechter und schlechter wird. Das hört sich nicht nach einem freudvollen Szenario an, nicht wahr?

Wenn Ihr versteht, was Ihr bereits alles getan habt, dann könnt Ihr auch verstehen, dass es durch menschliches Bewusstsein und die Beanspruchung der ICH BIN Energie noch immer etwas anderes im Verborgenen gibt. Wir sprechen von Eurer Fähigkeit, als eine Menschenrasse all die physischen Themen, die ich gerade erwähnt habe, verändern zu können. *„Kryon, können wir das? Können wir das Wetter verändern, Krankheiten, die noch nicht ausgelöst wurden, und Treibeisschollen? Können wir die Temperatur des Planeten verändern?“* Die Antwort lautet JA! All das und mehr.

Genau das ist exakt die Antwort von Kryon für das neue Millenium!

Wie viele von Euch werden in dieser neuen Energie vor dem Spiegel stehen und sich selber in die Augen sehen und sagen: „ICH BIN DAS ICH BIN“? Wie viele von Euch können das tun und es auch so meinen (so erfahren)? Es ist hart! Aber wenn Ihr versteht, woher die Kraft und Macht kommt, und das ist es auch, von woher das verlängerte Leben kommt, dann könnt Ihr vielleicht Eure Meinung darüber ändern, wer Ihr seid und was Ihr werden könnt. Dann könnt Ihr auch verstehen, was eine Ansammlung von ICH BIN mit dem Planeten tun kann!

Wenn Ihr das ICH BIN in reinem Verstehen beanspruchen könnt, dann werdet Ihr zu verstehen beginnen, wie Ihr das Schwert halten sollt. Wenn Ihr dies tut, werdet Ihr wissen, wie man die Werkzeuge verwendet und die Gelübde auflöst *(loslöst-erlöst)*. Wenn Ihr dies tut, werdet Ihr wissen, wie man das Rezept für den Vertrag umschreibt. Wenn Ihr das tut, werdet Ihr alles über Mitgefühl und Vergebung wissen. Ist es nicht merkwürdig, dass es das letzte Kapitel in *Die Reise nach Hause* ist, und doch das erste ist, um die anderen zu vervollständigen? Und der Grund dafür ist, dass diese Haus-Lektionen so gemeint waren, dass sie in einem Kreis präsentiert werden! Doch in linearer Zeit ist dies unmöglich. Und so bitten wir Euch, diese Häuser in einem Kreis zu sehen - sechs Häuser rund herum um ein Zentrum angeordnet. Das Zentrum ist das Goldene Haus, das Haus vom Selbst-Wert, dem Aktivator. Denn wenn es einmal erreicht ist, werden in der Tat all die anderen mit dazu kommen.

Dies ist die Verheißung der Erde! Dies ist das Geheimnis der Zeiten... dass die Menschheit die Kraft und Macht hat, nicht nur sich selber, sondern auch den tatsächlichen Boden, auf dem Ihr steht, zu verändern. Euer Partner (die Erde) wartet darauf, dass Ihr die Änderungen vornehmt.

Wir sitzen vor denen, die Schamanen sind, denen, welche uns bekannt sind, und wir haben Abschied zu nehmen. Wir sitzen vor Familie und wir haben Abschied zu nehmen. Das zu tun ist für uns das Schwierigste: wegzugehen. Denn es ist gerade erst in dieser Zeit, dass wir beginnen, Eure Liebe für uns zu fühlen. Wir haben es Euch jetzt erst dreimal gesagt. Wir beginnen, Euch zu fühlen! Wir kommen in eine Sitzung von dieser Natur und so oft in diesen vergangenen Jahren war es ein „einseitiger Schub". Es ist eine Energie von Angst und Dualität da gewesen, die es Euch niemals erlaubt hätte, auch uns in Eurer Erwiderung zu umarmen. Wenn wir nun hereinkommen, beginnen wir zu fühlen, dass die Liebe erwidert wird!

Mein Partner fließt über von dem, was er weiß, und von dem, was diese Wesenheit, Kryon, fühlt. Es gibt diejenigen im Raum, welche zu Beginn der Erde das Magnetgitter mit mir aufgestellt haben, und im Jetzt - im Nu, nur dem Zwinkern eines Augen-blicks - sitzen wir hier im Jahr 2000 wieder zusammen.

Ist es das Ende der Zeiten, wie es Euch Eure Propheten vorhergesagt haben? Nein.

Es ist der *Beginn* der Zeiten.

Gesegnet sind die Menschen, die diese sieben Häuser und ihre Bedeutungen verstehen. Gesegnet ist der Mensch, der das Geheimnis dessen, wo das Göttliche liegt, kennt, denn vieles wird in seinem Leben hinzukommen, wenn er seine eigene Schöpfung nutzt, wenn er seine eigene Kraft und Macht nutzt, wenn er die Dritte Sprache nutzt, welche zum ersten Mal in der Menschengeschichte die seine ist.

Und Ihr dachtet, Ihr wäret nichts wert!

Wir feiern die Kostbarkeit von diesem Moment und wir sagen,
bis wir Euch wieder sehen...

Und so ist es

Kryon

Kryon

Live-Channeling

„Der Interdimensionale Mensch“

Gechannelt in
Clearwater, Florida
Juni 2000

Kapitel XII

„Der Interdimensionale Mensch“

Live-Channeling in Clearwater, Florida
Juni 2000

Dieses Live-Channeling wurde mit zusätzlichen Worten herausgegeben, um Klarheit und ein besseres Verständnis in der schriftlichen Textform zu ermöglichen.

Seid gegrüßt, Ihr Lieben. ICH BIN Kryon vom Magnetischen Dienst. Dies ist der Moment, für den Ihr Eure Erlaubnis gegeben habt, sodass ein Gefolge, welches Ihr so sehr gut kennt, hier hereinströmt.

Ihr werdet dieses Gefolge des Öfteren aus dem hinteren Bereich des Raumes nach vorne fluten spüren, während wir den gesamten Raum und das umliegende Gebiet in eine Blase von Liebe hüllen. Ihr Lieben, wir laden Euch ein, etwas Einzigartiges zu spüren. Wir laden Euch ein, die interdimensionale spirituelle Familie wahrzunehmen, während wir nach vorne kommen, um zwischen den Stühlen zu wandeln, und einige knien vor Euch nieder, um Eure Füße zu waschen.

Ich spreche zu Lichtarbeitern - nicht nur zu denen, die seit vielen Jahren spirituelle Arbeit verrichten, sondern auch zu denen, die gerade erst im Begriff sind zu erwachen. Der innere Funke beginnt zu flackern und für manche beginnt die Vibration sich in dem Klangton F einzustimmen, der Klangnote des Herzchakras. Denn wisst, dort ist es, wo alles beginnt. Versteht, Ihr Lieben, dass das Erwachen zur innewohnenden Göttlichkeit nicht auf irgendwelche merkwürdige Art und Weise oder auf Wegen, die sich ungewöhnlich, eigenartig oder gar furchtsam anfühlen, beginnt.

Jede für die Menschheit dokumentierte bekannte Kommunikationserfahrung mit Engelwesen beginnt mit den Worten: „Fürchtet Euch nicht." Diese Kommunikation handelt, wie zuvor, von der Liebe. Daher beginnt die Wahrnehmung dessen im Herzchakra. Von hier geht es hervor und breitet sich aus, hier wird es zuerst wahrgenommen. Dann entwickelt es sich weiter zum Kopf, bewegt sich in die Weisheit und dann in das absolute Wissen.

Was wir Euch damit sagen, liebe Familie, ist, dass die Einladung für Euch offen steht, es zuerst hier zu spüren *(Lee legt seine Hand auf sein Herz)*. Und darum sagen wir auch, dass diejenigen, die Spirit in der ganzen Fülle von Liebe wahrnehmen, es bei sich selber als Erstes im Herzen fühlen. Auch die Unterscheidungskraft beginnt hier und es ist genau hier , wo Ihr oft eine energetische Bestätigung wahrnehmt. Über die Energie des Mitgefühls gibt es vieles bezüglich der Wandlungsfähigkeit eines Menschen zu sagen.

Es gibt nichts, was Euch schneller erreichen kann, als die Liebe Gottes und der Familie. Und sie ist heute hier. Andere Familienmitglieder sind ebenfalls hier, um Euch zu ehren und Euch nahe zu sein. Einige werden ihre Manifestation hier im Raum wahrnehmen. Einige von Euch werden, noch bevor sie diesen Raum wieder verlassen, Farben auf der Bühne sehen. Die „Sehenden" sind eingeladen, die Farben zu beobachten und zu sehen, wie sie sich auf diesem Podium entwickeln und verändern , - das in der 4D Realität anzeigend, was hier geschieht.

Die Liebe von Spirit manifestiert sich jetzt in dieser Art, weil Ihr darum gebeten habt. Ich habe es bereits früher gesagt, aber vielleicht wird es jetzt mehr verstanden: Die Erfahrung eines Channelings von Kryon, so wie Ihr es nun hört und wahrnehmt, kann so nicht ohne die Anwesenheit von Menschen im Raum stattfinden! Das mag Euch einen Hinweis auf das Kommende geben. Es ist ein zweispuriges Ereignis! Ihr hört nicht nur einfach zu oder lest die Worte von einem Menschenwesen, welches Euch Botschaften von der anderen Seite des Schleiers gibt. In der Tat ist das, was Ihr hier, während Ihr zuhört und lest, habt, die Erfahrung der Dritten Sprache, so wie es von uns bezeichnet wurde. Es gibt eine Energie, die sich zwischen uns bewegt - eine Energie der Liebe auf der Herzensebene. Es gibt dort auf der himmlischen, engelgleichen Ebene eine Energie des Wissens. Es ist eine göttliche Sprache, welche im Raum hervorquillt und strömt und eine Erinnerung in denen hervorruft, die sich zu erinnern wünschen.

Dies wird heute ein ungewöhnliches interdimensionales Lehrveranstaltungs-Ereignis werden und ich will Euch auch sagen, warum das so sein wird. Ich bestimme dies, mein Partner, zu dem zuletzt aufgezeichneten Channeling in der neuen Publikation „*Über die Schwelle*" (das Buch in Euren Händen). Das Buch vervollständigt sich mit dieser Botschaft und zugleich ist dieses Channeling der ureigentliche Beginn einer neuen Serie interdimensionalen Lernens. Darüber hinausgehend mögen die heutigen interdimensionalen Informationen tatsächlich fremd erscheinen - vielleicht so fremd wie jedwede Information, die bisher vorgetragen wurde. Wir bitten darum, dass diese spezielle Botschaft niedergeschrieben und veröffentlicht wird, sodass wir tatsächlich direkt sowohl zu jedem sprechen, der hier auf seinem Platz sitzt, als auch zu jedem Leser dieser Aufzeichnungen.

Wenngleich Ihr Zuhörer sagen mögt, dass diese Energie speziell für Euch ist (und so ist es), so habt Ihr vielleicht nicht realisiert, dass die Energie von diesem Moment desgleichen für jeden Menschen ist, der dies liest. Daher schließt das Kommende *(das hier Platz Nehmende, das sich Ereignende)* sehr viel mehr Menschen mit ein, als Ihr aktuell im Raum sehen könnt. In unserer Wirklichkeit (auf unserer Seite des Schleiers) sehen wir in genau diesem Augenblick die Leser. Wir sehen die Tausende, die gemeinsam mit Euch Zuhörern von der Energie berührt sein werden.

So denn Zuhörer, wir laden Euch ein, Eure Interdimensionalität gleich jetzt zu üben: Entwickelt in Eurer Vorstellung diesen Raum mit mir im Blick weit über die Rück- und Seitenwände hinausgehend. Da sind diejenigen, die diese Worte mit ihrem Augenpaar lesen und dabei die Energie fühlen, die auch Ihr jetzt fühlt. Und so bitten wir Euch, so wie Ihr hier sitzt und zuhört, die jetzt lesende Familie zu begrüßen und willkommen zu heißen! Das ist eine gute Übung, nicht wahr? Es ist ein Aufheben *(ein außer Kraft setzen)* der „Zeitregeln", so wie Ihr sie kennt. Und dies ist erst der Anfang der Übung - die Suspension von Zeit.

Kannst Du, geliebtes lineares Wesen, die Linearität Deiner Zeituhr suspendieren und die Energie des Kommenden wahrnehmen? Kannst Du an dem Potenzial derer teilnehmen, die dies lesen, und eine Chance haben, dasselbe zu fühlen, was Du fühlst? Mehr noch, Leser, kannst Du die Energie des Raumes wahrnehmen, den Du nun als in Deiner Vergangenheit liegend bezeichnest? Ich möchte Dich verstehen lassen, dass ich für diejenigen hier im Raum zur Zukunft spreche. Zu dem Leser spreche ich zu seiner Vergangenheit. Aber die Mitte, dort wo das JETZT existiert, ist die wahre Wirklichkeit. Kannst Du in beidem sein? Kannst Du mit uns allen in einer Art teilhaben und Dich darin einstimmen, dass Du jetzt den Tausenden in diesem „Jetzt-Raum" begegnest und sie begrüßt? Ich denke, Du kannst es.

Lasst die Dichte von der Liebe von Spirit sich über diese Gruppe der jetzt Hörenden und Lesenden legen, um das Verstehen dessen zu erleichtern, was wir zu sagen haben. Denn wir werden Euch Informationen geben, die interdimensional sind. Einiges davon wird verstanden werden und manches wird nicht verstanden werden, bis es zum zweiten oder vielleicht zum dritten Mal gelesen wird. Dann werdet Ihr anfangen zu verstehen, was wir Euch mitteilen.

Hier ist eine gute Übung in Interdimensionalität. Mein Partner sagte Euch das bereits in der Vergangenheit und Ihr könnt es auch selber in diesem Buch nachlesen: Wir erwarteten Euch hier! Leser, wir erwarteten Deinen *(Augen)*-Blick auf diese Seite. Zuhörer, wir erwarteten Dich auf dem Stuhl sitzend, auf dem Du jetzt sitzt. Und wisst Ihr warum? Ich habe Euch mitzuteilen, dass hier etwas sehr viel umfassend Größeres vor sich geht als einfach nur Worte auf einer Seite oder ein Klang in der Luft. Es vollzieht sich eine beidseitige Kommunikation. Da ist eine Gruppe von Engeln, rund um Euch herum sitzend, die wissen, wer Ihr seid. Dahinterliegend gibt es ein System dafür, dass Ihr hier anwesend seid und lest. Es ist ein System von Zuwendung und Achtsamkeit und bedingungsloser Liebe - von Schutz und Absicht. Es ist ein von Euch entworfenes System, in dem Eure Absichten so kraft- und machtvoll sind, dass es bezüglich Eurer Potenziale bereits arbeitet - selbst bevor Ihr eintrefft - selbst bevor Ihr das Buch aufgreift, in dem Ihr jetzt lest! Es ist ein System, das alles bestätigt, was Ihr in Bezug auf die Interdimensionalität Eurer spirituellen Familie vermutet habt... eine sehr liebevoll achtsame und wache Gruppe interdimensionaler Lichtwesen *(Engel)*.

Wir wissen, wer Du bist! Es gibt hier mehr als nur einen, der anwesend ist, um geheilt zu werden ... es sind Hunderte! Seid Ihr die häufigen Besuche beim Arzt nicht leid? Warum transformiert Ihr nicht die Wirklichkeit, in der Ihr zu sein meint, in die Realität, in der Ihr sein *könnt?* Wir werden in einem kurzen Moment darüber sprechen - und vielleicht ist das der Grund, für den Ihr hierher gekommen seid oder dies lest! Du bist ein Mensch, der hier sitzt und liest oder zuhört, und Du bist genau jetzt von uns allen gesehen.

Nun spreche ich zu den anderen, denen, welche bezweifeln, dass dies hier real sein könnte. Wir wissen auch von Euren Herausforderungen in Eurem Leben. Es mag sein, dass sie der Grund dafür sind, warum Ihr hierher gekommen seid, um hier und da ein paar Worte aufzuschnappen - vielleicht um ein wenig Energie wahrzunehmen, vielleicht auch nicht. Wir werden Euch in jedem Fall, nun wo wir Eure Aufmerksamkeit haben, etwas erzählen. Es gibt keine Probleme in Eurem Leben, die nicht in einem Win-Win Szenario gelöst werden können. Ihr könnt eine Wirklichkeit erschaffen, die Ihr für unmöglich gehalten habt - und Ihr könnt aus einer Situation herauskommen, die Ihr für unmöglich, schwarz und trostlos befindet. Es gibt wahre interdimensionale Lösungen, die Ihr Euch nicht vorstellen könnt, von denen aber Euer spirituelles Wesen weiß. Es liegt an Euch, ob Ihr sie empfangen wollt oder ob Ihr weiter der alten Aufstellung folgen wollt - dem alten Vertrag, der Euch die Anwendung, Nutzung und den Gebrauch Eurer neuen interdimensionalen Aspekte nicht erlaubte. Was soll für Euch gelten? Es liegt wahrhaftig an Euch, was geschieht.

Wir wollen von dem wahren interdimensionalen Menschenwesen sprechen. Wir werden Euch ein Beispiel und eine Visualisationsübung geben, um diesen Unterricht zu eröffnen: Lasst uns annehmen, jemand würde Dir ein Blatt Papier geben. Auf diesem Blatt ist der äußere Umriss eines Menschen gezeichnet - und dieses Blatt wird Dir gemeinsam mit Buntstiften und der Aufforderung überreicht: *„Fang an und zeichne Dich selber bunt.“* Was wirst Du mit der Zeichnung machen? Stell Dir vor, wie Du beginnst sie bunt zu malen. Welche Farbe ist die Deine? Wo beginnst Du zu malen... und jetzt verraten wir Euch, dass es hier gar nicht um die Farben geht und es ganz und gar nichts mit Farben zu tun hat. *(Lachen)*. Das war nur ein Trick. Wir gaben Euch diese visuelle Übung, weil wir Euer Bewusstsein prüfen wollten. Habt Ihr innerhalb des Umrisses, der Linien, gemalt oder nicht? *(Lachen)*

Für diejenigen, die über die Linien hinausgemalt haben: Ihr habt verstanden, um was es geht. Vielleicht habt Ihr das ganze Blatt mit Farbe ausgemalt und gefüllt! Wenn Ihr das getan habt, dann habt Ihr doch noch immer erst die Hälfte dessen, wie Ihr „ausseht", richtig. Denn die Seite ist nicht groß genug, um das, was Ihr seid, ganz aufzunehmen! Es ist das Paradigma der alten Energie, welches Euch dazu veranlasst, die Zeichnung ganz sorgfältig und strichgenau sauber innerhalb der Linien auszumalen. Ihr meint instinktiv, dass das Menschenwesen als das Wesen in Eurer „Haut" definiert sei. Nun gut, so ist es nicht und so ist es niemals gewesen. Die Menschen, welche die Farben „sehen" können, werden Euch das bestätigen, denn sie sehen Euch nicht begrenzt „innerhalb der Linie", sondern sie sehen vielmehr die Euch umgebenden Farben. Viele Energiearbeiter sind fähig, Euch aus der Entfernung zu spüren. Was geschieht hier?

Wir sagten Euch bereits zuvor, dass sich Euer Energiefeld, je höher Ihr schwingt, immer weiter ausdehnt. Wir sagten Euch, dass einige von Euch die größte Länge Eurer Merkabah erreichen und wirklich einnehmen können, ausgedehnt auf 9 Meter. Wusstet Ihr das? Was sagt Ihr nun zum Über-die-Linien-hinaus-Malen? Geliebtes Menschenwesen, es ist an der Zeit, Dich selber in dieser Art zu sehen - täglich. Du bist in deinem Energiefeld sehr viel größer, als Du zu sein meinst.

Ich will Euch eine Testfrage stellen. Wisst Ihr, wer das, ohne es wirklich zu sehen, fühlen kann? Das Indigo Kind, die Indigo Kinder können das! Sie können Ungleichgewicht sensitiv wahrnehmen. Bestimmte Arten von Indigos sind darin besser als andere, aber es sind die interdimensionalen Indigos, die es zutiefst fühlend wahrnehmen. Eigentlich sind sie „intergalaktische" Indigos, aber Ihr nanntet sie interdimensional. Diese Indigos haben ihre Antennen aufgestellt und sehen Euch kommen! Probiert es aus.

Geht in einen Raum, in dem sich ein kleines Kind befindet - vielleicht an einem öffentlichen Platz. Sagt nichts und verursacht auch kein Geräusch. Dann „ruft“ dieses Kind intuitiv im Geiste. Lächelt und schaut in seine Richtung. Ohne abgelenkt zu sein, wird das Kind sich sehr oft umdrehen und nachsehen, von wo die Energie herkommt! Es möchte herausfinden, von woher das „Licht“ kommt.

Lichtarbeiter, ich fordere Euch auf, dies mit einem Indigo auszuprobieren und den Beweis dessen, was wir sagen, zu erleben. Das Kind weiß auf einigen Ebenen, wer den Raum betreten hat, und auf einigen Ebenen ist ein Bewusstsein, welches weit über das, was Ihr als die fünf Sinne bezeichnetet, hinausgeht. Und wenn es geschieht, dann habt Ihr zu fragen: „Warum sollte sich das Kind umdrehen und Euch ansehen?“ Dies ist Wirklichkeit, es ist ganz real! Der Grund dafür liegt darin, dass der Lichtarbeiter mit seiner interdimensionalen Energie viel größer ist, als Ihr meinen mögt.

Wir haben bisher nur einmal kurz über das Malen-über-die-vorgezeichneten-Linien-hinaus gesprochen. Nun ist es an der Zeit, dass Ihr versteht, was Ihr bezüglich dieser Interdimensionalität tun könnt. In vorausgegangenen Channelings haben wir Euch Informationen gegeben, welche besagen: „Ihr leuchtet, wenn Ihr einen Raum betretet“. Wir haben Euch die Integrität dessen erklärt, sodass Ihr Euch wohl fühlen könnt mit dieser Tatsache, dass Ihr Eure Energie nicht unangemessen auf irgendjemand anderen ausrichtet. Statt dessen tretet Ihr ruhig mit den vier Aspekten der Liebe ein. Ihr seid ruhig, ohne Agenda, und Ihr seid nicht von Stolz aufgeblasen. Ihr seid nur da, um dort anwesend zu sein, zu einem bestimmten Platz hingezogen, einzig um Euer Licht für ein oder zwei Momente leuchten zu lassen. In diesem Prozess ermöglicht Ihr den Euch umgebenden Menschen, ihren eigenen Weg klarer zu sehen. Dies ist keine missionarische Energiearbeit. Dies ist ermächtigende Energiearbeit, Energiearbeit, die Fähigkeiten freisetzt. Denjenigen im Raum mag vielleicht gar nicht einmal bewusst sein, wer unter ihnen ist, aber auf irgendeiner Ebene werden sie sich Eures Lichtes bewusst sein.

Möglicherweise wurden Entscheidungen getroffen und Wege änderten sich, weil Euer Licht ihnen eine klarere Sicht ermöglichte. Bekommt

Ihr eine Ahnung von dem, was wir hier sagen? Vielleicht erklärt Euch das, warum Ihr in diesem Job, an diesem Arbeitsplatz „festhängt"! Was ist mit den Euch umgebenden Menschen? Möglicherweise hängt Ihr ja gar nicht fest? Was ist, wenn Ihr ein Botschafter des Lichtes seid? Möglicherweise ist das ein Teil des Puzzles, *woran Ihr nicht gedacht habt.* Möglicherweise werdet Ihr an diesen „schrecklichen" Ort gezogen, weil es genau der Platz ist, an den Ihr hingehört - um Licht an einem Platz/Ort zu halten, der es braucht. Möglicherweise ist es an der Zeit für Dich, Botschafter, Dich umzuschauen und anzufangen zu sehen, wo Dein Licht verankert wird. Ist es an einem Platz/Ort, von dem Du wahrnimmst, dass er überhaupt keine gute Energie hat? Hast Du jemals Deine Großartigkeit in Betracht gezogen? Engel in der Verkleidung des Menschenwesens, Du bist großartig! Wie viele Male haben wir Dir mitzuteilen, dass die Engel hier sind, um Deinen Weg zu ehren? Wie viele Male haben wir Dir, für Dich unsichtbar, nahe zu sitzen und Dich so stark zu lieben, dass Du „etwas Seltsames *(vielleicht Unheimliches)* im Raum fühlst"? Wie viele Male haben wir Dir das 11:11-"Hohe Zeichen" zu geben, bevor Du verstehst, dass wir Dir nahe sind?

Ich möchte Euch Informationen über drei Attribute geben - drei Geschenke, welche interdimensional sind, an die Du nicht wirklich gedacht hast. Wie mein Partner sagte: *„Hier kommen die „Augenverdreher"*! Wir sind wieder soweit, nicht wahr? Denn alle paar Jahre öffnen wir eine Box, deren Inhalt seltsam, merkwürdig und ungewöhnlich klingt, solange, bis Eure Wissenschaft es beweist. Und dann tun wir es wieder. Und so setzt es sich hier in diesem Raum für Euch Zuhörer und Leser fort.

Die Verdichtung von Zeit

Jeder von Euch hat persönlich die Fähigkeit, die Zeit zu verdichten - die Variable, die Ihr bisher stets für unveränderbar gehalten habt. Es ist Euch jetzt zu Eigen, damit zu spielen und wenn Ihr mögt, könnt Ihr es morgen ausprobieren und überprüfen. Ihr Lieben, einige von Euch beginnen den Aufstiegsprozess zu verstehen - den Prozess der Bewegung in höhere Dimensionen. Habt Ihr den Eindruck, als wenn sich die Dinge rascher bewegen, - sie sich schneller vollziehen? Empfinden es manche von Euch so, als wenn sich der Lauf der Zeit beschleunigt, obwohl die Uhren, so wie gewohnt, dasselbe anzeigen? Das liegt daran, weil Ihr anfangt ein Attribut der Zeit sensitiv wahrzunehmen, mit dem Ihr Euer eigenes Leben beeinflussen könnt. Wir bitten Euch sogar, es auszuprobieren!

Manchen von Euch wird es bewusst sein, dass sie Entfernungen in nur einem Bruchteil der früher benötigten Zeit zurücklegen können, und sie fragen sich verwundert, wohin die Zeit gegangen ist! Einige von Euch sind aufgabenorientiert, so geben wir Euch eine Aufforderung: Ihr wisst, wie lange es bis zur Erfüllung bestimmter Aufgaben *(vollständig ausgeführt)* normalerweise braucht. Schaut auf die Uhr, wenn Ihr wann mit solch einer Aufgabe beginnt, und seht dann wieder auf die Uhr, wenn Ihr fertig seid. Manchmal werdet Ihr feststellen, dass Ihr in einer kurzen Zeitdauer viel mehr erledigt habt, als eigentlich menschenmöglich ist! Was ist geschehen? Ihr praktiziert „Zeit-Kompression", Ihr verdichtet die Zeit.

Manche tun das unbewusst bereits seit Jahren. Nun sagen wir Euch, dass Ihr mit Übung in der Lage sein werdet, diese Art von Ereignis für Euch selber einplanen zu können. Denn dies... diese Zeitverdichtung, ist ein persönliches Attribut und eine persönliche Gabe. Und wenn Ihr beginnt die Wirkungsweise zu erkennen, dann wird es einfach sein, Eure Interdimensionalität und das, was es in Respekt für Eure sogenannte „Realität" bedeutet, zu verstehen zu beginnen. Zeit-Kompression - einige von Euch haben es bereits erfahren und einige werden es bald erfahren. Die Einladung steht Euch offen, es aktiv zu üben.

Nun, warum erzählen wir Euch das? Weil viele von Euch bald herausfinden werden, dass es zu viel für Euch zu tun gibt! (Lachen) Erinnert Ihr Euch an die Beschwerden, die Ihr im Laufe der vergangenen Jahren an Spirit richtetet? Vielleicht meintet Ihr, wir hätten Euch nicht gehört? Einige von Euch sagten: *„Ich wünsche dies und jenes zu tun; ich bin aufgehalten, gebremst und gestoppt."* Nun, die neuen Beschwerden werden lauten: *„Lieber Spirit; langsam, langsam, mach langsamer! Es gibt einfach zu viel für mich zu tun - zu viele neue Wege, neue Möglichkeiten - zu viele Geschehnisse. Welche Richtung schlage ich ein?"* Einige von Euch werden der Zeit-Kompression bedürfen.

Innerhalb dieses interdimensionalen Geschenkes ist auch das Versprechen der Zeitverdichtung während des Schlafes enthalten. Das bedeutet Folgendes: Ihr Lieben, eine vier-stündige Schlafperiode bringt Euch die Erholung von acht Stunden Schlafdauer. Versteht Ihr, was ich Euch sage? Es bedeutet, weniger zu schlafen und doch mit viel mehr Energie für den nächsten Tag erfüllt und aufgeladen zu sein als jemals zuvor. Wir laden Euch ein, dies zu praktizieren, denn es ist für Euch, um es anzunehmen. Das alte Paradigma ist gegangen. Wenn Ihr Euch selber sagen hört: *„So und so viele Stunden Schlaf sind für mich lebensnotwendig"*, dann haltet Ihr eine bestimmte Realität fest und legt einen Riegel davor, sodass sie sich nicht verändern kann. Sagt statt dessen lieber: *„Ich werde so viele Stunden schlafen, wie mein Körper braucht"*. Sagt, bevor Ihr Euch abends ins Bett legt: *„Es ist gleich, wie viele Stunden ich schlafe. Wenn ich aufwache, werde ich genauso ausgeruht sein, als wenn ich (in dem alten Paradigma) acht Stunden geschlafen hätte."*

Dann beobachtet, was geschieht - Ihr werdet eine Produktivität und Erholung erleben, wie Ihr sie niemals zuvor erfahren habt! Dieses Geschenk steht Euch zur Verfügung, wenn Ihr es ergreift. Jeder Mensch ist unterschiedlich und in verschiedenerlei Hinsicht auf unterschiedlichen Ebenen anders hinsichtlich seiner Ausbildung und Weisheit und sogar auch hinsichtlich seiner Offenheit für die Umarmungen, die es heute gibt. Manche von Euch möchten noch nicht mit unserer Energie berührt werden und wir wissen das. Einige von Euch beginnen gerade erst zu verstehen, dass Euch Engel und Geistführer umgeben, und wir wissen das. Wir ehren alle Eure Prozesse. Für die anderen, diejenigen, welche die Farben (auf der Bühne) sich verändern sehen und die Energie im Raum fühlend wahrnehmen: Dies liegt daran, weil wir Euch umarmen, falls Ihr es noch nicht bemerkt habt. Einige von Euch fühlten, wie ihre Füße gewaschen wurden, und Ihr könnt Eure Beine anscheinend nicht mehr bewegen. Wenn Ihr es vorher noch nicht gewusst habt: Das ist die Realität dessen, was hier vorgeht.

Die Realität wechseln

Interdimensionale Menschen sind in der Lage, die Realität zu wechseln und sich selber zu heilen. Diese Informationen gaben wir Euch

Mitte 1999. Aber nun befindet Ihr Euch in einer neuen Energie, in der Ihr in der Lage seid, diese Information nicht nur einfach aufzunehmen, sondern auch mit ihr zu arbeiten. Jetzt sagen wir Euch, wie es funktioniert und bereits immer funktioniert hat, und wir können es jetzt in einer Art und Weise erklären, die ein interdimensionaler Mensch verstehen kann. Ihr wollt wissen, was Wunder sind? Sie sind Realitätsverschiebungen, der Wechsel der Realität! Ihr möchtet wissen, wie das funktioniert? Der Mensch wechselt die Realität von Zeit und die Zellen antworten, sie reagieren darauf!

Seid Ihr für Heilung hierher gekommen und sitzt Ihr dafür jetzt auf Euren Stühlen? Wir werden untersuchen, wie das Heilen geht. Dieser Realitätswechsel hat geübt zu werden, aber der interdimensionale Mensch wird wissen wie. Vor einem Moment baten wir Euch *(zu den Zuhörern sprechend)* etwas zu tun - wir baten Euch, Euch in die Zukunft zu versetzen, in der die Leser von etwas, das erst noch niedergeschrieben und herausgegeben zu werden hat, in derselben Energie sind, wie Ihr es seid. Könnt Ihr das? Könnt Ihr die Familie wahrnehmen, die ihre Augen auf diese Seite gerichtet hat? Wenn Ihr dazu fähig seid, dann könnt Ihr genauso auch in die andere Richtung vorgehen. Wir möchten, dass Ihr an einer Wirklichkeit teilnehmt, die genauso solide ist wie die, in der Ihr meint jetzt auf Euren Stühlen zu sitzen. Ihr schaut eigentlich in eine multiple Realität wie in die Regalfächer in einem Schrank. Diesen Schrank tragt Ihr mit Euch herum und Ihr entscheidet jeweils , in welcher Realität Ihr heute sitzen wollt. Lasst mich Euch sagen, dass es in diesem Schrank vielfältige Realitäten gibt. Und da mag es die eine geben, in der Ihr gerne sein wollt, an die Ihr aber noch gar nicht gedacht habt - die eine, die wir Euch jetzt vorführen werden. Befreit Euch von der Vorstellung, dass der „Realitätenschrank" nur ein einziges Regal hat! Ich bitte Euch, Euch selber an einen Ort/Platz oder in die Realität einer Energie zu versetzen, die Euch krank machte *(oder in Angst versetzte)*. Geht weiter zurück in eine Zeit, bevor dieses Ereignis geschah. Wir möchten Euch zurückbringen in eine Zeit Eures Lebens, in der Euer Leben fried- und freudvoll war. *„Kryon"*, mögt Ihr sagen, *„Du bittest uns, dass wir uns erinnern sollen?"* NEIN. Ich bitte Euch etwas zu re-konstruieren *(es wieder zu erschaffen)*, was Euch gehört, etwas, was Ihr in der Vergangenheit Eure Realität, Eure Wirklichkeit nanntet. Ich bitte Euch, es wieder in Eurer Schwingung hochkommen, - hervorkommen zu lassen und es zu *fühlen.*

„Kryon, Du bittest uns also, dass wir uns in der Realität hin- und herbewegen?“ Ja, das tue ich. Wir haben bereits festgestellt, dass die Zeit variabel ist und dass die Realität nur das ist, wozu Ihr sie macht. Sie steht nicht fest und ist nicht für ein Leben lang fest aufgestellt und eingerichtet. Sie ist nichts, das nicht kontrollierbar wäre. Könnt Ihr diese freudvolle Realität aus Eurer Vergangenheit zurückholen? Wenn ja, dann stehen jetzt zwei Realitäten vor Euch: eine - die eine, mit der Ihr hierher gekommen seid, in der Ihr in Sorgen verstrickt seid und/oder Euch für krank haltet. Eine andere - die eine andere, die Ihr als Eure Vergangenheit bezeichnet, in der Ihr jugendlich und gesund seid oder unbelastet von Sorgen.

Begib Dich selber in eine Zeit, in der Du heil und voller Frieden warst. Lebe vollständig in diesem Augenblick und mache Dir diese Realität zu Eigen. Nun wird es diejenigen geben, welche sagen: *„Kryon, Du bittest uns, etwas vorzutäuschen?“* Nein, das tue ich nicht, ich bitte Euch vielmehr, visuell und mit allen Empfindungen, die Ihr aufbieten könnt, dorthin zu gehen, zu: - den geliebten Menschen, dem zu Sehenden, Klängen und Geräuschen, zu Ertastendem, Gerüchen, Gefühlen und Wetter. Vielleicht geht Ihr nur für einen Augenblick dorthin, aber wenn Eure Zellen zu verstehen beginnen und wahrnehmen, dass Ihr die Realität Eures Bewusstseins gewechselt habt, werdet Ihr anfangen zu verstehen, warum spirituell ausgerichtete Menschen länger leben können.

Diese Fähigkeit hattet Ihr schon immer. Das ist ein Wunder! So funktioniert tief greifende Heilung. Ihr erfahrt keine Heilung im Körper durch die Hoffnung darauf, dass das Leid verschwindet. Ihr heilt den Körper nicht, indem Ihr betet und etwas Übles oder Bösartiges bittet, Euch zu verlassen. Ihr heilt den Körper, indem Ihr ihn zu einer Zeit bringt, als er klar und perfekt war - möglicherweise zum Zeitpunkt der Geburt! Das ist ein Wechsel von Realität und die Zellen werden willentlich dorthin gehen, wo die Göttlichkeit sie zu sein hinbittet! War Euch das bekannt? Aber für diese Arbeit ist es absolut erforderlich, dass Ihr es auch zu spürten habt.

Ich gebe Euch hier Informationen, die für viele von Euch noch Jahre von der Erfüllung entfernt sind und doch ist es bereits für einige Zuhörer und Leser sehr real. Es wird diejenigen geben, die dies heute ergreifen, und sie werden diesen Raum anders verlassen, als sie ihn betreten haben. Und da sind jene kostbaren Wesen, deren Augen dies lesen, die langsam zu verstehen beginnen, warum sie dieses Buch ergriffen haben. Ich weiß es, weil ich die Heilungen und die Farben sehe. Erinnert Euch, Spirit sieht das Potenzial!

Jung werden

Das dritte Attribut ist damit verbunden und wir werden es *Jung werden* nennen. Könnt Ihr Euren Alterungsprozess verlangsamen? Ja! Ihr könnt es sowohl magnetisch als auch chemisch, energetisch und interdimensional. Lasst uns über die interdimensionale Weise sprechen. Geliebtes Menschenwesen, Ihr könnt es, während Ihr auf dem Stuhl sitzt, tun. Ich werde Euch etwas geben, an das Ihr nicht gedacht habt, und es mag verwirrend sein, denn es hat mit der Relativität von Wirklichkeit zu tun. Der interdimensionale Teil von DIR nimmt an Geschwindigkeit zu. Der chemische Teil von Dir, welcher die Uhr in sich hat, scheint unverändert gleich zu bleiben. Aber wenn Ihr die beiden zusammenfügt (spirituellen Geist und Biologie miteinander verschmelzt), ergibt sich ein interessanter Prozess: Das interdimensionale ICH erhöht seine Geschwindigkeit und es bringt den chemischen Teil von DIR dazu, langsamer werdend zu erscheinen.

Denkt in dieser Art darüber nach. Welches ist Dein wirkliches ICH? Viele würden sagen, dass es da keinen Unterschied gibt, aber es gibt ihn! Das interdimensionale ICH kann schneller leben, mehr Energie haben und weniger schlafen. Dies ist in etwa so, als würde Zeit zwischen dem Ticken der Uhr erschaffen werden - Zeit, in der Du aktiv lebst, während die Biologie immer noch in der alten Gangart voranzuckelt. Warum denkst du, dass Du Zeit verdichten kannst? Es liegt ganz genau in diesem Relativitätsprinzip.

Ihr seid mit dem Verstehen dieser interdimensionalen Relativität in der Lage, den Alterungsprozess nahezu bis zu einem Kriechgang zu verlangsamen. Engel, Du hast die Fähigkeit, die Realität Deines Lebens selbst in der Alterung Deiner Zellen zu verändern! Wir sagen noch einmal, dass dafür eine Kommunikation zwischen Deinem spirituellen SELBST und dem physisch zellularen SELBST zu sein hat. Sie haben beide zu einem spirituellen SELBST zu verschmelzen. Dies erzeugt *(erschafft/kreiert)* diese Relativität von Realität und jede Zelle Deines Körpers hat darin mit einbezogen zu werden.

Dies ist keine Magie. Es gibt chemische Zusammenhänge in Eurem Körper, welche Eure Lebensdauer und die Geschwindigkeit Eures Stoffwechsels regulieren. Ihr sendet Signale an diese chemischen Vorgänge, sich zu verändern, und daher werden die Zellen eine neue, langsamere innere Uhr annehmen. Also erwartet dann nicht, dass Ihr Euch noch genauso wie vorher fühlt! Macht es nicht, wenn Ihr nicht bereit dafür seid, Euch anders zu fühlen, als Ihr es vom größten Teil Eures Lebens gewöhnt seid. Dies ist sehr real und es bedarf Eurer Absicht, Eurer Übung, Eures Verstehens, Eurer Weisheit und Eurer Erlaubnis.

Praktiziert und übt es. Es wird für einige von Euch eine Weile brauchen, aber manche von Euch werden auch anfangen es zu fühlen - weniger Schlaf und mehr Energie und sie fühlen sich jünger. Einige von Euch werden es selbst im Spiegel zu sehen beginnen können. Und dann, Ihr Lieben, wenn einige von Euch es sogar in 4D zu sehen beginnen, werdet Ihr vielleicht auch die anderen fremdartigen Teile ergreifen *(begreifen)*, die wir Euch ebenso gegeben haben.

Noch einmal zusammengefasst: Die Körperverschmelzung wirkt in einer wunderbaren Weise, wenn das interdimensionale Menschenwesen schneller zu schwingen beginnt. Zeit ist transzendent und die Zellen scheinen weniger zu altern. Vielleicht werdet Ihr jetzt verstehen, warum bei einigen der dokumentierten Todesfälle von Schamanen sich deren Körperzellen nicht des Todes von dem Ganzen bewusst waren! Sie lebten weiter und hauchten ganz langsam ihr Leben aus, lange nach der normalen physischen Verwesungsdauer. Das ist exakt der Prozess, von dem wir gesprochen haben. Interdimensional zu werden tendiert zur Veränderung der offensichtlichen Körperuhr und des zellularen Bewusstseins von einem alten 4D Paradigma. Den Beweis hierfür habt Ihr überall um Euch herum.

Mit spirituellem Wissen und der Erhöhung der Schwingung kommt ein Überblick. Mit einem Überblick einhergehend kommt Weisheit. Mit

Weisheit kommt Freude. Gesegnet ist das Menschenwesen, welches versteht, dass das Wandeln auf der Erde eine freudvolle Erfahrung sein kann. Gesegnet ist das Menschenwesen, welches versteht, dass es selbst während einer Prüfung lächeln und die Hände der es umgebenden Geistführer und Familienmitglieder halten kann und weiß, dass es unermesslich tief geliebt ist. Ganz gleich durch welche Prüfung sie auch immer gerade gehen mögen, so können sie doch immer ein Element von Freude bei sich haben. Meinst Du, in Schwierigkeiten zu stecken? Wir wissen, wer hier ist! Wir wissen, wer hier dieses Buch liest! Wir fordern Euch auf, inmitten dessen Freude zu empfinden. Sie ist der Katalysator für Heilung und Eure Zellen werden es wissen und spüren. Was meint Ihr, warum ein herzliches, tief empfundenes Lachen von den Zehen bis zur Scheitelspitze gespürt wird? Es ist die Freude! Sie ist der große Heiler. Freude ist auch voller Mitgefühl.

Ihr Lieben, ich hoffe, dass Ihr all dies begreift. Wir haben Euch einiges der Geheimnisse für Langlebigkeit und vom Geheimnis der Heilung der tiefstgreifenden Krankheiten, die Euren Körper heimsuchen können, gegeben. Es mögen sich einige physische Vorgänge umkehren, die seit Jahren gestört und aus dem Gleichgewicht geraten sind. Wie würde es Euch gefallen, frei davon zu werden? Ihr *könnt* es sein. Ihr könnt diesen Ort anders verlassen, als Ihr ihn betreten habt. Ihr könnt Euch von Eurem Leseplatz anders erheben, als Ihr wart, als Ihr Euch zum Lesen niedergesetzt habt. Ihr könnt den Beginn eines zellularen Verstehens des gesamten Konzeptes dessen, interdimensional zu werden, haben. Es ist in dem Engel-Körper, welcher vor mir sitzt oder diese Worte auf dieser Seite liest, angemessen. Deine Zellen wissen davon!

Interdimensional: Geschäfte betreiben - Wirtschaft

Nun möchte ich die Richtung ändern und über etwas ganz anderes sprechen. Einige werden fragen: *„Von woher stammt das denn?“* Ich möchte über die Wirtschaft und das Betreiben von Geschäften sprechen! Interdimensionales Menschenwesen, denkst Du nicht auch, dass Gott weiß, in welcher Kultur und Gesellschaft Du Dich befindest? Was ist mit dem Geld? Es ist schon als böse, verführerisch und die Wurzel des Übels bezeichnet worden. Dabei ist es einfach nur Energie. Energiearbeiter, weißt

Du, wie Du Energie bewegst? Dann wirst du wissen, wie Fülle zu erzeugen ist. Das ist alles, doch Ihr messt dem Geld dort Wert bei *(bringt dort Gewicht hinein)*, wo Ihr es schwer zu bekommen scheint. Zusätzlich weist ihr ihm eine Eigenschaft zu, die mit Angst und Furcht verbunden ist! Ihr sagt: *„Da gibt es nur so und so viel Geld, also werde ich, wenn der andere das und das bekommt, diesen Anteil verlieren."* In Wirklichkeit stellt Ihr Euch damit gemäß den Regeln, die Ihr selber erstellt habt, als Verlierer auf. Noch einmal, Euer Bewusstsein schiebt dem, was Ihr sonst haben könntet, einen Riegel vor.

Versteht Folgendes: Eure Einstellung und Euer Gefühl für Fülle im Geschäftsleben entspricht dem, wie der Wettbewerb auf Eurem Planeten funktioniert - Gewinn und Verlust - manche gewinnen und manche verlieren. Es ist ein altes Paradigma und hat nichts mit Eurem interdimensionalen Leben zu tun und es repräsentiert nicht die Art und Weise, wie die Dinge interdimensional funktionieren. Nein. Euer Leben ist weit davon entfernt und so ist es auch die Geschäftswelt. Ich möchte über die Geschäfts- und Wirtschaftswelt und die finanziellen Herausforderungen für einige von Euch sprechen. Zuerst, Ihr glaubt nicht, dass Spirit sich damit auskennt, nicht wahr? Spirit ist ein Geschäftspartner-Meister und weiß, wie alles wirkt und funktioniert! (Lachen) Aber wir wissen auch, dass Ihr das nicht so recht glaubt.

Vielleicht bist du eine gute Geschäftsperson. Du magst Spirit nicht in Geldangelegenheiten aufsuchen, weil Du meinst, dass Gott für die spirituellen Dinge zuständig ist und dies sei das Wirtschaftsleben ja doch nicht! Ich habe Neuigkeiten für Dich - die besten Geschäftsleute der Welt sind diejenigen auf der anderen Seite des Schleiers, die Euch am nächsten sind, genannt Geistführer! Sie verstehen mehr von Deinen Geschäften, als es Dir je möglich sein wird. Sie sind Experten - jeder Einzelne von ihnen! Denn wisst, dort ist die Quelle und von daher kommt die Synchronizität. Warum solltet Ihr das wirtschaftliche Leben von der Energie trennen? Warum solltet Ihr die Geschäftswelt von der Spiritualität trennen?

Ihr mögt sagen: *„Kryon, Du und all jene auf der anderen Seite des Schleiers verstehen nichts von Konkurrenz und Wettbewerb. Menschen kon-*

kurrieren um denselben Platz - sogar mit anderen Lichtarbeitern." (Lachen) *„Wer wird gewinnen?*", mögt Ihr fragen.

Interdimensionales Menschenwesen, Du bist in einem Kreis, in dem alle gewinnen! Lasst mich Euch eine Aufforderung geben: In Eurer gegenwärtigen Geschäftswirklichkeit seid Ihr in einer sehr schmalen, kleinen Box *(einem eng gezeichneten Feld)*. Es ist eine von „kleinem" Denken, indem Ihr meint, wenn Ihr bestimmte Kunden hereinbringt, wird sie jemand anders verlieren oder, was der Himmel verhüten möge: andere würden Kunden bekommen und Ihr würdet verlieren! Ist es nicht so?

Hier folgt nun, wie interdimensionales Geschäftsleben wirkt: Es wird mit Visualisierung in einer ganz speziellen Art betrieben. Es hängt sowohl mit dem Unsichtbaren zusammen als auch mit der Tatsache, dass die lineare Zeit nicht der bedeutende Faktor ist. Oh, und habe ich erwähnt, dass es funktioniert? Und habe ich erwähnt, dass es Mitgefühl braucht?

Stelle Dir zuerst Deine Mitbewerber vor. Du weißt, wer sie sind. Visualisiere sie mit mehr Kunden, als sie je bewältigen könnten. Denke an den einen Mitstreiter, der Dir die härteste Zeit in der Geschäftswelt bereitet, und mach ihn reich, voller Fülle in Deiner Visualisation. Das ist die Prüfung. Erzeuge in Deinen Gedanken Mitgefühl für sie (ihn), wie sie sich mit all dem Betrieb fühlen werden!

„Kryon, jetzt wissen wir aber ganz genau, dass Du nichts vom Geschäftsleben verstehst!" Manche werden ausrufen, wenn sie dies hören: *„Das ist verrücktes Gerede!*" Aber, liebes, interdimensionales Menschenwesen, wenn du das zu vollbringen vermagst, werde ich Dir sagen, was Dir geschehen wird und auf Dich zukommt: Doppelt so viel Fülle. Lege die Angst ab und fülle die Taschen Deiner Mitbewerber in deiner Visualisierung und dann siehe Dich selber ebenso in der Fülle und fühle die gleiche Freude, wie sie sich freuen. Siehe Euch beide erfolgreich. Und dann beobachtet, was in Eurem Leben geschieht. Ihr meint, wir wissen nichts von der Dynamik des Wirtschaftslebens? Versucht es. Denn seht, wir schauen auf eine interdimensionale Situation, wo die Spiele mit einem Win-Win enden *(ausgehen)*. In der Fülle gibt es keine Begrenzung. Sie kommt aus so vielen Quellen, von

denen Ihr gar nichts wusstet!

Wenn Ihr einen Raum voller Menschen habt, die Heilung brauchen, gibt es da die Furcht, dass nicht genug für alle da sein wird? Nein! Es gibt keine Frage bezüglich der Fülle der Geschenke von Spirit, dem allbeseelenden Geist. Warum gibt es dann ein Problem im Wirtschafts- oder Geldbereich? Es ist (doch) von der gleichen Quelle!

Wir sprechen jetzt von Geld. Wir sprechen jetzt von Gesundheit. Wir sprechen jetzt von Freude. Wir sprechen von Frieden in Situationen, in denen es unmöglich ist, Frieden zu haben. Hörst Du zu? Ich weiß, wer Du bist, und dies ist an Dich gerichtet. Interdimensionales Menschenwesen, dies gilt es anzunehmen. Du kannst Realität verändern. Die Übung ist leicht. Bringe Dich selber zu einem Platz vor dem, wo Du jetzt bist. Wenn Du jemals an einem Ort der Fülle, an einem reichen Platz warst, dann bring Deine Realität dorthin und versetz Dich selber in das Gefühl (dieser Zeitqualität).

Ihr hättet nicht gedacht, dass wir jemals über geschäftliche Dinge sprechen würden, nicht wahr? Doch es ist ebenso heilig wie alles andere, was Ihr in Eurer Kultur und in Eurem Leben macht. Ihr könnt Menschen in der Art, wie Ihr Eure Geschäfte ausführt, ehren und Ihr könnt Reichtum und Fülle für Euch und Eure Familie ko-kreieren. Aber viele von Euch haben es von jeglicher Spiritualität isoliert.

Und wenn wir gerade von dieser Art Voreingenommenheit sprechen: Es gibt Wirtschaftsbereiche auf diesem Planeten und in Eurer Kultur, die Ihr niemals mit Integrität und Spiritualität in Verbindung bringen würdet. Ihr meint, es sei ein Entweder-Oder und seht sie nicht als Partner. Ich werde Euch das Beispiel von einem Berufszweig nennen, den Ihr nicht mit Spirit assoziieren würdet: Eure Juristen! Die meisten von Euch haben diese Tätigkeit niemals mit irgendetwas Spirituellem in Verbindung gebracht. Aber hierbei geht es doch um Ausgleich, Gerechtigkeit und korrektes Denken. Oft geht es auch um die Ethik und es erfordert große Weisheit.

Ich möchte Euch sagen, dass dieser Beruf nicht anders ist als jedweder andere Beruf, als jedwede andere Geschäftstätigkeit. Es ist an der

Zeit, dass die Berufsausübenden diese Worte hören, und einige von ihnen sind hier (die Rede ist von den Zuhörern in Clearwater) und hören diese Worte und das, was ich ausspreche, denn sie sind jetzt damit befasst und üben diese Tätigkeit aus. Ihr könnt Integrität haben und in der Gesetzeswelt arbeiten und dennoch Win-Win Situationen haben, aber es erfordert interdimensionales Denken und das Über-die-Linien-hinaus-Malen. Öffnet Euch und malt über die Linien hinaus. Das Licht wird in allen Berufszweigen und Geschäftstätigkeiten, in denen Absicht ist, Mitgefühl für den Mitbewerber und interdimensionales Denken, gesehen werden.

Interdimensionales Leben auf der Erde

Wir werden Euch jetzt mehr Informationen über eine der höchsten Heilsubstanzen geben, die der Mensch kennt. In den kommenden 12 Jahren *(bis 2012)* werden mehr Heilverfahren ausgehend von „Wasser" auftauchen, als die Menschheit sie jemals zuvor gesehen hat. Wir haben dieses Thema bereits zuvor eröffnet, aber wir haben Euch nur einen kleinen Teil von dem erzählt, was wir Euch mitteilen möchten.

Wenn wir in den vergangenen Jahren von den Live-Essenz-Medizinen sprachen, dann können wir Euch jetzt sagen, dass wir vom Wasser sprachen. Ihr mögt sagen: *„Kryon, Wasser ist nicht lebendig und es war es nie und wird es auch niemals sein."* Ihr Lieben, Ihr mögt das sagen, weil Ihr die Wahrheit nicht kennt. Wasser strotzt vor interdimensionalem Leben. Ich sagte Euch doch, dass es heute einige *Augenroller* geben wird. Die Atmosphäre Eures Planeten selbst enthält interdimensionales Leben - Lebensformen, die in der Luft und im Wasser auf dem Planeten leben, interdimensional sind und die Ihr nicht sehen könnt. Die Wissenschaft ist im Begriff, Anomalien bezüglich genau dieser Dinge zu entdecken. Die Mutigen werden auch anfangen zu erwähnen, dass es dort sehr wohl interdimensionales Leben geben könnte, Phänomene, die sie nicht sehen können, die aber nach ganz genau ihrer Definition von Leben lebendig sein müssen. Wasser.

Hier folgt, was geschieht: Bestimmte Arten der Wasserbehandlung, sowohl natürliche als auch solche mit Magnetismus, Chemie und durch

Beeinflussung der atomaren Struktur, wirken sich auf das darin befindliche interdimensionale Leben aus. Sie verändern daher die eigentlichen Eigenschaften von dem innewohnenden Leben. Wenn es vom Körper des interdimensionalen Menschenwesen aufgenommen wird, dann interagieren diese Lebensattribute in dem Wasser mit dem Wasser in Eurem Körper. Versteht Ihr, was ich sage? Es ist an der Zeit zu verstehen, warum dies stattfindet.

Ihr findet vielleicht, dass die Chemie manches Wasser verbessert, aber lasst Euch sagen, dass hier noch sehr viel mehr vor sich geht, als Ihr sehen könnt. Heute wurde bereits schon einmal *(während des Seminars von Dr. Todd Ovokaitys)* das Wort *Holografie* erwähnt, aber es ist auch noch weit darüber hinausgehend. Wenn Ihr Wasser magnetisch behandelt, verändert Ihr tatsächlich das Leben darin. Dies verändert wiederum die Reaktionen Eures Körpers auf das Wasser. Ihr greift eigentlich in die Interdimensionalität einer bestimmten Art von Leben ein *(berührt sie)*, die im Wasser existiert.

Nun, ordnet dies nicht in irgendein bestehendes Schubfach ein. Malt über die Linien hinaus und versteht, dass das interdimensionale Leben nicht so wie Euer Leben ist. Es ist interdimensional und wisst Ihr, warum es dort vorhanden ist? Es ist für *Euch*. Geradeso wie der Erdboden selbst ist es dort, um der Menschheit bei der Balance zu helfen, wenn der Mensch ihm Anerkennung schenkt. Es ist so, dass das Wasser auf dem Planeten ein Heilungsfaktor *(-attribut)* werden wird. An drei Plätzen auf der Erde, die Ihr bereits entdeckt habt, kommt Wasser aus der Erde, welches einige Eigenschaften des interdimensionalen Lebens enthält. Darum hat es kraftvolle Heilwirkungen für den menschlichen Körper. Ja, da gibt es wirklich einen Jungbrunnen. Vielleicht wurde ihm zuviel zugeschrieben, aber es gibt Wasser, welches den Alterungsprozess verlangsamt. Es wirkt in dieser Weise direkt aus dem Grund *(Boden)* heraus, aufgrund des Magnetismus der Bodenfläche in dem Gebiet, durch das es seinen Weg nimmt, um schließlich an der Erdoberfläche hervorzusprudeln.

Da gibt es interdimensionales Leben im Wasser, welches Hand in Hand mit dem interdimensionalen Zellenleben Eurer DNS einhergeht. Es wird ureigentlich einiges von den Imprints *(Prägungen)* verändern, einiges von der Instruktionsaufstellung und einige der Wirkungsweisen, wie Euer Körper funktioniert. Und wieder spreche ich von Eurer inneren Uhr. Dies hier ist erst der Anfang einer Erklärung, die wir erst jetzt für Euch darzulegen beginnen - Dinge, die wir Euch in 1999 oder noch früher nicht mitteilen konnten, weil die Schwingung Eurer Akzeptanz noch nicht ausreichend hoch genug dafür war. Denn es gibt einige in diesem Raum, die das, was gesagt wurde, vollständig verstanden haben. Es existiert für Euch, direkt vor Eurer Nase, um den menschlichen Körper zu heilen und zu vervollkommnen. Aus diesem Grund ist es schon immer dort gewesen. Diejenigen von Euch, welche verstanden haben und das interdimensionale Leben in der Natur, in den Bergen, Felsen und Steinen und in den Pflanzen spürten, haben diese Lebensformen wahrgenommen.

„Kryon, meinst Du richtige, reale Lebensformen?“ Ja. *„Meinst Du Leben, welches sich fortpflanzt und Leben in einem interdimensionalen Raum im Wasser und in der Luft?“* Ja. *„Warum haben wir es dann nicht gesehen?“* Weil Ihr nicht willentlich danach Ausschau gehalten habt! Wer könnte in Euren Biowissenschaften Finanzierungen für eine Studie über interdimensionales Leben bekommen? Dieser Bereich ist ein noch völlig unerschlossenes Gebiet der Forschung und Eure Wissenschaft hat auch noch gar keinen Ansatz dafür, selbst die Möglichkeit zu untersuchen.

Hier kommt etwas, was Ihr, wie auch immer, wissen solltet. Wie wir Euch bereits vor einiger Zeit mitgeteilt haben, hat *(wirft)* dieses Leben *Schatten*, die in der Atmosphäre zu sehen sind. Mit anderen Worten, Teile dessen können als Ergebnis der Existenz gesehen werden, aber Ihr könnt sie nicht wirklich betrachten. Dasselbe gilt für das Wasser, aber es wird noch sehr viel schwerer zu sehen sein, weil Wasser ziemlich gleichförmig ist.

In der Zusammenfassung: Wir sprechen hier von einem brandneuen Thema - interdimensionales Leben auf der Erde sowohl im Wasser als auch in der Luft. Und bezüglich des Wassers: Eure magnetische Behandlung von Wasser verändert die Charakteristik des darin enthaltenen Lebens, dabei trägt es eine unsichtbare Heilenergie in den Körper. Da Euer Körper zum größten Teil aus Wasser besteht, vermischt sich das behandelte Wasser mit dem unmittelbaren Lebensfluss und gibt so auf der Zellebene eine Heilung durch lebendige Essenzen an den Körper weiter.

Und Ihr dachtet, es käme nicht Neues!

Bevor wir schließen, werde ich Euch noch eine weitere Visualisierung geben. Dabei geht es nicht um Eure Vorstellungskraft *(„so zu tun als ob")*. Dies ist Eure Fähigkeit, eine andere Realität zu visualisieren. Wir sagten Euch in anderen Channelings, dass der Katalysator für erhöhte Schwingung das Mitgefühl ist. Wir sprachen davon, die Gelübde fallen zu lassen, die Ihr in den anderen Lebenszeiten gegeben habt - die Versprechen, die Ihr an Gott gegeben habt. Wir haben Euch Channeling für Channeling dazu eingeladen, sie fallen zu lassen. Es ist jetzt bereits altbekannte Kerninformation, aber es ist nach wie vor wichtig und von Bedeutung und daher erinnern wir Euch noch einmal daran.

So viele von Euch sitzen hier und hören und lesen dies und in Euren vergangenen Lebensausdrücken wart Ihr Schamanen und Nonnen und Mönche. Ihr alle habt bedeutende Gelübde an Gott gegeben. So wie wir bereits zuvor gesagt haben, bleiben diese Versprechen über den Schleier hinweggehend aufrechterhalten. Vielleicht habt Ihr Euch nicht mehr daran erinnert? Vielleicht bist Du der Mensch, der hier alleine sitzt, und Du hast das Gefühl, dass Deine romantischen Herzensbeziehungen niemals wirklich zu funktionieren scheinen. Wusstest Du, dass Du gegenüber Gott ein Gelübde abgegeben hast, dass das so sein soll und eine Beziehung sich nicht richtig ausspielen soll? Es hieß: allein und rein zu sein, sodass Du mit Gott verheiratet sein konntest. Dies sind Zölibatsgelübde, die von Lebenszeit zu Lebenszeit mit durch den Schleier getragen wurden, und wir gaben Euch diese Informationen bereits zuvor. Es gibt unter unseren Lesern auch welche, die ein Armutsgelübde abgegeben haben. Und Ihr wundert Euch, warum Ihr keine Fülle habt? Es ist an der Zeit, all diese Gelübde fallen zu lassen.

Interdimensionales Menschenwesen, Du bist außerhalb aller Dir bekannten Linien. Sie sind verschwunden und so ist es auch mit der alten Denkweise. Es ist an der Zeit, dass Du die neue Energie als die Deine in Anspruch nimmst. Ich will Euch eine Visualisierung geben: Ich möchte, dass Du alle Verwandten um Dich versammelst, jeden einzelnen der je auf der

Erde gelebt hat und an den Du Dich erinnern kannst. Begib Dich selber dort hinein. Sammle selbst den Schwierigsten, an den Du Dich je erinnern kannst, gleichgültig ob er bereits hinübergegangen oder noch im Leben auf der Erde ist. Umrunde dich selber mit ihnen. Während Du das tust, sind sie tatsächlich hier und warten auf einer interdimensionalen Ebene darauf, dass Du es tust.

Wenn du es ebenfalls wünschst, dann erschaffe diese Realität. Mache sie für Dich selber ganz real. Fühle es. Jetzt möchte ich, dass Du ihnen in die Augen schaust und zu den entsprechenden sagst Du: *„Ich vergebe Dir."* Umgib Dich selber mit den Menschen von Deiner Arbeit und tue dasselbe. Schau der Familie in die Augen und entlasse die Bitterkeit, die an den Dingen haftet, die gesagt wurden, oder eine Situation, in der Dir nach Deinem Gefühl Unrecht getan wurde. Ich möchte, dass Du Dich mit der ganzen Familie umgibst und interdimensional wirst!

Lass sich die Dichte von dieser Vergebung über sie alle ausbreiten. Wundere Dich nicht, wenn sie gegenseitig ist, denn dies ist ein Katalysator, eine Beschleunigung dafür geliebt zu werden. Dieser Vorgang ist erforderlich, wenn Du zu Deinem Schritt in Deiner evolutionären Reise vorangehen willst. Wenn du willst, dann nenne es Klärung *(clearing)*, aber es ist in jedem Fall notwendig. Du kannst diese alten Gefühle nicht mit in ein reines Gebiet hineintragen. Nutze Dein Mitgefühl von innerem spirituellen Wissen, um diese Vergebung zu erschaffen. Dann fühle die Freude der Entlassung *(Befreiung)!*

Das für uns Schwierigste ist der Rückzug. Wir kommen nur aus einem einzigen Grund und der ist, das Menschenwesen zu ermächtigen *(zu befähigen, in seine Kraft zu bringen)*. Es gibt kein Programm, keine Agenda in diesem Besuch. So wie mein Partner bereits so viele Male sagte, wir führen keine Namensverzeichnisse, sodass wir Euch später ausfindig machen können! (Lachen). Ich will Euch etwas erzählen, was rückschauend betrachtet komisch ist. Einige von Euch werden mit Energien von hier fortgehen, mit denen Ihr nicht hier hereingekommen seid. Einige von Euch werden sich von dem Platz erheben, an dem Ihr lest, und Ihr werdet Euch anders fühlen. Wenn Ihr interdimensionale Absicht hierfür gebt, dann kann es so sein!

Einige von Euch werden mit Geistführern-in-Geistführern von hier fortgehen. Das ist interdimensional! Versteht, dass ein Geistführer nicht einfach nur ein Engel oder eine Wesenheit mit einem Namen ist, der mit Dir lebt. Wusstest Du, dass ein Teil von DIR in dem *(inmitten des)* Geistführer(s) ist. *„Wie das sein kann?“*, fragst Du vielleicht. Es ist so, weil Du ein interdimensionaler Teil von Gott bist! Wenn du Gott verstehen kannst und die Geheimnisse des Universums, dann wirst Du die Situation der Geistführer verstehen. Versuche nicht eine interdimensionale Energie in ein Schubfach zu sortieren und es dann zu definieren. Feiere stattdessen seine Existenz und in irgendeiner Art und Weise kannst Du sie auch verstehen! Feiere die Tatsache, dass du niemals alleine bist! Feiere das ICH BIN!

Wir sind hierher gekommen und haben zwischen den Stühlen gesessen und haben Euch, Ihr gesegneten Wesen, umarmt. Für wenige Momente wünschten wir, eng vertraut mit der Familie beisammen zu sein, und wir haben Eure erwidernden Umarmungen wahrgenommen. Für wenige Momente wollten wir Dich wissen lassen, dass wir existieren und Dich vielleicht an Deiner Schulter oder an Deinem Nacken berühren und Dir ein Zeichen geben, dass diese Kommunikation mehr ist als allein nur Worte. Sie ist real.

Leser, dies gilt für Euch ebenso wie für die hier Anwesenden. Denkst Du, dass Du dort alleine sitzt und diese Seiten liest? Es gibt ein Gefolge um Dich herum, welches nichts mehr tut, als Dir Freude zu wünschen, dass Du Deine Göttlichkeit ergreifst (in Anspruch nimmst) und damit beginnst, Deine himmlischen Stücke und Teile zu fühlen. Wir wünschen Dir, dass Du in Frieden bist, weil Du es verdienst!

Du bist nicht hierher gekommen, um zu leiden. Du bist hierher gekommen, um die Realität der Freude zu entdecken, die das Menschenwesen umgibt, welches die Wahrheit in den spirituellen Dingen entdeckt. Du bist hierher gekommen, um den Engel mit Deinem Namen zu entdecken... weit außerhalb der Linien lebend!
Und so ist es

Kryon

Kryon

„Das Todesphantom"
und
„Die neuen Kinder sind angekommen"

Jan Tober

Kapitel XIII

Vertiefung der Konzepte

Von Lee Carroll...

Vor ein paar Jahren channelte Kryon einige Informationen, die uns heute - im Jahr 2000 - sichtbar werdend gegenüberstehen. Hier ist das, was er ans Licht brachte:

(1) So merkwürdig es zu der Zeit auch klang, er sprach im Live-Channeling von der „Termination der Schatten". Sie finden diesen Ausdruck im vierten Kapitel von Kryon Lehrbuch Band V *„Briefe von Zuhause"* beschrieben. Hier war die Rede davon, dass einige von uns ureigentlich fühlten und spürten, dass es an der Zeit war, zu gehen. In diesem Prozess begann der ganze Körper einschließlich der Emotionen „zuzumachen" *(eine Art Sendeschluss zu signalisieren).* Dies war durch das verursacht, was Kryon als „das Geheimrezept für die Termination, welches die meisten von uns im Bezug zur Zeitqualität von 1999 und 2000 haben" bezeichnete. Wie Sie wissen, haben wir unsere eigenen Prophezeiungen nicht erfüllt und sind stattdessen hier geblieben. Das ist das Thema dieses gesamten Buches.

(2) Die Indigo Kinder. Sie finden die ersten Informationen über das Phänomen der Indigo Kinder in Lehrbuch Band IV *„Gemeinsam mit Gott"* auf Seite 297. Nach dieser Veröffentlichung gaben Jan Tober und ich im Jahr 1999 das Buch *„Die Indigo Kinder"* heraus.

„Die Indigo-Kinder" wurde unser Bestseller aller bisherigen Zeiten und es war nahezu über ein Jahr (während ich dieses hier vorliegende Buch verfasse) an der Spitze der Bestsellerlisten im metaphysischen Buchhandel. Darüber hinaus erreichte es auch das „Breitstrom-Verlagswesen" und Sie können heute zu den Hauptbuchhandelsketten in nahezu jedem englischsprachigen Land gehen und es in der Abteilung „Erziehung" finden! Jan und ich müssen über die Tatsache lachen, dass uns viele Leser nur von dem Indigo

Buch her kennen und dann erschrocken sind, wenn sie herausfinden, dass wir an der Kryon Arbeit beteiligt sind und seit zehn Jahren ausgedehnte Reisen unternehmen. Einige Teile des hier nachfolgend aufgezeichneten Indigo Interviews zeigen, dass dies eigentlich auch für den Interviewer zutraf, der keine Idee davon hatte, wer Kryon ist.

In diesem nächsten Abschnitt möchten wir Ihnen gerne nähere Informationen über beide Themen vorstellen. Jan Tober, meine spirituelle Partnerin und Mit-Channel/Autorin, durchlebte die direkte und unmittelbare Erfahrung der Schatten-Termination, die jetzt in die Bezeichnung *„Das Todesphantom"* umbenannt wurde - wobei Phantom bedeutet, dass es nicht real ist, es aber in gewisser Hinsicht doch real erscheint.

Ein Wörterbuch definiert das Wort *Phantom* folgendermaßen: „Etwas, das anscheinend gesehen, gehört oder gespürt wurde, aber keine physische Realität hat" 1 Der erste Abschnitt von diesem Kapitel, *„Das Todesphantom"* wurde vor einigen Monaten auf der amerikanischen Kryon Homepage veröffentlicht und die Briefe, die wir daraufhin erhielten, machten deutlich, dass dies vielen dabei geholfen hat, diese Erfahrung zu verstehen. Nur um es kurz auch für den Bericht deutlich zu machen: Es handelt sich hierbei um eine Erfahrung, welche wir uns selber gegeben haben, und nicht um etwas, was Kryon uns gibt.

Jan arbeitete desgleichen sehr konzentriert an dem Aufgabenbereich „Indigo Kinder" und sie präsentierte in den letzten Monaten Seminare und Interviews über dieses Thema. Uns erscheint es als eine gute Idee, in diesem Buch zusätzlich zu den bereits vorhandenen Indigo Informationen ein Interview wiederzugeben, welches unlängst von der Zeitschrift *The Spectrum* mit Jan durchgeführt und von Rick Martin in Las Vegas, Nevada (zwei Monate vor der Veröffentlichung dieses Buches) verfasst wurde. Außerdem mag einigen von Ihnen unser Buch Die Indigo Kinder nicht bekannt sein und so könnte Ihnen dieser Artikel ein besseres Verständnis von dem geben, worüber wir sprechen. (Vergl. auch www.indigochild.com).

- Lee Carroll

1 Auszug aus *The American Heritage ® Dictionary of the English Language, Third Edition.*

„Das Todesphantom"
von Jan Tober

Es ist ein interessanter Prozess im Gange, in den sich viele von uns hineinbewegen. Tobias, Teil der Kryon Gruppe, bezeichnet dieses Clearing als „Das Todesphantom". Es handelt sich hierbei um eine Situation, welche wir erstellten, um das Leben, so wie wir es im physischen Reich kennen, zu beenden. Sie basiert auf alten Informationen - Informationen, die besagen, dass die Einheit von Körper-Geist-Seele (aus welchem Grund auch immer) nicht die Stärke hat, sich in den Aufstieg und die neue Energie hineinzubewegen. Wir sind bezüglich der kommenden 12 Jahre mit Angst programmiert gewesen und - ähnlich wie in Atlantis - hatten wir uns entschieden, ob wir teleportieren, sterben oder hier bleiben; und für viele von uns ist das Teleportieren gegenwärtig nicht verfügbar.

Tobias, für mich Zwillingsflamme und göttliches Komplementär, ging sehr sachlich und bestimmt mit mir durch mein Todesphantom. Tobias ist der Teil von dem Kryon Gefolge, welcher im physischen Körper gewesen ist - dies ist sozusagen seine Spezialität. Während wir uns in die reine Absicht hineinbewegen, um unsere restlichen DNS-Stränge zu aktivieren und zu integrieren, ist es unsere Absicht, das Todeshormon freizusetzen und die Verjüngungshormone, „die Chromosomen der Jugend und Vitalität", zu aktivieren. Wenn dies geschieht, erscheint es vielen so, als würde das Todesphantom ebenfalls „aufgeladen". Ich weiß bisher von vier weiteren Menschen (drei davon sind gute Freunde) und einschließlich meiner selbst, die diese Erfahrung durchlebt haben. Weil es ziemlich herausfordernd sein kann, möchte ich an dieser Stelle gerne einen Teil meiner Erfahrung mit Ihnen teilen.

Ich erkenne, dass ich bereits seit zwei Jahren bewusst um dieses Phantom „herumgetanzt" bin. In diesem Frühling sah ich mit an, wie eine meiner engsten Freundinnen während ihres zweiwöchigen Aufenthaltes auf der Intensivstation unseres örtlichen Krankenhauses drei Herzinfarkte erlitt.

Während dieser Zeit telefonierte ich mit zwei *sehr großen* Gebetsgruppen und meiner eigenen persönlichen Gebetsgruppe von etwa zehn kraftvollen Teilnehmern/Heilern. Wir begannen mit der Fernheilung. Wir sprachen in dieser ersten Woche nicht viel miteinander, sondern waren einfach „in Liebe" ausgerichtet für meine Freundin. In der zweiten Woche verschlimmerten sich die Nachrichten. Eine Lungenentzündung hatte sich eingestellt. Wir hielten weiterhin Wache. Wie auch immer, zurückblickend erkennen wir nun, dass wir energetisch auf Entfernung gehalten wurden.

Aus all unseren praktischen Absichten heraus hatten wir das Gefühl, als würde die Seele meiner Freundin tatsächlich ihre eigenen Optionen von oben nach unten kehren *(wie aus- und umstülpen)*. Wir vertrauten uns gegenseitig an, dass sich dies von allem, was wir zuvor erlebt hatten, unterschied - beinahe so, als ob wir sie verlieren würden. Während wir mit großer Intention die Absicht von „Dein Wille geschehe" hielten, spürten wir ein sinkendes Gefühl. (War dies das Hören der Seele, während sie durch ihre Möglichkeiten ging?). Wir fühlten uns hilflos - es war ein vollständig anderes Gefühl für all diejenigen von uns, bei denen sich infolge reiner Absicht und Gebeten bereits ein Wunder nach dem anderen eingestellt hatte.

Gerade zu der Zeit, als wir meine Freundin emotional losgelassen hatten und wir sie schon zu vermissen begannen, richtete sie sich in ihrem Krankenhausbett auf und sagte: „Das war's. Jetzt geht es mir gut! Ich bleibe!"

Meine eigene Phantom-Erfahrung war für niemanden, außer für mich selbst, so dramatisch. Als ich durch meine eigenen medizinischen Narben ging, fühlte ich plötzlich nicht mehr das Hochgefühl der Gebetsgruppe. Das war für mich völlig anders als mein bisheriges normales Leben. Normalerweise „segele" ich in Leichtigkeit durch alles hindurch und jetzt spürte ich, dass ich den Punkt überschritten hatte, an dem es kein Zurück mehr gab. Für die Dauer von etwa zwei Wochen stellte sich schwere Dunkelheit ein. Das war nicht mein für gewöhnlich überschäumender Optimismus. An dieser Stelle muss ich sagen, dass mich die Unterstützung meiner Freunde und energetischen Seelenbrüder und -schwestern auf meinen Füßen gehalten hat. Als ich an meinem Tiefststand angelangt war, manifestierte ich sogar 450 Menschen, denen bei einem Seminar in Seattle, Washington von einem wohl bekannten und gut angesehenen Redner und Lehrer gesagt wurde, dass ich „entschlafen" *(hinübergegangen)* sei! Jetzt *wusste* ich, dass ich mich inmitten dieses Ereignisses befand. An diesem Punkt war ich in der Lage, zum Ursprung meines Todesphantoms (500 v. Chr.) zu gelangen. Sobald dieser Teil emotional festgestellt und freigesetzt und meine Polarität wiederhergestellt war, wurde das lineare Gehirn wieder aktiviert. Ich erkannte, dass ich für den Großteil der letzten zwei Jahre „außerhalb meines Körpers" gewesen war. Dies war ein schützender und liebevoller Mechanismus von meinem Höheren Selbst, während ich mich darauf vorbereitete, in den Tod und die Auferstehung zu gehen.

Ich hoffe, dass Ihnen die nachstehenden Informationen für Ihr Verstehen und für Ihren liebevoll pflegenden und achtsamen Umgang mit sich selbst helfen werden, wenn Ihnen diese Herausforderung begegnen sollte.

Zusammenfassung:

1. Es kann sein, dass Sie sich sehr einsam, selbst sogar von Spirit getrennt fühlen. Dies scheint der Prozess zu sein.

2. Wenn Sie nicht wissen, was geschieht, dann gehen Sie möglicherweise durch den Prozess des Todesphantoms „hindurch". Sie werden glauben, dass Sie den Übergang namens „Tod" durchschreiten.

3. Finden Sie die Quelle dessen heraus und klären Sie sie von Ihren vergangenen oder Ihrem gegenwärtigen Leben. Suchen Sie Heiler auf, um sich zu erleichtern oder zu entspannen.

4. Seien Sie ganz besonders freundlich und sanft zu sich selber. Jetzt ist nicht die Zeit, um „sich zu puschen". Nehmen Sie sich frei. Nehmen Sie sich eine Auszeit. Dies hier findet zwischen Ihnen und Ihrer Seele statt - und niemand anderem.

5. Seien Sie sich bewusst, dass in dieser neuen Energie im *physischen Körper* mehr erreicht werden kann als in irgendeiner anderen Dimension „auf der anderen Seite".

6. Wiederholen Sie das zuvor Genannte oft. Kreieren Sie ein Mantra, wie zum Beispiel: „Ich entscheide mich für das Leben. Ich liebe mein Leben." Ich machte in dieser Zeit jeden Morgen ausgiebige Spaziergänge und sang positive, liebevolle Mantren.

7. Verkehren Sie mit liebevollen Menschen, die eine ähnliche Seelenenergie haben. Niemand kann Sie hierbei *reparieren/zusammensetzen.* Die Liebe und Vitalität eines geliebten Menschen kann jedoch Ihre eigene Lebenskraft erwecken. Halten Sie Ihre Hände mit geliebten Menschen und Wesen, mit denen Sie sich spirituell verbunden fühlen (physische Berührung ist sehr wichtig).

8. Bringen Sie Ihre Gedanken auf liebevolle Weise wieder zurück zum Licht. Bewahren Sie Ihre reine Absicht dafür, in Liebe hier zu sein. „Täuschen Sie es solange vor, bis Sie es geschafft haben!" Übernehmen Sie bewusst die Kontrolle über Ihren inneren Dialog und denken Sie daran, zu bekräftigen: „ICH WÄHLE DAS LEBEN!"

9. Lassen Sie Ihren Namen auf Listen von Gebetsgruppen hinzufügen. Ich habe die Silent Unity seit nahezu 30 Jahren angerufen (die Silent Unity Prayer erreichen Sie unter 816-969-2000).

10. Seien Sie sich bewusst, dass sich diese Erfahrung anders anfühlen kann. Wir machen sie *(eröffnen sie uns)*, während wir weitergehen.

11. Reinigen Sie Ihren Körper - Epsom Salzbäder, Meditation und sanfte Bewegung (Gehen, Yoga, Tai Chi, etc.) sind sehr wichtig ebenso wie auch die Ausrichtung der Körperpolarität.

12. Seien Sie sich bewusst, dass Sie dies durchstehen können! Wir alle haben es geschafft und wir sind alle hier, um uns gegenseitig zu helfen.

13. Wenn das Todesphantom vollständig ist, wenn sie hindurchgegangen sind, werden Sie sich erinnern, dass Sie durch die „Siebte Stufe der Einweihung" in Atlantis/Ägypten gegangen sind. Es wird eine groß-

artige Zeit zum Feiern sein! Laden Sie Ihre Freunde ein. Bringen Sie Ihr Inneres Kind ein (den Sitz Ihres Emotionalkörpers). Es hat höchstwahrscheinlich schon seit einer ganzen Zeit nicht mehr gelacht.

14. Das Wichtigste jedoch ist, dass Sie durch Gedanken und Worte schneller manifestieren können, als Sie es Ihrem Wissen nach jemals tun konnten. Seien Sie sich also Ihrer Visionen auf einer klareren Ebene bewusst. Bleiben Sie bei all dem, was Sie manifestieren, bewusst. Das Feld ist klar *(geklärt und gereinigt, es ist bereit).*

15. Sagen Sie sich selber täglich:

„Jetzt, in reiner Absicht,

ICH WÄHLE DAS LEBEN!

ICH WÄHLE DIE AUFERSTEHUNG!"

- Jan Tober

„Die neuen Kinder sind angekommen!"

Ein Interview mit Jan Tober
von Rick Martin

Zeitschrift THE SPECTRUM

Interview von Rick Martin [1]

Vor 2000 Jahren sagte der große Meister-Lehrer: „Gesegnet sind die Kinder." Diese Kinder werden die Führer sein, um uns, als eine Welt, zu dem Pfad der Liebe umkehren zu lassen.

Für viele Menschen ist es nicht wirklich etwas Neues, dass bei den Kindern dieser Welt etwas sehr Besonderes vor sich geht. Es geschieht bereits seit geraumer Zeit. Es gibt welche, die sagen, dass die „Vorboten" *(die Vorläufer)* dieses heutigen aktuellen Phänomens schon vor 20 Jahren geboren wurden. Futuristen, wie zum Beispiel Gordon-Michael Scallion, sprechen bereits seit einigen Jahren davon, dass sie auf dem Planeten erscheinen werden, und er bezeichnete sie als die Blauen Kinder. Von Nancy Ann Tappe, welche die Begabung hat, das Aurafeld des menschlichen Körpers zu sehen, werden sie einfach die *Indigos* genannt.

Was bedeutet die Gegenwart dieser „Superkinder"? Was ist ihre Botschaft? Was ist ihre Absicht, ihr Daseinszweck, gerade jetzt hier zu sein? Ist es bloß eine bizarre Idee und Vorstellung oder eine Realität? Was sind die Indigos und was macht sie zum „Indigo"?

Obwohl die Koordination ein paar Monate dauerte, gelang es mir schließlich, mit Jan Tober, der Ko-Autorin des anregenden Buches *Die Indigo-Kinder,* über dieses faszinierende Thema zu sprechen.

1. Teile dieses Artikels wurden gekürzt und überarbeitet. Das Interview wird nicht vollständig abgedruckt. Verwendung mit Erlaubnis von Rick Martin und der Zeitschrift Spectrum. Die Homepage und Adresse von Spectrum finden Sie am Ende des Artikels.

Auch wenn das Buch nur eine Einführung in das Thema ist, sollte es doch für jeden Lehrer und Schulverwalter eine Pflichtlektüre sein. Wenn Sie ein Kind haben, das eine „Nervensäge" ist, wenn Sie ein Kind haben, welches mit Aufmerksamkeitsstörung (ADS) oder Hyperaktivität (ADHD) diagnostiziert wurde, dann sollten Sie dieses Buch unbedingt lesen! Es sollte in jeder Bibliothek des Landes geführt werden!

Es ist offensichtlich, dass wir in eineinhalb Stunden dieses Thema nur oberflächlich behandeln konnten. Doch wenn Sie das Gefühl haben, dass keine Hoffnung für die Welt besteht, dann wird Ihnen dieses Interview ganz bestimmt positiven Auftrieb geben!

Lassen Sie uns nun unmittelbar in meine Diskussion mit Jan Tober, in das Thema dieser wunderbaren, wilden, extrem herausfordernden und oft uns zur Verzweiflung bringenden „alten" Kinder einsteigen.

Martin: Lassen Sie uns mit einer grundlegenden Definition beginnen. Was genau sind die Indigo-Kinder?

Tober: Die Definition, welche wir gemeinsam verwenden, welche für uns wahr klingt, ist: Ein Indigokind ist ein Kind, das eine neue und außergewöhnliche Reihe von psychologischen Attributen sichtbar werden lässt und das ein Verhaltensmuster zeigt, das generell vorher noch nicht dokumentiert wurde.

Martin: Wie sind Sie auf den Ausdruck „Indigo-Kinder" gekommen?

Tober: Der Ausdruck *Indigo Kinder* stammt von der Farbe der Aura rund um diese Kinder herum. Ich habe seit Mitte der Siebzigerjahre eine gute Freundin namens Nancy Ann Tappe. Nancy hat ein Buch mit dem Titel *Understanding Your Life Through Color (Das Leben durch Farbe verstehen)* verfasst. Es wurde 1982 gedruckt. In diesem Buch gibt es zum ersten Mal dokumentierte Informationen zu dem, was sie als die Indigo Kinder bezeichnete.

Martin: Wie sieht sie die Farbe? Wie zuverlässig akkurat ist sie?

Tober: Nancy wurde mit einer Situation konfrontiert, bei der sich zwei ihrer Nervensysteme kreuzen, und dies schafft eine Situation, bei der sie - bildhaft gesprochen - die menschliche Aura sehen kann. Sie ist, wenn Sie so wollen, wie eine Kirlian Kamera und sie sieht elektromagnetische Felder und die Farben und die Schwingungen. Sie ist eine klasse Frau und eine wunderbare Beraterin, Metaphysikerin und Lehrerin.

Schon sehr früh während ihres Doktorstudiums erkannte sie, dass es in Verbindung mit Neugeborenen eine andere Aurafarbe gab. Nancy sagte, dass seit 1980 etwa achtzig Prozent der neugeborenen Kinder Indigos sind. Seit 1995 haben wir einen weitaus höheren Prozentsatz, so hoch, dass wir uns anzusehen haben, was hier geschieht.

Wir sehen eine neue Generation von Meistern auf diesen Planeten kommen und sie wurden die „Sternenkinder", „Blauen Kinder" und durch Nancys Arbeit, von unserer Perspektive aus betrachtet, die „Indigo Kinder" genannt. Sie sind unsere Hoffnung für die Zukunft. Sie sind unsere Hoffnung für die Gegenwart. Und das ist, esoterisch *(aus dem Inneren)* gesprochen, das, was derzeit ganz *real* stattfindet.

Wir versuchen, mit unserem Fokus so pragmatisch wie möglich ausgerichtet zu bleiben, denn wir haben hier viele Eltern, die es mit sehr *alten* Seelen zu tun haben in sehr winzigen Körpern, alten Seelen, die in den meisten Fällen mehr als die Eltern wissen!

Und dann, was können die Eltern dann diesbezüglich tun? Es gibt Metaphysiker/Eltern, die Ideen für Alternativen haben. Aber, wie auch immer, in der Allgemeinbevölkerung weiß ich nicht, an wen bzw. wohin sie sich, abgesehen von unserem und ein paar weiteren Büchern, die erscheinen, wenden können.

Martin: Ich bin mir sicher, dass Ihnen viele sich wiederholende Standardfragen gestellt wurden, und ich bin mir nicht sicher, ob meine

Fragen ebenso Standard sein werden. Eine Frage, die mich richtig neugierig macht, ist die - und ich möchte unmittelbar zu einem der tiefgründigeren Aspekte kommen: Waren Sie aufgrund der Reaktionen, die Sie seit Erscheinen des Buches bekommen haben, überrascht oder überwältigt?

Tober: Ja und nein. Es ist immer etwas überwältigend, wenn man inmitten von etwas steht, das genau in seiner richtigen Zeit kommt.

Martin: Gute Antwort.

Tober: Diese Informationen über die Kinder kamen mir auf intuitive Art Mitte der Siebzigerjahre, etwa zu der Zeit, als ich Nancy kennen lernte, ohne dass ich aber erkennen konnte, dass sie mit diesen Informationen sehr eng verbunden sein würde. Meines Wissens sprach sie nicht viel über die Indigo Kinder, weil die Informationen ausgesprochen neu waren. Ich hatte jedoch Träume, in denen die Kinder zu mir kamen, und sie sagten mir, wer sie sind, warum sie kamen, wer ihre Eltern seien und warum sie karmisch gesehen gekommen sind, um bei diesen Eltern zu sein.

Und es war faszinierend. Ich erwachte aus diesen Träumen und stellte fest, dass ich mich zu verschiedenen Babys und Kleinkindern hingezogen fühlte. Ich sah ihnen in die Augen und sah dort in den kleinen Körpern diese alten Seelen. Dann sah ich mich um und fragte meine Freunde: „Habt Ihr einen Unterschied bei den Kindern beobachtet?" Und meine Freunde sagten: „Nun, etwas in dieser Art."

Ich wusste, dass dies einer der Gründe dafür ist, warum ich hier bin. Und ich weiß durch die Arbeit, die Lee und ich machen, dass es ganz sicher auch ein Teil seiner Aufgabe ist. Aus diesem Blickwinkel gesehen, war ich nicht überrascht.

Ich wusste, dass es getan werden *musste*. Es war so, als würden mich zwei sehr kräftige Hände in diesen Bereich meines

Lebens hineinschieben. Und dann, als wir reisten und mit Menschen arbeiteten insbesondere in den zurückliegenden vier Jahren, haben uns Eltern, Kinderbetreuer und Lehrer erzählt, dass sie darüber frustriert waren und sie bestätigten, mit einigen sehr ungewöhnlichen alten Seelen gearbeitet zu haben.

Und die Frage: „Was tun wir?'', kommt von den Eltern. Und wie in aller Welt helfen sie ihren Kindern, um Berührungspunkte zum Schulsystem herzustellen?'' Es herrschte so viel Frustration und so viel Interesse, dass wir - zu der Zeit, als wir das Buch heraus-brachten -, wussten, dass seine Zeit gekommen war!

Martin: Arbeiten Sie an einer Fortsetzung?

Tober: Oh je *(Lachen)*. Ja, Hay House *(der Verlag in Amerika)* bat uns ein zweites Buch zu schreiben. Ich möchte für die Leser auch gerne beifügen, wie sie uns über die Kryon Homepage[3] kontaktieren können.

Martin: Und was heißt Kryon?

Tober: Die Kryon Webside Adresse.

Martin: Ist das eine andere Adresse als die der Indigo Kinder?

Tober: Oh! (Lachen) Dies ist einmal ein ganz anderes Interview für Sie. Haben Sie jemals von den Kryon-Schriften gehört?

Martin: Nein.

Tober: Nun, Lee und ich sprechen in den Indigo Interviews nicht viel darüber, weil das Indigo Buch an die breitflächige Allgemeinheit adressiert ist. Wir möchten jene Eltern unterstützen, die Hilfe brauchen und die sich unkritisch schnell für ein Rezept für Ritalin interessieren. Wissen Sie, was ich meine?

3 Die Kryon Homepage: http://www.kryon.com
Die Indigo Website: www.indigochild.com

Bezüglich Kryon: Lee und ich bereisen die ganze Welt und sprechen über die Schriften und Lehren von Kryon - einer Meister-Engel-Energie. Wir sprachen in den vergangenen drei Jahren aktuell bei den Vereinten Nationen. Lee überträgt Kryon und ich übertrage die femininen Aspekte des Kryon Gefolges. Dabei führe ich die Meditationen. Unsere Arbeit besteht im Ausbalancieren und Verändern der Gruppenenergie. In diesem Jahr sprachen wir in einem Zeitraum von nur zwei Tagen in Frankreich und Belgien zu 4000 Menschen. Es war erstaunlich! Die Arbeit dreht sich grundsätzlich um das Thema, dass „wir unsere eigene Realität erschaffen", was für sich allein betrachtet sicher kein neues Konzept ist, aber diesbezüglich ist es unser Job, klarer Kanal für diese Informationen zu sein, sodass sie durch Wiederholung durchkommen, um Menschen dabei zu helfen, ihre Macht wieder an sich zu nehmen - *sich an ihre eigene Kraft und Macht zu erinnern.*

Martin: An dieser Stelle nur eine Nebenbemerkung: Haben Sie von einem Buch namens China's Super Psychics (Anm.: dt. Ausgabe = „Indigoschulen. Chinas Trainingsmethoden für medial begabte Kinder) von Paul Dong und Thomas E. Raffill gehört?

Tober: Ist es das Buch, von dem Drunvalo Melchizedek spricht?

Martin: Ja genau.

Tober: Uns wurden diesbezüglich e-mails gesandt und Drunvalo empfiehlt unser Buch in seinem Workshop. Er ist ein wunderbarer Lehrer.

Martin: Ja, das ist er.

Tober: Und die Informationen, welche wir erhalten, sagen, dass diese medial begabten Menschen alle Indigos sind.

Martin: Das habe ich mir gedacht. Und ich stelle mir vor, dass dasselbe in nahezu jedem Land geschieht, doch niemand hat ein Buch darüber geschrieben; man hat zufällig jene aus China gewählt.

Tober: Nun, China (und insbesondere Asien) ist sehr interessant. Laut Nancy Tappe werden grundsätzlich alle Kinder, die jetzt in Singapur geboren werden, Indigos sein. Natürlich ist Singapur streng genommen nicht China, aber es ist nahebei. Wir hielten 1998 ein sehr wichtiges Seminar in Singapur, bei dem Kryon ein sich öffnendes Portal beschrieb. Nancy gab mir ihre Informationen, noch bevor ich ihr von dem Portal berichtete. Lee und ich hatten mit dem Land viel Klärung und Reinigung *(Läuterung)* zu bewirken, um die Energie in dem Raum (Space), in dem wir bereits vor dem Beginn des Workshops waren, auch beizubehalten.

Martin: Das macht Sinn.

Tober: Sie sagte: „Ja natürlich. Das sind Sie. Deswegen sind Sie in Singapur." Die Reise war in vielerlei Art eine Herausforderung für uns, doch sie hat sich sehr gelohnt, weil wir wussten, dass wir dazu beigetragen hatten, ein Kanal dafür zu sein, um einen Teil dieser Bewegung zu fokussieren - um den Indigo Seelen dabei zu helfen, hereinzukommen.

Wissen Sie, Rick, das ist es, worum es im Grunde geht - die Meister, bei denen die Funktionen der rechten Gehirnhälfte dominieren, kommen als Individuen hierher und sie kommen in eine Welt, bei der die Funktionen der linken Gehirnhälfte dominieren. Eigentlich sind sie ausgeglichene Seelen, bei denen die rechte und die linke Gehirnhälfte vereint sind, und dadurch erleben wir jetzt mehr Bewusstsein, bei dem die Funktionen der rechten Gehirnhälfte mehr dominieren als jemals zuvor - das bedeutet, ausgeprägtere Intuition usw.

Martin: Das wird hart werden.

Tober: Ich nehme an, dass Sie das genauso oft wie wir hören, doch wir sprechen darüber, dass die Göttliche Weiblichkeit zu dieser Zeit hereinkommt - und ich darf hinzufügen, keinen Augenblick zu früh! (Es ist so, als wären die letzten 3000 Jahre Gottes „Ausatmen" gewesen und nun kommen wir zum „Einatmen" der Göttin.)

Und die Göttliche Weiblichkeit geht Hand in Hand mit den Indigos einher. Wer will sagen, wo das eine beginnt und wo das andere aufhört oder was zuerst gekommen ist? Meinem Gefühl nach haben die Indigos den Weg für die Göttliche Weiblichkeit bereitet, damit sie hier mit relativer Sanftheit erreicht und verankert werden kann. Wir brauchten eine entsprechende „kritische Masse" *(ein kollektives Bewusstsein).*

Darum handelt es sich bei der Kryon Arbeit - eine „kritische Masse" zu erreichen, die es annimmt, dass sie durch ihr Bewusstsein, ihre Gedanken und ihre Worte und Taten ihre Realität erschafft; folglich können wir die Realität hier auf Erden, genannt Himmel, erschaffen.

Diese „kritische Masse" hatte, während die Indigos begannen hereinzukommen, so im Gange zu sein, dass hier eine Schwingung existierte, die ausreichend genug verfeinert war, damit sie in das physische Gefährt kommen konnten und eine Umgebung mit einer höheren Schwingung haben, in der sie verbleiben können - da, wo sie sich nicht durch „plötzlichen Kindstod" von hier heraus zu entfernen haben oder sogar noch früher wegzugehen haben, so wie in manchen Fällen durch den spontanen Abort.

Martin: In der Fortsetzung dessen möchte ich mit Ihnen über die Fehldiagnose von Aufmerksamkeitsstörung (ADS) und Hyperaktivität (ADHD) und über die Verwendung von Ritalin sprechen, um diese Kinder medikamentös zu behandeln. Sind Ihnen viele Indigos begegnet, welchen Medikamente verabreicht wurden und die nach Ihrer Meinung falsch diagnostiziert wurden?

Tober: Wie gesagt, ich arbeite als intuitive Beraterin. Ich arbeite nicht in einem Feld, in dem viele meiner Klienten ihren Kindern Ritalin verordnen lassen würden. Sie gehen von Natur aus zu Alternativen über. Aber wie dem auch sei, wir erleben bei einem Teil unseres Leser- und Hörerkreises, der einen breiteren Querschnitt hat, Fälle, bei denen ein Hörer/Leser diesen Weg nicht gehen würde, aber von Situationen erzählt: „Das Kind meiner Schwägerin, meiner Nichte, meines Neffen...", in denen sie nicht die primären Aufsichtspersonen des Kindes sind. Sie kennen mit Sicherheit weitere Indigo Eltern oder primäre Aufsichtspersonen und Lehrer etc.

Ich möchte den Prozentsatz anführen, den wir im Buch über die Zunahme der Herstellung von Ritalin mitgeteilt haben: „Die Herstellung von Ritalin hat sich in den letzten acht Jahren *(von 1991-1999)* versiebenfacht und 90 Prozent davon werden in den Vereinigten Staaten konsumiert."

Der Trend der letzten paar Jahre war eindeutig: Der Prozentsatz der Kinder mit einer ADHD oder ADS Diagnose und jener, die mit einem Rezept aus der Arztpraxis gingen, stieg sprunghaft von 55 Prozent (1989) auf 75 Prozent (1996) an. Und wenn die Wahrheit bekannt wird, dann wissen wir, dass er noch höher ist.

Was geschieht hier? Das, was hier stattfindet, ist, dass wir ein neues Paradigma von Seelen, von Wesenheiten haben, die auf die Erde kommen. Sie werden in eine Gesellschaft geschoben, in der die Funktionen der linken Gehirnhälfte dominieren, eine Gesellschaft, in der diejenigen geehrt und geachtet werden, bei denen die Funktionen der linken Gehirnhälfte dominieren. Die Menschen, bei denen die Funktionen der rechen Gehirnhälfte dominieren, welche die Künstler, die Musiker, Tänzer, Schriftsteller oder kreativen Denker sind - werden nicht geehrt. Die Indigos sind integriert und wollen uns helfen, in das Gleichgewicht der Gehirnhemisphären zu gelangen.

Sie kommen also in eine Welt, in der die Funktionen der linken Gehirnhälfte dominieren. Um Ansehen zu erlangen, um ihre Streicheleinheiten zu bekommen, um wirklich geehrt und respektiert zu werden, müssen sie versuchen, in dieses alte System hineinzupassen. Als Meister kennen diese Seelen die Wahrheit und wissen, dass wir uns jetzt dem Modus nähern, bei dem die Funktionen der rechten Gehirnhälfte dominieren, und sie sind ein signifikanter Teil davon.

Sie werden also nicht dazupassen, selbst wenn sie es möchten. Sie sind in einer Lebensdauermission hier - und das ist eine sehr wichtige Aussage. *Sie sind in einer Lebensdaueraufgabe hier!* Sie sind *nicht* hier, um sich anzupassen. Wir sind hier, um *sie* zu verstehen, um von *ihnen* zu lernen und um ihnen zu erlauben, uns eine neue Daseinsweise beizubringen.

Zurück zu Ihrer Frage. Weil sie neu und anders sind, in welche Richtung gehen die Ärzte? In welche Richtung gehen die Eltern? In welche Richtung gehen die Lehrer? Sie haben Kinder bekommen, die hyperaktiv zu sein scheinen, die nur für eine geringe Zeitspanne aufmerksam sein können, die nicht in einer Reihe stehen können - all die Symptome, die so zueinander passen wie das Huhn zum Ei.

Ich meine, was kam zuerst: ADS oder das Kind mit ADS? Es passt zu einer Art von Muster. Und sie wissen nicht, was sie damit anfangen sollen.

Nun, wenn Ritalin den Vorgang heilen würde, dann wäre es anders. Ich möchte mich auf keine Diskussion über AMA einlassen, aber es gibt so viele unglaubliche Alternativen, die, möglicherweise, ein wenig mehr Arbeit erfordern, aber Du meine Güte, ist das Kind es uns nicht auch wert?

Wenn das Medikament Ritalin heilt, dann ist es o.k. Aber es heilt nicht. Es ist nur ein Bewältigungsmechanismus oder ein Heftpflaster. Man wird zwangsläufig das Medikament aussetzen und mit der Lebenserfahrung, die für sie bestimmt war, fertig zu werden haben. (Und was ist mit der verlorenen „Zeit", in der sie Medikamente verabreicht bekamen?)

Ich empfehle ein Buch über ADS und ADHD: Es heißt *The*

A.D.D. and A.D.H.D. Diet! (dt.: Die ADD und ADHD Ernährung!), verfasst von Rachel Bell und Dr. Howard Peiper. Ich möchte folgendes Zitat aus dem Buch anführen. Auch wenn Ihr Leserkreis sehr gescheit ist, denke ich doch, dass es eine gute Idee für uns alle ist, einmal innezuhalten und einen tiefen Atemzug zu nehmen und nachzudenken.

„Menschen mit ADD / ADHD haben eine unzureichende Versorgung an Neurotransmittern, insbesondere Serotonin. Serotonin wird im Gehirn im Beisein von B6 und Tryptophan erzeugt. Trytophan ist eine wichtige Aminosäure. Wenn Tryptophan und B6 knapp sind, dann kann der Körper kein Serotonin bilden.

Es ist daher möglich, dass Menschen mit ADS/ADHD Tryptophan- oder B6-Zusätze brauchen. Protein versorgt den Körper mit Aminosäuren. Wenn der Körper über ausreichend Proteine und tryptophanhaltige Lebensmittel verfügt, wird die Aminosäureversorgung normalerweise kein Problem sein. Das Kalzium-Magnesium-Verhältnis ist ein weiterer Schlüsselfaktor. Mangelndes Magnesium kann hohen Insulinspiegel zur Folge haben, was das Serotonin verringern kann. Es ist daher notwendig, eine ausreichende Versorgung mit Magnesium sowie B6 und Aminosäuren zu gewährleisten." [4]

Es geht weiter. Dies ist eines von mehreren Büchern, welche wir empfehlen. Es ist kurz, prägnant, einfach und gut.

Als Erstes haben wir das Wesen, die Konstitution der Indigos. Indigo Meister kommen mit einem Auftrag herein und sagen: „Wir werden diesem Planeten helfen, auf die eine oder die andere Art und Weise in die Göttliche Weiblichkeit zu wechseln. Wir werden es tun, indem wir hierher kommen und ein Beispiel von Liebe sind. Ihr werdet lernen, wie Ihr mit uns umzugehen habt und so, wie Ihr das lernt, werdet Ihr lernen, wie Ihr mit anderen in Liebe umgeht." Ich meine, dass dies das Ausschlaggebende und Entscheidende von allem ist.

4 Dr. Howard Peiper, Rachel Bell; The A.D.D. and A.D.H.D. Diet! (dt.: Die ADD und ADHD Ernährung!); Publishers Safe Goods; ISBN 1-884820-29-8; 1997, Bestellung unter der (800) 903-3837; Email <Safe@snet.net; Homepage: http://www.animaltails.com

Wenn wir lernen, **wie** zu lieben... - mit dem Indigo Kind zusammen zu sein und es aufzuziehen - dann lernen wir, wie wir auf der höchsten Ebene miteinander umgehen sollen. Das bringen sie uns bei.

Wir haben also ADD / ADHD, okay. Ein neues Paradigma ist eingetreten. Die Indigo Kinder tragen eine Menge von dem, was als hyperaktive Aufmerksamkeitsstörung eingestuft wird. Es bedeutet nicht, dass das wirklich so ist. Wir sagen Folgendes zu den Eltern: Halten Sie bitte nach Alternativen Ausschau. Wir wissen, dass es eine Herausforderung ist. Deswegen ist das Buch erschienen, sodass Sie es zur Hand nehmen können und auf die Liste mit den Merkmalen sehen können und erfahren können, dass möglicherweise gar nichts mit Ihrem Kind verkehrt ist, sondern es in Wirklichkeit ein Teil dieses neuen Paradigmas ist.

Nun, wie gehen wir damit um? In dem Buch ist eine Fülle von gesunden Alternativen aufgeführt, angefangen von der Ernährung bis hin zu Techniken. Es gibt eine Technik namens Sprechen im Schlaf, wo Sie mit dem Kind in seinem Schlafzustand arbeiten. Sie ist sehr kraftvoll und hat den Eltern beigebracht zu werden. Wenn ich Indigo Workshops im ganzen Land auf die Beine stelle, begleiten mich einige Lehrer, die einige dieser alternativen Auswahlmöglichkeiten vorstellen und durchleuchten.

Es gibt alle Arten von Wahlmöglichkeiten, welche die Eltern sich anschauen können. Reagiert Ihr Kind auf Lebensmittelallergien oder Umweltvergiftungen? Wir alle haben sehr, sehr viel lernend davon zu verstehen und diese Kinder werden uns dazu zwingen, es zu tun - auch für uns selber.

Martin: Weil ich mir der zeitlichen Begrenzungen, die wir hier haben, bewusst bin, möchte ich Sie fragen: Sie haben eine wunderbare Liste von Montessori- und Waldorfschulen auf Ihrer Homepage. Und sie sprechen darüber, dass dies hervorragende Orte für Indigos sind. Wie sieht es mit den Indigos aus, die in Familien geboren werden, die finanziell benachteiligt sind? Was sagen Sie Menschen, die sich diese

Art von Erziehung einfach nicht leisten können?

Tober: Wir hörten von ein paar wundervollen Ergebnissen, die mit häuslichem Unterricht erzielt wurden. Es gibt eine Gruppe in Houston - ich glaube es sind über 40 Familien, vielleicht auch mehr, die erfolgreich mit der Unterrichtung von zu Hause aus arbeiten. Das könnte möglicherweise eine Alternative sein. Es wäre sicherlich eine preiswerte Alternative. Sie erzielen wunderbare Ergebnisse und die Kinder gehen unmittelbar an die Eliteuniversitäten *(Colleges)* der USA.

Ich weiß auch tief im Herzen meines Herzens, dass andere Formen von Schulunterricht kommen werden, die für Familien, die nicht über ein ausreichendes Einkommen verfügen, erschwinglicher sein werden. Und ich weiß, dass solch ein umfassendes Interesse an den Indigos besteht und daran, was wir tun können, um ihnen zu helfen, sodass es jetzt auch viele Erzieher gibt, die gleichfalls Metaphysiker sind und die ihre Kräfte vereinen, um diesen Schulunterricht auf die Beine zu stellen.

Ich habe gerade letzte Woche mit einer Klientin zusammen gearbeitet, die mich fragte, was ich für sie sah und es war sehr, sehr klar und deutlich, dass sie als Teil dieser Gruppe arbeiten würde. Dies war Teil einer intuitiven Beratungssitzung und es stellte sich heraus, dass sie kurz vor ihrem akademischen Grad steht und sie kennt Schuldirektoren und stellvertretende Schuldirektoren, die gerne mit ihr in Kontakt treten möchten. Somit... wo einer ist, da gibt es viele.

Ich weiß, dass Bücher aufwühlend und bewegend sind - hier gibt es jetzt dieses Buch und es werden mit der Zeit viel mehr werden. Ich arbeite derzeit an vier weiteren Büchern mit; ein Buch gemeinsam mit Lee und drei oder vier weitere sind mit anderen Menschen, die in verschiedenen Bereichen von Erziehung, Gesundheit und Indigo Themen arbeiten, in Vorbereitung. Es ist erforderlich, dass diese Bücher herausgebracht werden und die Aufmerksamkeit der Menschen geweckt wird, weil wir tief genug eindringen müssen, um im

Erziehungssystem einen „Lichtkeil" zu erschaffen und Platz *(Raum)* für diese Kinder zu machen. Sie kommen nun mit so einem hohen Prozentsatz herein, dass es nicht länger übersehen werden kann.

Martin: Gibt es, abgesehen von Ihrer Homepage, irgendwelche Gründungen, Stiftungen oder Clearingstellen für Informationen für die Indigos? Gibt es einen zentralen Ort oder Plätze, die errichtet werden, um mit diesen besonderen Kindern zu lernen und zu arbeiten?

Tober: Soweit ich informiert bin, ist es nur eine Frage der Zeit, bis diese errichtet sind. Es ist zu wichtig, es liegt direkt vor uns und es ist der nächste Schritt in unserer Entwicklung. Es wird also entstehen und gegründet werden. Und wahrscheinlich wird es gemacht werden, während wir reden.

Martin: Sie waren viel unterwegs. Sie sind viel gereist. Was sollten die Menschen Ihrer Meinung nach wissen? Was sind die nützlichsten Informationen, die sie unseren Lesern über dieses Thema geben können?

Tober: Es gibt bezüglich der Erziehung des Indigo Kindes nur zwei Worte, die wir sagen würden, wenn wir nichts weiter als das mitteilen könnten. Diese beiden Worte sind: *Auswahlmöglichkeiten und Verhandeln.* Wenn Sie sich an gar nichts anderes mehr erinnern können und keins von unseren Büchern lesen, dann geben Sie dem Indigo Kind einfach Auswahlmöglichkeiten und verhandeln Sie alles. Ich meine selbstverständlich, dass es nicht so sein soll, dass das Kind unbeaufsichtigt herumläuft und auch nicht, dass Sie sich überrumpeln lassen. Aber das gehört zum Bereich der Erziehungsführung. Wenn wir uns daran erinnern können, dass die Indigos hier sind, um uns etwas beizubringen, dann gibt das diesen Worten mehr Gleichgewicht.

Ich möchte Ihren Lesern mitteilen, was sie tun können, um etwas zu verändern. Zusätzlich zu den Auswahlmöglichkeiten und dem gemeinsamen Verhandeln/Aushandeln können Sie bei ihnen durch Ihre Führung, anstatt ihnen ausdrückliche Anweisungen zu erteilen, sehr viel verändern. Gehen Sie mit ihnen so um wie mit Ihren besten Freunden, denn in Wahrheit sind sie es auch. Behandeln Sie sie respektvoll. Ehren Sie ihre Gegenwart in Ihrer Familie. Helfen Sie ihnen, ihre eigenen erzieherischen Lösungen zu entwickeln. Sie werden als Elternteil erstaunt sein, worauf die Kinder kommen werden. Und geben Sie ihnen für alles die Möglichkeit für eine Auswahl. Machen Sie sie nie herunter, niemals. Dies ist nur ein guter Erziehungsratschlag. Wenn wir die perfekten Eltern sein möchten, würden wir sagen: „Dies ist die Liste, an die ich mich halten werde." Sie sagen also einfach nur: „Jetzt ist die Zeit und Sie haben die Gelegenheit, den perfekten Elternteil zu praktizieren. Jetzt ist die Zeit auf dem Planeten, um dies zu tun."

Erklären Sie stets, warum Sie ihnen diese Anleitungen geben. Sagen Sie auf die Frage „Warum?" nicht: „Weil ich es gesagt habe." Sagen Sie stattdessen: „Weil es mir heute helfen wird. Ich bin heute etwas müde. Ich brauche Deine Unterstützung", in dem Wissen, dass sich Ehrlichkeit gegenüber den Kindern immer durchsetzen wird, weil sie intuitiv sind. Sie wissen genau, was vorgeht, wenn Sie es sich denken.

Machen Sie sie bei der Erziehung zu Partnern. Dies ist *besonders* wichtig. Dies passt zu den Wahlmöglichkeiten und dem Verhandeln. Machen Sie sie zu Ihrem Partner. Lassen Sie sie wissen, dass sie immer ein Wahlrecht haben. Seien Sie mit ihnen *präsent*. Und selbstverständlich als Freund, als erwachsenes Familienmitglied bitten wir natürlich immer darum, in einer gemeinsamen Situation mit anderen Menschen wirklich präsent *(gegenwärtig anwesend)* zu sein. Ich denke, das ist das „jetzt hier sein". Das bedeutet, im Augenblick zu sein. Metaphysiker wissen von Natur aus eine Menge darüber. Und erklären Sie Ihren Kindern alles, wenn Sie denken, dass sie etwas nicht verstehen. Seien Sie sich bewusst, dass sie auf der Seelenebene *verstehen.* Und wir wissen, dass wir vor der Geburt zu ihnen sprechen können. Fangen Sie früh an - wie zum Beispiel sogar schon vor der Empfängnis!

Wenn gravierende Probleme entstehen und Sie das Gefühl haben, dass Sie sie wegen ADD oder ADHD untersuchen lassen möchten, dann sagen wir nicht: „Gehen Sie nicht zum Arzt.'' Was wir in dem Buch sagen, ist: „Sehen Sie sich auch nach einigen Alternativen um, wie zum Beispiel Ernährung, Zusätze, Nährstoffe, Homöopathie, Chiropraktik und Umkehr der Polarität.'' Sehen Sie sich an, was es im ganzheitlichen Bereich gibt. Wir bieten eine lange Liste und Zugang zu alternativen Autoren und alternativen Lehrern, denen Sie Ihre Fragen und Anliegen mailen können.

Bereiten Sie mit Ihrer Hilfestellung und Unterstützung Sicherheit für die Kinder. Vermeiden Sie negative Kritik. Ermutigen Sie sie bei ihren Bestrebungen. Dies ist alles Stoff, den wir bereits kennen. Ein Indigo ist kein Mitläufer. Lassen Sie sie entscheiden, woran sie interessiert sind und was sie tun möchten. Reden Sie *mit* ihnen, anstatt *auf* sie einzureden. Dies sind im Grunde genommen die Informationen, welche wir von Therapeuten, von sehr gewissenhaften Eltern und von Nancys Arbeit erhalten haben und welche anscheinend wirklich dabei helfen, die Indigos zu leiten.

Die Kinder wissen, wer sie sind. Sie kommen hierher und fühlen und wissen. Es dient uns nicht, wenn wir versuchen sie nach einem Muster zu formen, von dem wir möglicherweise gelernt haben, daraus auszubrechen, dem Muster dessen, wie uns unsere Eltern aufgezogen haben.

Es gibt eine neue Daseinsweise. Es gibt eine neue Erziehungsweise und sie handelt davon, sich in die Liebe hineinzubewegen. Das Grundsätzliche ist **Liebe** - präsent und liebevoll und verständnisvoll zu sein. In den kommenden Monaten und Jahren werden wir neue Schulsysteme sehen, bei denen Lehrer und Erzieher zusammenarbeiten.

Diese Seelen kommen von der zehnten Dimension herein. Diese Dimension handelt von Ton und Farbe und sie strahlt eine schillernde Energie aus. Wenn Sie darüber nachdenken, erstellt und schildert das einen interessanten Liebesstreich, nicht wahr? Dies sagt viel über ihre erstaunliche Energie aus und über ihre Rückkehr zur Ehrung der rechten Gehirnhälfte, der Künste, der intuitiven Vorgehensweise und darüber, den Kindern zuzuhören.

Erlauben Sie dem Wissen der Kinder, es fließen zu lassen. Sagen Sie ihnen, dass Sie wissen, wer Sie sind, damit sie sich dafür entscheiden, hier zu bleiben. Erschaffen Sie ein heiliges und harmonisches Zuhause. Dies kann mit Hilfe von brennendem Salbei, brennendem Alkohol und Epsom Salzen sowie bestimmten Arten von Weihrauch erreicht werden. Ehren Sie Ihr Zuhause als Tempel, damit Ihr Kind zu einem liebevollen Elternteil oder zu liebevollen Eltern in einer reinen, liebevollen Umgebung heimkommen kann.

Selbst wenn Sie müde sind, sollten Sie ihnen dies erklären. Planen Sie eine gewisse Zeit nur für sie ein, wo Sie gänzlich präsent sein können. Geben Sie ihnen immer das Gefühl, dass sie sicher sind, und lassen Sie sie zu ihrem besten Freund heimkommen - zu Ihnen.

Martin: Am Ende des Buches führen Sie einige Informationen über die Botschaft an, welche die Indigos bringen. Könnten Sie sich dazu genauer äußern?

Tober: Rick, von welchem Teil sprechen Sie genau?

Martin: Von der Tatsache, dass sie uns die Botschaft der Liebe überbringen.

Tober: Oh, ja. Die Botschaft *handelt* von Liebe; sie handelt davon, diesen Teil von uns zu ehren. Noch einmal erwähne ich die Göttliche Weiblichkeit, welche hereinkommt und welche Liebe, Mitgefühl und den intuitiven Prozess ehrt - all die Teile, die zusammengefügt zu werden haben, um diesen Himmel auf Erden zu erschaffen - und sie sind hier, um es uns auf die eine oder andere Weise zu zeigen.

Martin: Sie sprechen davon, dass sie die „Systembrecher" sind. Was meinen Sie damit?

Tober: Vor vielen Jahren hat man uns gesagt, dass als Erstes die alten, etablierten Institutionen und Systeme zusammenbrechen würden. Erinnern Sie sich daran?

Martin: Ja.

Tober: Man hat uns gesagt, dass, wenn wir in dieses Neue Zeitalter kommen, in dieses Goldene Zeitalter, die alten Systeme nicht mehr in die neue Form passen werden. Sie sind also dort draußen diejenigen, die zum Beispiel das Erziehungssystem brechen werden, da es schon seit etwa hundert Jahren so besteht. Sie werden sich nicht mit etwas abfinden, nur weil es immer schon so gewesen ist.

Also zu wissen, dass eine große Ansammlung von Wesen auf diesen Planeten kommen wird und dass sie „Systembrecher" sind, kann Ihnen ein ziemlich gutes Bild davon geben, wohin wir uns entwickeln.

In meinem Geist und in meinem Herzen ist es eindrucksvoll. Es ist so eindrucksvoll zu wissen, dass sie hier sind, um mit uns zu arbeiten - *endlich!*

Vor Jahren sagte ich meinen Freunden, als ich von den Babys träumte: „Wisst Ihr, wir, die Bewussten, sind die „Regenbogenbrücke" aus dieser Zivilisation, ausgehend von dieser Seelengruppe - hinführend zu der neuen Seelengruppe, die hereinkommt. Wir sind die „Regenbogenbrücke" für sie. Es erfüllt mein Herz mit großer Hoffnung und Freude.

Wir sehen zu, wie sich erstaunliche Dinge ereignen, und wir können, da wir verstehen, wer die Indigos sind, den Eltern, die Probleme haben und es nicht verstehen, sicher helfen. Wir können unser Wissen mit ihnen teilen, sowie diese Kleinen alt genug werden, um ihre eigene Meinung zu äußern.

Martin: Lassen Sie uns darüber sprechen, wie die alten Tricks von Schuld und Scham als Verhaltenswerkzeuge bei diesen Kindern angewandt werden.

Tober: Sie werden nicht funktionieren! Die Indigos wissen, wer sie sind. Es wird nur die Eltern frustrieren und „umhauen". Es wird ein sehr erregtes Energiefeld rund um die Eltern und rund um das Kind bringen, welches jegliche Diskussion, jegliche wirklich Hilfe ablehnen wird. Es wird einfach nicht passieren.

Sie *wissen*, wer sie sind. Sie sind in einem Auftrag hier. Dessen sind sie sich bewusst. Also ist dies eine Herausforderung, denn wir haben eine ganze Kultur, die mit „Warte nur, bis Dein Vater nach Hause kommt!" erzogen wurde. Ich bin mir sicher, dass Sie dies einige Male gehört haben. Ich habe es mit Sicherheit gehört und das würde jetzt nicht funktionieren!

Ich habe keine Kinder. Ich bin viel von ihnen umgeben, doch ich bin mir dessen bewusst, was die Eltern durchmachen müssen, wenn sie wieder zu ihrer alten Arbeitsweise zurückkehren und herausfinden, dass sich gar nichts tut. Die Kinder werden sie testen, um zu sehen, wie weit sie gehen können.

Diese Kinder sind jedoch, wie auch immer, keine Bälger oder Gören. Das ist nicht in ihrem Bewusstsein. Sie werden das Elternteil in dieser Hinsicht prüfen, um zu sehen, was die Grundregeln sind. Wie weit kann ich gehen, wenn ich das tue? Was kann ich tun? Was ist meinen Eltern wirklich wichtig? Was ist ihnen nicht wichtig? Und sie werden lernen, wie sie mit den Eltern verhandeln können. Wenn also ein Elternteil mit einem *zu verhandelnden Gesichtspunkt* zurückkommt, dann werden sie auf der gleichen Wellenlänge liegen.

Es ist ziemlich erstaunlich, sie in Aktion zu sehen. Es ist höchst erfreulich, wenn man sie mit bewussten Eltern erlebt, die von der Liebe kommen, die bestimmt durch Liebe von einer Geist-Körper-Seele Vereinigung stammen.

Martin: Es wird interessant sein, zu sehen, welche Arten von neuen Berufen sich in den folgenden Jahren infolge dieser neuen Kinder ergeben.

Tober: Und Erfindungen, neue Möglichkeiten, um Dinge zu tun!

Martin: Ich denke, es bringt die alte Arzt-, Rechtsanwalt-, Feuerwehrmann-Route direkt aus dem Auswahlgleichgewicht. *(Lachen)*

Tober: In der Tat. Und es wird uns wirklich in neue Denk- und Seinsweisen bringen.

Martin: Standen Sie mit vielen Eltern von Indigos in Verbindung, die total außer sich sind?

Tober: Wir bekamen eine Menge Post von Eltern, die so begeistert waren, als sie das Buch lasen und sie erkannten, dass ihre Kinder möglicherweise Indigos sind. Als sie begannen mit den Prinzipien, über die wir sprechen, zu arbeiten, begann sich Erfolg in ihrer Erziehung einzustellen.

Sie helfen sich alle gegenseitig. Sie gehen ins Internet, interagieren und bieten sich gegenseitig Lösungen, Anregungen und Alternativen an.

Ich habe das Gefühl, dass vieles davon auf diese Weise funktionieren wird. Die Eltern werden wirklich proaktiv werden und müssen Unterstützungsgruppen zusammenstellen, mit deren Hilfe sie sich gegenseitig beistehen können, denn wir erstellen (erbauen) es, während wir vorangehen.

Martin: Ja, das macht Sinn.

Tober: Ja.

Martin: Finden Sie viel Bewusstsein unter den Familientherapeuten?

Tober: Wenn sie ihren eigenen intuitiven Prozess achten und ehren, dann schon. Und selbstverständlich haben wir auf diesem Arbeitsfeld viele Menschen, die als Berater ihre eigene rechte Gehirnhälfte, ihre intuitive Seite achten und ehren.

Martin: Lassen Sie uns von Kryon sprechen. Was ist die Botschaft von Kryon?

Tober: Die Kryon-Botschaft ist, dass wir unsere eigene Realität erschaffen. Die Kryon-Botschaft lautet, dass **Liebe** alles ist. Das klingt wirklich „ungewöhnlich" - ich wette, dass Sie diese Dinge noch nie zuvor gehört haben. *(Lachen)*

Martin: Oh doch, ein- oder zweimal! *(Lachen)*

Tober: Die Kryon-Botschaft ist, in der Basis, Universelle Wahrheit. Wir haben viel mit den Erdveränderungen zu tun. Ein Großteil der Arbeit bestand darin, uns alle durch den Jahr-2000-Crash zu bringen und das Bewusstsein bezüglich dessen zu ändern, weil soviel Angst herrschte.

Martin: Eine Menge Angst.

Tober: Und wir bedurften es, dem entgegenzuwirken, indem wir unsere von Gott gegebene Kraft und Macht achten und ehren - um für uns die Macht dessen, wer wir sind, zu bekräftigen - und zu erkennen, dass wir ein kollektives Bewusstsein erschaffen können, in dem *Liebe* die Verantwortung ist.

Ausreichend genug Menschen haben gehört, ausreichend genug Menschen haben gebetet und beten, ausreichend genug Menschen meditieren, ausreichend genug Menschen haben sich vorgestellt, dass der Planet von Liebe und Licht umkreist und umgeben wird, sodass der Planet mit einem minimalen Unbehagen durch diese

Veränderungen gehen kann.

Ein Großteil der Arbeit von Kryon handelt von der Anpassung der Magnetgitter der Erde und der Vorbereitung auf das, was der Aufstieg genannt wird. Es geht um das Wissen, dass wir auf diesem Planeten als Mit-Schöpfer mit Spirit gehen können. Wir sind große Goldene Engel, die alle an einem Großen Meisterwerk arbeiten.

Martin: Nun, unsere Leser können sich mit dieser Botschaft mühelos identifizieren...! Wie wurden Sie bei den Vereinten Nationen empfangen, - zum Beispiel, als Sie von Kryon sprachen.

Tober: Wir wurden noch weitere drei Male eingeladen; es war sehr überraschend für uns. Wir sprachen in einem der kleineren Räume für die Gesellschaft für Erleuchtung und Transformation (SEAT). Es ist eine der Charterorganisationen, welche für meditierende Mitglieder errichtet wurde.

Es ist also eine kleinere Gruppe. Sie besteht aus etwa 75 Teilnehmern und wir sind jedes Mal erstaunt, wenn wir inmitten dieser Gruppe sind, dass wir uns in einem Raum befinden, in dem die großen Pakte zwischen Ländern und Führern unterzeichnet werden. Und hier sind wir nun, sprechen von Außerirdischen, bringen einen Rat der Ältesten von den alten Einheimischen der Welt und reden über das, was mit HAARP = High Frequency Active Auroral Research Program (HAARP = Aktives Hochfrequenz-Projekt zur Erforschung der Aurora) geschieht.

Martin: Ja, davon ist uns bekannt.

Tober: Wir wurden geehrt und wir fühlen uns dort jedes Mal sehr willkommen.

Martin: Okay, kommen wir noch einmal auf die Indigos zurück. Mit welchen Gedanken möchten Sie sich von unseren Lesern verabschieden bezüglich dessen, dass in Form dieser Kinder neue Energie eingeflößt wird?

Tober: Wenn Sie es an Ihrer Tür klopfen hören und Sie die Tür öffnen und dann ein großer Meister auf der Türschwelle stehen würde, dann wären Sie erfreut und begeistert! Und Sie würden den Meister hereinbitten. Wahrscheinlich würden Sie sich dann hinsetzen, ihm für sein Kommen danken und hoffnungsvoll sagen: „Was möchtest Du mich wissen lassen? Wie kann ich Dir helfen und wie kann ich dem Planeten helfen? Welche Weisheit möchtest Du mit mir teilen?"

Dies ist die Art und Weise, die Indigos zu achten und zu ehren!

Martin: Das ist ein guter Moment, um das Gespräch an dieser Stelle zu beenden. Ich danke Ihnen für ein tiefsinniges und inspirierendes Interview. Unsere Leser werden es wahrlich genießen und ich bin sicher, dass sich einige davon bei Ihnen melden werden!

THE SPECTRUM Newspaper
Interview von Rick Martin
Las Vegas, NV 89117
(877) 280-2866
Homepage: www.spectrumnews10.com

Jan Tober ist eine Ko-Helferin bei den großen Kryon Seminaren, die einmal im Monat stattfinden. Sie channelt auch ihr polares Gegenüber, Tobias, vom Kryon Gefolge und den Rat der 33.

Martin Rick

Jan Tober
The Kryon Writings, Inc.
1155 Camino Del Mar #422
Del Mar, CA 92014

E-mail: kryonemail@aol.com
Homepage:

Was vor Euch liegt, ist die tiefstgreifende,
sich ändernde spirituelle Energie
der gesamten Menschheitsgeschichte.

Vor Euch liegt Eure Fähigkeit, selbst die Essenz
Eures Lebens zu ändern - ein längeres Leben zu leben,
friedvollere und freudigere Erfüllung zu haben
und die Kraft und Macht,
selbst den Boden unter Euren Füßen zu verändern.

In diesem Prozess
werdet Ihr lernen, lernen und lernen.
Und in diesem Prozess werdet Ihr auch unermesslich
geliebt sein und Ihr werdet beginnen, die *Familie* zu
spüren - denn sie ist Euch spirituell einen Schritt näher
als jemals zuvor.

Dies sind *nicht* die Endzeiten.
Dies ist der Beginn der Zeiten!

Kryon

Kryon

„Die Suche nach der Eingeborenen-Weisheit"

Marc Vallée
Woody Vaspra

Kapitel XIV

„Die Suche nach der Eingeborenen-Weisheit"

Von Lee Carroll...

Wenn Sie auf den folgenden Seiten die Botschaft lesen, die Kryon 1998 bei den Vereinten Nationen (UN) gab, dann werden Sie verstehen, um was es in diesem Kapitel geht. Während viele großartige humane Ideen anscheinend durch die Maschen schlüpfen oder dort landen, wo man sagt: „Gute Idee, aber lass es jemand anderen tun", wird die Idee, einheimische Menschen der Erde *(Träger des alten Wissens)* als Helfer in einer hochtechnologischen Welt aufzunehmen, gegenwärtig aktiv umgesetzt.

Marc Vallée und seine Schwester Martine sind die kanadischen Herausgeber der Kryon Bücher in französischer Sprache weltweit. Sie waren beide in dem Raum bei den UN, als die Worte von Kryon gesprochen wurden, anwesend. Diese Worte bewegten Marc zutiefst und infolge dieser Erfahrung gründete er die *Convergence Foundation (dt.: Konvergenz Stiftung)*. Diese Organisation steckt noch in ihren Kinderschuhen und es handelt sich dabei um den Aufbau eines Netzwerks von Menschen, die ein hohes Bewusstsein und eine Absicht dafür haben, dass der Gesellschaft bessere Auswahlmöglichkeiten geboten werden - indem sie eine kritische Masse bereitstellen, die positive und anhaltende Auswirkungen auf Politik, Wirtschaft und die Ökologie der Erde haben wird.

Und die Methode? Zunächst einmal wird geplant, die weisesten Menschen auf dem Planeten zu finden und sich mit ihnen in Verbindung zu setzen. Marcs Überzeugung (welche meiner Überzeugung gleichkommt), ist, dass diese weisen Seelen in den Ältesten der autochthonen *(alteingesessenen/bodenständigen)* Stämme auf Erden gefunden werden können.

Die Mission besteht darin, Weisheit von denen zu erlangen, die sich selber nie von der Natur getrennt haben. Es gibt ein Sprichwort, das besagt, dass der Mensch, der sich von der Natur trennt, sich auch von sich selbst trennt. Um den nächsten evolutionären Schritt des Menschen zu unterstützen, strebt Marc unter der Führung derer, die über die größte Naturverbundenheit verfügen, eine Bewusstseinsentwicklung an.

Aber er ist nicht der Einzige. Etwa zur gleichen Zeit, jedoch unabhängig von Marc, entschlossen sich Woody und Catie Vaspra aus Colorado, ihre Jobs aufzugeben und ihre gesamte Zeit damit zu verbringen, den Kontakt zu den Ältesten dieses Planeten herzustellen. Ihr Ziel? Eine gemeinnützige Stiftung zu gründen, den *World Council of Elders (WCOE) = Weltrat der Ältesten,* welche genau dieselbe Mission fördert, die Marc anstrebt - eine kritische Masse an erhöhtem Bewusstsein, welches von denen stammt, die es nie verloren haben.

Alle drei haben die Welt auf der Suche nach den Ältesten bereist und sie waren sehr interessiert daran, wie sie wohl aufgenommen würden. Der Großteil meiner Leser kommt aus Amerika und Kanada. Was glauben Sie, was die amerikanischen und kanadischen Indianer dieser beiden Länder von uns denken? Wie werden sie uns Ihrer Meinung nach empfangen, wenn wir ihr Land betreten und sie um Hilfe bitten?

Bei der Antwort wird Ihr Herzschlag für eine Sekunde aussetzen. Wenn Sie schon so weit gekommen sind, dann haben Sie Kryons Aussagen gelesen über Vergebung, über eine neue Energie auf dem Planeten und darüber, dass die eingeborenen Menschen der Erde ein „Wissen" um den Zeitpunkt von all dem haben.

Marc, Woody und Catie berichteten, dass die Ältesten - als sie ihnen ihre Ideen präsentierten - zu ihnen sagten: „Ihr wurdet erwartet." Ganz gleich ob in Kanada, den Vereinigten Staaten, Peru, der Elfenbeinküste Afrikas oder den engeren Kreisen der Eingeborenen auf den Hawaii-Inseln, die Antwort lautete: „Ihr wurdet erwartet." Unter den wahren Ältesten ist vieles von dem Hass bezüglich dessen, was wir ihnen angetan haben und was wir ihnen weggenommen haben, gegangen. Ihre Weisheit bezieht sich darauf, wie wir zusammenarbeiten und die Verbindung zur Mutter Erde, welche von der

Menschheit jetzt dringend benötigt wird, wieder herstellen können. Schon die Energie, die im Beisammensitzen mit den Ältesten spürbar ist, macht uns verständlich, warum wir sie so sehr brauchen!

Unterwegs begegneten Woody und Catie Marc. Sie tauschten ihre Gedanken, Ideen und Erfahrungen miteinander aus und jetzt arbeiten sie zusammen. Können sie etwas verändern? Das hängt von Ihnen ab.

Liebe Leser, nehmen Sie sich einen Moment Zeit, um sich auf den nächsten paar Seiten die Arbeit dieser prächtigen Menschen anzusehen. Vielleicht ist unter Ihnen jemand, der etwas zur Arbeit von Marc, Woody und Catie beitragen möchte. Vielleicht haben Sie genau darauf gewartet, um auf einzigartige Weise einen Beitrag zu leisten. Wenn nicht, dann können Sie sie in Ihre Visualisierungen und Meditationen einschließen, indem Sie der Mutter Erde und der Menschheit, die auf diesem Planeten lebt, Energie schicken. Ihre Energie und Ihre Visualisierungen sind weitaus wertvoller, als Sie glauben.

Dies sind Pioniere in der neuen Energie. Sie sind Forschende in den unberührten Dschungeln des Bewusstseins. Sie werden eine Brücke bauen, die entlang der Kluft des Alten und des Neuen überquert werden muss - doch wir sind diejenigen, die diese Brücke überqueren müssen.

Ich darf Ihnen meine Freunde Marc Vallée und Woody und Catie Vaspra vorstellen.

- Lee Carroll

„Es hat niemals eine großartigere Zeit für die Einrichtung eines Rates von Weisheit gegeben, eines stimmrechtslosen Rates von eingeborenen Menschenwesen auf diesem Planeten, um in diesem Gebäude zu residieren. Und wir sagen Euch, dass das Bewusstsein dieses Gebäudes dies letztendlich unterstützen wird. Das Bewusstsein der Menschen wird es unterstützen. Das Bewusstsein des Planeten schiebt Euch in diese Richtung. Es ist der nächste logische Schritt - und wenn Ihr ihn präsentiert, dann präsentiert ihn zuerst der Öffentlichkeit. Sie werden das Restliche tun, um Euch bei der Umsetzung zu helfen."

Kryon bei den Vereinten Nationen - 1998

„Beim Erwachen der Welt assistieren"

Mit Hilfe der traditionellen Eingeborenen-Weisheit

von

Marc Vallée

Als Herausgeber, der über die letzten zehn Jahre spirituelle Bücher veröffentlichte, habe ich es genossen, bedeutsame Lehren bezüglich des Potenzials, welches Individuen haben, um die Ereignisse ihres eigenen Lebens zu beeinflussen, zu lesen. So wie vieles andere auch, bewirkte es in mir, dass ich die Auswirkungen auf einer kollektiven Ebene studiere - das Potenzial dafür, uns die Welt, in der wir leben möchten, bewusst auszusuchen.

In den vergangenen zwei Jahren war ich an einer Gruppe beteiligt, welche unter dem Namen *Convergence Foundation (dt.: Konvergenz Stiftung)* bekannt und bestrebt ist, verschiedene Gruppen miteinander zu verbinden, um auf klar erkennbarer Ebene ein Informationsnetzwerk zu gründen. Unser Ziel besteht darin, ein koordiniertes Handeln dieser Gruppen herbeizuführen, sodass eine kritische Masse an bewussten Menschen wirklichen Einfluss auf die Entscheidungen, welche von unseren Gesellschaften getroffen werden, hat.

Wir verstehen, dass wir unsere Handlungen konzentrieren müssen, um bei unserer Bestrebung auf produktive Ergebnisse hoffen zu können, und das haben wir getan, angeleitet vom Verständnis für die lebenswichtige Verbindung zwischen Mensch und Natur. Wir sind aus der Energie von Mutter Erde gemacht. In dem Versuch, über die Natur zu herrschen, haben die Menschen lebenswichtige Verbindungen zu den nährenden Aspekten der Erde durchtrennt, was wiederum negative Auswirkungen auf die Verbindung zu ihrem eigenen spirituellen Selbst und zu dem der anderen hatte. Wir glauben, dass die Menschen durch die Erneuerung dieser wichtigen Verbindung Zugang zu höherer spiritueller Weisheit haben werden, was sie inspirieren wird, eine bessere Möglichkeit zur Lösung der Probleme, die existieren, zu finden - ob diese ökologisch sind oder ob es sich um Probleme in der Weltwirtschaft oder Politik handelt. Wir glauben, dass in der erneuerten Beziehung mit der Natur und dem darin arbeitenden Bewusstsein ein wesentlicher Schlüssel liegt.

Nun, der dominierenden westlichen Welt ist anscheinend die Fähigkeit abhanden gekommen, mit diesem Verständnis mitzuschwingen und mit dem Fluss des Lebens wirklich in Einklang zu sein, der in der Natur weit verbreitet ist. Andererseits haben die Eingeborenen oder auch die Menschen der *Ersten Nationen* dieses kostbare Talent und diese Weisheit während ihrer gesamten Geschichte bewahrt. Als ich das Kryon Channeling bei den Vereinten Nationen (UN) von 1998 las, in dem gesagt wurde, dass die Zeit für einen Rat der Ältesten mit eingeborenen Repräsentanten in den UN gekommen war, hatte ich das Gefühl, dass ich auf diese Idee eingestellt war. Unterstützend an dieser Bestrebung mitzuarbeiten, hat sich von einem kleineren Projekt innerhalb der *Convergence Foundation* zu unserem Hauptziel entwickelt. Die Idee dreht sich darum, einheimische Tradition und einheimisches Wissen in unsere modernen sozialen Entscheidungen zu integrieren. Wir brauchen ihre Unterstützung. Die westlichen Bräuche haben die Menschheit in einen sehr bedenklichen Lebenszustand versetzt und wir glauben ernsthaft, dass alle bodenständigen Werte für unser Überleben wesentlich sind. Unsere Stiftung möchte sich insbesondere mit diesen Werten beschäftigen.

Meine eigenen kurzen Erfahrungen in Afrika und im Amazonaswald von Peru ermöglichten es mir, einige der Grundwerte der Bräuche der Eingeborenen zu verstehen, die für uns hier im Westen ganz nützlich sein könnten. Zum Beispiel:

Fremde werden gewöhnlich auf sehr herzliche Weise empfangen: Die Eingeborenen betrachten das Kennenlernen neuer Menschen als eine Gelegenheit für Entdeckungen und Bereicherungen, was Ideen und persönliches Wachstum anbelangt. Da sie nicht dazu neigen, anderen beim ersten Anblick böse Absichten beizumessen, bringen sie ihre natürliche Herzlichkeit zum Ausdruck, wenn sie jemand kennen lernen, und sie geben ihm das Gefühl, willkommen zu sein. Es gibt keine Furcht vor „dem anderen", wie sie in westlichen Städten so typisch ist.

Ein großes Verantwortungsgefühl für die zukünftigen Generationen: In den bodenständig-naturverbundenen Kulturen sind die Vorfahren stets sehr anerkannt. Nach diesen Grundsätzen erkennen sie die kommende Generation an. Auf diese Weise achten sie sehr darauf, wie sie sich verhalten, und sind sich der Auswirkungen auf zukünftige Generationen bewusst. Aus diesem Grund sind sie erstaunt, wenn sie sehen, wie die westliche Industrie die Reichtümer der Erde ausbeutet, ohne dabei viel Rücksicht auf die Konsequenzen dieser Handlungen zu nehmen.

Den jüngeren Generationen Unterricht geben: Sie unterrichten die Jüngeren nicht, indem sie etwas erklären, sondern indem sie zu direkten Erfahrungen führen und die Einzelnen dabei in eine enge Beziehung zum Leben in allen Dingen bringen. Deswegen erkennen sie, dass das Leben nicht nur in Menschen, sondern auch im Bewusstsein von Bäumen, Flüssen und Wolken enthalten ist - weil sie alle mit dem Fluss des Lebens verbunden sind.

Wahrnehmung der Realität: Im Einklang mit dem natürlichen Fluss zu sein, ist für die Eingeborenen ein sehr wesentliches Verständnis und korrekt. Warum sollte irgendjemand auf weniger hoffen? Wenn man sich mehr auf die bodenständige Wahrnehmungsweise der Realität eingestellt hat, wird man sich bewusst, auf welche Weise das westliche Gedankengut die Realität geistig aufsplitterte, mit der Absicht, sie besser kontrollieren zu können. Indem die Beweise dafür, wie alles miteinander verbunden ist, wie alles im Grunde eins ist, begrenzt werden, hat die westliche Denkart dem ganzen Leben auf diesem Planeten viel Schmerz bereitet.

Es gibt Ziele und Lektionen, die hier - wie bei allem - erreicht werden können, und es werden keine Anklagen erhoben. Doch die westliche Welt muss sich mehr und mehr auf die Art und Weise einstellen, wie die Eingeborenen den natürlichen Fluss des Lebens wahrnehmen, welcher der Fluss des Göttlichen ist. Als Teil von dieser Welt haben wir zu fühlen und zu spüren, dass wir eine Realität nicht kontrollieren können, damit sie zu einem persönlichen Plan *(einer Agenda)* passt, wir haben einfach zu lernen, uns auf die ganzheitlichen Energien des gegenwärtigen Augenblicks einzustimmen.

Es ist das Ziel der *Convergence Foundation*, sich mit diesen Themen auseinander zu setzen und damit, wie sie auf die modernen Entscheidungen unserer Gesellschaft anzuwenden sind. Wir möchten uns beteiligen, indem wir eine der vielen „Brücken" sind, die nun zwischen eingeborenem Wissen und moderner Gesellschaft gebaut werden.

Deswegen hat uns der Rat der Ältesten (Kryon hat darauf hingewiesen) so sehr interessiert. Vor kurzem haben wir erfahren, dass die Menschenrechtskommission der Vereinten Nationen die Gründung eines „Permanenten Forums für Eingeborene" mit einem Status von höchster Ebene genehmigt hat. Im Februar 2000 schufen 315 Abgeordnete von 47 Regierungen, 3 spezialisierte Agenturen und 59 einheimische und außerstaatliche Organisationen die Grundlage für dieses Forum.

Obwohl die UN in der Vergangenheit kritisiert wurden und noch immer Probleme zu bewältigen haben, erkennen wir, dass sie weiterhin viel gute Arbeit leisten wird. Solange es nicht offensichtlich wird, dass dies nicht der richtige Weg für uns ist, möchte unsere Stiftung an der Seite dieses internationalen Gremiums arbeiten und sich dabei genau ansehen, was in diesem Forum geschieht. Wir sind derzeit auch am *Earth Charter Project (Charta Projekt für die Erde)* beteiligt, (für nähere Informationen siehe www.earthcharter.org im Internet).

Ein wesentlicher Aspekt dieser Arbeit besteht darin, die Öffentlichkeit und die Medien zu informieren, und so beabsichtigen wir, auf dieser Ebene sehr aktiv zu sein. Des Weiteren haben wir uns mit Verbänden aus Kanada, den Vereinigten Staaten und Europa zusammengetan, die schon seit mehreren Jahren mit eingeborenen Gruppen zu tun haben, sodass wir uns gegenseitig besser unterstützen können.

Kontaktieren Sie uns bitte, wenn Sie nähere Informationen haben möchten:

Convergence Foundation
1209 Bernard Ave., Suite 110
Outremont, Quebec, Kanada, H2V 1V7
Tel. in Kanada (514) 276-3546
E-mail: ariane@mlink.net
*Spenden sollten bitte an die Convergence Foundation gerichtet werden.

- Marc Vallée

„Eine heilige Reise"

Der weltweite Rat der Eingeborenen-Ältesten

von

Woody Vaspra

Ein Prolog - Begegnung mit dem ersten Ältesten

Am 21. August 1999 waren meine Frau Catie und ich bei einer Zusammenkunft von Freunden in den Rocky Mountains etwas nördlich von Woodland Park, Colorado. Wir kamen aus einem Tipi, wo wir etwas früher an diesem Nachmittag an einer Trommelzeremonie und Meditationssitzung teilgenommen hatten. Plötzlich wurde ich in das Haupthaus gerufen, um einen Anruf entgegenzunehmen. Der Anrufer war ein neuer Freund, der teils Hopi, teils Shoshone und teils Choctaw ist. Er sagte, dass er gerade mit einem traditionellen Hopi Ältesten *(Großvater)* gesprochen habe und dass für Mittwoch - in vier Tagen - ein Treffen vereinbart worden ist. Ich antwortete sofort, dass wir am Dienstag dort sein würden. Am Ende dieses Gespräches packten Catie und ich und fuhren zurück nach Boulder, Colorado, um für die Reise erneut zu rüsten und um uns darauf vorzubereiten.

Catie und ich hatten unseren neuen Hopi Bekannten im Mai 1999 über eine Freundin kennengelernt, welche wir ein Jahr zuvor bei einem Kryon „Journey Home" Retreat in Breckenridge, Colorado getroffen hatten. Über diese Freundin fand ich heraus, dass ich einen spirituellen Hopi Bruder hatte, und mir wurde klar, dass wir in einer früheren Inkarnation gemeinsam aufgewachsen waren. Es herrschte eine sehr besondere Energie zwischen uns und wir wussten, dass sich in unmittelbarer Zukunft etwas Besonderes abspielen würde.

Am Montag fuhren wir über Grand Junction in den Westen und dann in den Osten von Utah. Dann fuhren wir nach Süden, in Richtung des Nordostens von Arizona. Der Tag war lange und heiß und wir beschlossen, in dieser Nacht am Devil's Canyon Campingplatz in Blanding, Utah, zu zelten. Dieser Aufenthalt für eine Nacht war sehr gut für uns, er gab uns die Möglichkeit auszuspannen, uns zu erden und mit Mutter Erde zu verbinden, denn die letzten paar Tage der Vorbereitung auf unsere Reise waren hektisch gewesen.

Am nächsten Tag setzten wir die Fahrt nach Süden in Richtung Arizona fort und dann nach Hopiland und Hotevilla. Nachdem wir in Hopiland angekommen waren, befolgten wir die Anweisungen, welche wir von unseren Freunden erhalten hatten. Wir übersahen dabei eine Straßenzufahrt und als wir umkehrten, erkannten wir ihren Wagen schließlich anhand des Nummernschilds. Unsere Unterkunft befand sich in einem bescheidenen Haus, welches einer Freundin gehörte. Es war ein typisches Haus auf einem Teil von Hopiland, das keine Installationen und keinen Strom hatte. Wasser wurde in Fässern vom letzten Regenschauer aufgefangen und der Strom wurde von Sonnenkollektoren auf dem Dach abgeleitet. Die Toilette befand sich in einem Nebengebäude, das ca. 100 Meter vom Haus entfernt war. Trotzdem lag in dieser Gegend ein besonderes Gefühl in der Luft. Man konnte die Verbindung zwischen Mutter Erde und all den Menschen in der Gruppe spüren. Wir fühlten uns geehrt, mit so besonderen Freunden in Hopiland zu sein.

Nachdem wir uns etwas eingewöhnt hatten, begannen wir über unsere Reise, die wir kürzlich nach Hawaii unternommen hatten, zu reden. Catie und ich hatten an der Konferenz der weltweiten Einheimischenstämme über Erziehung in Hilo, Hawaii, teilgenommen; meine Mutter und meine Familie in Oahu besucht und an sehr besonderen hawaiianischen Zeremonien bei den Pu'u Ko'hola Heiau auf der Hauptinsel teilgenommen. Unsere Gespräche dauerten bis spät in die Nacht an. Wir waren voller steigender Erwartung und Aufregung wegen unseres morgigen Besuchs bei *Großvater*, dem Hopi Ältesten.

Am nächsten Morgen fuhren wir nach Hotevilla und trafen die notwendigen Vorkehrungen, um uns an diesem Nachmittag um zwei Uhr zu versammeln. Dies gab uns die Gelegenheit, Prophecy Rock (Fels der Prophezeiung) einen Besuch abzustatten und uns auf das Treffen vorzubereiten. Der Besuch beim Prophecy Rock war etwas sehr Besonderes und die

Botschaft auf dem Felsen ist sehr klar und eindeutig. Sie sagt, dass sich die Menschheit dazu entscheiden kann, in zwei Richtungen zu gehen: Die eine verläuft in die Richtung, sich selber zu zerstören und die andere führt in ein Leben in Frieden, Liebe und Harmonie.

Dies ist ein sehr heiliger Ort mit einer spirituellen Energie, die für einen Menschen unbeschreiblich ist.

Um etwa zwei Uhr nachmittags kam *Großvater* wie geplant zum Haus. Wir machten die üblichen Zeremonien, die mir ein Freund aus Hawaii vor einem Monat beigebracht hatte, und wir beschenkten *Großvater*, um ihm unsere Ehre zu erweisen. Dann nahmen wir Platz, um mit den Gesprächen über eine heilige Reise zu beginnen, an der Älteste von einheimischen Völkern rund um den Planeten teilnehmen sollten. In einer sehr kurzen Beschreibung wurde *Großvater* dargelegt und erklärt, warum wir dieses Treffen haben. Nachdem meine Botschaft für *Großvater* auf Hopi übersetzt worden war und seine Antwort für mich wieder ins Englische übersetzt wurde, lautete die Botschaft, dass die Arbeit, welche ich ihm präsentierte, in den Prophezeiungen genannt worden war! Als ich diese Antwort hörte, verspürte ich ein fantastisches Gefühl der positiven Bestätigung dafür, dass diese heilige Reise zum Aufbau eines Weltrats der Ältesten mit einheimischen Stämmen echt ist. Catie und ich sahen uns an und wir wussten beide, dass wir der richtigen Richtung gefolgt waren.

In den nächsten zwei Stunden besprachen wir die Grundkonzepte für den Weltrat der Ältesten (WCOE). An einer Stelle fragten wir *Großvater*, ob er daran interessiert sei, bei dem Rat mitzumachen. Er erwiderte begeistert, dass er daran beteiligt sein wolle, er aber in der Nähe seines Landes zu bleiben habe. Er war besorgt darüber, zu weite Strecken zu reisen, weswegen er dann zu lange wegbleiben würde. Den ganzen Nachmittag über wurde in dieser Begegnung Hopi gesprochen und es wurde ins Englische übersetzt. Schließlich wies sein Schwiegersohn darauf hin, dass *Großvater* diese Begegnung für sehr heilig hielt und deshalb musste Hopi gesprochen werden. Als wir das hörten, fühlten wir uns von diesem spirituellen Akt geehrt. Nach einer wundervollen Kommunikation tauschten wir noch Freundlichkeiten und Späße aus und beendeten dann unser Treffen. Wir alle nahmen Abschied voneinander und

Großvater und sein Übersetzer verließen uns.

Die Gefühle, die uns danach übermannten, übertrafen alles, was wir beide bisher erlebt hatten. Wir alle fühlten Euphorie, doch - was das Wichtigste war - die Begegnung hatte eine große Bestätigung dafür gegeben, dass die Arbeit bald beginnen sollte. Wir alle hatten die Präsenz des Großen Geistes während dieser Begegnung wahrgenommen und dass auf die eine oder andere Weise eine Bestätigung eintreffen würde.

Mein Hopi Bruder ging hinaus zur vorderen Veranda, um nach frischer Luft zu schnappen, sauste aber schon bald wieder aufgeregt herein und gab uns ein Zeichen, dass wir kommen und sehen sollen, was vor sich ging. Als wir nach draußen gingen, erlebten wir einen Anblick, den keiner von uns je zuvor gesehen hatte: Es waren zwei voll entfaltete Regenbogen, die leuchtend helle Farben zeigten und sich von einem Horizont zum anderen erstreckten. Sie blieben für volle 30 Minuten so bestehen. Wir wussten, dass uns der Große Geist eine Botschaft der Bestätigung für diese sehr heilige Reise sandte.

Am nächsten Morgen packten Catie und ich unsere Sachen, beluden unser Fahrzeug und bedankten uns für diese ausgesprochen wunderbare Erfahrung und verabschiedeten uns von unseren Freunden. Als wir Hopiland verließen, baute die Polizei des Navajo Reservats gerade eine Straßensperre auf und das erinnerte uns daran, dass in diesem Land noch immer Kämpfe zwischen den einheimischen Völkern und unserer Regierung bestehen.

Was passiert und warum jetzt?

Was war der Anstoß für solch eine Begegnung mit einem Hopi Ältesten? Woher kam die Inspiration, mit solch einer heiligen Reise zu beginnen?

Es findet überall ein Erwachen auf diesem Planeten statt, sowohl inmitten der modernen Gesellschaft als auch unter den eingeborenen Völkern. Wir nehmen die großen energetischen Veränderungen wahr - nicht nur auf diesem Planeten, sondern auch überall im Universum. Die Spirituellen Ältesten der eingeborenen Völker fühlen diese Verwandlung sehr intensiv und sie sind bereit, Schritte zu unternehmen. Wenn wir die Ältesten besuchen, sagen viele ausdrücklich: „Nun ist es an der Zeit, dass sich die Ältesten versammeln, dass sich alle Menschen vereinen und Mutter Erde heilen." Jedes Mal, wenn wir diese Worte hören, laufen uns Schauer über den Rücken, doch es gibt uns die Bestätigung dafür, dass die Prophezeiungen und Channelings genau richtig getroffen haben.

Es finden bereits viele simultane Aktivitäten zwischen eingeborenen Spirituellen Ältesten von vielen Kontinenten statt. Viele Religionen beginnen sich zu begegnen und versammeln sich, um ihre Meinungsverschiedenheiten beizulegen und für das Wohl der Menschheit zusammenzuarbeiten. Wenn jemand das große Bild des Planeten ansehen würde, dann würden Jesus und die anderen großen Meister genau diese Arbeit leisten, um die Menschen davon zu überzeugen, dass die Liebe das mächtigste Werkzeug im Universum ist.

Wir alle wissen intuitiv, dass dies eine besondere Zeit ist - eine erstaunliche Gelegenheit für persönliches und universelles Wachstum. Wir alle erleben die Veränderungen in unserer Welt und die zunehmende Häufigkeit von synchronen Ereignissen in unserem Leben. Wenn wir mit unseren Herzen hören, sind wir uns der Verbundenheit mit allen Wesen in diesem Universum bewusst. Der Schleier lüftet sich. Es findet ein Wiedererwachen der Weisheit statt, die in jedem von uns enthalten ist. All das, was mit dem im Einklang steht, von dem wir wissen, dass es wahr ist, zeigt sich selbst und Dunkelheit *(Unwissenheit)* weicht. Die lang erwartete Zeit der Transformation ist mitten unter uns. Eingeborene Völker wissen, dass wir alle eins mit dem Schöpfer sind, und wir sind selbst kraft- und machtvolle Schöpfer. Die Ältesten können uns lehren, wie wir uns an das erinnern, wer wir wirklich sind und was die Rolle der Menschheit hier auf der Erde ist. Dies ist die Zeit und Energie, zu der wir die Absicht bekundeten, ein Teil davon zu sein. Dies ist die Zeit, um wieder zur Familie zurückzukehren. *„Mitakuye Oyasin"* - wir sind alle miteinander verbunden.

Das Hervorbringen von universellem Frieden durch unsere eigene innere Weisheit und die Weisheit der Ältesten, zusammen mit der Kraft der Ko-

Kreation, ist eine bedeutsame Herausforderung von großer Tragweite, welche der reinen Absicht eines jeden Mitglieds der menschlichen Familie bedarf. Jeder von uns muss unser Geschenk der freien Wahl erkennen und geltend machen. Auch ist es für jeden Menschen an der Zeit, seine individuellen Potenziale zurückzufordern und diese Fähigkeiten anzuwenden. Diese unternommene Handlung hat vom Herzen jedes Menschen auszugehen. Sie ist ein spirituelles Unterfangen und wir alle sind fähig, ein spirituelles Bewusstsein zu erschaffen, das sich auf den Planeten auswirken kann. Es hat noch niemals einen angemesseneren Zeitpunkt dafür gegeben, dass sich alle Völker in Liebe, Frieden und Harmonie vereinen.

Spirituelle Kommunikation durch Prophezeiungen und Channeling

Im Laufe der Geschichte der Menschheit gab es stets viele Ereignisse, welche den Samen für die Versammlung der eingeborenen Ältesten und die Vereinigung aller Völker gepflanzt haben. Es gibt sowohl unlängst gegebene Channelings und Prophezeiungen als auch die, die seit mehr als tausend Jahren bestehen, welche bestätigen, dass dies die Zeit für diese Versammlung der Ältesten ist. Dies ist die Zeit, um Räte zu gründen, die mithelfen, Liebe, Harmonie und Frieden in diese Welt zu bringen. Es geht ein stiller Schrei um Hilfe rund um den Planeten, um die Wahrheiten zum Vorschein zu bringen, die seit einer Ewigkeit verborgen waren. Die eingeborenen Völker leben seit vielen tausend Jahren auf diesem Planeten und sie wissen, wie man sich mit Mutter Erde verbindet und in Harmonie mit ihr lebt und den Kanal zu Spirit offen lässt. Die westliche Welt hat diese Verbindung verloren, aber viele Menschen kommen derzeit zu der Erkenntnis, dass dies nicht mehr lange so weitergehen kann. Wir müssen handeln - denn die Antworten sind auf diesem Planeten.

Viele eingeborene Völker trugen durch alle Zeiten Prophezeiungen und Visionen mit sich, die uns sagen, dass die Zeit für eine Wiedervereinigung aller Völker in Weisheit und Harmonie mit Mutter Erde und unter ihnen gekommen ist. Diese Weisheit verschwand im Untergrund, als der weiße Mann an den Ufern vieler Länder ankam. Es ist nun an der Zeit, dass dieses Wissen an die Oberfläche kommt und zwischen den Menschen auf dem Planeten geteilt wird. Ein heiliger Mann der Lakota (Sioux) namens Black Elk (Schwarzer Elch) hatte im Alter von neun Jahren eine heldenhafte Vision, zu der die Vereinigung aller Völker auf diesem Planeten gehörte. Hier ist ein kurzer Auszug:

> *Der heilige Reif meines Volkes war einer von vielen, die einen Kreis bildeten, so weit wie das Tageslicht und wie das Sternenlicht. In seinem Zentrum wuchs ein kräftig blühender Baum zum Schutze aller Kinder einer Mutter und eines Vaters.*
>
> *Bewahrt den Kreis des heiligen Reifes, denn die Menschen sollen wie er sein; und wenn sie dies sind, dann sollen sie Kraft und Macht haben, weil es bei diesem Reif kein Ende gibt, und in der Mitte dieses Reifes wachsen ihre Kinder.*

(Der heilige Reif bedeutet, dass die Kontinente der Welt und Menschen aller Hautfarben als eins stehen sollen.)

Die Botschaften der Spirituellen Ältesten handeln alle von der Liebe und davon, in Frieden und Balance miteinander und mit Mutter Erde aus dem Herzen zu leben. Sie handeln von Vergebung und Nicht-Bewertung. Nun ist es an der Zeit, dass das Wissen der alten Tage und die Technologie in einem harmonischen Gleichgewicht verschmolzen werden. Im Besonderen hörten wir, dass die Algonkin Stämme in Kanada diese spezielle Zeit der Wahl für die Menschheit und für den Planeten prophezeiten. Die Eingeborenen von Australien, die Mayas, die Kelten, die afrikanischen Völker, die Tibeter, die Völker Alaskas, die Hawaiianer und die Hebräer sowie viele andere eingeborene Gruppen haben ebenso Schlüssel, um das Wissen des Altertums zu offenbaren und die Wahrheit ans Licht zu bringen, um sie mit allen zu teilen.

Sie waren die treuen Hüter des Wissens. Jetzt ist es für sie an der Zeit, zusammenzukommen und sich in einem traditionellen Rat zu begegnen, um ihr Wissen zu teilen. Als ein Zeichen dieser Tatsache erfuhren *(lernen)* wir sogar, dass sich die Ältesten der Einheimischenstämme von Zeit zu Zeit in kleinen Gruppen getroffen haben und für diesen Zweck Netzwerke erschufen. Darüber hinaus haben die Hopi, die von vielen eingeborenen Gruppen in dieser besonderen Zeit unserer Erdengeschichte als die Hüter der Wahrheit angesehen werden, auch schon lange die Herausforderungen in dieser speziellen Zeit prophezeit. Sie haben viermal speziell das „Haus des Glimmers" angesprochen, welches üblicherweise unter dem Namen der Vereinten Nationen bekannt ist.

In jüngsten Veranstaltungen wurde Lee Carroll, der Channeler für Kryon, bei drei Anlässen dreimal in die Vereinten Nationen (UN) in New York City eingeladen, um die Botschaften von Kryon durchzugeben. In zwei der drei Channelings erwähnte Kryon die Notwendigkeit der Gründung eines Beirates von Eingeborenenstämmen in Erwägung zu ziehen, damit ihr Wissen zum Wohl der gesamten Menschheit verfügbar gemacht werden kann. Nachstehend ein kurzer Auszug aus dem Kryon Channeling bei den UN im November 1996 *(vergl. Kryon Lehrbuch Band IV „Gemeinsam mit Gott" Kapitel 6, Seite275ff):*

„Nun haben wir eine Frage an Euch: Wenn Ihr noch einmal von Anfang an eine Organisation von Nationen wie diese hier aufbauen würdet, würde es für Euch zu dieser Zeit an der Schwelle des neuen Jahrtausends einen Sinn machen, die Weisheit der Alten dieses Planeten mit in Eure Planung einzubeziehen? Könntet Ihr ihre kollektiven Ideen oder vielleicht ihre Geheimnisse, auch die verborgenen, nutzen und gebrauchen? Ich denke Ihr würdet sagen: „Ja, das ist eine ausgezeichnete Idee."

Warum ist es dann aber so, dass es in dieser riesigen Institution keinen Platz für genau diese Weisheit gibt? Habt Ihr vergessen, dass sie Euch zur Verfügung steht? Beachtet Ihr, dass diese Weisheit wertvoll sein würde? Sogar auf diesem Kontinent gibt es die eingeborenen Nachfahren der Alten, die noch immer das Verständnis von dem alten spirituellen Geist und Wirken der Erde mit sich tragen. Sie verstehen die spirituelle Natur des Landes und des Friedens. Sie verstehen die Ko-Existenz der Elemente und die Energie des Westens, des Ostens, des Nordens und des Südens.

Diese Alten, welche die tropischen Inseln auf der gesamten Erde besiedelten (gründeten), verstehen vollständig ihre eigene Sternenabstammung! Und ihre menschlichen Nachfahren lehren dies bis zum heutigen Tage in einer ungeschriebenen Sprache und wissen, wie alles, mit der Energie der Erde übereinstimmend, zusammenpasst.

Diejenigen, die genau jetzt, Euch auf der anderen Seite des Planeten gegenüberliegend, leben, welche in heutiger Zeit Feuer mit Hölzern für die Wärme entfachen und in primitiver Weise zusammenkommen, mögen ein besseres Verständnis von der Wirkungsweise der Dinge haben als jeder andere weise Mensch in diesem Gebäude! Auf jedem Kontinent gibt es die Nachkommen der weisen Vorfahren und ihr Wissen greift ineinander und passt zusammen - war Euch das bekannt? Denn die Wahrheit des Planeten verändert sich niemals, aber die Grundlagen sind den modernen Menschen oft verloren gegangen.

So ist doch kein einziger dieser weisen Menschen in diesem Gebäude gegenwärtig, denn sie sind nicht die Eigentümer des Landes, auf dem sie leben. Sie tragen und halten die größte Weisheit, die der Planet der heutigen Menschheit anzubieten hat - aber weil sie nicht politisch ausgerichtet mächtig sind, werden sie ignoriert.

Und so sagen wir, dass es an der Zeit ist, einen Rat der Älteren und spirituell Weisen zu erwägen, um allen Restlichen Rat und Empfehlung zu geben - Rat, der aufgrund seiner planetarischen Abstammung anerkannt und gewürdigt ist und nicht aufgrund seiner Regierungsreferenzen. Wenn Ihr dies tut, wird es in der Tat Ergebnisse und Lösungen bringen - Euch allen! Es gibt keine bessere Zeit als die jetzige für solch eine Idee. Vielleicht wird es sich jetzt - in dem großen Saal am unteren Ende der Halle ereignen."

Lee wurde im November 1998 noch einmal eingeladen, bei den UN zu sprechen; Kryon erwähnte dort wiederholend die Notwendigkeit des Wissens der einheimischen Ältesten.

Warum einen Weltrat der Eingeborenen-Ältesten?

Der Weltrat der Ältesten (WCOE) ist eine sich entwickelnde Gruppe von einheimischen bzw. eingeborenen Ältesten aus der ganzen Welt - die zusammenkommen, um die Menschheit bezüglich des Weltfriedens zu unterrichten und zu beraten. Die Mission des WCOE ist es, die einheimische Weisheit und das heilige Wissen zu verjüngen und es in modernen Kulturen und Technologien einzugliedern, um die Menschheit und Mutter Erde bei der Verwirklichung von Einheit, Harmonie und vollem spirituellen Bewusstsein zu unterstützen. Die einheimischen Völker, welche mit der Mutter Erde in Verbindung geblieben sind, verstehen, dass jeder von uns bei dieser Wiedervereinigung eine Rolle zu spielen hat. Folglich können sie uns eine Menge an spiritueller Einsicht und praktischen Lösungen anbieten, um die globalen Probleme, denen die Menschheit momentan gegenübersteht, zu korrigieren.

Die Eingeborenen-Ältesten teilen normalerweise ein tiefes spirituelles Bewusstsein und Kraft und Macht sowie Verbundenheit mit Mutter Erde, Einfachheit, Bescheidenheit, Würde und - selbstverständlich einen Sinn für Humor. Die Ältesten teilen auch ein überraschend alltägliches Wissen davon, wer wir sind, woher wir kommen und wohin wir möglicherweise gehen, wenn wir auf unsere Herzen hören und unserem „inneren Wissen" folgen. Dieses Wissen wurde sicher aufbewahrt und oft verborgen und dann viele Generationen lang an einheimische Völker überliefert, bis es in der Energie dieser besonderen Zeit geteilt werden konnte.

Täglich holten sie sich Rat beim Großen Geist und bei Mutter Erde, damit sie ihnen helfen mögen, die Prinzipien des Lebens auf diesem Planeten zu verstehen. Anhand dieser Lehren verstanden die Spirituellen Ältesten die Energien und Schwingungen des Planeten und seine Verbindung zum Universum. Dieses Wissen half den einheimischen Völkern, in enger

Gemeinschaft mit den Elementen der Erde zu leben. Sie gestalteten das Leben schlicht und einfach. Jedes Mal, wenn eine Gesellschaft zu komplex wurde und ihre Verbindung zum Großen Geist und zur Mutter Erde verlor, zerstörte sie sich selbst oder verschwand letztendlich.

Viele eingeborene Völker regieren noch mit Ältestenräten und dies schon seit mehreren tausend Jahren. Eingeborene Völker respektieren das Wissen ihrer Ältesten, die über Lebenserfahrungen und inneres Wissen verfügen, welches das aller Jüngeren übersteigt. Sie wurden mit dem Elend und den Lebenslektionen konfrontiert, die ihnen auf diesem Planeten präsentiert wurden. Älteste besitzen das innere Wissen, welches man mit der Zeit erlangen kann, und sie geben es an die jüngeren Generationen weiter. Es ist geschichtlich belegt, dass die Räte aus Ältesten bestanden, welche ihre Menschen weise regierten. Diese Räte wurden gebildet, um Harmonie und Frieden zwischen sich selbst und anderen Menschen zu gewährleisten. Es ist die älteste Form der Führerschaft auf diesem Planeten.

Wie alles begann

Mit den alten Prophezeiungen der eingeborenen Völker und den Channelings, die unlängst von Kryon veröffentlicht wurden, erkannte man die Notwendigkeit und Stichhaltigkeit eines Weltrats der Ältesten. Die derzeit vor sich gehende Verwüstung der Mutter Erde und das grausame Benehmen der Menschen gegeneinander verdeutlicht sehr, dass das Leben in der Form, wie es auf dem Planeten existiert, in einem prekären Gleichgewicht ist. Die eingeborenen Völker dieses Planeten haben schmerzliche Veränderungen erlebt und wissen nun, dass gehandelt werden muss. Eine Möglichkeit, all das Geschehene zu mildern, ist die Entwicklung von diesem Weltrat der Eingeborenen-Ältesten mit bodenständig-naturverbundenen Völkern.

In meinem Fall begannen mich einige sehr deutliche innere Stimmen aufzuwühlen, die mir sagten, dass „es erforderlich ist, dass etwas getan werden muss." Mein Leben auf diesem Planeten war dafür vorgesehen, einen bestimmten Auftrag zu erfüllen. Die Umsetzung dieser Aufgabe umfasste viele Individuen, die ich zu bestimmten Zeiten meines Lebens kontaktiert habe und die meine Lehrer und Mentoren waren. Ihre Geduld und ihr Verständnis halfen mir, die Kraft für diese Arbeit aufzubringen. Ich möchte mich bei ihnen für die Unterstützung, die sie zu dieser Reise beigesteuert haben, bedanken.

Ich gewann erst unlängst einen Einblick in diese Arbeit, als ich 1998 mit Lee Carroll beim zweiten „Journey Home" Retreat in Breckenridge, Colorado sprach. Unsere Diskussion umfasste die Tatsache, dass ich intensiv spürte, dass ich einen Auftrag hatte, ich aber nicht wusste, was er mit sich bringen würde oder noch nicht einmal, wie er beginnen wird. Ich erwähnte, dass ich im November 1997 nach Hawaii heimfuhr, um bei meiner Familie zu sein. Während ich dort war, hatte ich mehrere persönliche, spirituelle Erlebnisse, welche mich dazu brachten, Antworten zu suchen. Anhand dieser Erlebnisse wusste ich, dass ich als Verbindung zu den Einheimischenstämmen arbeiten sollte, doch ich kannte keine Einzelheiten.

Ich hatte das Gefühl, dass Kryon und Lee es wussten, es mir aber nicht sagen konnten, bevor ich es nicht selbst herausfand. Nach meinem Gespräch mit Lee ging ich von dem Retreat mit einer positiveren Einstellung weg, dass etwas im Entstehen war, und es lag an mir, das herauszufinden.

Bei dem „Journey Home" Retreat lernte ich auch Catie kennen! Wir wurden sofort Freunde, erkannten aber nicht, dass sich unsere Wege in unmittelbarer Zukunft wieder kreuzen würden (wozu dann letztlich auch unsere Ehe gehören sollte). In den nächsten zwei Monaten ging ich ausführlich auf das Gespräch ein, welches ich mit Lee geführt hatte. Im Oktober 1998 bei einem Kryon „At Home" Treffen in Lakewood, Colorado wurde die Reise noch offenkundiger. Lee sprach insbesondere über das Kryon Channeling bei den Vereinten Nationen und diskutierte die Notwendigkeit, einen Rat der Ältesten zu organisieren. In diesem Moment wurde es mir wirklich klar, dass ich etwas zu tun hatte, was mit dem Gesagten in Verbindung stand. Während der nächsten drei Monate las ich die Channelings bei den Vereinten Nationen immer wieder und diskutierte mit Catie über die Möglichkeit dieser Mission. Im Januar 1999 schrieb ich ein paar Zeilen an Lee und informierte ihn, dass ich letztendlich etwas wegen der Organisation eines Rates der Ältesten mit einheimischen Völkern auf der ganzen Welt zu unternehmen hatte.

Lee antwortete unmittelbar, dass ich einen Herrn in Montréal kontaktieren solle, der eine ähnliche Vision habe. Dieser Mensch gründete eine Stiftung, welche sich die Verwirklichung des Weltfriedens zum Ziel gesetzt hatte. So lernten Marc Vallée und ich einander kennen. Marc und seine Schwester Martine sind die Mitgründer und Eigentümer von Ariane Editions, die Herausgeber der Kryon Bücher und vieler anderer metaphysischer Werke weltweit in der französischen Sprache.

Marc und ich kommunizierten über E-Mail und Telefon, um zu sehen, ob wir uns auf einem ähnlichen Weg befanden. Wir beschlossen, dass wir uns nahe standen, weil eines der Endresultate die Erlangung des Weltfriedens sein sollte. Ein persönliches Gespräch wurde daher für uns notwendig. Am 1. Mai 1999 trafen sich Marc und ich in Montréal bei einem Kryon Vortrag, der von Ariane Editions veranstaltet wurde. Während unseres Treffens fanden wir heraus, dass wir beide wussten, in welche Richtung wir gehen würden, jedoch war für uns beide auch gleichfalls alles sehr neu. Wir einigten uns, dass wir offiziell mit unseren zwei Unternehmungen beginnen. Marc fuhr fort mit seinem passionierten Wunsch, einen Weg zur Erlangung von Weltfrieden zu finden, und ich würde mit meinen Bestrebungen, einen Rat der Eingeborenen-Ältesten zu gründen, weitermachen. Mit dieser vorliegenden Vereinbarung hatten wir das Gefühl, dass wir uns gegenseitig gestatteten, unsere Verträge zu erfüllen, um eine positive Wirkung *(Effekte)* auf diesen Planeten zu haben.

Vor dem Treffen in Montréal am 1. März 1999 traf ich mich mit Jennifer Borchers, die zu dieser Zeit Vorsitzende der SEAT (Society for Enlightenment and Transformation = Gesellschaft für Erleuchtung und Transformation) bei den Vereinten Nationen war. Ich wollte sehen, ob Jennifer irgendwelche Informationen hatte, die mir dabei helfen konnten, ein verständlicheres Bild davon zu erhalten, wie ein Rat der Ältesten die Vereinten Nationen unterstützen könnte. Erst im November 1998, während Jennifer Borchers dort den Vorsitz hatte, channelte Kryon bei den Vereinten Nationen erneut die Notwendigkeit eines Rates der Ältesten. Ich wollte mich mit Jennifer treffen, um zu sehen, ob sie irgendwelche Einblicke darüber hatte, welche Aufgaben ich dabei übernehmen würde. Nachdem ich ihr erklärt hatte, welche Absichten ich bezüglich des Rates der Ältesten hatte, war ihre Antwort erstaunlich. Sie sagte, dass es eine beträchtliche Aufgabe sei und dass dabei massive Hürden überwunden werden müssten. Die UN wären eine dieser Hürden. Jennifer könne nicht für die gesamte UN sprechen, doch von ihrer Position aus würde die Aufgabe von der Gesellschaft für Erleuchtung und Transformation (SEAT) unterstützt werden. Wir einigten uns darauf, uns gegenseitig soweit wie möglich zu unterstützen. Bei den UN ist noch viel mehr zu tun und ein Rat der Ältesten kann einen enormen Beitrag zu ihren mühseligen Auseinandersetzungen um Frieden, Harmonie und Einheit auf dem ganzen Planeten leisten.

Wer sind die Ältesten?

Im Verlauf unserer Arbeit fanden wir heraus, dass es zwei Arten von Ältesten gibt. Die erste davon ist der ältere Älteste, der normalerweise 70 bis 120 Jahre alt ist. Sie haben das Wissen und die Weisheit ihrer Vorfahren durch Lektionen und Erfahrungen gelernt. Viele von ihnen wurden in jungem Alter auserwählt, diejenigen zu sein, die sie jetzt sind. Sie spüren eine starke Verbindung zur Mutter Erde über das Land, das Wasser, den Himmel und das Feuer und sie leben ihre Spiritualität in jeder Minute jedes Tages. Sie verbinden sich mit den Energien, die aus ihrer örtlichen Umgebung strömen. Aus diesem Grund liegt den Ältesten viel daran, ihre heiligen Länder zu erhalten. Die Kenntnis dieser Energien und wie der Mensch sich mit ihnen verbindet, ist sehr wichtig, um das Gleichgewicht mit Mutter Erde aufrechtzuerhalten. Dies beinhaltet eine starke geographische Bindung, von der sie sich schwer trennen können, selbst wenn sie ihr Heimatland nur vorübergehend zu verlassen haben.

Viele dieser Ältesten tragen die alten Prophezeiungen ihrer Vorfahren mit sich. Sie wissen, dass es Zeit ist, den Menschen dieses Planeten die Prophezeiungen mitzuteilen, und viele der Prophezeiungen beziehen sich auf genau diese Zeit. Einige dieser Prophezeiungen verkünden Unheil/Weltuntergangsstimmung für den Planeten und einigen davon scheint das derzeitige Geschehen einfach sehr angemessen, da wir sehen, wie der Planet zu sehr geschändet wird. Ein Großteil der Bodenschätze von Mutter Erde wird gewonnen, jedoch ohne Wiedergutmachung, um das Gleichgewicht herzustellen. Die Ältesten nennen diese Wiedergutmachung *Zahlung.* Die gegenwärtige westliche Welt leistet nicht genug *Zahlungen*, um für das, was zur

Versorgung dieser modernen Gesellschaft verwendet wird, zu entschädigen. In der Tat sind die meisten amerikanischen Weststaatler anscheinend getrennt von dem, wer sie sind und wie die Dinge funktionieren, und sie sind sich des Ungleichgewichts, welches sie kreiert haben, nicht bewusst.

Zahlungen beziehen sich auch auf jeden Menschen auf diesem Planeten. Die Ältesten sind fest davon überzeugt, dass wir priviligiert sind, indem wir auf der Erde leben. Denn in jeder Lebenszeit, in der wir auf diesem Planeten leben, übernehmen wir eine Verantwortung für sein Wohl. Wir ehren diese Verantwortung, indem wir Mutter Erde für das, was uns während unserer Erdenlebensdauer zur Verfügung gestellt wird, Respekt erweisen. Wir tun dies, indem wir *Zahlungen* machen - um sicher zu gehen, dass wir das, was wir während unseres Lebens auf diesem Planeten konsumieren, wieder zurückgeben. Wir müssen auch eine angemessene Zeit dafür verwenden, Mutter Erde für dieses Privileg zu danken. Die Bedeutung von aufrichtiger Dankbarkeit ist eine weitere Lektion, welche die Ältesten für uns bereithalten. Viele von diesen Ältesten haben lange genug gelebt, um die vielen extremen Entbehrungen zu erfahren, welche von ihren Stämmen erlitten wurden. Der Verlust ihrer heiligen Länder und der Hass auf jene, die sie an sich genommen haben, verweilt noch tief in ihren Herzen. Aber, wie auch immer, sind viele von ihnen leitende Vorbilder für den Weg der Vergebung dessen, was rundum auf dem Planeten angerichtet wurde. Sie spüren, dass es wichtigere Arbeit zu tun gibt - und diese besteht darin, Gleichgewicht und Harmonie mit Mutter Erde herzustellen und Einheit und Frieden unter allen Völkern. Das Wichtigste ist die enge Verbindung zu dem Großen Schöpfer. Viele Älteste sprechen von der Freiheit, die in der Vergebung liegt. Dieses „Loslassen" von alter Energie und das Öffnen des Herzens gestattet den freien Fluss der Liebe und die Führung von Spirit, welche uns alle vereint.

Die andere Art von Ältesten ist jünger, wobei das Alter zwischen 40 bis 70 Jahren liegt. Viele von ihnen stecken noch im Lern- und Erfahrungsprozess. Sie sind diejenigen, welche in die Schulen gesandt und dort nach westlichen Bräuchen erzogen wurden. Viele dieser modernen Ältesten versuchten mit Erfolg, in der modernen Gesellschaft zu leben, verspürten jedoch bald eine Leere und eine Getrenntheit von Spirit und Mutter Erde. Sie kehrten schließlich nach Hause zurück, zurück zu ihren Wurzeln, weil es das Land war/ist, auf dem sie sich heil und lebendig fühlten. Als diese modernen Ältesten zu ihren Ländern zurückkehrten, begannen sie, das Wissen der alten Tage und Spiritualität von den älteren Ältesten zu erlernen. Einige davon wurden zu den Überbringern der alten Prophezeiungen. Sie sprechen mehrere Sprachen und sie wissen, wie in und mit der modernen Welt vor- und umzugehen ist.

Wie dem auch sei, als ihr Lernen sich weiter fortsetzte, erkannten die jüngeren Ältesten bald, dass die alten Methoden und das Wissen genauso viel Gültigkeit hatten wie die modernen Technologien. Einige moderne Wissenschaftler erkennen diese Tatsache endlich, da das alte Wissen langsam an die Oberfläche kommt. In der Tat verdankt die Technologie der westlichen Welt einen Großteil ihrer Existenz den eingeborenen Völkern, welche die natürlichen Vorkommen, die von Mutter Erde bereitgestellt werden, entdeckten und eifrig verwendeten. Moderne Wissenschaftler nahmen dieses Wissen als die Bausteine für viele Funktionen unserer heutigen Gesellschaft.

Eine Anzahl dieser modernen Ältesten haben auch die Verantwortung angenommen, ihr Wissen mit der Welt zu teilen. Sie lassen andere an ihren Zeremonien teilhaben, um eine starke energetische Bindung zur Heilung des Planeten und der Menschheit zu schaffen, und ihrem Gefühl nach ist es an der Zeit, dass alle Völker rund um den Planeten das Wissen teilen und anderen helfen, die individuellen Kräfte wiederzuerlangen, die ihnen genommen wurden oder zu einer gewissen Zeit aufgegeben wurden. Alle Menschen können ihre innere Weisheit und Spiritualität wiedergewinnen. Einige dieser Ältesten, die wir besuchten, bezeichnen sich selber als „Brücken". Sie können eine Beziehung zu beiden Welten herstellen und haben die Verantwortung dafür übernommen, der neuen Welt zu helfen, zu Frieden, Harmonie und Liebe zurückzukehren. Diese Ältesten empfinden sich selber ebenso wie so viele der jetzt erwachenden Einzelpersonen als die Brücken für die Vereinigung *(Integration)* zwischen der alten Weisheit und der „Jetzt" Zeit.

Wie wird ein Mensch als Ältester anerkannt?

Es gibt viele verschiedene Möglichkeiten, um eine Persönlichkeit als Ältesten zu erkennen. Der geläufigste Brauch ist die Anerkennung durch seinen oder ihren Stamm. Es gibt noch andere berechtigte Methoden, wie z.B. die Ernennung durch andere Älteste, in die Position hineinzuwachsen, und das Geburtsrecht. Es handelt sich um einen wohlverdienten Status und nicht um eine gewählte Position. Vorsicht ist bei einem selbst erwählten Ältesten geboten, der es zulässt, dass ihm sein Ego in die Quere kommt. Die meisten Ältesten haben das Gefühl, dass die Anerkennung durch ihr Volk sehr wichtig ist. Das Volk hat das Gefühl, dass der auserwählte Älteste das richtige Rüstzeug für die Aufgabe hat und sehr angesehen sein muss und dass er den richtigen Weg gehen wird. Nicht alle Ältesten müssen den spirituellen Weg gehen, um zu einem Ältesten zu werden. Die Arbeit, welche sie leisten, umfasst viele Bereiche. Es gibt jene, die heilen, beten, als Schiedsrichter tätig sind, handeln, eine Landwirtschaft betreiben, unterrichten usw. Die Einzelnen, die jedoch für die Arbeit des WCOE gebraucht werden, sind die Spirituellen Ältesten.

Ein Ältester *verlangt* keinen Respekt; er nimmt ihn schweigend entgegen. Man kann einen Ältesten *spüren.* Er ist stets von Kindern umgeben, weil sie instinktiv wissen, dass von dieser Person Weisheit ausgeht. Der Älteste ist sich der Bedeutung der Kinder bewusst, denn diese Jugendlichen werden die Lehren, die Traditionen, die Kultur, die Sprache, die Geschichte und das zeitlose Wissen des Volkes fortsetzen.

Begegnungen mit Ältesten

Sobald unsere Absicht, einen Weltrat der Ältesten zu koordinieren, bekundet war, ereignete sich auf jede erdenkliche Weise Synchronizität und das setzt sich auch heute noch immer fort. Im Juli 1999 fand eine formale Repräsentation auf der Kryon Mittsommer-Konferenz in Santa Fe, New Mexiko statt. Das Echo dort war sehr intensiv, es war so gefühlvoll, dass es uns völlig überraschte. Viele der Eingeborenen waren bei dieser Konferenz in Resonanz mit dem, was präsentiert wurde. Viele Tränen flossen, weil diese Arbeit aus dem Herzen kommt, und jeder spürte es an diesem Tag.

Unmittelbar nach der Konferenz fuhren Catie und ich nach Hawaii, um an der Welt-Eingeborenen-Konferenz zum Thema Erziehung in Hilo teilzunehmen. Wir lernten Älteste von verschiedenen Orten der pazifischen Randgebiete kennen. Wieder wurde uns von allen bestätigt, dass es an der Zeit ist, dass diese Arbeit begonnen wird. Es geschah mehrmals, dass, wenn ich mich Ältesten näherte, sie bereits wussten, was zur Diskussion stand. Wir sprachen bereits von Herz zu Herz, noch ehe ich ihnen überhaupt begegnet war. Wenn ich schließlich meinen Mund öffnete, um zu sprechen, unterbrachen sie mich und sagten: „Wir wissen bereits, dass es an der Zeit für einen Planetaren Rat der Ältesten ist." Die Reise nach Hawaii bestätigte, dass wir auf dem richtigen Weg waren. Nach Hawaii besuchten wir die Hopi, wie zu Beginn des Kapitels beschrieben.

Mitte September 1999 fand unser nächstes Treffen direkt in Boulder, Colorado, wo Catie und ich in der Zeit lebten, statt. Wieder durch Synchronizität erfuhren wir, dass ein Schamane aus den Anden von Ecuador an eine lokale Universität kam, um dort eine Prophezeiung bekannt zu geben, über die sein Volk schon seit tausenden von Jahren verfügte. Catie und ich erfuhren, dass die Prophezeiung, welche der Schamane kundgab, einer Hopi Prophezeiung sehr ähnlich war: „Jene von der Mitte *(von dem Zentrum)* werden uns dazu bringen, den Adler vom Norden und den Kondor vom Süden zu vereinen. Wir werden unsere Verwandten kennen lernen, weil wir eins sind."

Wir stellten eine Verbindung zu diesem Schamanen aus den Anden her und erklärten ihm die Arbeit des WCOE. Er begriff sofort, was vor sich ging, und er lud uns ein, ihn und die anderen Ältesten seiner Gegend zu besuchen. Zu unserem großen Erstaunen realisierte sich die Prophezeiung bereits innerhalb weniger Monate. Dies erweist sich als ein weiteres primäres Beispiel für Synchronizität und für die Reife und Beschleunigung der gegenwärtigen Zeit.

Mehrere Wochen später flogen Catie und ich nach Washington, D.C., um an der Gebetswache für die Erde beim Einkaufszentrum in der Nähe des Washington Monuments teilzunehmen. Hier lernten wir wieder Älteste aus den Vereinigten Staaten und Kanada kennen. Sie repräsentierten die Algonkin, Choctaw, Cherokee, Delaware, Lakota, Mohawk, Ojibwe, Oneida und Shawnee Stämme und viele andere rund um die ganze Welt. Und wieder erhielten wir dieselbe stille Reaktion des Wissens davon, dass die Zeit jetzt gekommen ist. Anhand all dieser Einführungen und Gespräche wussten wir, dass dies erst der

Anfang war und dass wir uns noch viele Male treffen würden.

Ein paar Wochen nach dieser Versammlung fuhr ich nach Massachusetts, um einen Ältesten der Maya aus Guatemala zu treffen. Zwei Menschen aus ganz unterschiedlichen Milieus kontaktierten Catie und mich, um uns zu sagen, dass wir unbedingt versuchen sollten, diese Menschen zu sehen. Es war eine Begegnung, die große Auswirkungen haben und die Arbeit am WCOE unterstützen sollte.

Am Morgen nahm ich zum ersten Mal an einer Feuerzeremonie teil. Die Energie, welche von den Flammen ausging, übertraf alles, was ich bisher erlebt hatte. Ich konnte die eintretende spirituelle Erhöhung spüren. Während dieser besonderen Zeremonie fühlte ich eine innige Verbindung zu den Ältesten der Maya. Nach der Feuerzeremonie unterhielt ich mich mit ihnen und erklärte, warum ich hier war. In diesen besonderen Momenten wusste ich, dass ich eine Schwester und einen Bruder kennen gelernt hatte. Nach der Nachmittagssitzung traf ich mich wieder mit den Mayas, um die Arbeit zu besprechen. Beide wussten von der wichtigen Bedeutung dessen, was sich ereignete, und sie schlugen Catie und mir vor, im Februar 2000 an einer speziellen Versammlung in Guatemala teilzunehmen. Diese Versammlung sollte dann das Leben aller Teilnehmer verändern.

Im November 1999 unternahmen Catie und ich eine fünfwöchige Reise in den Norden der Vereinigten Staaten, um Älteste aus verschiedensten Nationen der Urbevölkerung Amerikas zu besuchen. Die meisten dieser Ältesten waren noch jüngeren Alters und jeder von ihnen bezeichnete sich selber als „Brücken" *(A.d.Ü.: die Mehrzahl ist kein Druckfehler)*. Unter diesen Ältesten war ein Autorenpaar, welches in dem von ihm verfassten Buch ihre einheimische Spiritualität vorstellte. Ihre Mentoren waren wohl bekannte Spirituelle Älteste und sie hatten die Verantwortung für das Schreiben dieser Werke übernommen. Einige dieser Ältesten arbeiteten mit uns zusammen, um den WCOE überall in den Vereinigten Staaten zu bewerben. Sie kamen von den Hunkpapa, Oglala, Teton, MicMac, Abenaki, Cherokee und Objibwe Nationen.

Ein paar Wochen später, kurz vor Weihnachten, fuhren Catie und ich nach Quebec City in Kanada. Dort lernten wir einen Spirituellen Ältesten der Huron kennen, der mit seinem Volk an einem Rat arbeitete, um (mit unterstützenden Papieren) die Mittel aufzutreiben, um sich mit ihren traditionellen Bräuchen selber regieren zu können. Die kanadische Regierung arbeitete mit ihnen, damit sie autonom werden konnten. Es war eine gute Gelegenheit, die Rückkehr zu althergebrachten Bräuchen der Selbstregierung in Erwägung zu ziehen. Sie bildeten Räte, die im Dorf ihre Basis hatten.

Diese Räte würden aus Spirituellen Ältesten bestehen, welche einen anderen Ältesten *(unterstützend)* beaufsichtigen, der in der politischen Verbindung zur kanadischen Regierung agiert. Dies war eine Möglichkeit, die Politik soweit als möglich aus dem Spiel zu lassen. Die Absicht dieser Räte ist es, Kultur, Erbe, Geschichte und Sprache zu erhalten. Das Hauptziel war, dieses Wissen an die Kinder zu überliefern. Dies war ein signifikanter Schritt in Kanada und ganz besonders für die Huron. Es war ihr letztes noch bestehendes Dorf und ihre letzte Chance, ihre Identität als eine Erste Nation zu wahren. Aus diesem ersten Treffen entwickelte sich eine anhaltende Beziehung.

Im Februar 2000 fand an verschiedenen heiligen Orten der Mayas eine bedeutsame Versammlung von Ältesten aus Nord-, Mittel- und Südamerika statt, die von Gerardo Barrios, Carlos Barrios, Mercedes Barrios und Mariano veranstaltet wurde. Sie stammten vom Volk der Mam ab, welche die Hüter des Wissens sind. Die Ältesten versammelten sich zum Neujahrsfest der Mayas, um den letzten Abschnitt des heiligen Mayakalenders zu feiern, welcher 2012 endet, und um Zeremonien zu halten, damit der Kondor mit dem Adler fliegen kann. Das Neujahrsfest der Mayas war die erste von zwei Neujahrsfeiern, die in diesem Jahr stattfinden werden. Dies ergibt sich aus dem Grund, weil das heilige Kalenderjahr der Mayas 260 Tage hat und damit die Möglichkeit bietet, zwei Neujahrsfeiern der Mayas in einem gregorianischen Kalenderjahr zu erleben.

Wir erfuhren, dass der 21. Dezember 2012 entsprechend dem heiligen Mayakalender für den Wendepunkt von drei Mayakalendern steht: ein 3.600-Jahres-Zyklus, ein 5.200-Jahres-Zyklus und ein 67.600-Jahres-Zyklus. Unter dem Ende des heiligen Mayakalenders (2012) stellen sich die Mayas nicht unbedingt ein Unheil verkündendes Szenario vor. Sie halten das Ende dieser

Zyklen für den Anfang eines Neubeginns, was der menschlichen Rasse dann mehr Möglichkeiten geben wird, die Dinge auf diesem Planeten richtig zu machen *(stimmig werden zu lassen).*

Abgesehen von diesen Feiern wurden Zeremonien zwischen den Ältesten von Amerika abgehalten, um die nord- und südamerikanische Prophezeiung, dass der Kondor mit dem Adler vereint werden soll, zu unterstützen. Laut der Prophezeiung der Mayas sollen sie als Vermittler agieren, damit sich die Südamerikaner mit den Nordamerikanern treffen können. Die zwei Vögel, welche in den Prophezeiungen erwähnt werden, haben unterschiedliche Merkmale. Der Adler ist aggressiv und geht auf seine Beute los. Er steht auch für die Energie des Nordens, welche mehr zu einer mentalen Wesensart neigt, während der Kondor geduldig ist und auf die Vollendung des Lebenszyklus wartet. Des Weiteren steht der Kondor für die Energie des Südens, welche in ihrer Tendenz mehr herz-orientiert ist. Wenn sich diese beiden Vögel treffen und in Harmonie miteinander fliegen, werden sie ein Gleichgewicht erschaffen. Diese Vereinigung von Energien ist notwendig, um Gleichgewicht auf Mutter Erde und innerhalb ihres Volkes herzustellen. Auch andere Gruppen von Ältesten treffen sich für die Hilfe zur Erfüllung dieser Prophezeiung. Es herrscht ein subtiler, „untergründiger" Drang, diese Arbeit zu vollenden.

Treffen mit Ältesten werden in Verbindung mit Zeremonien abgehalten. Diese Treffen führten zu eine kurzen Liste von Prioritäten:

(1) Die Ältesten fühlten, dass die Heilung von Mutter Erde eine Angelegenheit von höchster Priorität ist. Die Erde hat Schmerzen und spiegelt dies in vielen ihrer Teile und Bereiche wider. Dies ist anhand der Klimaveränderungen zu beobachten, welche die Oberfläche des Planeten beeinträchtigen, fruchtbare Gegenden austrocknen und Temperaturen in vielen Gegenden höher als normalerweise ansteigen lassen. Der westlichen Welt ist dies als Erderwärmung bekannt, welche sowohl durch menschliches Eingreifen als auch durch natürliche Erdzyklen verursacht wird. Das Eingreifen des Menschen kann diese Veränderungen beschleunigen. Aus diesem Grund haben die Ältesten das Gefühl, dass die Heilung von Mutter Erde äußerst wichtig ist.

(2) Eine weitere Priorität, welche von den Ältesten geäußert wurde, ist die Erhaltung von heiligen Ländern. Ein Großteil dieser Länder ist heilig, denn sie enthalten die Energien der Mutter Erde. Wenn diese Länder nicht richtig gepflegt und ihre natürlichen Vorkommen geplündert werden, dann schaffen die in den Energien von diesem Bereich auftretenden Veränderungen ein Ungleichgewicht, welches sich schließlich auf den ganzen Planeten auswirkt. Diese Gegenden müssen gepflegt und respektiert werden. Die Ältesten, welche mit diesen Ländern sehr verbunden sind, wissen, wie man sie heilt und sie können uns beibringen, wie man in Harmonie mit Mutter Erde lebt, wenn wir bereit sind, ihnen zuzuhören.

(3) Eine dritte große Priorität ist die Heilung der Eintrittstellen, an denen herrschende Gesellschaften in die Kontinente der westlichen Hemisphäre gelangten. Die Ältesten spüren, dass wir alle zu heilen und zu vergeben haben. Es ist an der Zeit, dass sich alle Völker vereinen und ihre Differenzen beilegen. Wir haben den Kriegen und der Ausbeutung ein Ende zu setzen. Der Völkermord der Rassen muss jetzt aufhören. Dies ist eine Zeit der Vereinigung und des Friedens. Wir haben alle zusammenzuarbeiten, um Mutter Erde zu heilen und uns auf den spirituellen Zeitraum vorzubereiten, der uns von vielen Menschen rund um den Planeten vorausgesagt wurde. Den Ältesten liegt sehr viel an diesen Prioritäten. Es ist noch mehr vereinigende Arbeit im Entstehen, doch diese drei Prioritäten sind für das Überleben des Planeten und seiner Bewohner in dieser Zeit ausgesprochen wichtig.

Die Spirituellen Ältesten glauben, dass es notwendig ist, zuerst die Wunden der Mutter Erde zu heilen und als Vorbereitung auf die neue Zeit, die sich jetzt rasch nähert, die Energien auszubalancieren. Die Ältesten wissen, dass, wenn einmal genug von dieser Heilungsarbeit im Gange ist, die Energien zur Stelle sein werden und die Synchronizitäten zusammenkommen können, um die Arbeit, die als natürliche Folge entstehen wird, zu unterstützen. Der WCOE kann ein beratendes Gremium der UN oder von anderen Weltregierungen werden. Aber dies kann, wie auch immer, erst nach einer Weile, nachdem sich die Mentalität derjenigen, die in diesen Institutionen der modernen Kultur arbeiten, geändert hat, erfolgen. Die daraus resultierende Arbeit wird auch Lehre und Unterweisung und auf Erfahrung beruhende Programme umfassen, welche von den Ältesten geleitet werden. Die Ältesten sind vor allem an der Erziehung der Kinder interessiert, insbesondere jener Kinder, die zu dieser Zeit mit mehr Kreativität, Empfänglichkeit und anderen Fähigkeiten hierher kommen, um das alte Wissen in die moderne Technologie einfließen zu lassen. Mit der Weisheit der Ältesten werden diese Kinder das Rüstzeug dafür haben, um das wahre Potenzial der Menschheit im „Jetzt Zeitalter" zu manifestieren.

Die Reise der gefiederten Schlange

Vor über 20 Jahren begann Gerardo Barrios, Ältester der Maya, sein Bestreben, die heiligen Mayakalender zu bestätigen und zu verstehen. Er bereiste verschiedene Dörfer in sehr abgelegenen Gegenden Mittelamerikas auf der Suche nach den traditionellsten Ältesten der Maya. Er wollte wissen, ob sie alle dieselben Kalender verwenden. Abgesehen von ein paar namentlichen Abweichungen und geringen sprachlichen Unterschieden stimmten die meisten von ihnen überein. Ein Teil dieser Forschung bestand darin, dass er und neun weitere Mayas 1988 zu einem sehr abgelegenen Dorf reisten, wo traditionelle Mayas seit mehr als tausend Jahren ihr Leben der Erhaltung des Tempelfeuers gewidmet hatten. Die Mayas lassen dieses Feuer als ein Gebet für Frieden auf Erden 24 Stunden am Tag brennen. Nach einer fünftägigen Wanderung durch den tiefen Wald erreichten Gerardo und sein Team schließlich das Dorf. Die Ältesten wussten durch ihre Visionen von der Ankunft dieser Gruppe. Die zehn Mayas erhielten Weissagungen und nur fünf davon wurden im heiligen Tempel des Dorfes empfangen. Gerardo war einer davon.

Sobald sie im Inneren des Tempels waren, nahm einer der Ältesten Gerardo zur Seite, um persönlich mit ihm zu sprechen. Der Älteste stellte ihm die Geschichte der *gefiederten Schlange* Kulkulkan vor, eine schlangenähnliche heilige Erdenergie, die sich durch das ganze Land bewegt. Es waren noch zwei weitere Besuche in diesem Dorf erforderlich, um die Geschichte zu Ende zu erzählen. Die Maya Ältesten des Dorfes erklärten, wie diese Energie regelmäßig ansteigt, und zeigten ihm auf der Karte, die er mitgebracht hatte, wo und wann dies geschehen war. Als Gerardo später die Geschichte verfolgte, fand er entlang dieses Pfades Ereignisse wie das große spirituelle Erwachen von Tibet in den Fünfzigerjahren, die Anti-Vietnamkrieg-Bewegung der Sechzigerjahre und Führer wie Martin Luther King.

Diese Ältesten sagten, dass diese *gefiederte Schlange* die Absicht hat, durch das Rückgrat von Mutter Erde entlang dem amerikanischen Kontinent zum Titicacasee in den Anden zu gelangen, um dann 2012 dort angelangt zu sein. Wenn man eine Karte von der westlichen Hemisphäre aufschlagen und die Gebirgsketten von Alaska in Nordamerika bis nach Chile in Südamerika verfolgen würde, dann würde man sehen, dass sie sich in eine durchgehende Linie von Norden nach Süden ausdehnen. Dies wurde als das Rückgrat von Mutter Erde beschrieben.

Diese Bewegung von Energien hat vollendet zu werden, um Mutter Erde in Balance zu halten. Die Energie hat auch einen Zyklus, dem sie zu folgen und den sie zu erfüllen hat, um die Balance, die benötigt wird, um auf diesem Planeten alles in Harmonie zu belassen, herzustellen. Diese Bewegung ist aber, wodurch auch immer, auf eine Barriere gestoßen, welche die Bewegung stoppt. Sie staut sich beim Panamakanal, wo der Boden ausgehöhlt und entlang dem Grat der Kontinente eine Wasserströmung aufgesprengt wurde. Wenn diese Energie blockiert ist, können die Folgen so verheerend wie ein Wirbelbruch *(Wirbelsäulenbruch)* sein, der sich dann auf die Funktion des gesamten menschlichen Körpers auswirken kann. Gerardo erfuhr, dass spirituelle Zeremonien abgehalten werden müssen, um den harmonischen und natürlichen Fluss dieser Energie der *gefiederten Schlange* zu unterstützen. Als Gerardo bezüglich der Größenbedeutung der Aufgabe seine Bedenken zum Ausdruck brachte, sagten ihm die Ältesten, er solle sich nicht sorgen, wie es gemacht werde, denn es würden Helfer auftauchen. Diese Helfer tauchten im November 1995 zum ersten Mal in Guatemala auf.

Die Heilung von Mutter Erde

Andere Völker haben ebenfalls ihre Besorgnis bezüglich der Heilung von Mutter Erde geäußert. Der Witito Stamm in Südamerika war mit der Energie der *gefiederten Schlange* im Einklang und sie haben Zeremonien abgehalten, um sie zu ehren. Sie nahmen sehr deutlich wahr, dass ihre Bewegung vollständig zu Ende vollzogen werden muss, um den ganzen

Planeten auszubalancieren.

Die Tairona Stämme, welche die Bewohner der Sierra Nevada de Santa Marta in Kolumbien, Südamerika sind, bestehen aus den Kogi, Arahuaco, Arsarios und Cancuamos. Diese Stämme haben sich erst vor kurzem sehen lassen und sind von den Bergen der Sierra Nevada de Santa Marta heruntergestiegen, um starke Botschaften über die Verwüstung der Umwelt auf Mutter Erde zu übermitteln. Dies wurde in einem BBC Dokumentarfilm gezeigt, der 1993 von Alan Ereira gedreht wurde und den Namen *From the Heart of the World - the Elder Brothers' Warning (dt.: Aus dem Herzen der Welt - die Warnung der Ältesten Brüder)* trug. Die Stämme von Tairona bezeichnen sich selber als „die Älteren Brüder" und die amerikanischen Weststaatler als „den Jüngeren Bruder". Sie halten es für ihre Pflicht, nach den Bergen zu sehen, welche sie „das Herz der Welt" nennen. Sie sind sehr besorgt, weil sie spüren, dass der Jüngere Bruder das Gleichgewicht des Planeten zerstört. Ihre Arbeit, den Planeten in Balance zu halten, gestaltet sich durch all die Zerstörung zunehmend schwieriger. Sie können sehen, dass mit ihrem Gebirge, dem Herzen der Welt, etwas nicht stimmt. Die Gebirgsflüsse haben aufgehört zu fließen und Vegetationszonen, in denen es zuvor sehr grün und fruchtbar war, trocknen aus. Wenn das Gebirge krank ist, dann steckt die ganze Welt in Schwierigkeiten. Selbst wenn der Jüngere Bruder zwischen den Augen von der Wahrheit getroffen wird, versteht er dennoch oft nicht, was er tut. In vielfacher Hinsicht machen unsere gegenwärtigen Gesellschaften keine Fortschritte, sondern eine rückläufige Entwicklung. Man braucht sich nur das große Bild anzusehen. Sehen Sie sich nur die Kriege, Gräueltaten, Gier, Unterdrückung, Beherrschung, Hass, Rassendiskriminierung und Misshandlung von Mutter Erde usw. an. Dies zeigt ein sehr düsteres Bild.

Doch, wie auch immer, gibt es eine darunter verlaufende Welle, die durch viele Menschen sowohl in den modernen als auch in den einheimischen Welten strömt. Viele glauben, dass es jetzt ihre Pflicht ist, sich um das Gebirge, welches sie „das Herz der Welt" nennen, zu kümmern. Sie begreifen langsam, was geschieht und möchten einen positiven Beitrag leisten. Es wird auf diesem Planeten noch viel Gutes getan. Es ist an der Zeit zu handeln.

Das kollektive Unternehmen geht weiter

Das Unternehmen zur Errichtung eines WCOE ist sehr heilig. Es ist ein spirituelles Unternehmen, welches seit Tausenden von Jahren in der Erarbeitung *(Erbauung)* ist und es ist ein Unternehmen, für das jeder von uns verantwortlich ist, es zur Manifestation zu bringen. Es ist an der Zeit, die spirituellen eingeborenen Ältesten von allen Kontinenten zu versammeln, um die universellen Wahrheiten, über die sie verfügen, hervorzubringen. Es ist an der Zeit, diesen Ort der Stille in uns selber zu finden, um einfach nur auf das zu hören, was wir in unserem Herzen als die Wahrheit erkennen. Es ist an der Zeit, uns daran zu erinnern, wer wir sind, warum wir hier sind, und die Lehren aller Zeiten in die Praxis umzusetzen, um Gleichgewicht, Harmonie und Frieden für die Menschen und unsere kostbare Mutter Erde wiederherzustellen.

Viele Menschen aus der ganzen Welt erwachen nun und beginnen mit der Wende, die zu dieser außergewöhnlichen Zeit eintritt, mitzuschwingen. Die Menschheit hat „die Schwelle überschritten" und die Grunddünung von Hoffnung und positiver, liebevoller Energie nimmt exponentiell zu. Wie niemals zuvor ist es jetzt an der Zeit für jeden von uns, seine/ihre Kraft und Macht zurückzufordern und die freie Wahl geltend zu machen, um die liebevolle, heilende Arbeit der Ältesten zu unterstützen. Nun ist es für die Menschheit und Mutter Erde an der Zeit, in ihren rechtmäßigen Platz als bewusste spirituelle Partner mit dem Universum der gesamten Schöpfung einzutreten.

Was Sie tun können

Wir sind sehr dankbar für die großzügigen zeitlichen, energetischen und finanziellen Beiträge, die von diesen wundervollen und mutigen Menschen gemacht wurden mit der Vision, bei der Unterstützung des WCOE voranzukommen. Natürlich erfordert diese gewaltige Aufgabe Liebe, Gebete, reine Absicht, herz-orientiertes Engagement und finanzielle Unterstützung von vielen erleuchteten Menschen. Eine gemeinnützige Organisation wurde zur

Koordination der Finanzierung sowie der Logistik, um die Ältesten zu versammeln und die Vermittlung ihrer Weisheit zu ermöglichen, entwickelt.

Sie können Catie und mich bezüglich näherer Informationen über die Arbeit des WCOE gerne kontaktieren. Dies ist ein Unternehmen, das vom Herzen ausgeht, und es wird von der Energie synchroner Ereignisse und Kontakten mit Menschen wie Ihnen gesteuert. Wir würden uns freuen, von Ihnen zu hören und natürlich heißen wir auch Ihre finanziellen Beiträge willkommen und wissen sie sehr zu schätzen.

Kontaktieren Sie uns bitte, wenn Sie nähere Informationen haben möchten:

World Council of Elders (Weltweiter Rat der Ältesten)
P.O.Box 5640
Woodland Park, CO 80866
Gebührenfreie Voicemail / Fax: (877) 750-4162
E-Mail: wcoe4peace@earthlink.net

Halten Sie auch nach unserer kommenden Website Ausschau:
www.worldcouncilofelders.org

Spenden sind von der Steuer absetzbar und sollten bitte an den *World Council of Elders Fund* gerichtet werden

- Woody Vaspra

Von Lee - Am 16. Juli 2000 hatten Jan und ich mittags in Santa Fe, New Mexiko, die Ehre, Catie Johnson und Woody Vaspra dabei zu begleiten, den Bund der Ehe zu schließen. Die Zeremonie fand vor den Teilnehmern der jährlichen Kryon Mittsommer Lichtkonferenz statt.

Kryon

„Wissenschaft" (Update)

von Lee Carroll

Kapitel XV

„Wissenschaft“

von Lee Carroll

Hier sind wir wieder im wissenschaftlichen Teil des Kryon Buches. Wie bei vielen anderen Themen ist es eine kurze Darstellung dessen, was sich seit dem letzten Lehrbuch auf dem Gebiet der Wissenschaft ereignete und die Potenziale, die Kryon uns gegeben hat, bestätigt. Wie ich bereits sagte, bin ich kein Wissenschaftler und daher sind die im Folgenden erörterten Themen nicht in wissenschaftlicher Terminologie (der Sprache, bei der sich die wissenschaftlich Interessierten am wohlsten fühlen) abgefasst. Es ist vielmehr ein Versuch, die Verbindung aufzuzeigen zwischen dem, was Kryon uns in Channelings gab, und dem, was in der realen Welt rund um uns herum passiert. Ich habe deren Synchronizität stets genossen und in diesem letzten Jahr hat sich der Abstand zwischen Kryons Worten und den wissenschaftlichen Beweisen drastisch verkürzt, wobei letztere jetzt oft nach Monaten anstelle von Jahren erscheinen.

Wenn Sie die vorherigen Kryon Lehrbücher gelesen haben, dann wissen Sie, dass einige sehr tief gehende Channelings aus den frühen Neunzigerjahren bezüglich wissenschaftlicher Potenziale auf den Seiten im Wissenschaftskapitel bestätigt wurden.

Einige von ihnen umfassen

- die Zwillinge, die schneller sind als die Lichtgeschwindigkeit (vergl. Kryon Buch *„Gemeinsam mit Gott“* Seite 430);
- die Entdeckung der Deinokokken Radiodurane, die Bakterien, welche nuklearen Müll fressen (Seite 421);
- Kryons Kommentare betreffs der Theorie vom Urknall (den es nicht gab) (Kryon Band IV, Seite 434);
- die anhaltenden Hinweise auf Gammastrahlenaktivität und ihre Bedeutung (Seite 427 und Kryon Band V *„Briefe von Zuhause“*);
- in welcher Art und Weise Krankheiten wirken (Kryon Band IV, Seite 437 und Band I, *„Das Zeiten-Ende“*, Seite 139-140);

- und die Mathematik der Kornkreise (Kryon Band IV, Seite 425). Seit nunmehr 11 Jahren hat uns Kryon aktiv mitgeteilt, auf welche „Weise die Dinge funktionieren", und er hat uns eingeladen, dies zu entdecken.

Hier finden sich ein paar der neuesten Informationen seit der Veröffentlichung des letzten Kryon Bandes. Ich glaube, dass die Leser insbesondere an vier zum Gespräch stehenden Bereichen interessiert sein werden: (1) DNS; (2) Physik und das Kosmische Gitter, (3) Anthropologie und (4) total verrücktes Zeug, aus dem jetzt Wissenschaft wurde (mein Lieblingsbereich). In diesem Buch gibt es mehr Zitate aus gültigen wissenschaftlichen Quellen als in allen anderen Bänden, was mehr und mehr beweist, dass das „Ver-rückte" von Tag zu Tag wissenschaftlicher wird!

Die Suche nach der magnetischen DNS

DNS (Desoxyribonukleinsäure) ist ein Molekül aus zwei Ketten - Strängen mit chemischen Komponenten, welche als Nukleotide bezeichnet werden. Diese Ketten sind wie eine gedrehte Leiter in einer Doppelhelix (Spirale) angeordnet.

Chromosomen bestehen fast ausschließlich aus Protein- und Nukleinsäuren und 1944 bewies der kanadische Bakteriologe Oswal Thoedore Avery, dass die DNS die Substanz ist, welche die Erbmasse bestimmt. 1953 entschlüsselten der amerikanische Genetiker James Watson und der britische Genetiker Francis Crick die Struktur der DNS. Sie fanden heraus, dass das DNS-Molekül aus zwei langen Strängen in einer Doppelhelix gebildet wird, was gewissermaßen einer langen, spiralenförmigen Leiter gleichkommt. Um eine identische Reproduktion der DNS zu machen, entwirren sich die zwei Stränge und trennen sich. Mit jedem getrennten Strang werden neue zusammenpassende Stränge gebildet. Die DNS wurde ursprünglich von Rosalind Elsie Franklin entdeckt, welche die DNS in den frühen Fünfzigerjahren fotografierte. [1]

Dieses DNS-Paradigma ist seit seiner anfänglichen Entdeckung gleich

[1] Encarta 98 ®Desk Encyclopedia © & 1996-97 Microsoft Corporation

geblieben und wurde seit nahezu 50 Jahren von Biologen und Biochemikern gut angenommen und akzeptiert. Heute wissen wir, dass sich in der chemischen DNS „Anleitungen zum Leben" befinden, und im Jahr 2000 haben wir schließlich die menschliche Erbmasse kartografisch dargestellt und wir entdecken die innere Arbeitsweise und die Codierungen dieses wunderbaren Rätsels. Aber Kryon sagt, dass in dieser Struktur noch weitaus mehr Chromosomen und genetischer Lebenscode enthalten sind.

Vor elf Jahren informierte uns Kryon, dass das Magnetfeld der Erde auf gewisse Weise mit der DNS „sprechen" würde! In späteren Büchern hat er uns einige der Mechanismen von diesem Transfer genannt und er wies darauf hin, dass die DNS so etwas wie ein magnetischer Motor ist, der auch für äußere Magneteinflüsse sehr empfänglich ist. Des Weiteren deutete er später an, dass es möglich ist, der DNS tiefgründige magnetische Instruktionen zu erteilen, um bildlich gesprochen die Potenziale zu erwecken, die dort ruhen und zur Aktivierung bereit sind. 1994 informierte er uns sogar darüber, wie wir vor langer Zeit im Altertum am Magnetischen herumbastelten, unter Verwendung des Verjüngungstempels in Atlantis, welcher unser Leben verlängerte - alles unter Nutzung der Magnetismen und der DNS (Kryon Buch Band Zwei *„Denke nicht wie ein Mensch"*).

Damals wurden diese Informationen von den Wissenschaftlern mit brüllendem Gelächter aufgenommen und sie hielten Futter für Angriffe und auf Angst begründete Botschaften von Metaphysikern der alten Energie bereit. Als Kryon Buch Band Eins 1993 *(1998 in deutscher Sprache)* auf den Markt kam, erweckte es den Anschein, als hätten Kryon und ich sofort Feinde von beiden Seiten - sowohl von der etablierten Wissenschaft als auch von der etablierten Metaphysik. Wie ich zuvor geschrieben habe, rechnete ich damit, von den Wissenschaftlern verspottet zu werden, doch ich erwartete nicht, von anderen Lichtarbeitern angegriffen zu werden, nur weil Kryon von Magnetismus und DNS sprach.

Bis heute gibt es noch altertümliche, auf Angst basierende Lehren, die besagen, dass das Magnetgitter der Erde irgendwie übler Natur ist als eine Folge eines gewissen Kampfes zwischen dem Guten und dem Bösen in der Vergangenheit. Jedes Mal, wenn ich mit diesen Informationen konfrontiert werde, frage ich mich, ob darin auch das Gefühl enthalten ist, dass die Luft des Teufels Nahrung, die Erdoberfläche satanisch oder die Ionosphäre ein übles Komplott gegen die Menschheit ist. Anders gesagt, für mich sind diese Dinge Grundelemente des Planeten, welche uns auf natürliche Weise für unser ausgeglichenes, andauerndes Leben gegeben wurden. Ich halte sie nicht für die Folge eines geheimnisvollen Kampfes oder einer Fabel, welche den Planeten erschaffen hat.

Für mich ist die Erschaffung eines auf Angst basierenden Szenarios ein schlechter Dienst an Gaia selbst und auch eine Beleidigung für die eingeborenen Völker des Planeten, welche die Erdmagnetismen regelmäßig ehrten und feierten - den Osten, Westen, Norden und Süden. Kryon sagt uns, dass das Magnetgitter für uns erschaffen wurde und dass es uns dabei hilft, sowohl die Dualität als auch *(unseren Grad für)* Erleuchtung zu arrangieren und es sogar den Motor für astrologische Attribute trägt. Ich betrachte die ganze Natur als etwas, was uns achtsam gegeben wurde, mit der größten Liebe. Doch für einige musste er, nachdem Kryon mit dem Magnetgitter zu tun hat, das kosmische Übel sein (Seufzer).

Wissenschaft war da bezüglich Kryon wesentlich sanfter - es wurde einfach alles Gesagte ignoriert. Dies ist auch heute noch der Fall und es ist die erwartete Reaktion aus glaubwürdigen wissenschaftlichen Quellen. Denn schließlich ist Channeling doch alles in allem verrücktes, unheimliches Zeug, nicht wahr? Es ist in der Tat keine Grundlage. Keine Wissenschaft. Obwohl einige der Informationen, welche uns in der Vergangenheit gegeben wurden, langsam zur Realität werden, halten es Biologen, Physiker oder Ärzte noch immer nicht für vernünftig, irgendetwas zu veröffentlichen, was mit Kryons Namen in Verbindung stehen könnte. Ich verstehe das wahrlich und ich kann es akzeptieren.

Der spannende Teil unserer Arbeit ist, dass derzeit viele Ärzte und Wissenschaftler sich zu unseren Kryon Seminaren auf der ganzen Welt hingezogen fühlen! Wissen Sie, auch sie sind Lichtarbeiter - nur können sie nicht so vielen von ihresgleichen davon erzählen. Viele dieser Fachleute genießen die Kryon Bücher ebenso wie die nicht wissenschaftlich orientierten Leser. Mir ist bekannt, dass Kryon Bücher in den Schubladen des United States Missile

Command (Flugkörperkommando der Vereinigten Staaten) in Huntsville, Alabama, im Livermoor Laboratory in Kalifornien und in zahlreichen Krankenhäusern und Forschungslaboren im ganzen Land versteckt sind. Woher ich das weiß? Viele dieser Bucheigentümer besuchten Kryon Seminare und berichteten mir davon - die meisten davon hatten beeindruckende Initialen vor ihren Namen. Bevor ich Ihnen einige der jüngsten Entdeckungen über die DNS verrate, möchte ich ein paar sehr grundlegende, aktualisierte Ermahnungen von Kryon nennen: (1) Bleiben Sie fern von magnetischen Störfeldern, in denen Sie vielleicht jetzt leben oder arbeiten, und (2) seien Sie vorsichtig bei Heizdecken (Kryon Band Eins - *„Das Zeiten-Ende"*, Seite 30).

Als diese zwei Ermahnungen erstmals 1989 ausgesprochen wurden, war die Wissenschaftsgemeinde nicht davon überzeugt, dass eins davon ein Problem darstellt. Wie ich bereits zuvor geschrieben habe, sind diese zwei Ermahnungen grobe Vereinfachungen dessen, was Kryon über Magnetismen gesagt hat. Nicht alle Felder sind schädlich für Sie, doch Sie sollten sich zumindest darüber im Klaren sein, wenn Sie entscheiden, wo Sie schlafen oder wo Sie leben werden. Es gibt viele Arten von Magnetfeldern und eine Menge Attribute, die zu bedenken sind.

Wenn man sagt, Magnetfelder sind schädlich für Sie, dann ist es etwa so, als würde man sagen, dass Wasser für Sie schädlich ist. Es ist schädlich, wenn Sie darin ertrinken oder wenn Sie Wasser trinken, das voll von Bakterien ist. Andernfalls könnte es Sie auch heilen oder zumindest Ihren Körper mit Wasser verbinden oder Ihren Durst löschen. Magnetfelder fallen in die dieselbe Kategorie. Man kann keine allgemeine Regel aufstellen, die besagt, dass „Magnetfelder schädlich sind". Handelt es sich um aktive oder passive Felder? Starke oder schwache? Zufällige oder vorgesehene?

Starkstromleitungen können verheerend für Sie sein - oder auf Sie überhaupt keine Auswirkungen haben, je nach dem Strom, den sie befördern und den Mustern - wie sich ihre Felder an der Stelle, wo Sie leben oder arbeiten, verbinden. Jeder Fall verhält sich anders, doch im Allgemeinen sind wir gewarnt vor einer Form von aktiven Feldern, die Felder rund um den Menschen erzeugen, welche stark genug sind, um einen Kompass zu bewegen.

1989 waren der Wissenschaft diese Informationen ebenfalls suspekt und viele von Ihnen hatten schwierige Zeiten, irgendetwas zur Bestätigung dessen zu finden. Es gab kein wissenschaftliches Experimentieren in Bezug auf die weisen Worte des Kryon. Das hat sich jetzt geändert. Ich bringe Ihnen Beweise für das, was die Wissenschaft nun untersucht. David A. Savitz, ein Epidemiologe an der Universität von North Carolina und Antonio Sastre am Midwest Research Institute in Kansas City haben jeweils eine Arbeit zu einer sehr interessanten Studie veröffentlicht:

Die zwei Forscher und ihr Team berichten nun, dass Männer, welche in Berufen mit hohem elektromagnetischem Feld (EMF) gearbeitet haben - wie zum Beispiel Fernmeldetechniker oder Kraftwerkpersonal - im Vergleich zu Männern, die in Berufen mit niedrigerem elektromagnetischem Feld (EMF) gearbeitet haben, mit einer weitaus höheren Wahrscheinlichkeit an Herzanfällen und Herzleiden gestorben sind, die mit abnormalen Rhythmen oder Arrhythmen im Zusammenhang stehen.

Außerdem stieg das Risiko, an diesen Konditionen zu sterben, wenn sich die EMF-Aussetzung erhöhte. Savitz erwähnt, dass die Männer der höchsten Risikogruppe tendenziell in EMFs gearbeitet haben, die mindestens zweimal so hoch sind wie jene, die Menschen normalerweise in ihrem Zuhause vorfinden.

Alles in allem „lassen diese auf eine mögliche Verbindung zwischen beruflichen Magnetfeldern und Herzleiden im Zusammenhang mit Arrhythmie hindeuten", folgern die Forscher im American Journal of Epidemiology (Amerikanische Zeitschrift für Epidemiologie) vom 15. Januar 1999. [1]

Erinnern Sie sich an Kryons Ratschlag bezüglich der Heizdecken? Obwohl es noch immer keine stichhaltige Wissenschaft gibt, welche die Tatsache bestätigt, dass sie vielleicht schädlich sein könnten, wollen die

1 Science News; Janet Raloff; Ausgabe 155; 30. Jänner 1999; „Electromagnetic fields can damage hearts" (dt.: „Elektromagnetische Felder können für das Herz schädlich sein"); Seite 70.

Hersteller nichts riskieren. Folgendes stammt von *Science News.* Als Antwort auf die Frage: *„Die biologischen Wirkungen von elektrischen Feldern und Magnetfeldern sind weiterhin fragwürdig. Sind die elektrischen Bettdecken schon von jemandem genau untersucht worden?"* [2]

> *„Mehrere Forschungsteams haben die Risiken untersucht, die vielleicht davon kommen könnten, dass man zuviel Zeit unter elektrischen Decken verbringt. Wir haben berichtet, dass die Hersteller die Verdrahtung von Decken neu planen, um den Schlafenden verringerten elektrischen Feldern und Magnetfeldern auszuzusetzen."* [2]

Können sich Magnetismen also auf die Zellstruktur auswirken? Bei einigen wissenschaftlichen Artikeln, die wir jetzt zu Gesicht bekommen, sieht es so aus. Ich habe diese Frage der DNS nun zehn Jahre lang unberücksichtigt gelassen. Es gab auf der molekularen Ebene einfach keine Beweise dafür, dass die Magnetismen ein Teil der DNS sein könnten. Doch letztes Jahr setzte mein Herzschlag für eine Sekunde aus, als zwei unterschiedliche Entdeckungen in den Nachrichten landeten. Diese Entdeckungen öffneten schließlich eine neue Tür für bekannte wissenschaftliche Prinzipien, um auf dieser Grundlage erklären zu können, wie die DNS möglicherweise eine magnetische Komponente haben kann oder dass sie zumindest die Attribute eines Magnetempfangsgeräts haben könnte (Kryon sagte, dass sie diese habe, er sagt es selbst in diesem Buch).

Ich stelle fest, dass ich bei meiner Suche nicht alleine bin. Auch die Wissenschaft forscht, ist auf der Suche nach einem biologischen Mechanismus, der vielleicht bei der Erklärung dafür hilfreich sein könnte, wie Magnetismen die Zellen beeinflussen.

> *„Obwohl nur wenig Zusammenhang zwischen den Daten aus Elektro- und Magnetfeldern und Krebs oder anderen Krankheiten besteht, entscheidet eine neue bundesstaatliche*

2. Science News:Janet Raloff; Ausgabe 156; 28. August 1999; „No blanket answer on EMF´s" (dt.:"Keine Antwort bezüglich der EMK bei Decken"); Seite 131

Revision, dass „es nicht als vollkommen sicher gelten kann", wenn man diesen Feldern ausgesetzt ist.

Vor sieben Jahren gründete der Kongress ein bundesstaatliches EMF Forschungs- und öffentliches Informationsverbreitungsprogramm mit dem Versuch, biologische Mechanismen zu finden, die eventuell die Epidemiologie erklären könnten, welche EMF mit Krebs in Verbindung bringt.

Insgesamt befindet der Bericht, dass epidemiologische Studien von menschlichen Bevölkerungen, die hohen EMFs ausgesetzt waren, „ein relativ beständiges Muster von geringem, erhöhtem Risiko mit steigender Aussetzung" für beides, Leukämie aus der Kindheit und lymphozythämische Leukämie bei Erwachsenen, aufweisen." [3]

Was ich als Nächstes herausfand, war seit 1998 geheim! Die Wissenschaftler bezweifelten sehr, dass EMFs der DNS schaden würden. Krebs zu bekommen, wenn man EMF ausgesetzt ist, war einfach nicht akzeptabel. Dies lag daran, weil die Wissenschaftler nicht glauben konnten, dass die Felder aus einer Entfernung *Zellen schaden* konnten und dabei so niedrig an Energie (Gauß) waren. Was nun erkannt wird, hat Kryon die ganze Zeit gesagt. Magnetismen (EMFs) *schädigen* nicht die *Zellen*! EMFs erteilen den Zellen auf einer niedrigen Ebene über die DNS Anweisungen und die Anweisungen könnten schädlich sein. Das ist den Lesern von Kryon schon lange bekannt, doch plötzlich stimmt die Wissenschaft dem zu.

„Seit 6 Jahren überprüfte der pädiatrische Onkologe Faith M. Uckun vom Wayne Hughes Institute in St. Paul, Minn. Forschungsanträge von den Nationalen Gesundheitseinrichtungen. Ohne einen Mechanismus für verdächtige EMF Risiken, sagt er: „Ich dachte, das sei Hexerei."

Er sagt, dass ihn diese Bewertung nun wieder verfolgt. Seine

[3] Science News: Janet Raloff: Ausgabe 156; 3. Juli1999; "EMFs - doubts linger over possible risks" (dt.: „EMKs - es bestehen Zweifel über mögliche Risiken"); Seite 12.

letzten Studien im Reagenzglas zeigen, dass Magnetfelder mit einer Frequenz von 60 Hertz und einer Stärke von 1 Gauß eine Kaskade von enzymgesteuerten Ereignissen, die Zellen übertragen, auslösen. Diese Kurzstrecken-Übertragungen dienen als Mittel, anhand dessen die Zellen ihre Arbeitsrichtungen zu ihrer DNS übertragen können." [4]

Kann es noch deutlicher sein? Dieser Artikel weist exakt auf das hin, was Kryon die ganze Zeit über gesagt hat. Zell-signalisierende Ereignisse? Operative Ausrichtungen zur DNS? Das ist kein EMF Schaden. Das ist EMF *Kommunikation*! (Vergl. Seite 418.)

Lassen Sie mich kurz erklären, wonach ich genau Ausschau gehalten habe, und gewissermaßen sagen die Zitate, welche ich anführte, dass die Wissenschaft ebenfalls danach Ausschau hält. In der DNS wollte ich immer den magnetischen „Motor" finden. Ich habe die Möglichkeit einer „Induktion" (wie Kryon erwähnte), aufzuzeigen. Als Tontechniker kenne ich mich mit Induktionen in elektrischen Schaltkreisen aus.

Lassen Sie mich erklären und mich dabei einfach ausdrücken: wenn Sie zwei Magnetfelder haben, die sich gegenseitig kreuzen, dann haben Sie eine einzigartige Situation, in der elektrische Attribute über das Magnetfeld übertragen werden können, ohne dass sich dabei irgendwelche Drähte berühren. Zwei nebeneinander befindliche Drahtspulen können den Strom ohne physischen Kontakt von einer Spule zur anderen weiterleiten. Dieser Vorgang wird als Induktion bezeichnet. Er ist nicht sehr esoterisch, dennoch, Transformatoren jeglicher Art und Größe können dies täglich in Millionen von Geräten rund um die Welt tun. Er ist sehr bekannt und ist wahrscheinlich in den elektrischen Geräten all Ihrer Besitztümer enthalten, angefangen vom Toaster bin hin zu Ihrem Computer.

In letzter Zeit schenkt die Wissenschaft den Magnetismen und auch den elektrischen Attributen im Körper mehr und mehr Glaubwürdigkeit. Plötzlich springt die Wissenschaft auch auf den fahrenden Zug der Magnetheilung (wenngleich sie aus irgendeinem Grund nicht zugeben wollen, dass Streumagnetismus schädlich für Sie ist!). Ich bin auf der Suche nach einem wissenschaftlichen Beweis für Induktion und habe ihn bereits an verschiedenen Stellen gefunden!

> *„Die meisten Berichte über EMFs konzentrierten sich auf die Ausstrahlungen von Starkstromleitungen, Verdrahtungen von Gebäuden und Vorrichtungen. Sie haben die chronisch anhaltende Streitfrage darüber, ob diese Felder ungesunde Wirkungen, wie z.B. gestörtes Schlafverhalten, veränderte Herzrhythmen oder Krebs haben, aufgezeichnet. Doch während diese Risiken Schlagzeilen gemacht haben, wurden die EMFs still in die Medizin gedrängt.*
>
> *In den letzten 20 Jahren hat die FDA (Food and Drug Administration = Verbraucherschutzbehörde der USA) EMF Generatoren für zwei medizinische Anwendungen genehmigt. Diese Geräte werden oft verwendet, um Knochenbrüche zu behandeln, deren Heilung aufgehört hat, und EMF Behandlung wird zunehmend angewandt, um Rückenwirbel bei Menschen mit hartnäckigen Rückenschmerzen zu fusionieren.*
>
> *Jüngste Techniken ermöglichen, dass Felder übermittelt werden, ohne dass Elektroden den Körper berühren. „Dies ist der wichtigste therapeutische Fortschritt der letzten Jahre", meint Arthur A. Pilla, ein Biophysiker an der Mount Sinai School of Medizine in New York City. Er erklärt, dass die neueren Geräte eine Feldenenergie von dem Draht, der rundherum gespult ist, in den Körper übertragen, ohne dabei den Verletzungsbereich zu berühren."* [5]

Was? Ohne den Körper zu berühren? Wie verrückt!... ruft den Priester herbei und holt den Exorzisten! Hoppla, macht nichts, jetzt ist es Wissenschaft

4 Science News: J. Raloff: Ausgabe 153; 21. Februar 1998; „Electromagnetic fields may trigger enzymes" (dt.: „Elektromagnetische Felder können Enzyme auslösen"); Seite 119.

5 Science News: Janet Raloff: Ausgabe 156; 13. November 1999; „Medicinal EMFs" (dt.: „Medizinische EMKs"); Seite 316.

(ich mache gerade nur Blödsinn... schicken Sie mir bitte keine Briefe). Ganz genau danach suche ich - nach einem Draht *(einer Spule)*, welcher um den Verletzungsbereich gewickelt ist? Das ist Induktion! Ich muss fragen: „Wie empfängt der Körper dann diese Heilung?" Es muss auf jeden Fall etwas Molekulares geben, das die Information vom gespulten Draht, der auf der Außenseite des Körpers verwendet wird, empfängt. Projiziert jemand von Ihnen das Potenzial dieser Induktion (soeben im Artikel auf der vorherigen Seite bestätigt), auf die (nach wissenschaftlicher Meinung) höchst unheimliche Handhabung von metaphysischer Energiearbeit? Das nächste Mal, wenn Sie es sehen oder wenn es bei ihnen gemacht wird, denken Sie an die obige wissenschaftliche Heilungstechnik, bei der EMF Arbeit geleistet wird, *ohne* den Menschen zu *berühren*! Und sie sagten, dass *wir* verrückt sind?

Während ich nach Induktion in der Zellstruktur des menschlichen Körpers suchte, stieß ich zufällig auch auf ein bekanntes biologisches Phänomen, das mich „in die Pfanne" haute! Ich hatte nie erkannt, dass die Basis einer Synapse im Gehirn von der Induktion abhängig ist! Wir haben die stärksten Computer der Welt in unseren Köpfen und nun verstehen wir, dass keine der „Drähte" (Nerven in unseren Gehirnen) in diesem Computer miteinander verbunden sind! Die Nervenenden, welche unsere Gedanken und Erinnerungen tragen - Synapsen genannt - werden täglich von zehn Millionen Anleitungsserien über unser Gehirn durchflutet und berühren sich gegenseitig nie. Sie kommen sich einander nur nahe!

Die elektrischen Merkmale des Gehirns kennen wir bereits. Dies wurde sehr wohl anerkannt und ist sogar unter Verwendung eines EEG (Elektroenzephalogramm) - Gerätes messbar. Also (folgen Sie mir hier), hier ist das menschliche Gehirn, ein Computer, der elektrischen Strom verwendet, bei dem sich die „Drähte" nicht berühren. Dies ist ein wunderbares Beispiel für die Induktion im biologischen System des Menschen. Es ist offensichtlich, dass Synapse eine Art von „Information" ist, welche zwischen den Nerven unter Verwendung von Induktion übertragen wird.

Dies zeigt auch, dass jedes Nervenende von einem Magnetfeld umgeben sein muss. Dies folgt den Grundregeln der Elektrizität und es ergibt Sinn. Abgesehen davon hilft es uns zu verstehen, wie sich unser Gehirn oft bei einer

Verletzung oder einem Trauma „neu verdrahten" kann. Oft, wenn jemand verletzt ist, schult sich das Gehirn eigenständig um, damit es anderen Teilen helfen kann. Da es nicht „fest verdrahtet" (mit Nerven verbunden) ist, kann es später die elektrischen Wege umleiten - und das tut es auch!

Ich erwähne dies, damit Sie verstehen können, warum es jetzt für genau die Sache, nach der ich in der DNS suche, ein Protokoll für den bereits bekannten Teil der Art und Weise, wie unsere Körper funktionieren, gibt. Daher ist es nicht so seltsam, in anderen Bereichen unserer chemischen Zusammensetzung nach diesem Prozess zu suchen. Nerven tragen, wie dem auch sei, elektrische Energie. Es ist verständlich, dass sie ein Magnetfeld haben mögen. Bei der DNS sind ihre elektrischen Attribute nicht bekannt, daher muss ich noch ein Stückchen gehen, um meinen magnetischen Motor der DNS zu finden.

Dennoch fand ich eine allgemeine Aussage, die ich jahrelang zu sehen hoffte; eine Bestätigung der Bedeutung von elektrischen Merkmalen in der GESAMTEN Biologie (dazu gehört auch die DNS):

> *„DER KLEBSTOFF DER MOLEKULAREN EXISTENZ WURDE ENDLICH ENTHÜLLT: Von annähernd 20 Millionen chemischer Substanzen, welche die Wissenschaftler erfasst haben und die von einfachen Substanzen wie Wasser bis hin zu gigantischen Komponenten wie DNS reichen, sind nahezu alle davon Ansammlungen von Atomen, die durch elektronische Bindungen verknüpft sind. Das Bestreben, diese winzigen Verbindungen zu verstehen - den ausgesprochenen Klebstoff materieller Existenz - ist der Kern der chemischen Wissenschaft."* [6]

Mein Bestreben, als Nichtwissenschaftler eine magnetische Eigenschaft der DNS zu finden, wurde um einige Raster erhöht, als ich diese Schlussfolgerung las. Die Wissenschaftler beginnen wie Kryon zu sprechen! Doch mir fehlen noch immer ein paar Dinge, die dringend notwendig sind, um etwas so Merkwürdiges wie die magnetische DNS zu postulieren. Ich muss

6 The New York Times; Malcolm W. Browne; 7. September 1999; „The Glue of Molecular Existence is Finally Unveiled" (dt.: „Der Klebstoff der molekularen Existenz wurde endlich enthüllt"); Ressort Wissenschaft.

beweisen, dass die Möglichkeit eines natürlichen elektrischen Stroms in der DNS besteht. Das ist schwierig! Erstens, für einen Strom braucht man eine Schleife. Zweitens ist es eine bekannte Tatsache, dass Chromosomen sehr schlechte Stromleiter sind - wenn überhaupt! Zehn Jahre lang sah es so aus, als würde ich die potenzielle Information, nach der ich suchte, nie finden - bis jetzt. Im April 1999 mailte mir jemand die ersten Zeilen eines verlockenden wissenschaftlichen Artikels, der mich erschütterte:

> *„DNS ist ein Baustein des Lebens, doch eines Tages könnte sie auch ein Baustein der winzigen elektronischen Geräte sein. Dies ist die verlockende Möglichkeit, welche durch neue Forschung zur Sprache gebracht wurde, die zeigt, dass DNS Elektrizität leitet."* [7]

Ich konnte nicht glauben, was ich hier las! Ich machte den ganzen Artikel im Internet ausfindig und druckte ihn aus. Hier ist noch mehr:

> *„Die Studie fand heraus, dass die DNS, die zwar nie ein Ersatz für Kupferdraht sein wird, Elektrizität leitet, und zwar ungefähr so wirksam wie ein guter Halbleiter."*

Ein Halbleiter? Dieses Gerät befindet sich im Herzen von nahezu allen elektronischen Dingen, die Sie und ich besitzen (gut, in unserem Toaster vielleicht nicht). Ich suchte und fand noch mehr zu diesem Thema:

> *„Die DNS transportiert elektrischen Strom auf ähnliche Weise wie Halbleitungsmaterial", meint der Physiker Hans-Werner Fink und Christian Schönberger von der Universität von Basels Physikinstitut in der Schweiz. „Sie bekommen nicht nur eine Drahtversion in verkleinertem Maßstab, sondern auch sehr unterschiedliche Eigenschaften", sagt Fink. „Bei der DNS ist die Breite des Leiters mit der Wellenlänge der Elektronen vergleichbar. Möglicherweise haben wir es mit ballistischem Elektronentransport zu tun. Ballistik bedeutet, dass keine Zer-*

7 The New York Times; Henry Fountain; 13. April 1999; „Observatory" (dt.: „Observatorium"); Ressort Wissenschaft.

8 Popular Science; Hank Schlesinger; August 1999; „DNA Conductors" (dt.: „DNS-Leiter"); Bereich Elektronik

streuung der Verlangsamung der Elektronen erfolgt." Damit könnten schnellere Verbindungen gemeint sein, die frei von Unreinheiten sind, die selbst in den besten Halbleitern vorgefunden werden." [8]

Ballistischer Elektronentransport? Ganz plötzlich, nach all dieser Zeit, leitet die DNS Elektrizität... auf eine Weise, die noch nie zuvor gesehen wurde! Merkwürdig ist, dass die Chromosomen Elektrizität nicht leiten! Das heißt, dass die Teile Elektrizität nicht leiten, aber das Ganze schon! Finden Sie es heraus. Der Kreis fehlt jedoch immer noch. Man braucht einen kreisförmigen Weg, um die Elektronen auf einer durchgehenden Strecke in Fahrt zu bringen, um Strom zu erzeugen. Aber leider sind Chromosomen als Strang und nicht als Schleife gebaut - oder doch? Könnte es nach 50 Jahren wirklich etwas Dramatischeres über die Form von etwas, das so gut dokumentiert ist wie die DNS, geben? Ja! Ich fand es nur einen Monat nach dem Artikel über die Leitfähigkeit der DNS.

„Es ist nahezu so erstaunlich wie die Entdeckung eines neuen Knochens im menschlichen Körper. Biologen berichteten, dass Chromosomen - die längsten DNS Moleküle, die unsere genetischen Anleitungen enthalten - mit ordentlich gebundenen Knoten enden. Die Biologen müssen tausendmal die 46 Chromosomen im Kern jeder normalen menschlichen Zelle durch Mikroskope angestarrt haben, ohne dabei das wahrzunehmen, was nun entdeckt wurde: die Enden der Chromosomen - die extrem langen Moleküle der DNS, welche die genetischen Informationen enthalten - sind ordentlich zu großen, fest geknüpften Schleifen verbunden.

Die Schleifen halten die Antwort bereit, die niemand geahnt hatte. Normale Chromosomen haben keine Enden, sondern nur das topologische Kontinuum eines Kreises." [9]

9 The New York Times; Nicholas Wade; 14. Mai 1999; „Chromosomes End in Tied Loops, Study Finds" (dt.: „Studie befindet, dass Chromosomen mit geknüpften Schleifen enden"); Nationales Ressort.

Science News berichtete ebenfalls davon und brachte nähere Einzelheiten bezüglich der Telomere.

> *„Die Wissenschaftler dachten, dass die Telomere aus einem linearen DNS Molekül bestehen, wobei einer der gepaarten Stränge normalerweise etwas länger als der andere ist. Dieser telomerische Überhang stellte ein Dilemma dar: Zellen dulden keine einsträngige DNS. Warum haben die Biologen „T-Schleifen" zuvor noch nie bemerkt? Telomere sind nur ein kleiner Teil der DNS eines Chromosoms. Sofern nicht irgendjemand nach einer Schleife gesucht hätte, wäre es leicht zu übersehen", sagt (Jack D.) Griffith.* [10]

Jetzt habe ich meinen elektrischen DNS Motor! Jeweils ein paar Monate nacheinander zeigten voneinander unabhängige Forschungen, dass die DNS Elektrizität leitet und Loopings in einem Kreis. Gut, gut - niemand sagte, dass die DNS magnetisch ist und niemand hat eine Art von Strom entdeckt, die in einer DNS Schleife lauert.

Lassen Sie mich jedoch die obige Wissenschaft in meinem eigenen, zukünftigen Zitat umschreiben: „Warum haben die Biologen *das Magnetfeld* nicht schon früher bemerkt? Sofern nicht irgendjemand nach einem *Magnetfeld* gesucht hätte, wäre es leicht zu übersehen." Wenn die Wissenschaft die offensichtliche Schleife seit 40 Jahren übersehen hat, wer weiß, was sie dann noch übersehen hat? Bei der Geschwindigkeit, in der dies vor sich geht, bekommen wir diese Aussage vielleicht noch in diesem Jahr... oder bis zu der Zeit, in der dieses Buch gedruckt wird.

Ich behaupte, dass nun gezeigt wird, dass die DNS das Potenzial hat, elektrischen Strom zu befördern auf ziemlich ähnliche Weise wie das Gehirn. Vielleicht existiert rund um jedes Chromosom ein winziges Magnetfeld? Wer weiß - ich bin jedenfalls fest davon überzeugt, dass unsere eigene Wissenschaft Kryon in Kürze eine vollständige Bestätigung dafür bringen wird, dass die Behauptung, bei der einst die Augen verdreht wurden - dass die DNS magnetisch ist - Wissenschaft wird. Wenn es dann Wissenschaft ist, dann wird sie erklären, wie sich all die Starkstromleitungen und elektrischen Schlafdecken auf uns auswirken könnten, sowie all die Magnetmatratzen und -stühle ... und, oh ja, wie etwas namens Magnetfeld der Erde möglicherweise mit der Zellstruktur der menschlichen DNS „sprechen" könnte. Die Verrücktheit von gestern beginnt zur Tatsache von morgen zu werden.

Physik und das Kosmische Gitter

Ich erwarte nie und nimmer, dass die Physiker und Astronomen eines Tages verborgene Energie im Dunkel des Weltalls entdecken und dies als das „Kosmische Gitter" bezeichnen werden. Dies ist die Bezeichnung, welche Kryon einer sorgfältig ausgeglichenen Energie gab, welche das All erfüllt, und sie wird in Kryon Lehrbuch Band V *„Briefe von Zuhause"* erklärt.

Ich halte aber doch nach wissenschaftlichen Entdeckungen Ausschau, die Hand in Hand mit dem funktionieren könnten, was Kryon beschrieb. Ich gehe nicht auf einen umfassenden Überblick über das Kosmische Gitter ein, es genügt, wenn ich sage, dass ich nach einer Wissenschaft suche, um Kryons Beschreibung von der einzigartigen und schwer zu definierenden „kosmologischen Konstante" zu finden, welche das Kosmische Gitter verkörpert. Außerdem wäre alles über verborgene Energie oder Magnetfelder im freien Raum auch ein wunderbarer Hinweis.

Ich berichte Ihnen nochmals, dass ich in wissenschaftlichen Artikeln, welche 1999 und 2000 verfasst wurden, beide Konzepte gefunden habe! Sie müssen aus höherer Sicht betrachtet meine Suche verstehen: ich habe sehr lange auf etwas in dieser Art gewartet und plötzlich taucht es überall auf, Monat für Monat nacheinander, in den Jahren 1999 und 2000. Zufall? Oder gibt man uns wunderbare neue Energie der Entdeckung in einer Zeit, in der wir auch vom „Ende der Zeiten" befreit werden?

In der Oktober Ausgabe 1999 von *Astronomy* erschien von James Glanz ein wunderbarer, umfassender Artikel über die kosmologische Konstante und eine neue Entdeckung bezüglich der fehlenden Energie. Er ist gut

10 Science News: J. Travis: Ausgabe 155; 22. Mai 1999; „Closing the loop on the end of a chromosome" (dt.: „Die Schleife am Ende eines Chromosoms zumachen"); Seite 326.

geschrieben und es lohnt sich, ihn zu finden, wenn Sie die ganze Geschichte lesen möchten. Erinnern Sie sich an die ursprüngliche kosmologische Konstante? Albert Einstein behauptete 1917, es sei sein „Schummelfaktor", ein Zusatz zu seiner Relativitätstheorie. Offensichtlich funktionierte seine Theorie bei Dingen, die so groß wie das gesamte Universum waren, nicht und unter Anwendung dieser kosmologischen Konstante konnte er alles ausgleichen. Später nannte er seine Theorie seinen „größten Fehler" und entschuldigte sich.

Herr Glanz berichtet, dass Albert Einstein Recht hatte und dass die kosmologische Konstante nun wiederentdeckt wird. Was gefunden wurde, hat Astronomen und Physiker zugleich erschüttert. Und dem Artikel von Glanz zufolge war es kein leichtes Geschäft. Die Entdeckung ist einfach: Das sich ausdehnende Universum dehnt sich über das Potenzial der Energie aus, die es erschaffen hat! Anders gesagt, die Schwerkraft sollte im Laufe der Zeit wie eine Bremse funktionieren und langsam die Beschleunigung und Ausdehnung verringern und letztendlich alles zum Stehen bringen (denn das macht die Schwerkraft, nicht wahr). Die Entdeckung ist, dass sie sich stattdessen beschleunigt! Um einen beschleunigenden Kosmos zu haben, muss eine verborgene Energie existieren, die gegen die Schwerkraft arbeitet - und das ist Gegenstand *„einer der wichtigeren Entwicklungen auf jedem Gebiet der Wissenschaft im 21. Jahrhundert"* [11], sagt Glanz.

> *„Es wäre eine magische Entdeckung", sagte (Michael) Turner (der prophezeite, dass man die kosmologische Konstante finden wird). „Es bedeutet, dass es eine Form von Energie gibt, die wir nicht verstehen." 11*

Der berühmte Wissenschaftler Stephen Hawking, der Kosmologe der Universität von Cambridge, sagte einst, dass die vor sich gehenden Entdeckungen der kosmologischen Konstante *„zu vorübergehend seien, um ernst genommen werden zu können." 11*

11 *Astronomy;* James Glanz; Oktober 1999; „Accelerating the Cosmos - Cosmologists have discovered a new kind of energy that is speeding up the universe's expansion" (dt.: „Den Kosmos beschleunigen - Kosmologen haben eine neue Art von Energie entdeckt, welche die Ausdehnung des Universums beschleunigt"); Seite 44.

Nun, Glanz berichtet, dass Hawking sagt: *„Ich habe jetzt mehr Zeit, um über die Beobachtungen nachzudenken - ich glaube jetzt, dass man durchaus annehmen kann, dass es eine kosmologische Konstante gibt."* 11
Glanz fasst seinen Artikel mit dieser Aussage zusammen:

> *„Welche physische Energie ist für die Konstante verantwortlich? Niemand weiß das. Die sogenannte „lustige Energie" könnte alles sein, von den flüchtigen Partikeln, die laut Aussage der Quantenmechanik in das Leben hereinplatzen und dann plötzlich verschwinden, bis hin zu einer verrückten, flüssigkeitsähnlichen Substanz namens Quintessenz. Seltsamerweise werden jetzt, wo begonnen wurde über die Partikel-Theorien, über dieses lustige neue Zeug, nachzudenken, eher zu viele Kalkulationen als zu wenig davon hervorgebracht."* [11]

Ich liebe den Ausdruck „lustige Energie". Ich finde ihn viel besser als die von Kryon gegebene Bezeichnung: Kosmisches Gitter! Hey, Kryon, warum hast Du es nicht als „lustige Energie" bezeichnet? Eine weitere interessante Entdeckung bezüglich dessen, was jetzt mit unserer immer besser werdenden Messgeräteausrüstung im All gefunden wurde, passt genau zu Kryons Kosmischem Gitter. Kryon sprach von elektromagnetischen Kräften, welche die Energie auf Null ausgleichen lassen - oder zu dem, was er als ein „Null" Stadium/Status bezeichnete. Er sprach auch von einigen regulären Ungleichgewichten des Gitters und davon, dass schwarze Löcher ein Teil von all dem wären. Wenn das der Fall ist, dann sollten wir damit rechnen, magnetische Energie außerhalb der Wirkung von Galaxien oder sonstiger physisch „sichtbarer" Materie zu sehen. Dies würde dazu beitragen, der Arbeitsweise eine Art von elektromagnetischer Kraft zu zeigen, die nicht in Verbindung mit Schwerkraft steht. Im Mai 2000 wurde Folgendes berichtet:

> *Auf der Jagd nach magnetischer Energie im intergalaktischen All haben die Forscher eine unerwartete Hauptader derselben gefunden. Sowohl in den Spalten zwischen Galaxien, die sich rundherum häufen, als auch in den einsameren Nachbarschaften außerhalb dieser Häufungen sind Magnetfelder ungewöhnlich stark, berichtet ein wissenschaftliches Team.*

„Dies ist der Beweis für ein immenses Energievorkommen, welches die Astronomen übersehen haben", äußert sich dazu der Theoretiker Stirling A. Colgate vom Los Alamos National Laboratory.

„Das sagt uns, dass im All eine bedeutende Energie in den (intergalaktischen) Magnetfeldern enthalten ist", sagt Philipp P. Kronberg von der Universität von Toronto, der für die jahrzehntelange Forschung zuständig ist.

„Ich bin erstaunt, sehr erstaunt", sagt Russel M. Kulsrud von der Princeton Universität und fügt hinzu, dass er einige Zweifel darüber hegt, dass die Stärken wirklich so hoch sind, wie Kronberg sagt: „Doch selbst wenn die Feldstärken etwas geringer sind", fügte er hinzu, „sind sie immer schwer zu erklären".[12]

Es sieht also danach aus, als fände die Wissenschaft einige der Attribute des Kosmischen Gitters, die einst verrückt und Augen-verdrehend wirkten. Nahezu alle diese Berichte sind voll von Worten wie *unerwartet* oder *überraschend.* (Mir gefällt die „lustige Energie" noch immer).

Auch eine weitere sehr erstaunliche Enthüllung der Physik ist in den Nachrichten und sie bekräftigt ebenfalls die Informationen, welche wir von Kryon nahezu von Anfang an betreffend der Diskussionen über die Essenz des Atoms erhalten haben. Kryon hat uns mehrmals (in Channelings) über die Interdimensionalität der Materie unterrichtet. Er hat uns gesagt, dass vieles verborgen ist und dass es - wie die DNS - einfach Dinge gibt, die zwar arbeiten und wirken, aber unsichtbar sind.

Die ganze Vorstellung davon, dass etwas interdimensional ist, wurde immer in Verbindung mit den Woo-Woo oder Sciencefiction Menschen gebracht. Gewöhnliche Materie oder Biologie als multidimensionales Zeug zu betrachten, ist wirklich so, als würde man „ausklinken" (gewissermaßen wie die „lustige Energie".....ha, ha.) Darum war ich überrascht, als ich im Februar

2000 in einer wissenschaftlichen Zeitschrift von diesem Konzept las!

„Vor nur zwei Jahren lebte die Vorstellung von zusätzlichen Dimensionen in einer verschwommenen Gegend irgendwo zwischen Physik und Sciencefiction. Viele Physiker sahen allmählich die viel versprechende Fadentheorie als den nächsten großen Schritt für theoretische Physiker. Bei dieser Theorie besteht alles im Universum aus winzigen Schleifen oder Fäden von Energie, die in Raum und Zeit schwingen, die sechs oder sieben zusätzliche räumliche Dimensionen und eine zusätzliche zeitliche Dimension haben. Wie die Physiker sagen, sind diese zusätzlichen Dimensionen zusammengefügt und auf so engem Raum zusammengedrückt, dass sie nicht mehr wahrnehmbar sind.

Die Vorstellung, dass zusätzliche Dimensionen größer sein könnten - vielleicht wahrnehmbar - war etwas, worüber die Wissenschaftler meistens „spät am Abend nach viel Wein" sprachen, sagt Gordon L. Kane, ein Theoretiker der Universität von Michigan in Ann Arbor. Kane hatte das Gefühl, dass er einen Abstecher ins Abenteuer machte, als er einen erfundenen Bericht über Experimentierende verfasste, die zusätzliche Dimensionen entdeckten.

Selbst zu der Zeit, als sein Artikel herauskam, erschien die Möglichkeit nicht mehr ganz so erstaunlich wie damals, als er ihn ein paar Monate zuvor geschrieben hatte. In der Zeit zwischen der Vorlage von Kanes (erfundenem) Bericht und dessen Veröffentlichung wurden zwei theoretische Studien veröffentlicht, welche die Vorstellung von relativ großen zusätzlichen Dimensionen in den Brennpunkt des Interesses rückten." [13]

12 Science News: Peter Weiß; Ausgabe 157; 6. Mai 2000; „Intergalactic Magnetism Runs Deep and Wide" (dt.: „Intergalaktischer Magnetismus ist tief und breit") Seite 294.

Später wird in dem Artikel gesagt, dass zwei Studien diese unerwartete Entdeckung gezeigt haben. Eine Studie wurde bei CERN, dem Europäischen Labor für Partikelphysik, in Genf durchgeführt und die andere von einer Vereinigung der Stanford Universität und dem Abdus Salam International Center for Theoretical Physics (ICTP) in Triest, Italien.

> *Heute suchen zwei Experimentatoren-Teams, eins in den Vereinigten Staaten und eins in Europa, nach Signaturen von zusätzlichen Dimensionen. Die Jagd nach so etwas weist auf „zweifellos eine der größten Chancen, um in den nächsten paar Jahren eine spektakuläre Entdeckung zu machen", hin, sagt Joseph Lykken vom Fermi National Accelerator Laboratory in Batavia, Ill.* [13]

So, jetzt schließen wir den Kreis und sind wieder da, wo wir in diesem Buch begonnen haben, in dem ich in Kapitel 1, „Schwierige Konzepte", versuche, die Interdimensionalität des Lebens zu erklären. Anschließend, selbstverständlich, channelt Kryon dazu in den Kapiteln 2 und 3 „Zeit und Realität". Nun sind wir hier am Ende dieses Buches und jetzt habe ich es geschafft, die Tatsache vorzulegen, dass die Wissenschaft allmählich anfängt dieselbe Sache zu machen! Ich möchte auch auf Seite 126 in diesem Buch hinweisen, wo Papst Johannes Paul von den „ultimativen Realitäten von Himmel und Hölle" sprach und damit darauf hinweist, dass es nicht so ist, wie es uns ursprünglich gesagt wurde. Alle diese Punkte weisen darauf hin, dass wir zu verstehen beginnen, dass wir interdimensionale Wesen in einer interdimensionalen Welt sind. Ich habe einfach nicht damit gerechnet, dass die vorherrschende Religion und Physik es zur selben Zeit sagen! (Vergl. Seite 417.)

Aufgrund der Entdeckungen bei der DNS und der Physik als Bestätigung für Kryons Lehren war es zwei Jahre lang eine Schlagzeile, doch mit dem Folgenden habe ich wirklich nicht gerechnet. Nun kann ich mit Ihnen über Anthropologie sprechen - die Studie vom Ursprung der Spezies Mensch.

13 Science News: Peter Weiß; Ausgabe 157; 19. Februar 2000; „Hunting for Higher Dimensions" (dt.: „ Auf der Jagd nach höheren Dimensionen"); Seite 122.

Die heutigen Menschen sind nicht das Ergebnis einer normalen Evolution!

Sehen Sie sich das Channeling in diesem Buch in Kapitel 7 ab Seite 182 an. Es wurde im Dezember 1999 gechannelt und Kryon spricht von einer Aufstellung *(Setup)* der Menschheit. Das Thema ist „Intervention in der menschlichen Biologie in der Vergangenheit". Rückblickend sagte uns Kryon, dass wir als Menschen nur *eine Art* von Mensch verkörperten und dass dies wirklich gegen alles verstieß, was wir über die natürliche Auslese und über den anerkannten Evolutionsvorgang auf Erden wussten.

Hier ist das, was Kryon sagte:

> *„Liebe Menschen an der Spitze der Evolutionskette, woran liegt es, dass es nur eine einzige Art von Mensch gibt? Ihr mögt fragen: „Kryon, was meinst Du? Die Menschen unterscheiden sich auf vielfache Weise." Hört zu: Wir möchten, dass Ihr Euch die GESAMTE andere Biologie auf Eurem Planeten anseht. Seht Euch all die Ordnungen, Arten und Typen an. Ihr seid an der Spitze der Reihe und dennoch gibt es viele Arten von Säugetieren, viele Arten von Walen, viele Arten von Primaten. Jeder einzelne Typus hat viele verschiedene Arten, bis sie bei der Menschenart angelangt ist. Und dann ereignete sich eine anthropologische Anomalie: Nur eine einzige Art von Mensch wurde an der Spitze angeordnet!"* [14]

Irgendwo müsste es einige Beweise für diese evolutionäre Anomalie geben und ich fragte mich, ob es wirklich jemandem auffallen würde oder jemand wahrhaftig versteht, wovon Kryon sprach. Schließlich ist dies alles in allem ein sehr seltsames Gesprächsthema. Wir sind es als überaus selbstverständlich gewohnt, dass es nur eine Art von Mensch gibt... und die meisten von uns denken über diese Sache gar nicht erst gründlich nach.

Niemals zuvor hatte ich eine so rasche Bestätigung für das, was Kryon

14 Kryon spricht über die Menschen Aufstellung; Kapitel 7 in diesem Buch, ab Seite 182.

channelte, und das bezüglich eines Themas, was er in keiner vorherigen Durchsage angesprochen hatte. Anfang des Jahres entdeckte ich auf einem Flughafen (wo sonst?) die Titelseite der Januar 2000 Ausgabe des *Scientific American* 15 und war über die Titelgeschichte erstaunt. Ich zeige hier auf der gegenüberliegenden Seite die Titelseite. Sehen Sie sich an, was dieses wissenschaftliche Magazin sagt!

Wir waren nicht alleine. Unsere Spezies hatte mindestens 15 Verwandte. Nur wir blieben übrig. Warum?

Heute nehmen wir es als selbstverständlich hin, dass der Homo sapiens das einzige menschenartige Wesen auf Erden ist. Und doch teilten sich mindestens vier Millionen Jahre lang viele Hominiden den Planeten. Was macht uns anders?

Der Homo sapiens hatte die Erde in den letzten 25.000 Jahren für sich, frei von Konkurrenz seitens der anderen Mitglieder der menschlichen Familie. Dieser Zeitraum war offensichtlich ausreichend lang genug, sodass wir ein tiefes Gefühl dafür entwickelt haben, dass das Alleinsein auf der Welt eine ganz natürliche und angemessene Angelegenheit ist.

Trotz unserer reichen Geschichte - in der sich hominide Arten entwickelten und zusammenlebten, miteinander konkurrierten und aufstiegen und untergingen - stellte sich der Homo sapiens letztlich als der einzige Hominide heraus. Die Gründe dafür sind im Großen und Ganzen unbegreiflich...[15]

15 Scientific American: Ian Tattersall; Ausgabe 282, Nr. 1; Januar 2000; „Once we were not alone" (dt.: „Einst waren wir nicht allein"); Seite 56

Jetzt erkenne ich auch (und dies geht an alle Kryon Leser unter Ihnen, die alle Bücher gelesen haben), dass uns Kryon ausgerechnet zu dieser Tatsache in Kryon Buch Band Zwei *„Denke nicht wie ein Mensch"* ein „Kopf hoch" gab. Hier spricht Kryon 1994 von genau der Sache, die wir gerade gefunden haben...

> **Eingrenzung der Geschichte der Menschheit auf der Erde:** *„Ihr habt eine hervorragende Abstammung auf Eurem Planeten. Euer Stammbaum datiert fast 300.000 Jahre zurück. Ihr werdet aber aufgefordert (wenn Ihr die Geschichte studiert, um herauszufinden, wer Ihr seid), Euch nur um Informationen zu kümmern, die nicht älter als 100.000 Jahre sind. Der Grund? Wenn Ihr nach Wissen und Informationen forscht, die über diese Periode hinausreichen, studiert Ihr Menschen, die Euch nicht ähnlich sind, denn zu dieser Zeit (vor 100.000 Jahren) vollzog sich ein deutlicher Wechsel. Die Menschheit, die Art der Menschen, die sich jetzt um Euch herum befinden, entspricht einem Alter von nur 100.000 Jahren. Davor gab es ein anderes Szenario, interessant, aber nicht das Thema des heutigen Abends. In der Vergangenheit besprachen wir die Geschichte vor der Eiszeit (in vorherigen Channelings) und den biologischen Ursprung Eurer Gattung. Der Unterschied liegt in der DNS. Daran erkennt Ihr Euren spezifischen Menschentyp."*[16]

16 Kryon Band Zwei - Denke nicht wie ein Mensch; 1994; Lee Carroll; Eingrenzung der Geschichte der Menschheit auf der Erde; Kapitel 11; Seite 200.

Es scheint so, als hätte uns Kryon von all dem bereits 1994 berichtet. Wie passt der Zeitrahmen, den Kryon nannte, zu dem Artikel, der unlängst im Scientific American erschien? Ich zitiere Herrn Tattersall nochmals:

> *„Obwohl der Ursprung des Homo sapiens als physisches Wesen unklar ist, lassen die meisten Beweise auf einen afrikanischen Ursprung hindeuten, der vielleicht 150.000 bis 200.000 Jahre zurückliegt. Die modernen Verhaltensmuster tauchten erst viel später auf. Die besten Beweise stammen aus Israel und Umgebung, wo die Neandertaler vor über 200.000 Jahren oder vielleicht noch früher lebten. Seit etwa 100.000 Jahren leistete ihnen der moderne Homo sapiens Gesellschaft..."*[15]

Der Zeitrahmen ist dem Artikel zufolge zum Großteil derselbe und langsam passt alles zusammen... wieder zu dem, was wir vor so vielen Jahren im Channeling gegeben haben.

Hier sind wir also im neuen Jahrtausend und beginnen mehr über unsere Geschichte aus wissenschaftlichen Quellen zu lernen, die jetzt langsam anfangen, sich den Kryon Schriften anzuschließen. Denken Sie, dass das etwas ist? Warten Sie, bis wir finden, was uns Kryon in diesem Buch über die menschliche Karte nannte. Erinnern Sie sich an Kryons Channeling im Kapitel 6 dieses Buches (Seite 166)? Er spricht von Enthüllungen über die menschliche Erbmasse. Es stimmt, dass wir die Karte dieses Jahr fertiggestellt haben, doch es ist keine entschlüsselte Karte. Wir müssen die Informationen erst entschlüsseln. Es ist so, als würde man endlich das ganze Drehbuch für ein Spiel finden, das in einer seltsamen Sprache verfasst ist. Jetzt haben wir zu verstehen, was die Worte bedeuten. Kryon sagt uns, dass es Überraschungen geben wird, die vielleicht auf Intervention hindeuten werden, oder zumindest eine Neugierde von Logik und Evolution. Vielleicht wird es mir bis zum nächsten Buch gelingen, aus der Wissenschaft auch darüber zu zitieren?

Das „Ver-rückte“ und Erstaunliche - in Wissenschaft verwandelt

Dies wird kurz werden... da dieser Teil neu ist, doch rechne ich fest damit, dass er mit der Zeit länger werden wird. Ich denke, ich werde ihn das Gebiet *„Hier hört das Augen-verdrehen auf"** der Kryon Bände nennen. Unten sind Themen, die ich in auflagenstarken Zeitungen - sowohl allgemeiner als auch wissenschaftlicher Art - gefunden habe zu Gebieten, bei denen die Mehrheit einst die Augen verdrehte.

Wie lange ist es her, dass Kryon (und die meisten anderen metaphysischen Typen) der Menschheit erzählt haben, dass eine Ausrichtung auf das innere Selbst langes Leben und Heilung hervorbringen wird? In der Tat hat uns Kryon dies von Anfang an erzählt. Einer der Anker der Botschaften von Kryon ist, dass wir ein viel längeres Leben haben können, wenn wir den Frieden dessen, wer wir wirklich sind, finden. Das Ende der Sorgen, die Verringerung von Stress und die Ausgeglichenheit des Seins werden die Folge sein in Kombination mit direktem biologischen Eingreifen und Veränderung. Sehen Sie sich an, was nun von der Wissenschaft „entdeckt" wird... alles im Jahr 2000.

Medizinisches Mantra

Während es nicht überraschend ist, dass transzendentale Meditation den Stress verringert, zeigen Wissenschaftler nun auf, dass die Anwendung von transzendentaler Meditation zum Erlangen eines höheren Bewusstseinszustandes dabei helfen kann, die Arterien frei zu machen. Afroamerikaner mit einem hohen Blutdruck, die sechs Monate lang Meditation praktizierten, beobachteten einen Rückgang von 0,098 mm im Fettaufbau in den Arterienwänden, verglichen mit einer Zunahme von 0,054 mm bei Menschen, die einfach nur versuchten, ihre Ernährung und ihren Lebensstil zu ändern. Es bedarf einer gewissen Anstrengung, um Erfolge zu erzielen. Als Erstes müssen Sie lernen, wie man meditiert - was einige Stunden dauern kann - und dann sollten Sie es jeden Morgen und jeden Abend 20 Minuten lang praktizieren. [17]

* Augen-verdrehen: wird definiert als unglaublich, unfassbar, undenkbar, unvorstellbar, phantastisch und mit Channeling und anderem verrückten Zeug assoziiert.

Was sagen Sie dazu? Die Gesundheitsseite der Zeitschrift Time befürwortet Meditation, um Arterien freizumachen (Augen verdrehen, Augen verdrehen)? Es ist wahr! Wie sieht es damit aus, länger zu leben, indem man Spiritualität zu seinem Führer macht? Glauben Sie, dass das jemals ein wissenschaftliches Thema sein wird? Denken Sie noch einmal nach...

Verbindung zwischen religiösem Engagement und längerem Leben

Laut einer statistischen Analyse von 42 voneinander unabhängigen, seit 1977 veröffentlichten Studien, die dieses Thema angesprochen haben, geht der regelmäßige Einbezug von religiöser Aktivität mit einer besseren Gesundheit und einem längeren Leben einher.

„Die Wissenschaftler müssen nun die dringliche Angelegenheit dessen untersuchen, was die Verbindung zwischen religiöser Aktivität und Sterblichkeit herstellt", behauptet ein Team, das vom Psychologen Michael E. McCollough vom National Institute for Healthcare Research in Rockville, MD geleitet wird.

„Dies ist ein Phänomen, das viel mehr Aufmerksamkeit verdient, als es traditionell erhalten hat", sagt McCollough. [18]

18 Science News: B. Bower; Ausgabe 157; 3. Juni 2000; „Religious commitment linked to longer life" (dt.: „Verbindung zwischen religiösem Engagement und längerem Leben"); Seite 359.

Können Sie glauben, was Sie hier lesen? Dies erschien in einem großen wissenschaftlichen Magazin! Eine Verbindung zwischen spiritueller Aktivität und Lebenserwartung? Gut, ich möchte fair sein. Im selben Artikel verdrehte George Kaplan, ein sozialer Epidemiologe an der Universität von Michigan in Ann Arbor, selbst nachdem 42 unabhängige Studien in 23 Jahren eine wissenschaftliche Entsprechung zeigten, die Augen. Er äußert sich: *„Es gibt überhaupt keine Grundlage dafür, um die Religion als vorbeugende Strategie in der Gesundheitsfürsorge zu empfehlen."* [17]

Es ist okay, George (Augen verdrehen, Augen verdrehen). Niemand wird Sie dazu bringen, „verrückt" oder spirituell zu werden, wenn Sie das nicht möchten. Aber dieser Wissenschaftler muss - wie viele andere auch - diesen Trend dahingehend, dass sich die Bestätigung des einst Lachhaften in ihre Berufsleben und ihre Zeitschriften einschleicht, hassen. Ich kann das (seltsamerweise) nachvollziehen und meinem Gefühl nach ist es auch Teil der Botschaft im Channeling dieses Buches. Ich erinnere mich daran, wie ich mich als Techniker mit 20-jähriger Erfahrung gegen die Vorstellung wehrte, dass es vielleicht Energie im menschlichen Bewusstsein geben könnte. Nun glaube ich, dass dies der Fall ist und es hat mein Denken erweitert. Ich gab bei meinem Übergang nichts auf und mein Techniker-Verstand ist bis heute noch bei mir. Er ist nur ein bisschen größer im Ausmaß dessen, was das Universum in der Werkstatt von Elementen, die das gesamte Bild ausmachen, inkludieren *(einschließen/beinhalten)* könnte.

Bezüglich jener, die sich nicht von der Stelle rühren: Werden diese Leute diesen Beweis bis zum Ende verleugnen oder werden sie mit Integrität Nachforschungen anstellen? Das können wir nur im Laufe der Zeit sehen und Kryon zufolge werden sie sich entscheiden müssen, ob sie die Augen verdrehen werden oder ob nicht. Dies ist alles Teil von „Vom Zaun herabsteigen - kein Zaudern und kein Zögern mehr", welches im Kapitel 10 dieses Buches erklärt wird.

Sind Sie als Nächstes für etwas vorbereitet, von dem Sie nie geglaubt haben, dass Sie es jemals in Ihrem Leben sehen würden? Erinnern Sie sich an

17 Time magazine: Your Health - „Good News - Medical Mantra" (dt.: Ihre Gesundheit - „Gute Neuigkeiten - Medizinisches Mantra"); 13. März 2000; Seite 98

die Fernsehsendung 20/20 vor mehreren Jahren, bei der „bewiesen" wurde, dass die Vorstellung von Heilung durch Handauflegen ein Schwindel sei? Oder wie steht es mit dem wissenschaftlich fairen Projekt, von den nationalen Nachrichten, welches von einem jungen Menschen präsentiert wurde, der ebenso „bewies", dass die „augen-verdrehende" Arbeit nicht machbar und möglich ist?

Diese beiden Beispiele aus der nationalen Presse, welche die Fähigkeit eines Menschen ansprachen, einen Einfluss auf einen anderen Menschen mit Hilfe von gewissen Arten von Energiearbeit haben zu können, waren höchst suspekt. Die detaillierten Einzelheiten und Vorgangsweisen von den „Studien" wurden von vielen als Aufgabe aufgegriffen, doch offensichtlich war der Schaden bereits angerichtet und einige von uns dachten, dass dieser nun breitströmig vorherrschend angelegte „Augenverdreher" dazu verdammt war, so stehen zu bleiben... der Ruf weiterhin befleckt und abgewertet ist, obwohl das „Handauflegen" weltweit in großen Religionen ebenso wie in metaphysichen Kreisen (und auch bei den weisen Eingeborenen) praktiziert wird:

Auf Distanz gehen

„Jetzt ist es genug und es ist Schluss damit, sich vor Skepsis zu winden. Nach der Analyse der Ergebnisse von zwei Dutzend Versuchen können die Forscher sagen, dass in der alternativen Form von „Fernheilung", zu der Beten für das Wohl eines anderen und „therapeutische Berührung" - bei der die Heiler ihre Hände über (jedoch nicht auf) dem Körper eines Patienten bewegen - gehören, gewisse Vorzüge haben könnten. Bei 57% der Studien beschleunigten diese Praktiken anscheinend die Genesung oder verringerten den Schmerz. Und wie diese Fernheilung funktionieren mag, das muss eine höhere Autorität sagen." [19]

Ich denke, ich werde jetzt tief durchatmen...

Was kann ich sagen? Endlich einer, der sich nicht davor scheut, einige der seltsamsten Ideen wissenschaftlich zu überprüfen - Themen, die einst nicht-

19 Time magazine: Your Health - „Good News - Going the Distance" (dt.: Ihre Gesundheit - „Gute Neuigkeiten - Auf Distanz gehen"); 19. Juni 2000; Seite 145

wissenschaftlichen Bereichen zugeschrieben wurden oder zumindest dem Bereich, den viele Pseudo-Wissenschaft nennen. Tatsächlich! Vielleicht sollte es ein getrenntes Gebiet geben, dem diese Dinge angehören, doch es muss ein Gebiet sein, das so respektiert wie jedes andere ist und eines, bei dem jene, die sich damit beschäftigen, die Bücher, welche sie lesen oder die Experimente, welche sie durchführen, nicht mehr länger verstecken müssen... und es sollte nicht als paranormal bezeichnet werden. Es ist vollkommen normal. Das ist der Punkt, nicht wahr?

Als Letztes bringe ich Ihnen dies: Ist es verrückt? Nein. Ist es erstaunlich? Ich denke schon - für mich jedenfalls ist es erstaunlich. Seit vielen Jahren haben wir versucht die Denkart zu durchbrechen, die so verehrt wurde, dass einen schon allein die Behauptung, es wäre nicht so, in Schwierigkeiten brachte. Nun beginnt es sich von selber aufzudecken und zu zeigen. Es ist an der Zeit und ich ehre den Mut jener, die tapfer genug sind, um nach vorne zu schreiten und davon zu berichten. Es gibt viele Dinge, die uns Kryon über das Universum und die Physik gesagt hat. Es gibt noch immer ein paar, welche die Augen verdrehen, aber da gibt es eins, welches der „Heilige Gral" des wissenschaftlichen Denkens ist.

Die Lichtgeschwindigkeit ist ebenso anerkannt wie die absolute Geschwindigkeit von allem im Universum, bei dessen Verwendung wir universelle Entfernungen messen. Es wurde in Physikformeln, Mathematikformeln aufgenommen und es hat so viele Jahre die Rolle „des Standards" gespielt, dass es Gefahr läuft, heilig zu werden. Es hat unser Denken geformt und hat uns auf das begrenzt, was möglich ist.

Kryon sagte uns vor langer Zeit, dass die Lichtgeschwindigkeit überhaupt nicht die absolute Geschwindigkeit sei. Er sagte uns, dass das Kosmische Gitter eine Übertragung von Schwingungen hat, die alles, was wir uns überhaupt vorstellen können, bei weitem übertrifft (Kryon Band II, Seite 262; Kryon Band IV, Seite 430 und Kryon Band V, *„Briefe von Zuhause"*).

Und doch beginnt noch eine andere Mauer von existierender Überzeugung zu bröckeln, so wie physikalische Möglichkeiten die Traditionen überwältigen - ähnlich denjenigen, die uns sagen, dass die Atomstruktur nun interdimensional ist (Augen verdrehen, Augen verdrehen). Ich ehre jene, die uns dies bringen!

Neigungsgeschwindigkeit

Dieser Typ namens Einstein - ziemlich clever, nicht wahr? Hier ist ein Rätsel für ihn. Letzte Woche haben zwei Forschungsgruppen unabhängig voneinander, eine in USA und eine in Italien, angeblich eine Möglichkeit gefunden, bei der sich das Licht schneller als mit seiner gewöhnlichen Fahrtgeschwindigkeit von 186.000 Meilen pro Sekunde bewegt. Entsprechend der Relativitätstheorie ist das verboten: Die Lichtgeschwindigkeit soll die kosmische Geschwindigkeitsgrenze sein, die von nichts überschritten werden kann. Nichtsdestotrotz sagt ein Physiker, Lijun Wang vom NEC Research Institute in Princeton, N.J., er habe einen Lichtstrahl auf Touren gebracht, der 300-mal schneller als seine normale Geschwindigkeit ist, unter Verwendung einer speziellen Kammer, die mit Cäsiumgas gefüllt ist. Sehen wir uns nun an, wie er es beweist. [20]

Dreihundertmal schneller als die Lichtgeschwindigkeit? Wenn zwei Forscher dasselbe behaupten, so denke ich, dass etwas dran ist. Es könnte der Beginn eines Durchbruchs sein. Ich hoffe es. Ich möchte diese Dinge nicht nur allein, um Kryon zu bestätigen - ich möchte es für die Wissenschaft! Ich würde liebend gerne an dem Punkt angelangen, wo sich die Wissenschaft mit der Spiritualität nicht mehr um einen Platz an der Sonne streiten muss. Ich bin fest davon überzeugt, dass sie sich ergänzen können und sollen auf eine Weise, bei der sich einige Leute der alten Energie sehr unbehaglich fühlen. (Vergl. Seite 416).

Interdimensionalität? Ein längeres Leben dank spiritueller Aktivitäten? Beweise für Hand-auflegen-Fernheilung? Magnetische DNS? Was kommt als

20 Time magazine: Your Technology - „Warp Speed" (dt.: Ihre Technologie - „Wellengeschwindigkeit"); 12. Juni 2000; Seite 94

Nächstes? Beam mich weg, Scotti? Ja... wahrscheinlich letztlich auch das. Verantwortungsbewusste Wissenschaft und verantwortungsbewusste Spiritualität bilden ein Team, welches unschlagbar ist. Das Beste von beidem ist die Suche nach einer Funktionsweise des Universums, die viel großartiger ist, als man uns glauben ließ. Wir können die Realität verändern, unsere Lebenserwartung verändern und vielleicht auch ein sehr altes Bewusstsein auf Erden in einen friedvollen Zustand verwandeln. Es ist ein Jahrtausendwechsel wie kein anderer und ich persönlich freue mich sehr, hier dabei gewesen zu sein, um dieses Buch zu schreiben und wieder die liebenden und informativen Channelings von Kryon zu präsentieren.

Danke, meine Freunde, für Ihre anhaltende Unterstützung und Liebe

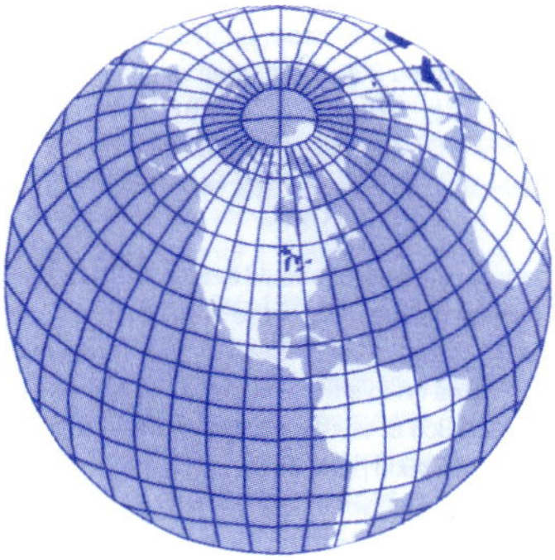

P.S.: Dies ist das erste Buch, bei dem meine zwei Haustiere, Mini, mein allgegenwärtiger sieben Pfund schwerer Malteserhund, und Blondie, mein allgegenwärtiger, auf meiner Schulter sitzender Nymphensittich, auf ihre Weise einen Beitrag geleistet haben. Zwischen zwei bedruckten Korrekturbögen, die durchaus als Papier zur Sauberkeitserziehung vorgesehen waren, und den zerkauten Rändern der meisten Forschungspapiere auf meinem Schreibtisch spielten diese zwei edlen Wesen ihre eigene Rolle in diesem Kryon Band. Sie wollten Sie wissen lassen, dass auch Tiere zählen!

Weitere Informationen zum Bruch der LICHTGESCHWINDIGKEIT!

(Und vielleicht sogar der linearen Zeitgrenze?)

WISSENSCHAFT: Zwei neue Experimente lassen anscheinend darauf schließen, dass bis zu 300-mal schnellere Geschwindigkeiten möglich sind.

Entsprechend den Lehrbüchern für Erstsemester kann sich nichts schneller als die Lichtgeschwindigkeit bewegen. Wenn es dennoch möglich wäre, dann würde Einsteins Relativitätstheorie zugrunde gehen und die theoretische Physik würde durcheinandergebracht werden.

Wie dem auch sei, unter Verwendung einer Kombination aus atomaren und elektromagnetischen Effekten haben die Forscher im Labor Lichtstrahlen erzeugt, die sich anscheinend viel schneller als die normale Lichtgeschwindigkeit bewegen. Einsteins Theorie bleibt bestehen, sagen die Physiker, doch sie stimmen darin überein, dass die Ergebnisse der Experimente bewusstseinsverändernd sind.

In dem verblüffendsten dieser Experimente wird ein Lichtpuls, der durch eine transparente Kammer, die mit speziell vorbereitetem Cäsiumgas gefüllt ist, anscheinend zu Geschwindigkeiten angetrieben, die 300-mal schneller als die normale Lichtgeschwindigkeit sind. Das ist so schnell, dass - unter diesen besonderen Umständen - *der Hauptteil des Pulses die Kammer verlässt, bevor er sie überhaupt betritt.*

The New York Times
Von James Glanz
30. Mai 2000

Nähere Informationen zu wissenschaftlicher **DIMENSIONALITÄT**

(Elf davon!)

GEIST STEHT ÜBER MATERIE:

(Etwas) was Physiker verwirrt, die an der Fadentheorie arbeiten - ist die Vorstellung, dass die ganze Natur von den Obertönen von 11-dimensionalen vibrierenden Fäden gesungen wird. Die Mathematik funktioniert so gut, dass die Wissenschaftler es nahezu für Magie halten. Doch sie wissen nicht, warum sie funktioniert. Sie wissen nicht, warum es Fäden oder warum es 11 Dimensionen sind oder einfach nur, was die Fäden sind.

Ignoranz ist keine Schwäche der Wissenschaft, sondern ihre größte Stärke. Außerdem ist Ignoranz erstaunlicherweise normal - besonders für Wissenschaftler, die an der vordersten Front des Wissens arbeiten.

„Die Wahrheit von der Materie ist die Erforschung, die zu allermeist nicht verstanden wird", sagt der Physiker von der Universität von Arizona, Johann Refelski, dessen Spezialität die Physik des Vakuums oder des luftleeren Raumes ist.

„Physik braucht niemanden, der intelligent ist. Sie braucht jemanden, der die Dinge, die rund um uns herum geschehen, nicht als selbstverständlich hinnimmt."

Los Angeles Times
Von K.C. Cole
8. Juli 1999

NÄHERE INFORMATIONEN ZU KREBS & Magnetfeldern

(Wird das Offensichtliche endlich zugegeben?)

ZELLEN PFLANZEN SICH IN MAGNETFELDERN FORT:

Entsprechend einer neuen Studie im Reagenzglas können elektromagnetische Felder mit einer Kraft und Stärke, wie sie innerhalb von ein paar Fuß von elektrischen Stromlinien draußen im Freien gefunden wurde, bewirken, dass sich Zellen, die bereits für Krebs anfällig sind, wie jene verhalten, die sich in Tumore verwandeln. Die neuen Forschungsergebnisse widersprechen den vorherigen Experimenten zu dem umstrittenen Thema, welche herausfanden, dass solche Felder keinerlei Auswirkungen auf die Zellen im Labor haben.

„Wir sind nahezu davon überzeugt, dass elektromagnetische Felder eine biologische Wirkung erzeugen können, die mit der Bildung von Krebs zusammenhängt", sagt James E. Trosko von der Michigan State University (MSU).

Wenn sich die Ergebnisse bewahrheiten, dann könnten sie erklären, ob elektromagnetische Felder ein berechtigtes gesundheitliches Problem darstellen, sagt Larry E. Anderson vom Pacific Northwest National Laboratory in Richland, Washington.

Science News
L. Sivitz
23. September 2000
Ausgabe 158

Hört zu, denn dies ist wichtig für Euch zu wissen: Ihr seid ermächtigt!
Es gibt hier nicht einen von Euch, der in diesen Raum zurückzukommen hat, um dies zu erfahren. Nie und niemals hat irgendeine Person dies noch einmal zu lesen, wenn sie es nicht so möchte. Kein Mensch hat an irgendetwas teilzunehmen oder irgendeinem Glaubenssystem anzugehören, um die Göttlichkeit im Inneren zu finden. Die Dritte Sprache ist Eure Führung. Wir sind alle erreichbar - wir stehen alle auch in dem kleinen Wandschrank zur Verfügung, wenn Ihr es wollt. IHR alle SEID Gott!

Und so ist es, dass die neue Energie des Planeten den Raum (space) erfüllt und Euch die Weisheit Gottes gibt. Und so ist es, dass Ihr darum gebeten habt, und Ihr habt an diesem Tag Anleitungen bezüglich der Potenziale der Erde erhalten und darüber, wer Ihr wirklich seid.

Und so ist es

Kryon

Abraham - Parabel 93
Absicht 84,130
Atomenergie 157, 158, 171
Atomphasenverschiebung 171
Aufstieg 67
Beseitigung von Gelübden 237
Bewahrung des Lichts (die Integrität der) 210
Blume des Lebens 215
Braden, Gregg 20
Brücke der Schwerter 203,246
Convergence Foundation (Konvergenz Stiftung) 314
Das große Geheimnis 257
Das kosmische Gitter 170, 385
Das Neue Jerusalem 84,162, 188
Das Todesphantom 316
Definition von Himmel und Hölle (Papst Johannes Paul II) 126
Der einzige Planet der freien Wahlmöglichkeit 42
Der Energiekreis, eine Metapher 79
Die Dritte Sprache 222
Die Indigo Kinder 56, 172,188, 294, 316
Die kosmologische Konstante 399
Die Kristallinhülle 60
Die letzte Messung 153
Die Reise nach Hause, wieder besucht 268
Dimensionalität - Diskussion 24
DNS - Computer (Kryon Bestätigung) 164
DNS - eine Schleife 60
DNS - Elektrizität 60, 394
DNS - magnetische 60, 384, 394
DNS - Veränderungen in der 132
DNS 60, 132, 164, 384
Dualität 130
Einheimisches Wissen 347
Einstein, Albert (kosmologische Konstante) 399
Einstein, Albert (Lichtgeschwindigkeit) 414
Elektrische Starkstromlinien 388
Elektromagnetisches Feld - Krebs 416
Elektromagnetisches Feld - Risiken 390
Ende der alten Energie 15
Erdveränderungen - Astronomie 163
Erdveränderungen - Biologie 166
Erdveränderungen - Gesundheit 164
Erdveränderungen - Materie 88
Erdveränderungen - Physik 166, 208
Erdveränderungen - politische 82,156,188
Erdveränderungen - Religion 160, 194
Erdveränderungen - Währungssystem 160
Erdveränderungen - Wissenschaft 188, 214
Erdveränderungen 85
Evolution (Eingreifen) 402
Fernheilung (Beweis für) 414
Festigen 235, 256
Führer - Unterstützung 143
Führer 66
Geld 302
Gelübde (Beseitigung von) 237
Geschäfte tätigen 304
Gesundheit - Magnetfelder 388
Gewichtsverlust 234, 259
Glaubenssysteme (spirituelle) 251
Gordon-Michael Scallion 40
Gregg Braden 20
Haus der Beziehungen (Reise nach Hause, wieder besucht) 280
Haus der Biologie (Reise nach Hause, wieder besucht) 278
Haus der Geschenke und Werkzeuge (Reise nach Hause, wieder besucht) 276
Haus der Karten (Reise nach Hause, wieder besucht) 274
Haus der Liebe (Reise nach Hause, wieder besucht) 282
Haus des Selbstwerts (Reise nach Hause, wieder besucht) 284
Hawking, Stephen (kosmologische Konstante) 400
Heizdecken 388
Herausforderung 140
Herman - Parabel (Weihnachten) 192
Himmel (Definition, Papst Johannes Paul II) 126
Hölle (Definition, Papst Johannes Paul II) 126
ICH BIN Diskussion 55

Index (Sie betrachten ihn gerade an!)
Indigo Kinder 56, 172, 188, 294, 316
Induktion 62, 390
Interdimensional (vorherrschende Wissenschaft) 404, 410
Interdimensionale Lebensformen 402
Interdimensionaler Mensch 316
Interdimensionales Leben 402
Israel 204
Jetzt-Zeit 24, 228
Jetzt-Zeit Bewusstsein 228
Kinder in der Jetzt-Zeit 56
Konferenz über Bewusstsein 314
Kosmisches Gitter 171, 385
Kosmologische Konstante 399
Kristallhülle 60
Letzte Messung 152
Lichtarbeit (Integrität der) 200
Lichtgeschwindigkeit 412, 416
Lineare Zeit 55
Magnetfelder - Risiken 388
Magnetfelder im All 400
Magnetische DNS 61, 384
Marc Vallée 350
Melchizedek Drunvalo 328
Mensch - aufgezeigte Struktur 178, 402
Mensch - Bewusstseinsspaltung 143
Mensch - der sich erweiternde 256
Mensch - Eingreifen der Biologie 182, 408
Mensch - interdimensionaler 289
Menschliche Dualität 140
Menschliche Geschichte 404
Menschliche Seele 48
Menschliche Veränderungen 252
Menschliche Wesensart 91
Merkabah 294
Metapher des Energiekreises 78
Metapher des schlafenden Menschen 68
Metapher des Zuges 36, 78
Neues Jerusalem 84, 165, 189, 249
Papst Johannes Paul II 46, 87, 124,
Parabel "Abraham" (auf dem Berg) 93
Parabel "Herman" (Weihnachten) 192
Parabel "Kofferpacken für das neue Jahrtausend" 102
Planetare Angleichung im Mai 2000 206, 222
Politik 86, 156, 186
Praktische Heilung (Beweis für) 412
Rat der Weisen (Kryon bei der UNO) 348
Realität - Diskussion 24
Realität - Veränderung der 290
Realität 64, 74, 76
Religiöse Toleranz 142, 242
Religiöses Engagement (längeres Leben) 386
Selbstmorde in Uganda 266
Spirituelle Gelübde (Beseitigung von) 237
Spirituelle Glaubenssysteme 251
Spirituelle Namen 130
Spirituelle Wut 251
Spiritueller Weg 90, 136, 137
Starkstromlinien 388
Suche nach dem einheimischen Wissen 348
Suche nach der magnetischen DNS 385
Synchronizität 59, 234
Todesphantom 315
Toleranz - religiöse 186, 142,242
Transzendentale Meditation (für hohen Blutdruck) 408
Über die Schwelle 148
Uns zurückziehen 252
Vallée, Mark 352
Vaspra, Woody and Catie 356
Veränderung der Realität 298
Veränderungen des Jahrtausends 132
Verantwortung 278
Verdichtung der Zeit 297
Verjüngung 302
Wasserheilmittel 279, 308
Welt - Energie der 156
Weltweiter Rat der Ältesten 349
Wissenschaft 382
Wo und der Koffer - Parabel 105
Woody und Catie Vaspra 356
Zaudern, nicht mehr 243
Zeit - Beschleunigung der 138
Zeit und Realität 54, 74, 76
Zeit, Verdichtung der 297
Zug - Metapher des 36,78
Zwölf-zwölf (12:12) 186, 207

Verantwortungsbewusste Wissenschaft und verantwortungsbewusste Spiritualität

bilden ein Team, welches unschlagbar ist. Das Beste von beidem ist die Suche nach einer Funktionsweise des Universums, die viel großartiger ist, als man uns glauben ließ. Wir können die Realität verändern, unsere Lebenserwartung verändern und vielleicht auch ein sehr altes Bewusstsein auf Erden in einen fried-vollen Zustand verwandeln. Es ist ein Jahrtausend-wechsel wie kein anderer und ich persönlich freue mich sehr, hier dabei gewesen zu sein, um dieses Buch zu schreiben und wieder die liebenden und informativen Channelings von Kryon zu präsentieren.

Danke, für Ihre anhaltende Unterstützung
und Liebe

Lee Carroll

Kryon

Im Internet

www.Kryon.com (englisch)

www. kryon-online.de (deutsch)

Kryon sagte vom Internet: „Das einzige Massenkommunikationssystem in der menschlichen Geschichte, das nicht durch eine Regierung erstellt wurde." Er fuhr fort und sagte weiter: „Wenn jeder unmittelbar mit jedem sprechen kann, dann kann es keine Geheimnisse mehr geben!"

Live-Channeling Kassetten von Kryon

Ko-Kreation im Neuen Zeitalter
Live-Channeling
in Portland, Oregon
18 Euro

Sieben Verantwortlichkeiten für das Neue Zeitalter
Live-Channeling in Indianapolis
18 Euro

Geschenke und Werkzeuge für das Neue Zeitalter
Live-Channeling in Casper.Wyoming
18 Euro

Neun Wege die Schwingung des Planeten zu erhöhen
Live-Channeling in Seattle, WA
18 Euro

Aufstieg und das Neue-Zeiltalter
Live-Channeling in Carlsbad, Kalifornien

18 Euro

Inkl.2 x 17 Minuten-gechannelte Heilungsmeditations Musik von Jan Tober
19 Euro

Kryon Products

Die Kassetten (live) sind in der Originalsprache vom Ostergaard Verlag oder von der Verlagsauslieferung zu erhalten .

Kryon Bücher

DIE LEHRBUCH-SERIE von KRYON

Kryon Buch Eins, Lehrbuch Band I, „Das Zeiten-Ende"
Herausgeber Ostergaard Verlag ISBN 3-933075-01-7
(Weißer Einband, gebunden, 211 Seiten) 15,80 Euro

Kryon Buch Zwei, Lehrbuch Band II, „Denke nicht wie ein Mensch"
Herausgeber Ostergaard Verlag ISBN 3-933075-02-5
(Violetter Einband, gebunden, 339 Seiten) 16,40 Euro

Kryon Buch Drei, Lehrbuch Band III, „Alchemie des menschlichen Geistes"
Herausgeber Ostergaard Verlag ISBN 3-933075-03-3
(Magenta Einband, gebunden, 343 Seiten) 16,90 Euro

Kryon Buch Sechs, Lehrbuch Band IV, „Gemeinsam mit Gott"
Herausgeber Ostergaard Verlag ISBN 3-933075-05-x
(Hellgrüner Einband, gebunden, 468 Seiten) 19,80 Euro

Kryon Buch Sieben, Lehrbuch Band V, „Briefe von Zuhause"
Herausgeber Ostergaard Verlag ISBN 3-933075-07-6
(Blauer Einband, gebunden, ~ 490 Seiten) 20,00 Euro

Kryon Buch Acht, Lehrbuch Band VI, „Über die Schwelle"
Herausgeber Ostergaard Verlag ISBN 3-933075-06-8
(HellgelberEinband, gebunden, 426 Seiten) 19,80 Euro

Kryon Bücher und alle weiteren Publikationen sind im Buchhandel oder telefonisch von der Verlagsauslieferung 07551-92820, Fax -928239 zu erhalten.

Und so, liebe Familie, ist es mit einiger Traurigkeit verbunden, wenn wir uns jetzt von diesem Raum und dem Bereich, an dem Ihr dies lest, zurückziehen! Noch einmal sagen wir Euch: Ihr seid niemals alleine! Die Energie, die Ihr heute wahrgenommen habt, darf Euch jederzeit besuchen, wenn auch Ihr es wünscht. Ihr könnt uns in dem kreisenden Platz begegnen.

Fühlt Ihr Euch auf Eurem Weg gebremst? Feiert es, während sich die Synchronizität auf Euch zubewegt. Fühlt Ihr Euch ohne offensichtlichen Grund gestoppt? Feiert das Wissen, dass alles relativ ist und dass Du wie angehalten bist, sodass andere in ihrer Zeit aufholen oder von vorne oder von der Seite oder sogar von hinten (aus der Vergangenheit) kommen können.

Feiere die Tatsache, dass alles in Bewegung ist, aber dass Deine eigene Linearität einfach wie ein Halt erscheint. Tatsächlich ist die Familie rund um Dich herum unentwegt in Bewegung - geradeso wie die unbeschreibliche Liebe, die wir für Dich haben, niemals still steht.

Und so ist es

Kryon